法学案例系列教材

环境法案例教材

主　编　史学瀛
副主编　潘晓滨　杨家辰

南开大学出版社

天　津

图书在版编目(CIP)数据

环境法案例教材 / 史学瀛主编. —天津:南开大学
出版社,2017.4
　　法学案例系列教材
　　ISBN 978-7-310-05317-9

　　Ⅰ.①环… Ⅱ.①史… Ⅲ.①国际环境法学－案例－
高等学校－教材 Ⅳ.①D996.9

中国版本图书馆 CIP 数据核字(2017)第 014068 号

南开大学出版社出版发行
出版人:刘立松
地址:天津市南开区卫津路 94 号　　邮政编码:300071
营销部电话:(022)23508339　23500755
营销部传真:(022)23508542　　邮购部电话:(022)23502200

*

天津泰宇印务有限公司印刷
全国各地新华书店经销

*

2017 年 4 月第 1 版　　2017 年 4 月第 1 次印刷
260×185 毫米　16 开本　16.75 印张　2 插页　423 千字
定价:42.00 元

如遇图书印装质量问题,请与本社营销部联系调换,电话:(022)23507125

前　言

　　改革开放以来，我国经济得到了高速发展，随之环境问题也日渐突出，环境污染以及对自然资源破坏和不合理开发利用已经成为阻碍我国实现可持续发展战略目标的重要因素。为了保护环境和自然资源，我国自 20 世纪 70 年代末开始进行了一系列环境立法活动。1979 年第五届全国人民代表大会常务委员会第十次会议原则通过了《中华人民共和国环境保护法（试行）》，该法于 1989 年正式实施。随着《中华人民共和国环境保护法》这一环境保护基本法的通过与实施，我国先后制定、颁布、实施、修改和完善了一系列法律法规。1992 年 6 月，在巴西里约热内卢召开的联合国环境与发展大会将可持续发展作为未来共同的发展战略。我国政府积极响应国际号召，同年 8 月提出了中国环境与发展十大对策，明确指出走可持续发展道路是当代中国以及未来的必然选择。在这样的背景之下，20 世纪 90 年代我国环境立法迎来真正的发展时期，全国人大常委会相继制定和修改了《大气污染防治法》（1995）、《固体废弃物污染环境防治法》（1995）等几十部环境保护和污染防治的法律法规。

　　2003 年，党中央提出了科学发展观，极大地支持和推动了我国的环境保护立法。党的十八大将生态文明建设纳入中国特色社会主义事业总体布局之中，并从建设生态文明的战略高度来认识和解决我国环境问题。随着自然灾害频发，雾霾、水污染、土壤破坏以及森林植被损害等问题的日益严峻，环境保护问题也成为社会大众的关注焦点。随着依法治国的逐渐深入，有关环境与自然资源保护的立法再次出现新潮。2014 年 4 月 24 日，《中华人民共和国环境保护法》修正案经十二届全国人大常委会第八次会议审议通过，并于 2015 年 1 月 1 日正式实施。《中华人民共和国大气污染防治法（修订草案）》于 2014 年 12 月提交全国人大常委会审议，这也是该法自 2000 年以来的再一次修订。其他方面还包括：《中华人民共和国可再生能源法》于 2009 年 12 月 26 日通过，并于 2010 年 4 月 1 日实施；2012 年全国人大常委会对《中华人民共和国清洁生产促进法》的相关内容进行了修正；2013 年 6 月 29 日，全国人大常委会对《中华人民共和国固体废弃物污染环境防治法》做出了修改等。到目前为止，我国已经初步形成了由法律、行政法规、部门规章、地方性法规和地方政府规章、环境标准以及环境保护国际条约组成的比较完善的环境保护法律法规体系。

　　从国际上来说，1972 年的斯德哥尔摩人类环境会议预示着人类环境保护意识的觉醒，1992 年在里约热内卢召开的联合国环境与发展大会显示出整个国际社会对环境问题前所未有的关注。这次会议标志着国际环境法进入真正的发展时期，此次大会通过了《里约环境与发展宣言》《21 世纪议程》《关于森林问题的原则声明》《联合国气候变化框架公约》和《生物多样性公约》。里约宣言确认了包括可持续发展原则、国家环境主权和不损害国外环境责任原则在内的一系列国际环境保护的原则，为各国政府进行环境立法和制定环境保护政策提供了依据和指南。进入 21 世纪，随着国际政治、经济和社会形势的不断变化，国际环境保护事业也在逐渐发生着变化。从 1992 年环境与发展世界首脑会议、2000 年联合国千年首脑会议、2002 年联合国可持续发展世界首脑会议到 2005 年联合国首脑大会，国际社会通过了《千年发展目标》和《可持续发展世界首脑执行计划》等一系列重要会议文件和决议，确认了环境破坏和生态退化对人类生存的威胁，确认了可持续发展是人类社会谋求共同发展和美好未来的唯一选择。相对而言，近几年在全球环境问题中，对人类社会威胁最大和最具有全局影响意义以及讨论最热的是由全球气候变暖引起的全球气候变化问题。

随着对环境与资源保护的日益重视，环境法学教育已逐渐成为法学教育的独立学科。法学教育的目的是为社会培养追求正义、忠于法律和知法懂法的高素质高层次法律人才，这些人才应当既具有扎实的理论功底，也具有一定的实践知识。所以，环境法学教学不仅要重视基础理论教育，也要重视案例的研习与探讨。透过案例可以清楚观察到环境法的具体应用过程，有利于我们对基础知识的深入理解；通过对案例实际情况的研究，有利于我们发现环境法理论的不足进而逐步完善；通过对基本理论和案例的比较，有利于我们为相关环境问题找到更有效的解决方法。环境法学理论的学习和研究离不开对案例的分析和研读，环境法案例教学已经成为培养既具扎实理论又具创新实践能力的复合型法律人才的重要因素。

本环境法案例教材在体例编排上，包括国内环境法案例和国际环境法案例并重的两大板块，这也是本书的特色之一。其内容涵盖 25 个国内环境法案例和 17 个国际环境法案例，范围涉及相关的经典案例和近些年来发生的热点案例或问题。其中，国内环境法案例内容涵盖了我国环境保护法的基本制度以及环境污染防治法和自然资源保护法中的具体法律制度，例如环境影响评价制度、"三同时"制度、环境许可证制度、排污收费制度等环境保护法的基本法律制度，以及大气、水、噪声、固体废弃物、危险化学品污染防治法和土地、水、森林、草原等资源保护法中的具体法律制度。国际环境法案例内容涉及国际环境法的基本原则和具体的国际环境保护制度，例如环境主权和不得损害国外环境原则、可持续发展原则、风险预防原则等基本原则和与保护海洋和海洋生物、淡水、土壤资源等相关的具体国际环境保护制度。在案件具体分析中，本书以核心知识点、案情介绍、案例评析以及拓展思考等为基本分析框架，首先介绍每个案例所主要涉及的知识点，然后对案件的发生发展和裁判等情况进行梳理，进而对案件所涉及的重点问题做进一步的分析和探讨，最后对案件的意义进行一定的归纳总结和拓展思考。

本书编写和出版的目的在于，落实《教育部、中央政法委关于实施卓越法律人才教育培养计划的若干意见》，扩大南开大学法学的学术影响力。基于南开大学与天津市高级人民法院等实务部门共建法学教育实践基地，共同建设法学实践教育的课程体系和教学内容的考虑，决定双方共同编写法学案例系列教材中的环境法学部分。

本书由南开大学法学院史学瀛教授任主编，天津市环境保护局法规处处长杨家辰、南开大学法学院环境法专业博士生潘晓滨任副主编。在本书撰写过程中，南开大学法学院环境法专业硕士生李清敏、田均朋，法律专业硕士生林美彤和张文强同学做了大量的资料收集和文献整理工作，在此感谢他们为本书的编写所付出的辛勤劳动。

本书可供高等院校法学专业的师生、法律实务工作者及环境保护领域的工作人员参考使用。随着国内和国际环境法理论和实践的不断发展，本书还需要不断地更新与完善，呈请广大读者提出宝贵意见。

目　录

上篇：国内环境法案例

永川市华锋焦化厂诉永川市人民政府关于限期关停炼焦企业案

一、核心知识点

大气污染防治及落后生产设施淘汰制度

大气污染是因某种物质进入大气而导致其物理、化学、生物或放射性等方面特征发生变化，从而影响大气的有效利用，危害人体健康或财产安全，以及破坏自然生态系统，造成大气质量恶化的现象。大气污染是由大气污染物造成的，对人类大气环境威胁较大的主要大气污染物包括颗粒物、氮氧化物、二氧化硫和碳氢化合物等。我国近些年来发生的雾霾就是工业污染和汽车尾气等因素导致的大气中的污染物过量所致。

在大气污染防治立法方面，我国以《环境保护法》为基本法律，并以《大气污染防治法》为专门性法律对大气污染问题进行规制。《大气污染防治法》自 1988 年施行以来，历经 1995 年和 2000 年两次修订，内容不断增加，对控制我国大气污染起到很大作用。2014 年 12 月，《大气污染防治法（修订草案）》提交全国人大常委会审议，这也是该法自 2000 年以来再一次进行修订。条文从现行法律的 66 条增加到了 100 条，新增条款超过原法的一半。修订后的《大气污染防治法》，将对企业的违法行为予以更加严厉的惩罚。对于无证、超标、超总量、监测数据造假等行为，没收违法产品和违法所得并处以罚款，处以行政拘留以及责令停产、关闭等行政处罚；对于受到罚款处罚拒不改正的将实行按日计罚，取消上限限制。

我国大气污染防治的监督管理制度具体包括环境影响评价、排放申报、排放标准、总量控制、征收排污费、重点治理、清洁生产、事故应急、现场检查和大气污染监测等制度。其中在清洁生产制度中，我国对严重污染大气环境的落后生产工艺和严重污染大气环境的落后设备实行淘汰制度。就设备淘汰不当法律风险而言，我国以设备淘汰目录制的方式监督、管理安全生产设备使用、更新情况。依照相关法律规定，列入国家生产设备淘汰目录的设备、工艺，相关企业都应当及时淘汰，不得再继续使用。

二、案情介绍[①]

1997 年 3 月，原告华锋厂向永川市环保局提出建设改良焦窑厂的申请，并计划将厂址定于宝峰镇龙凤桥村六社，计划年产改良焦 5000 吨。2000 年，根据国家经济贸易委员会公开的《关于淘汰落后生产能力、工艺和产品的目录》的规定，落后生产工艺装备包括土焦工艺（含改良焦）。因此，2001 年 6 月 9 日，被告永川市人民政府以永府发〔2001〕39 号文发布《关于对我市炼焦企业下达限期关停通知》。根据国家经贸委上述文件精神，被告永川市人民政府认定华锋厂生产工艺属于淘汰工艺范围，应当将该厂于 2001 年 6 月 20 日前予以关停。原告

---

① 案情参见：北大法宝，http://www.pkulaw.cn/fulltext_form.aspx?Db=payz&Gid=117724778。

华锋厂不服该行政行为，故向重庆市第一中级人民法院提起行政诉讼。

原告华锋厂诉称：该厂是依法设立，并获得了工商、税务登记、环保等相关部门的许可。因此，被告永川市环保局不可以在没有任何事实根据的前提下，即做出关闭华锋厂的决定。此外，被告永川市环保局也未根据《中华人民共和国行政处罚法》的规定，向华锋厂说明听证程序，属于程序违法。综上，由于永川市环保局的行政行为严重侵犯了原告华锋厂的合法权益，故请求法院判决撤销该具体行政行为。

被告永川市人民政府辩称：原告华锋厂采用的改良焦生产工艺，已经属于我国明令淘汰的工艺范围，且淘汰期限是 2000 年底，即从 2001 年起，原告华锋厂所使用的生产工艺即已属于禁止采用范围。原告华锋厂在 2001 年继续以该落后的工艺进行生产，已经违反了《中华人民共和国大气污染防治法》第十九条的规定。因此，根据该法第四十九条规定，永川市人民政府做出责令停业、关闭华锋厂的决定是正确的，故请求人民法院维持被告的具体行政行为。

重庆市第一中级人民法院经审理认为，被告永川市人民政府以永府发〔2001〕39 号《关于对我市炼焦企业下达限期关停的通知》做出关停华锋焦化厂的决定属于具体行政行为，虽然永府发〔2001〕39 号文下发的是乡镇街道办事处、市级有关部门及炼焦企业，但该文件直接送达给了当事人，且对原告华锋厂权益产生了直接影响。但是，由于被告永川市人民政府对于关停原告华锋厂的决定所举相关证据不足，且其未及时履行听证告知义务，属于程序违法。

综上，根据《中华人民共和国行政诉讼法》第五十四条第（二）项第 1、3 目的规定，法院做出如下判决：

1. 撤销被告永川市人民政府 2001 年 6 月 9 日做出的关停原告永川市华锋焦化厂的具体行政行为；

2. 判决被告永川市人民政府在本判决生效后 2 个月内重新做出新的具体行政行为；

3. 本案件受理费 100 元，其他诉讼费 200 元，由被告永川市人民政府负担。

三、适用法条

《中华人民共和国环境保护法》（2014 年修订）

第三十六条　国家鼓励和引导公民、法人和其他组织使用有利于保护环境的产品和再生产品，减少废弃物的产生。

国家机关和使用财政资金的其他组织应当优先采购和使用节能、节水、节材等有利于保护环境的产品、设备和设施。

第四十条第三款　企业应当优先使用清洁能源，采用资源利用率高、污染物排放量少的工艺、设备以及废弃物综合利用技术和污染物无害化处理技术，减少污染物的产生。

第四十六条　国家对严重污染环境的工艺、设备和产品实行淘汰制度。任何单位和个人不得生产、销售或者转移、使用严重污染环境的工艺、设备和产品。

禁止引进不符合我国环境保护规定的技术、设备、材料和产品。

《中华人民共和国大气污染防治法》（2000 年修订）

第十九条　企业应当优先采用能源利用效率高、污染物排放量少的清洁生产工艺，减少大气污染物的产生。

国家对严重污染大气环境的落后生产工艺和严重污染大气环境的落后设备实行淘汰制度。

国务院经济综合主管部门会同国务院有关部门公布限期禁止采用的严重污染大气环境的工艺名录和限期禁止生产、禁止销售、禁止进口、禁止使用的严重污染大气环境的设备名录。

生产者、销售者、进口者或者使用者必须在国务院经济综合主管部门会同国务院有关部门规定的期限内分别停止生产、销售、进口或者使用列入前款规定的名录中的设备。生产工艺的采用者必须在国务院经济综合主管部门会同国务院有关部门规定的期限内停止采用列入前款规定的名录中的工艺。

依照前两款规定被淘汰的设备，不得转让给他人使用。

第四十九条 违反本法第十九条规定，生产、销售、进口或者使用禁止生产、销售、进口、使用的设备，或者采用禁止采用的工艺的，由县级以上人民政府经济综合主管部门责令改正；情节严重的，由县级以上人民政府经济综合主管部门提出意见，报请同级人民政府按照国务院规定的权限责令停业、关闭。

将淘汰的设备转让给他人使用的，由转让者所在地县级以上地方人民政府环境保护行政主管部门或者其他依法行使监督管理权的部门没收转让者的违法所得，并处违法所得两倍以下罚款。

四、案例评析

本案中，重庆市第一中级人民法院经审理确定了以下两个争议焦点：第一，被告的举证是否存在问题；第二，被告做出行政行为的程序是否合法。下面，将针对以上两个争议焦点加以评析。

针对第一个问题，重庆市第一中级人民法院认为被告永川市人民政府负有证明原告生产工艺是土焦工艺的举证责任。但是在本案中，永川市人民政府仅提供了一份关于原告在1997年申请办厂时陈述其生产工艺系土焦工艺的证据，该证据无法证明原告当前的生产工艺是否仍为土焦工艺，故被告永川市人民政府在认定原告华锋厂现采用土焦工艺生产的证据不足。此外，被告永川市人民政府提交了四位高级工程师对于原告生产工艺的鉴定意见，但由于该意见是在被告做出具体行政行为后才做出的，所以被告永川市人民政府违反了"先取证、后裁决"的原则，该鉴定意见无法作为支持被告行政行为的证据。综上，本案的被告永川市人民政府确实存在证据不足、举证不合法的举证问题。

就被告做出行政行为的程序是否合法而言，本案中被告永川市人民政府做出的"责令停产停业"，性质上属于行政处罚。因此，永川市人民政府应当根据《中华人民共和国行政处罚法》的相关规定，告知当事人具有听证权利。由于本案中被告永川市人民政府在做出处罚决定时，没有告知原告华锋厂的听证权利，故其属于程序违法。

五、拓展思考

根据我国《环境保护法》的规定，我国境内的一切单位和个人都有保护环境的义务。因此，企业在安全生产过程中，必须将环境保护作为重点关注问题予以重视。由于设备淘汰问题又是企业安全生产必须面对与解决的问题，故政府为了鼓励企业积极履行落后生产设备淘汰义务，实施了相应的激励与惩罚措施。

就政府激励措施而言，一方面，我国大力支持、鼓励环保产业发展，推动环境技术研究，为全国环保设备研发、生产提供了发展态势良好的大环境，为企业进行环保设备使用、更新创造条件；另一方面，我国《环境保护法》明确规定了，政府应当依法采取财政、税收、价格、政府采购等方面的政策和措施，对于已符合污染物排放法定标准，但仍进一步减排的企业、单位进行鼓励和支持。因此，我国环境政策法律制度为企业积极进行淘汰设备更换提供了动力，易于调动企业参与的积极性。

就政府惩罚措施而言，我国法律法规规定了企业如未能依法淘汰设备的，企业及其相关负责人都要受到处罚：一方面，企业将会依法面临限期改正、罚款、责令停产停业整顿的处罚；另一方面，相关责任人也将依法受到处分、罚款的处罚；必要时，还将被追究刑事责任。

周富启诉郄献锋大气污染责任纠纷案

一、核心知识点

（一）举证责任

举证责任，是指在民事诉讼过程中，相关当事人具有依法向法院提供相应证据以证明其主张的责任。根据法律规定或特定情况下的法官裁量，原告与被告分别负有对不同法律事实提供证明的举证责任。

在环境侵权损害赔偿案件中，举证责任是在加害者与受害者之间分配的。其中，对于侵害行为与损害结果的证明责任分配较为明确，而对于二者是否存在因果关系的证明责任分配则较不确定。

（二）举证责任倒置

举证责任倒置，是指依法明确双方当事人举证责任后，将本应由主张权利的一方当事人承担的证明责任，改为由否认权利的另一方当事人就该事实不存在进行举证。之所以会允许举证责任倒置的存在，主要是综合考量了证据距离、举证能力、证据妨碍、立法宗旨等因素。

具体而言，举证责任倒置的内涵主要体现在以下几个方面：第一，举证责任倒置是对一般举证责任的部分修订，是证明责任的二次分配；第二，举证责任倒置必须是经法律明确规定的；第三，举证责任倒置是诉讼结果意义上的责任；第四，举证责任倒置将可能使得当事人在事实真伪难辨时转移败诉风险。

二、案情介绍①

2013 年，河南省的周富启因其果园内果树受到郄献锋的古泉山砖窑厂排放的有害气体污染，使得其果园内的果树受损、幼果脱离，所以周富启依法将郄献锋起诉至河南省遂平县人民法院。河南省遂平县人民法院依法受理此案。

原告周富启诉称，其有一处占地为 2.3 亩的果园。其中，种植杏树共 75 棵、柿树共 15 棵，都处于盛果期。因其果园与被告的古泉山砖窑厂距离较近，果树受到了该厂生产、经营过程中排放的有害气体的严重污染，使得果树枝叶枯黄、幼果全部脱落，进而使得果园完全无收益。前两年，经其与砖窑厂经营人协商，砖窑厂经营人均同意给予原告适当的经济赔偿。今年该砖窑厂由被告接手经营，但是当周富启向被告要求赔偿时，遭到了被告的拒绝。因此，周富启请求法院判处被告赔偿因砖窑厂污染行为而对其果园造成的经济损失，共计人民币 15000 元。

被告郄献锋辩称：原告周富启就砖窑厂污染果树的情况已经向村、乡、县有关部门反映。

---

① 案情参见：北大法宝，http://pkulaw.cn/fulltext_form.aspx?Db=pfnl&EncodingName&Gid=119713003& Search_Mode&keyword。

经相关部门审查，发现其园内果树生长状况良好，果实累累，并有进行现场拍照记录。此外，在果子成熟后，原告有找过十多人帮忙采摘，出售杏几千斤，所以并未存在原告所称的污染落果现象。2013 年 5 月，经相关部门对砖厂附近的小麦进行测查，发现测查小麦的产量高于平均亩产，故认定砖窑厂的生产、经营活动并未对小麦造成影响。以前砖窑厂的经营者对原告进行赔偿，是因为前两年砖窑厂未配备脱硫设备，所以可能会有一定的污染问题。不过，在 2012 年砖窑厂已安装脱硫设备，且经环保部门检测排放物已经达到环保标准。

河南省遂平县人民法院经审理查明，上述事实均属实。最终，河南省遂平县人民法院认为，被告郑献锋作为砖窑厂的经营者，其生产过程中会对环境造成污染，所以被告郑献锋应当对砖窑厂的生产不会对果树的生长产生不利影响进行举证，即举证责任发生倒置。由于被告郑献锋提供的相关证据不足，无法证明其生产经营所产生的污染不会对果树产生不利影响，所以被告郑献锋需要对原告的果树损失承担一定赔偿责任。

综上，根据《中华人民共和国侵权责任法》第六十六条、最高人民法院《关于民事诉讼证据的若干规定》第二条的规定，人民法院做出如下判决：

1. 被告郑献锋于本判决生效之日起十日内赔偿原告周富启经济损失 5000 元。
2. 驳回原告周富启其余部分的诉讼请求。

如果未按本判决指定的期间履行给付金钱的义务，应当依照《中华人民共和国民事诉讼法》第二百五十三条之规定，加倍支付迟延履行期间的债务利息。

3. 案件受理费 175 元，由被告郑献锋负担。

三、适用法条

《中华人民共和国侵权责任法》（2009 年颁布）

第六十六条　因污染环境发生纠纷，污染者应当就法律规定的不承担责任或者减轻责任的情形及其行为与损害之间不存在因果关系承担举证责任。

《最高人民法院关于民事诉讼证据的若干规定》（法释〔2001〕33 号）

第四条　下列侵权诉讼，按照以下规定承担举证责任：

……

（三）因环境污染引起的损害赔偿诉讼，由加害人就法律规定的免责事由及其行为与损害结果之间不存在因果关系承担举证责任。

四、案例评析

在本案中，河南省遂平县人民法院经审理认为，本案双方当事人的争议焦点是砖窑厂的生产经营活动是否会对果树生长产生不利影响。由于砖窑厂的生产经营活动需要经过环保部门检测并获得许可，且其生产过程中也会产生环境污染物，所以根据相关环境法律规定，作为砖窑厂经营者的被告郑献锋，依法负有对砖窑厂的生产经营活动不会对果树生长产生不利影响的举证责任（该处发生举证责任倒置的情况）。

本案中，被告郑献锋向法庭提供了一份《遂平县花庄乡古泉村砖窑厂周边小麦产量田间现场鉴定书》，以期证明其对果树减产不应负责。但是，由于该鉴定书的出具部门并不具备鉴定资质，且该鉴定书并不是针对果树生长而做出的鉴定，故该证据并不具有关联性，不能够以此推断出砖窑厂的生产不会对果树生长产生不利影响。

综上，本案被告提供的相关证据不足，无法证明其生产经营活动所产生的污染物不会对果树产生不利影响，所以河南省遂平县人民法院最终做出被告郑献锋需要对原告的果树损失承担一定赔偿责任的判决是合法、合理的。

五、拓展思考

随着我国《民事诉讼法》《环境保护法》等法律的逐步完善，环境公益诉讼制度在我国正在逐渐建立。不过，由于目前我国关于环境公益诉讼制度的程序性规定较少、缺乏证据规则，且环境公益诉讼与一般环境侵权诉讼存在一定差异，所以对于环境公益诉讼是否同样适用举证责任倒置，需要我们予以进一步关注与思考。

（一）环境公益诉讼举证责任倒置实践情况

目前，在法律层面，我国《侵权责任法》《水污染防治法》《固体废物污染环境防治法》等法规仅对一般环境侵权的举证责任分配给予了规定，但是这些法规都未涉及环境公益诉讼的举证责任分配问题。

因此，我国各省的相关法院，尤其是环保法庭，为解决实践中环境公益诉讼的举证责任分配问题，创设了一系列地方性规范以指导相关环境公益诉讼举证责任的分配。例如，2011年3月，云南省玉溪市中级人民法院与玉溪市人民检察院实施的《关于办理环境资源民事公益诉讼案件若干问题的意见（试行）》规定了"环境资源民事公益诉讼案件的侵权行为与损害后果之间的因果关系由被告承担举证责任"；2011年7月，海南省高级人民法院发布的《关于环境资源民事公益诉讼试点的实施意见》也指出，"环境公益诉讼案件的原告对污染损害行为、污染损害事实承担举证责任。环境公益诉讼案件的被告应当就法律规定不承担责任或者减轻责任的情形及行为与污染损害后果之间不存在因果关系承担举证责任"。

通过上述规定与具体实践，我们可以发现当前我国环境公益诉讼的举证责任分配，仍参照一般环境侵权案件的举证责任分配做法，实行举证责任倒置的分配原则。

（二）关于环境公益诉讼是否适合适用举证责任倒置原则的思考

关于环境公益诉讼是否适合适用举证责任倒置原则这一问题，我们认为可以从环境公益诉讼举证责任倒置是否满足举证责任设立基础与是否符合诉讼公正要求这两个方面来考察。

一方面，就其是否满足举证责任设立基础而言，举证责任倒置原则的设立，是以证据距离、举证能力、证据妨碍、立法宗旨等多种因素为基础的。但是由于环境公益诉讼较之一般环境侵权诉讼，在起诉目的、诉讼主体、救济请求、受益主体等方面都存在着特殊性，使得环境公益诉讼主体在诉讼地位与举证能力方面，较一般环境侵权诉讼的起诉主体而言更具有优越性。因此，上述存在于一般环境侵权诉讼中的举证责任分配的问题，在环境公益诉讼中得到了一定程度上的弱化，并且使得环境公益诉讼中原、被告双方的举证能力差距也被缩小，所以在环境公益诉讼中一律适用举证责任倒置原则并不适合。

另一方面，就其是否符合诉讼公正要求而言，从环境公益诉讼原告角度，环保行政机关、环境公益诉讼组织、检察机关等起诉主体，其实际的诉讼与举证能力与被告相差无几，可以达到法律追求的公平效果，所以若继续引用举证责任倒置原则，将可能会打破该诉讼平衡，产生不公平的问题；从环境公益诉讼被告角度，其既需要与国家机关、环保公益组织周旋，又需要在冗长的环境公益诉讼中维持生产经营，若此时再增加其举证责任，显然有失公平。这一问题在加害人是中小企业的案例中尤为明显。

综上，我们认为在环境公益诉讼中，不能简单地参照一般环境侵权案件适用举证责任倒置原则。对于环境公益诉讼的举证责任分配制度的构建，我们需要考虑多重因素。

王存合诉吉林市腾达实业有限责任公司环境污染损害赔偿纠纷案

一、核心知识点

（一）归责原则

归责原则，是指根据客观事实确定法律责任归属问题所依据的准则，是确定责任的基础和标准。一般而言，我国侵权相关归责原则主要有过错责任原则、推定过错责任原则、无过错责任原则和结果责任原则。其中，对于环境侵权的归责原则，则主要是过错责任原则与无过错责任原则。

目前，世界各国对于环境侵权归责原则的适用，大致可以分为"一元论"和"二元论"两类，即坚持"一元论"的国家，主张其境内所有的环境侵权问题均适用无过错责任原则；坚持"二元论"的国家，则对于其境内的环境侵权问题，同时适用过错责任原则和无过错责任原则。根据我国相关环保法律规定，我国当前环境侵权归责原则采取的是"一元论"。

（二）无过错责任原则

1982 年，我国在《海洋环境保护法》中首次提出了环境侵权的无过错责任原则；1984 年，我国颁布实施的《水污染防治法》进一步明确了环境侵权无过错责任的立法模式，为后期的《大气污染防治法》《环境保护法》等所效仿；2009 年，《侵权责任法》则首次在民事立法层面对环境侵权无过错责任原则加以规定；2015 年 6 月 3 日实施的《最高人民法院关于审理环境侵权责任纠纷案件适用法律若干问题的解释》中，进一步明确指出"因污染环境造成损害，不论污染者有无过错，污染者应当承担侵权责任"。

目前，我国理论界对于无过错责任原则的概念存在一定争议。概括而言，无过错责任原则，又可称作"无过失责任原则"，是指在发生损害后，并不以行为人是否具有主观过错为要件，而以损害后果为判断标准的归责原则。由此可知，环境损害赔偿的无过错责任原则，则是指环境法的相关主体，在其环境开发、利用行为产生人身或财产损害结果后，不考虑其主观过错，而直接依法承担相应损害赔偿责任。

理论上，无过错责任原则一般需要具备以下三个要件：第一，损害责任承担并不以加害人具有主观过错为要件，即加害人无法以其无过错为由而得到免责；第二，无过错责任原则以侵害行为、损害后果及二者间因果关系为构成要件，并不必然要求行为具有违法性；第三，无过错责任原则的责任承担必须是法律明文规定的。

二、案情介绍①

2004 年，原告王存合表示由于被告吉林市腾达实业有限责任公司（以下简称腾达公司）排污行为造成其种植的葡萄被污染而减产。因此，王存合以环境污染损害赔偿纠纷为由，将腾达公司起诉至吉林省吉林市龙潭区人民法院。吉林省吉林市龙潭区人民法院依法受理此案。

原告王存合诉称：2004 年 7 月 25 日至 26 日期间，被告腾达公司排放的有害气体二氧化硫，使得原告所种植的葡萄被污染并减收，造成直接经济损失 480.6 元。此外，原告进行了作物受害情况鉴定，共计支付鉴定费 500 元，交通费 100 元。因此，其请求法院依法判令被告停止侵害行为，赔偿原告上述损失，并承担本案的诉讼费。

被告腾达公司辩称：腾达公司的二氧化硫排放是通过了我国环境影响专项评价的认定的。2004 年 7 月，其一直都属于正常生产，并未出现过泄露二氧化硫或二氧化硫排放超标的情况。因此，原告的损害并不是由我公司导致的。此外，本案中的吉林市农业环境事故鉴定书系原告单方委托，且该鉴定书最终得出的"农作物受害原因是二氧化硫气体污染造成的"这一结论，缺乏科学检测、论证过程，不具有科学依据，属于人为推定。综上，被告认为腾达公司赔偿原告作物减产的损失并无依据，所以请求法院依法驳回原告的诉讼请求。

吉林省吉林市龙潭区人民法院经过听取原、被告陈述，并分析、认定本案证据，确认了以下事实：

被告腾达公司是生产硫酸的化工企业，其在生产、经营过程中，向空气排放的尾气成分是二氧化硫。2004 年 7 月，腾达公司一直在进行生产。2004 年 7 月 24 日，腾达公司在生产中发生了吸塔分酸器上酸管法兰垫漏的情况；同年 7 月 26 日，腾达公司出现酸泵密封处有轻微漏点的现象；7 月 27 日，酸泵发生漏酸问题。

原告王存合的受害耕地，位于腾达公司北侧 400～600 米范围内。2004 年 7 月 26 日起，王存合耕地内种植的葡萄发生叶片叶肉褪色、干枯、叶缘上卷，甚至脱落的问题。

在原告王存合耕地旁边、腾达公司的附近，另有一家生产元钢的企业，即吉林市兴达钢厂。2004 年 7 月 26 日，其发现厂内有酸雾及从南部飘来的硫磺气味，进而导致厂内工人无法休息，且需要佩戴口罩。同年 7 月 27 日，其向吉林市龙潭区环保局报案。龙潭区环保局监察大队派人去现场查勘，因对农作物不了解，故建议农民去吉林市农业环保监测站进行鉴定。

此外，经调查，2004 年 7 月 25 日 2 时至 7 月 26 日 18 时，风向分别为静风、西南风、南南东风、东南东风、静风、南东风，且风速较小。

吉林省吉林市龙潭区人民法院经审理认为：被告腾达公司由于生产、经营活动而向空气排放了有害气体二氧化硫，实施了环境污染行为，进而对原告造成了损害的情况客观存在。同时，在庭审过程中，被告并未提供充分、有效的证据以证明其具有法定免责事由，也没有证明其行为与原告的损害结果之间不存在因果关系。因此，对于原告所遭受的损害，被告应当承担赔偿责任。

综上，吉林省吉林市龙潭区人民法院表示对于原告合理的诉讼请求予以支持；对于原告主张交通费 100 元及要求被告停止侵害的诉求，由于其没有向法院提供相关证据，故不予支持。

---

① 案情参见：北大法宝，http://www.pkulaw.cn/case/pfnl_117526311.html?match=Exact。

最终，吉林省吉林市龙潭区人民法院依照《中华人民共和国大气污染防治法》第六十二条第一款，《最高人民法院关于民事诉讼证据的若干规定》第二条、第四条第三款的规定，做出如下判决：

1. 被告吉林市腾达实业有限责任公司于本判决书生效后 10 日内，赔偿原告王存合农作物受害所遭受的经济损失及鉴定费损失合计 980.6 元。

2. 驳回原告王存合的其他诉讼请求。

3. 诉讼费 390 元，由被告吉林市腾达实业有限责任公司承担。

三、适用法条

《中华人民共和国环境保护法》（2014 修订）

第六十四条　因污染环境和破坏生态造成损害的，应当依照《中华人民共和国侵权责任法》的有关规定承担侵权责任。

第六十六条　提起环境损害赔偿诉讼的时效期间为三年，从当事人知道或者应当知道其受到损害时起计算。

《中华人民共和国大气污染防治法》（2000 修订）

第六十二条　造成大气污染危害的单位，有责任排除危害，并对直接遭受损失的单位或者个人赔偿损失。

赔偿责任和赔偿金额的纠纷，可以根据当事人的请求，由环境保护行政主管部门调解处理；调解不成的，当事人可以向人民法院起诉。当事人也可以直接向人民法院起诉。

《中华人民共和国侵权责任法》（2009 年颁布）

第六十五条　因污染环境造成损害的，污染者应当承担侵权责任。

《最高人民法院关于审理环境侵权责任纠纷案件适用法律若干问题的解释》（法释〔2015〕12 号）

第一条　因污染环境造成损害，不论污染者有无过错，污染者应当承担侵权责任。污染者以排污符合国家或者地方污染物排放标准为由主张不承担责任的，人民法院不予支持。

污染者不承担责任或者减轻责任的情形，适用《海洋环境保护法》《水污染防治法》《大气污染防治法》等环境保护单行法的规定；相关环境保护单行法没有规定的，适用侵权责任法的规定。

第七条　污染者举证证明下列情形之一的，人民法院应当认定其污染行为与损害之间不存在因果关系：

（一）排放的污染物没有造成该损害可能的；

（二）排放的可造成该损害的污染物未到达该损害发生地的；

（三）该损害于排放污染物之前已发生的；

（四）其他可以认定污染行为与损害之间不存在因果关系的情形。

四、案例评析

本案中，吉林省吉林市龙潭区人民法院经充分听取原、被告双方的主张，确定了以下两个主要争议焦点：第一，被告是否实施了污染环境的行为，是否存在损害事实；第二，被告生产、排污行为与原告所受损害之间是否存在因果关系。

对于第一个争议焦点，我们需要从事实与法律两个方面考察。一方面，根据上述证据，2004 年 7 月 24 日至 7 月 27 日腾达公司存在漏酸的问题，且原告王存合存在葡萄减产受损的事实，所以在客观事实方面存在环境污染行为和损害事实；另一方面，被告虽属于正常生产，且二氧化硫的排放并未超标，但是根据我国相关环保法规的规定，即使企业排污行为合法，其同样也可能会导致损害结果，而有损害就需要进行相应补偿救济。因此，法院对于腾达公司以此作为免责事由不予认可的决定是合法、合理的。

对于第二个争议焦点，被告腾达公司试图以案发时风速小、气温高，故不利于二氧化硫的扩散来证明其排污行为与损害结果间不存在因果关系。不过，法院根据二氧化硫有不易挥发的特性，故认为风速小、气温高更不利于其扩散，更易使其累积为由，结合案发时具体情况，认定该证据证明力不足，无法否定被告排污行为与损害结果间存在因果关系。同时，由于被告无法提供其他证明其污染行为与损害结果间不存在因果关系的证据，故法院依法认定其污染行为与损害结果间存在因果关系，需要对损害结果负责。

五、拓展思考

为了避免过分加重环境污染者的环境侵权责任，我国在坚持适用环境侵权无过错责任原则的同时，规定了环境污染者免责事由。根据我国相关法律规定，我国无过错责任的免责事由主要包括不可抗力、受害人过错和第三人过错。上述三个免责事由适用于一般民事侵权行为，但是由于环境侵权属于一种特殊的民事侵权行为，所以上述三个无过错责任的免责事由是否同样适用于环境侵权问题值得我们予以进一步研究。

（一）关于不可抗力的免责适用

不可抗力，是指无法预见、避免与克服的客观情况。虽然 2014 年修订的《环境保护法》将原法的第四十一条第三款关于不可抗力免责的规定删去，仅在第六十四条规定了对于环境侵权行为应当根据我国《侵权责任法》的有关规定承担侵权责任，但是我国在《大气污染防治法》《海洋环境保护法》等单行环保法规中仍对不可抗力作为免责事由加以规定。

不过，单行环保法规中对于不可抗力作为免责事由的要求，较之《侵权责任法》的相关规定而言，更为严格。一方面，单行环保法规对于不可抗力的范围仅限定在自然灾害、战争，所以环境侵权免责的不可抗力范围较小；另一方面，单行环保法规对于不可抗力免责的适用要求更严，即不仅需要客观存在因不可抗力造成环境损害的事实，还需要行为人"及时采取合理措施，仍然不能避免"后，才能成为环境侵权的免责事由。

（二）关于受害人过错的免责适用

根据我国《民法通则》第一百三十一条的规定，对于损害的发生受害人存在过错的，可以依此减轻侵害人的民事责任。因此，对于一般民事侵权责任，受害人过错可以成为免责事由。受害人过错可以被进一步分为受害人故意和受害人过失。下面将以此分类阐述受害人过错在环境侵权损害赔偿方面的适用情况。

就因受害人故意而造成的环境侵权而言，由于受害人明知自己的行为将导致损害后果发生，但是其希望或放任该结果的发生，故一般情况下，受害人应对环境侵权损害结果负责，而免除致害人的相关责任。例如，我国《水污染防治法》第八十五条即规定了"水污染损害是由受害人故意造成的，排污方不承担赔偿责任"。

就因受害人过失而造成的环境侵权而言，由于无过错责任原则将防止环境侵权损害后果发生的责任大部分转移给加害人，所以对于受害人的过失行为，我们认为其一般无法成为加害人的免责事由；仅在受害人存在重大过失时，可能会成为减轻加害人赔偿责任的条件。例如，我国《水污染防治法》第八十五条第三款规定的"水污染损害是由受害人重大过失造成的，可以减轻排污方的赔偿责任"。

（三）关于第三人过错的免责适用

根据我国《侵权责任法》第六十八条规定："因第三人的过错污染环境造成损害的，被侵权人可以向污染者请求赔偿，也可以向第三人请求赔偿。污染者赔偿后，有权向第三人追偿。"《水污染防治法》第八十五条第四款也规定："水污染损害是由第三人造成的，排污方承担赔偿责任后，有权向第三人追偿。"因此，我们可以发现在环境侵权损害赔偿方面，第三人过错并不能当然成为加害人免责事由，加害人仍需要与第三人承担不真正连带责任。

泰州 1.6 亿元天价环境公益诉讼案

一、核心知识点

（一）环境公益诉讼

环境公益诉讼，是指公民、企事业单位、社会团体等社会成员，为维护环境公共利益不受损害，对已经损害社会公共利益或者具有损害社会公共利益重大风险的污染环境、破坏生态的行为提起诉讼。

环境公益诉讼具有其独有的特性，具体包括：第一，环境公益诉讼发起人的广泛性，理论上应包括自然人、社会组织、行政机关等；第二，环境公益诉讼起诉事由违法性，这包括已经发生或者潜在可能侵犯环境公共利益的违法行为；第三，环境公益诉讼目的特定性，即环境公益诉讼的目的是维护环境公共利益；第四，环境公益诉讼功能预防补救性，其是指只要可以客观、合理判断出环境违法行为可能会造成社会公共利益损害，即可提起诉讼，故在一定程度上可以避免危害结果发生。

根据提起环境公益诉讼主体的不同，可以将环境公益诉讼大致分为：由公民作为原告发起的环境公益诉讼、由环境资源主管机关发起的环境公益诉讼、由检察机关发起的环境公益诉讼和由社会公益组织发起的环境公益诉讼四类。目前，我国尚未承认公民个人作为原告发起环境公益诉讼的主体资格。

（二）环保非政府组织

环保非政府组织（Environmental Non-Governmental Organizations，ENGO），是指以保护环境、解决特定环境问题为目标，具有组织章程和民主决策程序的非营利性的社会团体。目前，根据发起主体不同，我国环保非政府组织可以分为政府发起的环保非政府组织、学校社团环保非政府组织、国际环保组织驻华机构等。

环保非政府组织在推动公众参与环境保护、应对环境突发事件、参加环境政策制定、参与环境公益诉讼等方面具有积极作用。其中，就参与环境公益诉讼而言，环保非政府组织可以为环境公益诉讼提供资金保障、法律援助、专业知识等。

二、案情介绍[①]

江苏常隆农化有限公司（以下简称常隆公司）、泰兴锦汇化工有限公司（以下简称锦汇公司）、泰兴市富安化工有限公司（以下简称富安公司）、江苏施美康药业股份有限公司（以下简称施美康公司）、泰兴市申龙化工有限公司（以下简称申龙公司）、泰兴市臻庆化工有限公司（以下简称臻庆公司）系在泰兴市经济开发区内从事化工产品生产的企业，在化工产品

---

① 案情参见：中国法院网，http://www.chinacourt.org/article/detail/2015/01/id/1529292.shtml。

生产过程中会产生副产盐酸、对羟基苯甲醚催化剂废硫酸、丁酸、二氧化硫、氯乙酰氯、氨基油尾气吸收液（以下简称副产酸）。同时，江苏省的泰兴市江中化工有限公司（以下简称江中公司）、泰兴市祥峰化工贸易有限公司（以下简称祥峰公司）、泰兴市鑫源化工贸易有限公司（以下简称鑫源公司）、泰兴市全慧化工贸易有限公司（以下简称全慧公司）分别成立于 2004 年至 2011 年期间，其经营范围分别包括危险化学品、化工原料批发、零售等，均领取《危险化学品经营许可证》，但没有固定组织机构和人员，没有处理废酸等危险废物的经营许可证。

2011 年 1 月 1 日，锦汇公司与江中公司签订工矿产品购销合同，约定每月向江中公司提供副产酸 800 吨，价格随行就市。2011 年 12 月至 2013 年 3 月，江中公司戴卫国等人至锦汇公司提取副产酸 8224.57 吨，锦汇公司每吨补贴给江中公司 20 元。此外，在 2012 年 6 月 20 日和 2013 年 1 月 1 日，常隆公司分别与江中公司签订了两份工业品买卖合同，约定常隆公司以每吨 1 元的价格向江中公司出售 2 万吨副产酸，并由买受方承担运输费。2012 年 6 月至 2013 年 3 月，江中公司法定代表人戴卫国等人至常隆公司提取副产酸 17598.92 吨，常隆公司每吨补贴给江中公司 45 元。案发时，江中公司戴卫国等人已经将从上述两公司提取的副产酸中的 17143.86 吨倾倒至如泰运河、古马干河。2012 年 8 月、9 月，富安公司也以每车补贴 1500～2000 元的价格将 18 车副产酸，共计 216 吨，交给江中公司的戴卫国、姚雪元处置。后来，戴卫国、姚雪元等人也将上述副产酸倾倒至如泰运河、古马干河。

申龙公司于 2012 年年初起，分别以每吨补贴 20 元、30 元、50 元的价格将 691.64 吨、3755.35 吨、300 吨副产酸交给曹海锋、全慧公司王长明及丁劲光处置。后来，曹海锋、王长明、丁劲光等人将上述 4746.99 吨副产酸倾倒至如泰运河。此外，2012 年 8 月，臻庆公司以每吨补贴 20 元的价格将 50 吨副产酸也交给全慧公司王长明处置。随后，王长明等人将上述副产酸倾倒至如泰运河。

2012 年 9 月 15 日，常隆公司又同祥峰公司签订工业品买卖合同，约定常隆公司以每吨 1 元的价格向祥峰公司出售 2 万吨副产酸，并由买受方承担运输费。后祥峰公司法定代表人丁劲光等人至常隆公司提取副产酸 505.94 吨，常隆公司每吨补贴给祥峰公司 40 元。丁劲光等人将上述副产酸倾倒至如泰运河。

2012 年 10 月至 2013 年 2 月期间，施美康公司以每吨补贴 100 元的价格将 2686.68 吨副产酸交给鑫源公司处置，鑫源公司法定代表人蒋巧红又将副产酸交江中公司戴卫国、姚雪元运输处置。随后，戴卫国、姚雪元等人又将上述副产酸倾倒至如泰运河、古马干河。

综上，为追究上述公司的环境违法责任，2014 年 8 月，泰州市环保联合会将这 6 家化工企业诉至江苏省泰州市中级人民法院，并提出了 1.64 亿元的天价索赔。

泰州市环保联合会一审诉称：2012 年 1 月至 2013 年 2 月间，常隆公司、锦汇公司、施美康公司、申龙公司、富安公司、臻庆公司违反国家环境保护法律和危险废物管理规定，将其生产过程中所产生的废盐酸、废硫酸等危险废物总计 25934.795 吨（其中：常隆公司废盐酸 12561.785 吨、锦汇公司废盐酸 5673.339 吨、施美康公司废盐酸 2686.68 吨、申龙公司废盐酸 4746.99 吨、富安公司废硫酸 216 吨、臻庆公司废硫酸 50 吨），以支付每吨 20～100 元不等的价格，交给无危险废物处理资质的主体偷排进泰兴市如泰运河、泰州市高港区古马干河，导致水体严重污染，造成重大环境损害，需要进行污染修复。根据江苏省环境科学学会〔2014〕苏环学鉴字第 140401 号《泰兴市 12.19 废酸倾倒事件环境污染损害评估技术报告》（以下简称《评估技术报告》）鉴定意见，常隆公司等六家公司在该污染事件中违法处置的危险废物在合法处置时应花费的成本（虚拟治理成本）合计 36620644 元，其中常隆公司 18939279 元，锦汇公司 9470108 元，施美康公司 1880676 元，申龙公司 5878957 元，富安公司 378931 元，臻庆公司 72693 元。根据环境保护部《关于开展环境污染损害鉴定评估工作的若干意见》（环发〔2011〕60 号）的附件《环境污染损害数额计算推荐方法》（以下简称《推荐方法》）第 4.5 条的规定，应当以虚拟治理成本为基数，按照 4.5 倍计算污染修复费用。上述虚拟治理成本按 4.5 倍计算后的污染修复费用分别为：常隆公司 85226755.5 元，锦汇公司 42615486 元，施美康公司 8463042 元，申龙公司 26455306.5 元，富安公司 1705189.5 元，臻庆公司 327118.5 元。请求判令常隆公司、锦汇公司、施美康公司、申龙公司、富安公司、臻庆公司赔偿上述费用用于环境修复并承担本案的鉴定评估费用（10 万元）和诉讼费。

支持起诉机关泰州市人民检察院认为：该院依职权发现，2012 年 1 月至 2013 年 2 月间，常隆公司、锦汇公司、施美康公司、申龙公司、富安公司、臻庆公司违反法律规定，以每吨补贴 20 至 100 元不等的费用提供副产酸给无危险废物处理资质的主体偷排于如泰运河、古马干河，导致水体严重污染，损害社会公共利益。根据《中华人民共和国民法通则》第一百二十四条、《中华人民共和国侵权责任法》第六十五条、《中华人民共和国环境保护法》第四十一条第一款、《中华人民共和国水污染防治法》第八十五条第一款、《中华人民共和国固体废物污染环境防治法》第八十四条第一款、第八十五条、第八十九条的规定以及环境保护部《关于开展环境污染损害鉴定评估工作的若干意见》的规定，常隆公司等六家公司应当承担水污染损害赔偿责任。泰州市环保联合会对常隆公司等六家公司提起民事公益诉讼请求赔偿损失，符合法律规定。

常隆公司等六家公司在一审中答辩称：（一）泰州市环保联合会不具有诉讼主体资格。新修订的《中华人民共和国环境保护法》第五十八条规定专门从事环境保护公益活动连续五年以上且无违法记录的社会组织才可以向法院提起诉讼。泰州市环保联合会成立时间尚不满一年，不具有诉讼主体资格。（二）常隆公司等六家公司生产的副产酸并非危险废物，而是依法生产经营的产品。泰州市江中化工有限公司（以下简称江中公司）、泰兴市祥峰化工贸易有限公司（以下简称祥峰公司）、泰兴市鑫源化工贸易有限公司（以下简称鑫源公司）、泰兴市全慧化工贸易有限公司（以下简称全慧公司）等四家公司具备购买副产酸的资格，购买前均经过公安部门备案。常隆公司等六家公司的生产销售行为合法，且对江中公司等单位倾倒副产酸之事并不知情，故环境污染与常隆公司等六家公司无法律上的因果关系。（三）江苏省环境科学学会出具的《评估技术报告》无鉴定人签名，未见其鉴定资质，没有严格执行国标 GB2085 系列标准，将涉案副产酸鉴定为废物的程序不合法。（四）如泰运河、古马干河水质已经恢复，无需再通过人工干预措施进行修复，泰州市环保联合会根据虚拟治理成本计算损失没有事实依据。（五）泰州市环保联合会起诉的常隆公司、锦汇公司、施美康公司、申龙公司、富安公司被倾倒的副产酸数量与证据明显不符。富安公司还辩称该公司已经改进工艺，以树脂代替原工艺中的浓硫酸作为催化剂，生产中已无废硫酸产生。常隆公司等六家公司请求驳回泰州市环保联合会的诉讼请求。

江苏省泰州市中级人民法院除查明上述公司生产资质和非法倾倒废酸的相关事实经过外，还查明如下内容：

第一，泰州市环保联合会于 2014 年 2 月 25 日经泰州市民政局批准设立，系接受泰州市环境保护局指导的非营利性社团组织，其业务范围包括提供环境决策建议、维护公众环境权益、开展环境宣传教育、政策技术咨询服务等。

　　第二，2010 年、2011 年泰州市环境保护局环境质量年报载明：如泰运河、古马干河水质均为Ⅲ类。泰兴市环境监测站 2013 年 1 月 14 日对如泰运河水质采样监测结果为：如泰运河瑞和码头高锰酸盐指数、化学需氧量、氨氮、总磷监测结果分别超标 0.57 倍、0.65 倍、6.93 倍、17.4 倍；瑞和码头向西 300 米化学需氧量、氨氮、总磷监测结果分别超标 0.05 倍、0.19 倍、2.11 倍；新浦大桥前码头高锰酸盐指数、化学需氧量、氨氮监测结果分别超标 0.02 倍、0.55 倍、1.68 倍；三星化工码头高锰酸盐指数、化学需氧量、氨氮、总磷监测结果分别超标 0.05 倍、0.45 倍、0.98 倍、3.42 倍；全慧化工码头高锰酸盐指数、化学需氧量、氨氮、总磷监测结果分别超标 0.05、0.45 倍、3.12 倍、9.85 倍。泰兴市环境监测站 2013 年 2 月 22 日对古马干河水质采样监测结果为：古马干河永兴港务码头西侧第一塔吊下向西 500 米永安大桥下 PH=4.31，偏酸性，氨氮、挥发酚、化学需氧量监测结果分别超标 1.74 倍、4.94 倍、2.65 倍；古马干河永兴港务码头西侧第一塔吊下向东 2000 米马甸闸西氨氮、化学需氧量监测结果分别超标 0.90 倍、0.85 倍。江苏省环境保护厅于 2013 年 9 月 10 日向泰兴市环境保护局出具《关于对泰兴市环境监测数据认可的函》，认可泰兴市环境监测站出具的相关监测数据符合国家和省环境监测质量管理体系及相关技术规范要求。

　　第三，受泰州市人民检察院、泰州市环境保护局委托，江苏省环境科学学会于 2014 年 4 月出具《评估技术报告》，载明消减倾倒危险废物中酸性物质对水体造成的损害需要花费 2541.205 万元；正常处理倾倒危险废物中的废酸需要花费 3662.0644 万元，根据常隆公司等六家公司副产酸的不同浓度，常隆公司每吨需花费 1507.69 元、锦汇公司每吨需花费 1669.23 元、施美康公司每吨需花费 700 元、申龙公司每吨需花费 1238.46 元、富安公司每吨需花费 1754.31 元、臻庆公司每吨需花费 1453.85 元。专家辅助人东南大学能源与环境学院吕锡武教授在庭审中发表意见认为，向水体倾倒危险废物的行为直接造成了区域生态环境功能和自然资源的破坏，无论是对长江内河水生态环境资源造成的损害进行修复，还是将污染引发的风险降至可接受水平的人工干预措施所需费用，均将远远超过污染物直接处理的费用；由于河水的流动和自我净化，即使倾倒点水质得到恢复，也不能因此否认对水生态环境曾经造成的损害。

　　因此，基于本案相关案件事实和我国相关法律规定，针对被告人提出的争议，江苏省泰州市中级人民法院认为：

　　第一，泰州市环保联合会作为依法成立的参与环境保护事业的非营利性社团组织，为保护水生态环境和维护公众环境权益，有权提起环境民事公益诉讼。

　　第二，常隆公司等六家公司将这些副产酸交给无处置资质和能力的江中公司等单位处置，并且所支付款项远不足以承担正常无害化处理上述危险废物的费用，导致大量副产酸被倾倒至如泰运河、古马干河，造成如泰运河、古马干河和周围水域严重污染。常隆公司等六家公司主观上具有非法处置危险废物的故意，客观上造成了环境严重污染的结果，应该承担对环境污染进行修复的赔偿责任。常隆公司等六家公司关于其与江中公司等单位之间是合法买卖与环境污染没有因果关系的主张不能成立。

　　第二，关于常隆公司等六家公司被倾倒至如泰运河、古马干河副产酸的数量问题。常隆公司、锦汇公司被江中公司戴卫国等人倾倒的副产酸总量为 17143.86 吨，按照常隆公司、锦汇公司各自销售数额的比例来确定两公司被倾倒数分别为 11683.68 吨、5460.18 吨符合常理。常隆公司被丁劲光等人倾倒的副产酸 505.94 吨，有常隆公司的销售发票、丁劲光的供述证实。故常隆公司被倾倒的副产酸总量为 12189.62 吨，锦汇公司被倾倒的副产酸为 5460.18 吨。

施美康公司被倾倒副产酸数量，戴卫国、蒋巧红等供述为 2681.15 吨，但泰兴市人民法院（2014）泰环刑初字第 0001 号刑事判决根据戴卫平的记账本，认定施美康公司被倾倒的副产酸为 2686.68 吨。根据书证效力大于证言的原则，施美康公司被倾倒副产酸应为 2686.68吨。

申龙公司被倾倒副产酸 4746.99 吨，有申龙公司磅码单、曹海锋、王长明、丁劲光的供述，曹海锋的记账本等予以证实。

富安公司被倾倒副产酸 216 吨，有戴卫国等人供述、江中公司账册予以证实。

臻庆公司被倾倒副产酸 50 吨，臻庆公司未提出异议，且有王长明供述、臻庆公司杨继群的陈述予以证实。

常隆公司等六家公司被倾倒的副产酸数量均有相关书证、证人证言证实，常隆公司、锦汇公司、施美康公司、申龙公司、富安公司"被倾倒副产酸数量不能认定"的辩解不能成立。

第四，关于本案环境污染危害结果是否存在、环境污染修复费用如何计算问题。总数达25349.47 吨的副产酸倾倒进河流，对水生态环境产生严重危害是无可争议的事实。专家辅助人吕锡武教授的技术咨询意见，从专业角度说明大量副产酸倾倒进河流后，水体、水生物、河床等水生态环境受到了严重的损害，修复费用将远远超过正常治理成本。2013 年如泰运河、古马干河水质虽然已经恢复为Ⅲ类，但由于河水的流动，污染源必然会向下游移动，倾倒点水质好转并不意味着地区水生态环境已修复。所以，对于地区生态环境而言，依然需要用替代修复方案进行修复。《推荐方法》第 4.5 条规定，污染修复费用难以计算的情况下，地表水污染修复费用计算方法为：Ⅲ类地表水的污染修复费用为虚拟治理成本的 4.5～6 倍。如泰运河、古马干河受污染前的水质状况均为Ⅲ类地表水，应当按照Ⅲ类地表水的污染修复费用系数，即虚拟治理成本的 4.5 倍计算环境污染损害赔偿。

综上，一审法院依照《中华人民共和国侵权责任法》第十五条第一款第（六）项、第六十五条和《中华人民共和国固体废物污染环境防治法》第八十五条的规定，判决：一、常隆公司、锦汇公司、施美康公司、申龙公司、富安公司、臻庆公司在判决生效后九个月内分别赔偿环境修复费用人民币 82701756.8 元、41014333.18 元、8463042 元、26455307.56 元、1705189.32 元、327116.25 元，合计 160666745.11 元，用于泰兴地区的环境修复。二、常隆公司等六家公司在判决生效后十日内给付泰州市环保联合会已支付的鉴定评估费用 10 万元，其中，常隆公司给付 51473.5 元，锦汇公司给付 25527.5 元，施美康公司给付 5267.5 元，申龙公司给付 16466 元，富安公司给付 1061.5 元，臻庆公司给付 204 元。案件受理费 50 元，由常隆公司等六家公司负担。

常隆公司、锦汇公司、施美康公司、申龙公司不服一审判决，向江苏省高级人民法院提起上诉。江苏省高级人民法院于 2014 年 11 月 20 日受理后依法组成合议庭，于 2014 年 12月 4 日、12 月 16 日公开开庭审理本案。

常隆公司、锦汇公司、施美康公司与申龙公司，同原审被告富安公司、臻庆公司的共同上诉理由如下：（一）泰州市环保联合会提起环境公益诉讼不符合《中华人民共和国民事诉讼法》第五十五条、《中华人民共和国环境保护法》第五十八条规定的条件，也与司法实践相悖；（二）一审程序违法，本案不符合共同诉讼的条件，一审法院将本案作为共同诉讼不当；一审法院漏列直接实施倾倒行为的江中公司等单位以及副产酸同样被江中公司倾倒的其他公司为共同被告；一审法院同意泰州市环保联合会当庭增加关于鉴定费用的诉讼请求却拒绝给上诉人举证期和答辩期；（三）各上诉人未抛弃副产酸，更无非法倾倒的主观故意，上诉人的合法销售行为和江中公司等单位实施的倾倒行为之间没有因果关系；（四）江苏省环境科学学会出具的《技术评估意见》和《评估技术报告》无鉴定人签字盖章，出庭证人既是《技术评估报告》的鉴定人，又是《专家论证意见》的专家组组长，未对副产酸是否系固体废物进行鉴定便直接确认系危险废物，程序不合法；（五）根据《推荐方法》规定，水体修复是在采取应急措施后污染依然无法消除情况下采取的人工干预措施。由于长江的流量、流速、自净能力，倾倒行为造成的损害属于期间损害，水体已经恢复到以往的水质标准，客观上已不再需要进行人工干预，判决各上诉人承担环境修复费用不符合规定。长江流域属于国家自然资源，《推荐方法》3.2 条规定，生态环境资源的损害评估不适用《推荐方法》，财产损害也不包括国家和集体所有的自然资源，一审法院将被污染河流的环境修复与地区生态环境修复错误混同。本案即使需要承担赔偿责任，也应以《评估技术报告》推荐的试验值法即 2541.205 万元作为依据。请求撤销一审判决，驳回被上诉人诉讼请求。

各上诉人还就原审认定的被倾倒副产酸数量分别提出各自的上诉理由。常隆公司上诉称：由于江中公司存在大量销售副产酸不开发票且购入案外其他企业副产酸的情形，因此不能仅凭戴卫国、姚雪元的供述就认定被倾倒副产酸来源厂家和数量，应当依据（2014）泰环刑初字第 0001 号《刑事判决书》所认定的事实，认定常隆公司被戴卫国非法倾倒工业副产酸为 3677.44 吨，而非一审判决所认定的 11683.68 吨，该数据也有戴卫平的记账本中倾倒 3635.92 吨的记载为佐证；锦汇公司上诉称：锦汇公司支付运费的副产酸数量为 1702.27 吨，未支付运费的不可能被倾倒掉；施美康公司上诉称：该公司在 2012 年 10 月至 2013 年 2 月共生产和销售丁酰氯 252 吨，产生的副产酸最多为 1615.23 吨；一审法院依据戴卫平的记账本认定被倾倒副产酸数量，超过该公司的储罐储存能力和日产生量；申龙公司上诉称：其被倾倒的副产酸被重复计算，戴卫国所倾倒的不单是上诉人和原审被告所生产的副产酸。请求撤销一审判决，查明事实后依法改判。

原审被告富安公司认为一审判决对被倾倒副产酸的数量计算错误；对损害的计算方法错误。原审被告臻庆公司认为该公司可以自行利用副产酸。因公司停产、副产酸无法利用才处理给其他人，主观上并无倾倒故意。

被上诉人泰州市环保联合会答辩称：（一）泰州市环保联合会具备提起环境公益诉讼的原告主体资格。泰州市环保联合会是经民政部门依法登记设立的非营利性环保组织，其业务范围包含维护公众环境权益，符合《中华人民共和国民事诉讼法》第五十五条提起环境公益诉讼条件，提起环境公益诉讼符合机构设立宗旨和设立环境公益诉讼制度的立法目的。修订后的《中华人民共和国环境保护法》自 2015 年 1 月 1 日开始施行，不适用于本案。（二）上诉人和原审被告与江中公司等单位之间买卖行为不符合买卖合同的基本特征，其实质系以买卖合同形式掩盖非法处置危险废物目的。上诉人与原审被告以补贴方式将其生产产品过程中所附带产生的、对其无利益价值的副产酸"出售"给江中公司等单位处理，抛弃、放弃这些物质的主观意图十分明显。其处置行为与环境污染之间存在着因果关系。上诉人和原审被告与江中公司等单位是否具备生产、销售危险化学品资质与其处置行为是否合法不具备关联性。（三）上诉人和原审被告非法处置的酸性物质属于危险废物。上诉人和原审被告生产过程中产生的副产酸经检测 PH 值均小于 1，根据《危险废物鉴别标准腐蚀性鉴别标准》，PH≤2.0 即具有危险废物的腐蚀性特征。（四）一审认定被倾倒的副产酸数量正确。一审判决综合销售发票、戴伟平的记账本、曹海峰的记账本、磅码单、刑事上诉人的供述、上诉人和原审被告工作人员的证言等证据，认定上诉人和原审被告各自被倾倒副产酸数量，依据充分。涉案的刑事判决尚未生效，不能作为认定倾倒数量的依据。戴卫平的记账本记载的是戴卫国等人自2012年10月至2013年2月间5个月运输倾倒数量，不能说明其2012年1月至2013年2月间的倾倒量。锦汇公司以报销戴卫国、姚雪元等人运费票据和油票两种方式进行补贴，锦汇公司仅凭运费票据不能证明其被倾倒副产酸数量只有1702.27吨。在无法分清同一行为人倾倒的副产酸中常隆公司或锦汇公司的数量，两公司也无法举证证明各自被倾倒数量的情况下，一审判决按照常隆公司和锦汇公司各自交付给江中公司副产酸数量比例来确定各自被江中公司倾倒副产酸数量，认定方法合理。申龙公司认为曹海峰的记账单与申龙公司的磅码单重复计算，但记账单与磅码单的运输时间并不重合。结合其他犯罪嫌疑人的供述，认定其被倾倒数量为4746.99吨正确。

江苏省人民检察院认为：（一）检察机关支持泰州市环保联合会对上诉人和原审被告提起本案诉讼于法有据。《中华人民共和国民事诉讼法》第十五条规定："机关、社会团体、企事业单位对损害国家、集体或者个人民事权益的行为，可以支持受损害的单位或者个人向人民法院起诉"。检察机关有权对涉及环境污染行为侵害环境公共利益的民事案件，依法支持或者督促有关单位、公民起诉。本案上诉人和原审被告由于违反规定处置副产酸，导致两万多吨副产酸被倾倒进如泰运河和古马干河，造成水体严重污染，生态环境受到严重损害。检察机关依法支持泰州市环保联合会提起环境公益民事诉讼，追究侵权人的法律责任，是切实维护社会公众的环境权益、促进生态文明建设的体现。（二）泰州市环保联合会具备提起环境公益民事诉讼的原告资格。根据现行《中华人民共和国环境保护法》第六条、《中华人民共和国民事诉讼法》第五十五条的规定，环境公益民事诉讼是一种允许与案件无直接利害关系的民事主体出于保护环境公益的目的，以环境侵权人为被告向法院提起民事诉讼的制度。该制度的本意是鼓励广大民事主体维护公共利益。对严重污染环境的行为，如果无人提起诉讼，使得环境污染者逃避应当承担的法律责任，则将纵容更多的侵权人继续破坏本已非常脆弱的生态环境。泰州市环保联合会作为在民政部门依法登记成立的环保组织，业务范围包括维护环境公共利益，与本案所涉的环境保护事业具有关联性，有权作为原告依法提起环境公益民事诉讼。（三）上诉人和原审被告的非法处置行为与本案环境污染损害后果之间具有因果关系，且主观上存在过错，应当依法承担赔偿责任。（四）一审判决认定事实清楚，适用法律正确，审理程序合法。泰州市环保联合会提起本案诉讼具有事实和法律依据，上诉人和原审被告应当依法承担相应的赔偿责任。

二审期间，常隆公司、锦汇公司、申龙公司分别向本院提交常隆公司职工冯红，锦汇公司职工戴建东、朱创业、陶新民、杨军，申龙公司职工卞冬玲等人各自所做的书面情况说明，用以证明不知道江中公司等单位倾倒副产酸的违法行为。常隆公司在二审庭审期间向本院提交《关于＜泰州市泰兴市古马干河、如泰运河12.19废酸倾倒事件环境污染损害评估技术报告＞的专家论证意见》（以下简称《专家论证意见》），用以证明销售的副产酸不是危险废物、不存在修复费用和环境损害计算依据错误。泰州市环保联合会认为上述公司职员的情况说明是在一审庭审结束、相关证据材料均已经出示质证完毕后所做陈述，与其在公安机关陈述相矛盾，内容不具备真实性；《专家论证意见》结论错误，在本案中不能适用。

在二审庭审中，江苏省高级人民法院将本案争议焦点归纳为以下三个方面：第一，泰州市环保联合会是否具备提起环境民事公益诉讼的原告资格？一审审判程序是否合法？第二，上诉人和原审被告处分涉案副产酸的行为和环境损害结果之间是否存在因果关系？第三，损害结果如何认定？包括是否存在着需要修复的环境损害？一审判决对被倾倒的副产酸数量的认定是否正确？一审对修复费用的计算方法是否适当？各方围绕上述争议焦点充分发表了辩论意见。

江苏省高级人民法院认为：泰州市环保联合会依法具备提起环境公益诉讼的原告资格，一审审判程序合法。上诉人和原审被告处置其生产的副产酸的行为与造成古马干河、如泰运河环境污染损害结果之间存在因果关系。上诉人和原审被告依法应当就其造成的环境污染损害承担侵权责任。

最终，江苏省高级人民法院认为一审法院认定事实清楚，适用法律基本正确，程序合法，但所确定的判决履行方式和履行期限不当，诉讼费交纳金额也不符合《诉讼费用交纳办法》的规定，应予纠正。上诉人上诉理由不能成立，本院不予采纳。依据《中华人民共和国水污染防治法》第二十九条第一款，《中华人民共和国侵权责任法》第六十五条、六十六条，《中华人民共和国民事诉讼法》第一百七十条第一款第（一）项之规定，判决如下：

一、维持泰州市中级人民法院（2014）泰中环公民初字第 00001 号民事判决第一项中关于赔偿数额部分，即常隆公司、锦汇公司、施美康公司、申龙公司、富安公司和臻庆公司分别赔偿环境修复费用人民币 82701756.8 元、41014333.18 元、8463042 元、26455307.56 元、1705189.32 元、327116.25 元，合计 160666745.11 元；

二、维持泰州市中级人民法院（2014）泰中环公民初字第 00001 号民事判决第二项；

三、常隆公司、锦汇公司、施美康公司、申龙公司、富安公司和臻庆公司应于本判决生效之日起 30 日内将本判决第一项所列款项支付至泰州市环保公益金专用账户（开户行：建设银行泰州新区支行，账号：32×××69）；逾期不履行的，应当加倍支付迟延履行期间的债务利息。如果当事人提出申请，且能够在本判决生效之日起 30 日内提供有效担保的，上述款项的 40% 可以延期至本判决生效之日起一年内支付；

四、本判决生效之日起一年内，如常隆公司、锦汇公司、施美康公司、申龙公司、富安公司、臻庆公司能够通过技术改造对副产酸进行循环利用，明显降低环境风险，且一年内没有因环境违法行为受到处罚的，其已支付的技术改造费用可以凭环保行政主管部门出具的企业环境守法情况证明、项目竣工环保验收意见和具有法定资质的中介机构出具的技术改造投入资金审计报告，向泰州市中级人民法院申请在延期支付的 40% 额度内抵扣。

一审案件受理费 973651.72 元由常隆公司、锦汇公司、施美康公司、申龙公司、富安公司、臻庆公司负担，其中，常隆公司负担 455308.78 元，锦汇公司负担 246871.67 元，施美康公司负担 71041.29 元，申龙公司负担 174076.54 元，富安公司负担 20146.7 元，臻庆公司负担 6206.74 元；二审案件受理费 947298.28 元，由常隆公司、锦汇公司、施美康公司、申龙公司负担，其中，常隆公司负担 455308.78 元，锦汇公司负担 246871.67 元，施美康公司负担 71041.29 元，申龙公司负担 174076.54 元。

三、适用法条

《中华人民共和国民事诉讼法》（2012 年修订）

第五十五条　对污染环境、侵害众多消费者合法权益等损害社会公共利益的行为，法律规定的机关和有关组织可以向人民法院提起诉讼。

《中华人民共和国环境保护法》（2014 年修订）

第五十八条　对污染环境、破坏生态，损害社会公共利益的行为，符合下列条件的社会组织可以向人民法院提起诉讼：

（一）依法在设区的市级以上人民政府民政部门登记；

（二）专门从事环境保护公益活动连续五年以上且无违法记录。

符合前款规定的社会组织向人民法院提起诉讼，人民法院应当依法受理。

提起诉讼的社会组织不得通过诉讼牟取经济利益。

《最高人民法院关于适用〈中华人民共和国民事诉讼法〉的解释》（法释〔2015〕5 号）

第二百八十四条　环境保护法、消费者权益保护法等法律规定的机关和有关组织对污染环境、侵害众多消费者合法权益等损害社会公共利益的行为，根据民事诉讼法第五十五条规定提起公益诉讼，符合下列条件的，人民法院应当受理：

（一）有明确的被告；

（二）有具体的诉讼请求；

（三）有社会公共利益受到损害的初步证据；

（四）属于人民法院受理民事诉讼的范围和受诉人民法院管辖。

《最高人民法院关于审理环境民事公益诉讼案件适用法律若干问题的解释》（法释〔2015〕1 号）

第二条　依照法律、法规的规定，在设区的市级以上人民政府民政部门登记的社会团体、民办非企业单位以及基金会等，可以认定为环境保护法第五十八条规定的社会组织。

第四条　社会组织章程确定的宗旨和主要业务范围是维护社会公共利益，且从事环境保护公益活动的，可以认定为环境保护法第五十八条规定的"专门从事环境保护公益活动"。

社会组织提起的诉讼所涉及的社会公共利益，应与其宗旨和业务范围具有关联性。

第五条　社会组织在提起诉讼前五年内未因从事业务活动违反法律、法规的规定受过行政、刑事处罚的，可以认定为环境保护法第五十八条规定的"无违法记录"。

四、案例评析

作为我国目前环境公益诉讼赔偿金额最高的一起案件，该案件的主要争议点包括：第一，泰州市环保联合会是否具备提起环境民事公益诉讼的原告资格；第二，一审程序是否合法；第三，上诉人和原审被告处分涉案副产酸的行为和环境损害结果之间是否存在因果关系；第四，损害结果如何认定。江苏省高级人民法院在尊重事实与法律的前提下，做出了公正、合理的判决，具有较强的影响力和示范意义。

（一）关于泰州市环保联合会是否具备环境民事公益诉讼原告资格的认定

本案中，泰州市环保联合会依据现行法律规定提起诉讼，具备环境民事公益诉讼的原告资格。《中华人民共和国民事诉讼法》第五十五条规定："对污染环境、侵害众多消费者合法权益等损害社会公共利益的行为，法律规定的机关和有关组织可以向人民法院提起诉讼。"泰州市环保联合会是经过泰州市民政局核准成立的，并以维护社会环境权益、提供环境建议与政策技术咨询、开展环境教育等为其业务范围，属于法律要求的"依法成立并专门从事环境保护公益活动"的社会组织。因此，其有权提起环境民事公益诉讼。

虽然我国 2014 年修订后的《中华人民共和国环境保护法》第五十八条对环境民事公益诉讼主体资格范围做出了新的规定，但该法于 2015 年 1 月 1 日才生效，故至本判决做出之日尚未生效，不适用本案。

（二）关于一审程序是否合法的认定

江苏省高级人民法院从本案符合共同诉讼条件、不存在遗漏诉讼当事人的情况以及未损害上诉人举证权和答辩权三个角度，阐述了本案一审程序的合法性。其中，就符合共同诉讼条件而言，因本案诉讼标的属同一种类，一审法院依据《中华人民共和国民事诉讼法》第五十二条第一款的规定进行了合并审理，上诉人和原审被告在一审程序中从未对此提出异议，所以应视为上诉人和原审被告同意将本案作为共同诉讼。就不存在遗漏诉讼当事人的情况而言，泰州市环保联合会选择以常隆公司、锦汇公司等六家公司为被告提起诉讼是其权利，且其行使此项权利并不会必然免除其他人的责任，故本案不存在漏列倾倒者为被告的问题。就未损害上诉人举证权与答辩权而言，本案中一审法院已经在开庭前进行了两次证据交换，在第二次证据交换后，上诉人和原审被告均未要求延期补充证据，庭审中各方当事人对举证期限问题也未提出异议。因此，可知一审法院已经充分保障了各方当事人的举证、质证权利。

（三）关于上诉人和原审被告处分涉案副产酸的行为和环境损害结果之间是否存在因果关系的认定

江苏高级人民法院认为，上诉人与原审被告负有防范其生产的副产酸污染环境的义务。根据《中华人民共和国水污染防治法》第二十九条规定，禁止向水体排放油类、酸液、碱液或者剧毒废液。因此，上诉人与原审被告对其生产所产生的副产酸的处置行为必须尽到谨慎注意义务并采取一切必要的、可行的防范措施，以防止副产酸被非法倾倒。不过，上诉人与原审被告在明知副产酸极有可能被非法倾倒情况下，仍向并不具备副产酸处置能力和资质的企业销售副产酸。应将上诉人和原审被告的行为视为是在防范污染物污染环境方面的不作为，该不作为与环境污染损害结果之间存在法律上承认的因果关系。

此外，上诉人与原审被告的补贴销售行为是违法倾倒副产酸的必要条件，也是造成如泰运河和古马干河环境污染的直接原因。上诉人在二审庭审中主张其与江中公司等企业之间就副产酸销售订立买卖合同、同时向买方以运费或其他产品销售价格让利等形式支付补贴属行业惯例，以此证明其处置行为的合法性。不过，各上诉人均不能够对运费价格的计算依据给出合理解释，所支付的补贴费用也远不足以填补对副产酸做无害处理所需费用。对上诉人及原审被告而言，以每吨 1 元的象征性价格并支付每吨 20 元至 100 元不等的补贴费用向倾倒者销售副产酸，不仅给倾倒者提供了污染源，而且客观上使倾倒者获取了非法利益，该行为与如泰运河、古马干河环境污染损害结果之间存在事实上的因果关系。

同时，根据《中华人民共和国侵权责任法》第六十五条、第六十六条规定，无论上诉人与原审被告是否存在过错，只要其行为与造成的环境损害之间存在因果关系，都应当对其造成的环境损害承担侵权责任。上诉人及原审被告无法举证证明其存在法律规定的不承担责任或者减轻责任的情形，也无法证明其行为与环境损害结果之间不具有因果关系。因此，上诉人及原审被告应当对其造成的环境损害承担侵权责任。

（四）关于环境损害结果是否确定合理的认定

一方面，一审判决对被倾倒副产酸数量的认定准确。上诉人及原审被告均为依法设立的有限责任公司，其完全可以通过提交合法有效的财务账簿证明对本公司副产酸的销售与补贴数量。各上诉人虽然就一审判决认定被倾倒副产酸数量提出异议，但均未提供有效证明，因此根据《最高人民法院关于民事诉讼证据的若干规定》第七十五条规定，应当由各上诉人承担相关不利后果。

另一方面，一审判决对修复费用的计算方法适当。由于如泰运河、古马干河水体处于流动状态，且倾倒行为持续时间长、倾倒数量大，污染物对如泰运河、古马干河及其下游生态区域的影响处于扩散状态，难以计算污染修复费用。《推荐方法》（第Ⅰ版）对此类情况推荐采用虚拟治理成本法计算污染修复费用。《评估技术报告》以治理本案所涉副产酸的市场最低价为标准，认定治理六家公司每吨副产酸各自所需成本，该成本即《推荐办法》所称的虚拟治理成本。一审法院根据六家公司副产酸的虚拟治理成本、被倾倒的数量，再乘以Ⅲ类地表水环境功能敏感程度推荐倍数4.5～6倍的下限4.5倍的计算方法并无不当。尽管本案各上诉人和原审被告承担的环境修复费用有别于排污费，但在将其中主要部分用于环境修复的同时将其余部分用于预防污染，符合《中华人民共和国环境保护法》和《中华人民共和国循环经济促进法》的立法目的。

五、拓展思考

近二十年，全球在人权领域与环境领域的非政府组织得到充分壮大，其逐渐成为维护世界环境安全的积极活动者。环保非政府组织以其独有的专业性和影响力，通过参与国际环境标准制定、监督跨国公司环境影响行为、为国家环境政策制定提供建议、向公众传播环保知识等手段，为实现人类经济发展与生态环境保护和谐共进的目标做出了重大贡献。1978年，我国第一个环保非政府组织——中国环境科学学会，由我国政府发起设立。其后，自然之友、绿色北京、绿色江河等一系列环保非政府组织相继设立。截至2012年年底，我国共有生态环境类社会团体6816家，生态环境类民办非企业单位1065家。因此，如何充分利用好国内的环保非政府组织资源以使之充分参与环境公益诉讼，成为当下我国必须关注的问题。笔者认为，可以从以下两个方面着手：

第一，通过立法明确环保非政府组织参与环境行政公益诉讼的主体地位。2013年修订的《中华人民共和国民事诉讼法》第55条规定了符合"环境保护法、消费者保护法等法律规定的机关和有关组织"可以对环境污染事件提起公益诉讼；2014年修订的《环保法》第58条规定了"依法在设区的市级以上人民政府民政部门登记，且专门从事环境保护公益活动连续五年以上且无违法记录"的社会组织，在不通过诉讼谋利的情况下，可以向法院提起环境公益诉讼；随后，2015年颁布的《最高人民法院关于适用〈中华人民共和国民事诉讼法〉的解释》第284条对于上述主体提起环境公益诉讼的法院受理条件加以规定；此外，2015年1月7日实施的《最高人民法院关于审理环境民事公益诉讼案件适用法律若干问题的解释》更加详细地规定了环保非政府组织参与环境民事公益诉讼的条件。因此，上述法规确立了我国环保非政府组织作为原告，提起环境民事公益诉讼的主体资格。然而，上述法规都未对环保非政府组织可否作为原告，参与环境行政公益诉讼加以规定。同时，在我国行政诉讼相关法律中，也没有针对上述问题加以规范。鉴于政府相关环境行政行为对于跨国公司环境监管具有重要影响，所以我国应尝试先确定环保非政府组织以原告身份，参与涉及政府具体环境行政行为的环境行政公益诉讼资格，并逐步将环境行政公益诉讼参与范围扩展至政府的抽象环境行政行为，进而更好督促政府履行对在华跨国公司环境问题的监管职责。

第二，尝试扩大我国环保非政府组织参与环境公益诉讼的范围。根据《环保法》和《最高人民法院关于审理环境民事公益诉讼案件适用法律若干问题的解释》的相关规定，我国目前仅允许在法律规定的民政部门登记，并且专门从事环境保护公益活动连续五年以上且无违法记录的社会团体、民办非企业单位以及基金会等社会组织，依法提起环境民事公益诉讼。不过，据不完全统计，我国当前约有近 2000 家环保社会组织，其中符合新《环境保护法》提起诉讼条件的仅 300 来家。同时，经过调研发现，这 300 来家社会组织中，有技术和经济条件提起诉讼的大约不到一半，有意愿从事环境公益诉讼的更少。因此，为充分发挥我国环保非政府组织参与环保公益诉讼的作用，有效追究在华跨国公司环境污染责任，我国可以尝试放宽环保非政府组织参与环保公益诉讼的条件，提高其诉讼参与度。

泸州电厂油泄漏事件

一、核心知识点

"三同时"制度

"三同时"制度，是在总结了我国环境保护管理经验的基础上，逐渐为我国法律所确认的一项具有中国特色的、重要的环境法律制度。1973 年，国务院颁布实施了《关于保护和改善环境的若干规定》，第一次正式提出了"三同时"制度；1976 年，在《关于加强环境保护工作的报告》中，"三同时"制度得到了重申；1989 年，我国出台了《中华人民共和国环境保护法》，将"三同时"制度在法律层面加以明确；1998 年，国务院实施的《建设项目环境保护管理条例》，对执行"三同时"制度进行了进一步规定。此后，相关法律规定虽经不断修改，但是"三同时"制度仍得到保留与完善。

所谓"三同时"制度，是指环境保护设施与建设项目的主体工程"同时设计""同时施工""同时投产使用"。这项制度充分体现了我国《环境保护法》的"预防为主、防治结合、综合治理"的原则。"三同时"制度适用于我国的新建、扩建、改建和技术改造项目。同时，对于其他任何可能会对我国环境产生污染与破坏的建设项目以及自然开发项目也同样适用。该制度适用于建设项目的设计、施工、验收等各主要阶段，并结合建筑项目的不同阶段加以不同程度的要求。因此，"三同时"制度具有及时、有效预防环境污染发生的功能。

二、案情介绍[①]

2006 年 11 月 13 日上午 9 时许，四川省泸州市环境监察支队接到群众举报，反映泸州电厂有油污外排情况。泸州市环境监察支队执法人员立即赴现场，发现泸州电厂排污口下游有少量油污，但未继续排放。经查，该油污是由于电厂抽取废油池底部清水时，将废油池中的部分废油带出所致，油污滞留在小溪内，未进入长江。相关执法人员当即向泸州电厂下达《环境监察通知书》，要求其查明废油来源、停止排放并对小溪沟内的油污进行清理。同时，执法人员将处理情况书面报告给了市环境监察支队。

2006 年 11 月 15 日 15 时 30 分，泸州市环境监察支队又接举报，称长江泸州市江阳区方山镇段发现油污，怀疑是由泸州电厂排放的。当日的 16 时 40 分，环境执法人员赶赴现场并发现长江江面有长约数公里的柴油污染带，故立即联系泸州电厂环保管理人员查找柴油泄漏原因。经泸州电厂的调试操作人员检查发现柴油经 1 号供油泵冷却水管泄漏并随雨水排放沟直接向外排放的情况后，立即组织封堵，切断泄漏源。本次柴油泄漏从 11 月 15 日上午 10 时供油泵运行时开始，至当天下午 18 时泄漏源被切断后结束，共历时 8 小时，核定泄漏油量为 16.9 吨。

[①] 案情参见：四川新闻网，http://scnews.newssc.org/system/2006/12/26/010225240.shtml。

2006 年 11 月 16 日，重庆市环保局在重庆江津油溪段发现了江面出现油污污染带后，立即在该江段组织拦截捕吸，进而有效地防止了油污进一步下移、扩散。至 2006 年 11 月 17 日，重庆市江津入重庆监测断面未检测出石油，长江受污染水质也全部达标。2006 年 11 月 21 日，厂区外小溪沟污油回收完毕。

该事故发生后，四川省环保局与泸州市环保部门组成联合调查组展开调查。2006 年 12 月 25 日，经调查后，四川省环保局查明并通报了造成此次柴油泄漏事件的原因主要有两个：一方面，是由于泸州电厂与施工单位擅自将冷却水管接入雨水沟，导致点火系统在调试过程中，供油泵密封圈损坏时大量柴油从冷却水管外泄；另一方面，由于厂方及施工单位管理不善、污油管理不严、操作工人盲目蛮干，致使抽取废油池中清水时不慎将部分废油外排。最终，联合调查组将此次柴油泄漏事件定性为"由泸州电厂及施工单位安全生产事故引发的重大环境污染事件"。该重大环境污染事件造成了泸州市水务集团两个取水点取水中断，但未对该市生活用水造成重大影响，也没有造成人员伤亡和较大经济损失。由于污染物流入重庆市江津县境内，所以属于跨省域污染事件。

根据国家环保总局《关于严肃查处四川川南发电有限责任公司泸州电厂 11·15 燃油泄漏事件责任人的监察通知》和国家环保总局西南环保督查中心有关通知要求，责成四川泸州川南发电有限责任公司立即停工整改，全面排查环保安全隐患，并要求其向省环保局做出书面检查。同时，对该电厂处以 20 万元罚款的经济处罚。

同时，对在此次环境污染损害事件中，应负监管、领导责任的四川省泸州市川南发电有限责任公司总经理史勋，处以扣减半年绩效考核奖金并提请董事会给予警告的处分；对应负直接监管责任的常务副总经理梁帮平，处以扣减一年绩效考核奖金并提请董事会给予警告的处分；对应负现场监管责任的副总工程师苟发全，处以扣减 3 个月绩效考核奖金并撤销副总工程师职务的处罚；对应负监管责任的环保专业工程师白志盛，处以扣减 3 个月绩效考核奖金并撤销环保专业负责人职务的处罚；对应负直接现场监管责任的锅炉专业组副组长程忠飞，处以扣减 3 个月绩效考核奖金并撤销锅炉专业组副组长职务、解聘其锅炉专业工程师岗位的处罚；对应负监管责任的锅炉专业组组长朱武松，处以扣减 3 个月绩效考核奖金的处罚。

三、适用法条

《中华人民共和国环境保护法》（2014 修订）

第四十一条　建设项目中防治污染的设施，应当与主体工程同时设计、同时施工、同时投产使用。防治污染的设施应当符合经批准的环境影响评价文件的要求，不得擅自拆除或者闲置。

《中华人民共和国水污染防治法》（2008 修订）

第十七条第三款　建设项目的水污染防治设施，应当与主体工程同时设计、同时施工、同时投入使用。水污染防治设施应当经过坏境保护主管部门验收，验收不合格的，该建设项目不得投入生产或者使用。

第七十一条　违反本法规定，建设项目的水污染防治设施未建成、未经验收或者验收不合格，主体工程即投入生产或者使用的，由县级以上人民政府环境保护主管部门责令停止生产或者使用，直至验收合格，处五万元以上五十万元以下的罚款。

第七十六条　有下列行为之一的，由县级以上地方人民政府环境保护主管部门责令停止违法行为，限期采取治理措施，消除污染，处以罚款；逾期不采取治理措施的，环境保护主管部门可以指定有治理能力的单位代为治理，所需费用由违法者承担：

（一）向水体排放油类、酸液、碱液的；

……

有前款第三项、第六项行为之一的，处一万元以上十万元以下的罚款；有前款第一项、第四项、第八项行为之一的，处二万元以上二十万元以下的罚款；有前款第二项、第五项、第七项行为之一的，处五万元以上五十万元以下的罚款。

第八十二条　企业事业单位有下列行为之一的，由县级以上人民政府环境保护主管部门责令改正；情节严重的，处二万元以上十万元以下的罚款：

（一）不按照规定制定水污染事故的应急方案的；

（二）水污染事故发生后，未及时启动水污染事故的应急方案，采取有关应急措施的。

第八十三条　企业事业单位违反本法规定，造成水污染事故的，由县级以上人民政府环境保护主管部门依照本条第二款的规定处以罚款，责令限期采取治理措施，消除污染；不按要求采取治理措施或者不具备治理能力的，由环境保护主管部门指定有治理能力的单位代为治理，所需费用由违法者承担；对造成重大或者特大水污染事故的，可以报经有批准权的人民政府批准，责令关闭；对直接负责的主管人员和其他直接责任人员可以处上一年度从本单位取得的收入百分之五十以下的罚款。

对造成一般或者较大水污染事故的，按照水污染事故造成的直接损失的百分之二十计算罚款；对造成重大或者特大水污染事故的，按照水污染事故造成的直接损失的百分之三十计算罚款。

造成渔业污染事故或者渔业船舶造成水污染事故的，由渔业主管部门进行处罚；其他船舶造成水污染事故的，由海事管理机构进行处罚。

《建设项目环境保护管理条例》（国务院 1998 年颁布）

第十六条　建设项目需要配套建设的环境保护设施，必须与主体工程同时设计、同时施工、同时投产使用。

第十八条　建设项目的主体工程完工后，需要进行试生产的，其配套建设的环境保护设施必须与主体工程同时投入试运行。

第二十条第二款　环境保护设施竣工验收，应当与主体工程竣工验收同时进行。需要进行试生产的建设项目，建设单位应当自建设项目投入试生产之日起 3 个月内，向审批该建设项目环境影响报告书、环境影响报告表或者环境影响登记表的环境保护行政主管部门，申请该建设项目需要配套建设的环境保护设施竣工验收。

第二十六条　违反本条例规定，试生产建设项目配套建设的环境保护设施未与主体工程同时投入试运行的，由审批该建设项目环境影响报告书、环境影响报告表或者环境影响登记表的环境保护行政主管部门责令限期改正；逾期不改正的，责令停止试生产，可以处 5 万元以下的罚款。

四、案例评析

本案中，随着对泸州电厂漏油原因的深入调查，其生产、经营过程中存在的"三同时"制度执行不到位、环境安全意识欠缺、企业安全管理体系不完善等问题逐渐显露出来。下面就从企业存在的环境安全生产问题与环保部门的处理措施两个方面，对本案加以评析。

就泸州电厂存在的环境安全生产问题而言，其大致存在以下三个问题：第一，环保"三同时"制度执行不到位，表现为：泸州电厂在事故应急池还尚未建成、污油池也没有连通污水处理厂且不具备带油调试条件的情况下，未向当地环保部门报告就擅自调试分系统，进而引发了柴油泄漏污染环境事件。第二，企业环境安全意识欠缺，表现为：泸州电厂擅自将冷却水排放管道进行修改，直接将冷却水管与雨水排放沟连通，进而导致了本应在污油池及集油管沟收集的废油直接向外排放到湖沟中。第三，企业安全管理体系不完善，表现为：一方面，泸州电厂废油池的抽油泵无严格操作管理规程，且操作人员责任心不强；另一方面，泸州电厂技术人员存在操作失误、虚假报告信息等行为。本案中，四川省环保局对于上述问题调查真实可信、定性认定准确。我国环保部门对于作为企业环境安全问题的"痼疾"的上述问题，虽然强调事先预防为主，但当前仍难以有效实现。

就环保部门的处理措施而言，本案主要体现了两方面内容：一是，政府环境应急预案在应对环境突发事件中所发挥的主导作用。在我国，虽然政府与企业都需要制定环境突发事件应急预案，但是在事故发生后，政府的应急预案一般会起到主导作用，尤其在涉及跨境环境污染事故救济时，如本案中，重庆市及时启动应急预案以减缓水污染。二是，对于事故责任人处罚措施的适用。本案中，对泸州电厂的相关负责人的处罚根据其监管责任程度不同，分别采取了扣减奖金、警告处分、撤销职务、解除聘用等处罚措施。虽然相关处罚符合法律规定的要求，但是仍存在一些值得商榷的问题。例如，对于泸州电厂负有直接监管、领导责任的总经理、副总经理的处罚是否过轻？对于撤销职务的相关责任人是否可以再次任职该岗位？撤销职务有无最低时限限制？这些细节都值得我们进一步予以关注与思考。

五、拓展思考

目前，我国涉及"三同时"制度的法律规定，大致可以分为三大类：第一类，在专门规定环境问题的法律，即《中华人民共和国环境保护法》中，对"三同时"制度做出了统筹性规定；第二类，在各单行环境污染防治法律中，对"三同时"制度加以要求，如：在《中华人民共和国水污染防治法》中，对企业遵守"三同时"制度的要求及违反后的处罚措施加以规定；第三类，在行政法规中，如《建设项目环境保护管理条例》（以下简称《条例》），对企业建设项目"三同时"制度遵守与处罚方式加以明确。上述法律规定，虽然都有涉及"三同时"制度的条款，但是其规定并不都是完全相同的。现实中，在行政处罚监管主体、处罚力度、条款适用等方面存在着一定差异。

（一）"三同时"制度法律条款的适用问题

首先，行政处罚监管主体混乱。总体上，我国法律规定的"三同时"制度实施的监督、处罚行政主体大致可以分成两类：一是，建设项目环境影响评价文件的环保审批部门，如《大气污染防治法》《固体废物污染环境防治法》等法规中规定只有有权审批该建设项目环境影响评价文件的环保部门，才有权对违反"三同时"制度的违法行为，做出责令停产和使用、处以罚款等处罚；二是，拥有建设项目环境监督管理权的环保部门，如《水污染防治法》中规定由县级以上人民政府环境保护行政主管部门对违反"三同时"制度的行为进行行政处罚，所以监督"三同时"制度实施的主体并不仅限于该建设项目环评文件的环保审批部门。综上，可以看出我国"三同时"制度实施监管、处罚的行政主体混乱，所以可能会导致监管主体交叉、互相推卸责任、降低办事效率等问题。

其次，违反"三同时"制度的罚款处罚规定差异大。目前，对于我国相关企业违反"三同时"制度的罚款处罚规定差异大，主要体现在两个方面：一方面，对于违反"三同时"制度后，是否必须施以罚款处罚存在差异。例如，《水污染防治法》第七十一条规定，对于违反"三同时"制度的，要责令停止生产或使用，并处罚款处罚；而《大气污染防治法》中则规定相关环保部门，在责令违反"三同时"制度的企业停止生产或使用的同时，可以对其并处罚款。《大气污染防治法》中罚款处罚就并不是必须实施的行政处罚措施。另一方面，对于违反"三同时"制度后，施以罚款处罚的具体额度各个法律的规定存在差异。例如：在《水污染防治法》中，其规定的罚款处罚数额是"5万元以上50万元以下"；在《大气污染防治法》中，其规定的罚款处罚数额则是"1万元以上10万元以下"。由此可知，我国对于违反"三同时"制度后的罚款处罚数额幅度规定存在很大差异。

最后，简单、过度适用《条例》进行处罚。通过统计分析我国2010年至2014年间，涉及的违反"三同时"制度的行政处罚案件，我们发现目前我国存在忽略上述单行环境污染防治法律中关于违反"三同时"制度的处罚规定，而简单、过度地适用《条例》第28条的处罚规定。这主要是因为《条例》不再区分环保设施类型，统筹规定只要该建设项目的任何环保设施存在未建成、未经验收，或者验收不合格而主体工程即已投入生产或者使用的情况，在性质上都属于《条例》第28条所指出的违反"三同时"制度的行为。因此，其具有一定程度的普遍适用性。

但是，对于所有违反"三同时"制度的行为，简单、过度地适用《条例》规定，仍存在一定问题：第一，忽略各单行环保法规，而简单、过度地适用《条例》，不符合我国关于上位法优于下位法的规定；第二，一些情况下，《条例》的处罚范围与程度会低于单行环保法规的要求，如《条例》对于违反"三同时"制度的罚款处罚最高额度是10万元，而《水污染防治法》中则为50万元。因此，仅依据《条例》进行处罚，有减轻违法企业责任的问题。

（二）"三同时"制度法律条款适用问题的解决办法

首先，优先适用单行环保法律的相关处罚规定。我们需要将单行环保法律与《条例》加以区分，在保证其各自独立性的基础上，针对违法行为的不同性质，进一步区别适用。一是，对于违反"三同时"制度的单一违法行为，如仅在未建立水污染防治设施时，即投入生产的，应当按照相关专门的单行环保法律规定加以处罚；二是，对于违反"三同时"制度的多重违法行为，如既未建立水污染防治设施，也未建立大气污染防治设施的，可以先分别依照各单行环保法律规定进行处罚措施认定，并最后将罚款金额予以合并。如果合并后的罚款金额超过罚款处罚最高限额的，则以最高限额为最终标准予以处罚。

　　其次，补充适用《条例》的相关处罚规定。我们在坚持优先适用单行环保法规中，关于违反"三同时"制度的相关处罚规定的同时，也不应忽略《条例》的补充性作用。面对复杂、多变的具体现实情况，在单行环保法律无法有效处罚违反"三同时"制度相关行为时，可以将《条例》作为最终的补充性规定，依此对相关企业的违反"三同时"制度行为进行规范、处罚。

福建省紫金矿业溃坝污染事件

一、核心知识点

环境保护安全措施

概括而言，企业的环保安全，是指其在安全生产、经营过程中，所涉及的环境保护相关内容。根据环境污染事故是否发生，可以将环保安全措施分为事前预防措施和事后补救措施两大类。企业的环保安全事前预防措施贯穿于企业设立、运营的全过程。其中，在企业设立阶段，企业应当依法进行环境影响评价，制定环境影响评价报告。同时，企业还应当根据自身生产经营情况，采取有效的污染防治措施，配备、使用合格的环境污染防治与监测设施。在企业运营阶段，企业应当依法建立环境保护责任制度，明确企业负责人和相关人员的环保责任。此外，企业还需要根据国家相关规定，制订突发环境事件应急预案，并定期演练。

企业的事后补救措施主要体现为企业的应急处理与及时报告两方面。一方面，在发生或者将会发生突发环境事件时，企业应当以应急预案为基础，及时采取处理措施，防止污染损害的扩大；另一方面，企业应当及时报告，这既指及时通报可能会受到环境污染危害的单位和个人，又要求企业及时向环境相关监管部门报告。

综上，我们可以发现我国较侧重于关注企业环保安全的事前预防措施。因此，企业一旦发生大型环保安全事故，其应对、处理能力是有限的，一般都需要借助政府力量予以处理、补救。

二、案情介绍[①]

2010 年 7 月 3 日，福建省紫金矿业紫金山铜矿湿法厂（以下简称紫金矿业）发生铜酸水渗漏事故，其污水池内有待中和处理的污水水位出现异常下降，部分含铜酸水（没有剧毒物质）从污水池下方的排洪涵洞泄露后流入汀江，进而导致汀江的部分河段的水质受到一定程度的污染，其下游发生网箱鱼死亡的情况。据统计，福建省紫金矿业的外渗污水量约 9100 立方米，造成的直接经济损失达 3187.71 万元人民币。

事故发生后，紫金矿业采取了一定的应急措施。因此，自 7 月 4 日 14 时 30 分，渗水量和回抽水量达到平衡。不过，直至本次事故发生 9 天后，上杭县政府才正式通报这一事故，紫金矿业也直至 7 月 12 日才发布相关公告，共瞒报事故 9 天。

经过省、市专家初步核查，本次污染事故的直接原因是 6 月份以来福建省持续性强降雨，造成福建紫金矿业厂溶液池的地下水位抬升，地下水量急剧增大，进而掏空了局部底垫下的黏土垫层，由此致使污水池防渗底垫多处开裂，最终造成了含铜酸水由污水池下方的排洪洞口流入汀江的环境污染事故。

---

① 案情参见：环球网，http://www.huanqiu.com/zhuanti/finance/zijin/。

　　根据福建省环保厅发布的《污染事件汀江水质监测结果》中相关内容显示，这次的环境污染事故渗漏的废水主要是酸性废水（主要含铜、硫酸根离子），虽然并不含有剧毒物质，但是汀江水质监测的 PH 值仍然偏酸，不利于人身体的酸碱平衡。

　　2010 年 7 月 20 日，紫金矿业发布公告称已经对紫金山铜矿负责安全环保工作的副矿长，以及紫金山金铜矿环保安全处处长两人做出了停职检查处理。2010 年 7 月 27 日，该公司副总裁、原紫金山金铜矿矿长陈家洪以涉嫌重大环境污染事故罪，被警方刑事拘留。

　　2010 年 9 月，福建省环境保护厅对紫金矿业做出罚款 956.313 万元人民币，并责令其采取治理措施、消除污染，直至完成治理的处罚。2010 年 12 月 14 日，根据福建省龙岩市政府办的相关披露，证实紫金矿业已经落实了"7·3"事故 63 项整改要求中的 43 项，并且还有19 项正在落实，所剩的一项将与后续建设统筹规划。2010 年 12 月 27 日，福建环保厅发表公告称由于本次水污染事件，对紫金矿业的董事长陈景河、常务副总裁兼紫金山金铜矿矿长邹来昌分别处以 70.6 万元和 77.97 万元的罚款处罚。

　　2011 年 1 月 30 日，紫金矿业收到了福建省龙岩市新罗区人民法院做出的刑事判决书，其因犯重大环境污染事故罪，被判处罚款 3000 万元，扣除其原已缴纳了的行政罚款 956 万，仍还须再缴纳 2044 万元。此外，本案的其他五名被告，则分别被判处了三年至四年零六个月的有期徒刑，并处罚金。福建省龙岩市新罗区人民法院在判决书中称，被告单位紫金矿业集团股份有限公司紫金山金铜矿违反了相关国家规定，在生产过程中对本企业存在的特定环保安全问题重视不足，没有从根本上采取有效的措施以处理其存在的环保安全隐患，进而致使危险废物泄漏至汀江的环境污染事故的发生，并导致了汀江的水质受到污染，造成了渔业养殖户养殖的鱼类死亡，共计损失价值为 2220.6 万元，后果特别严重；五名被告身为事故直接负责的主管人员和直接责任人员，对本次事故均负有直接责任，其行为均已构成重大环境污染事故罪。2011 年 5 月，紫金矿业紫金山金铜矿及涉案的五名被告人不服福建省龙岩市新罗区法院的初审判决提出上诉，后被福建省龙岩市中级人民法院依法驳回。

三、适用法条

《中华人民共和国环境保护法》（2014 年修订）

　　第四十七条　各级人民政府及其有关部门和企业事业单位，应当依照《中华人民共和国突发事件应对法》的规定，做好突发环境事件的风险控制、应急准备、应急处置和事后恢复等工作。

　　县级以上人民政府应当建立环境污染公共监测预警机制，组织制订预警方案；环境受到污染，可能影响公众健康和环境安全时，依法及时公布预警信息，启动应急措施。

　　企业事业单位应当按照国家有关规定制订突发环境事件应急预案，报环境保护主管部门和有关部门备案。在发生或者可能发生突发环境事件时，企业事业单位应当立即采取措施处理，及时通报可能受到危害的单位和居民，并向环境保护主管部门和有关部门报告。

　　突发环境事件应急处置工作结束后，有关人民政府应当立即组织评估事件造成的环境影响和损失，并及时将评估结果向社会公布。

《中华人民共和国水污染防治法》（2008 年修订）

第六十八条　企业事业单位发生事故或者其他突发性事件，造成或者可能造成水污染事故的，应当立即启动本单位的应急方案，采取应急措施，并向事故发生地的县级以上地方人民政府或者环境保护主管部门报告。环境保护主管部门接到报告后，应当及时向本级人民政府报告，并抄送有关部门。

《中华人民共和国突发事件应对法》（2007 年颁布）

第二十二条　所有单位应当建立健全安全管理制度，定期检查本单位各项安全防范措施的落实情况，及时消除事故隐患；掌握并及时处理本单位存在的可能引发社会安全事件的问题，防止矛盾激化和事态扩大；对本单位可能发生的突发事件和采取安全防范措施的情况，应当按照规定及时向所在地人民政府或者人民政府有关部门报告。

第六十四条　有关单位有下列情形之一的，由所在地履行统一领导职责的人民政府责令停产停业，暂扣或者吊销许可证或者营业执照，并处五万元以上二十万元以下的罚款；构成违反治安管理行为的，由公安机关依法给予处罚：

……

（二）未及时消除已发现的可能引发突发事件的隐患，导致发生严重突发事件的。

《中华人民共和国安全生产法》（2014 年修订）

第十八条　生产经营单位的主要负责人对本单位安全生产工作负有下列职责：

……

（五）督促、检查本单位的安全生产工作，及时消除生产安全事故隐患；

（六）组织制定并实施本单位的生产安全事故应急救援预案；

（七）及时、如实报告生产安全事故。

四、案例评析

福建省紫金矿业紫金山铜矿湿法厂的溃坝环境污染事件所引发的环保讨论，大致包含了以下三个方面：第一，可否将此次事故归责于"自然灾害"；第二，关于本次事故中汀江水污染情况的认定；第三，本次事故中所暴露的环境监管问题。

就造成本次事故的原因而言，福建省 2010 年 6 月以来的持续性的高强度降水无疑在导致本次事故的发生中起到了必不可少的作用，但是能否就以此将事故发生的原因归结为"自然灾害"所致呢？我们认为这是不可以的。因为虽然紫金矿业的相关人士称其公司的废水处理系统的处理能力为 5000 立方米/天，不足以处理此次在特大暴雨情况下新增的废水量，但是我们需要注意到，紫金矿区排污系统修建并不久远，其在建造时理应充分考虑到福建省特殊的环境特征，并制订合理、有效的应对方案。因此，对于紫金矿业在设计与建造相关环保设施时是否存在不合理"减少环保成本"的问题，值得我们怀疑。

就对于汀江江水污染的检测而言，虽然检测结果显示不含剧毒，且紫金矿业在事故发生后的第二天已采取措施使得汀江水质符合国家相关标准，但是汀江水质仍受到一定影响，其污染行为不容置疑。因为经过检测，汀江水质仍偏酸性，长期而言，不利于人体内的酸碱平衡。此外，铜作为重金属，不易分解，若长期饮用该水是否会对人及鱼类产生影响也不容我们忽视。因此，紫金矿业对汀江造成污染的行为毋庸置疑。

就本次事故所暴露的环境监管问题而言，我国当前仍存在环境监管不力、监督失控的情况。这既与我国之前只关注经济增长而忽视环境保护有关，又与地方政府及相关监管部门腐败、违法乱纪、出售权力密不可分。不过，近年来，随着我国环保与经济协同发展的意识逐步增强，对政府权力的监管机制逐步完善，对领导问责制度逐步健全，上述环境监管不力的问题已经得到一定程度的解决。

五、拓展思考

虽然福建省紫金矿业紫金山铜矿湿法厂的溃坝环境污染事件已过去数年，但是其所反映出的一些企业环保安全问题至今仍未得到有效解决，值得我们予以关注与思考。

第一，关于企业应对突发事故的及时报告义务的思考。根据我国环保、安全生产等相关法律规定，单位在发生环境突发事故后，具有及时向有关环境主管部门报告的义务。不过，上述法律仅简单陈述了企业的及时报告义务，并未做出更具体的要求，所以不利于现实适用。例如，一方面，对于"及时"的理解因人而异，法律仅表示"不得拖延"，但并未明确指出超过多久的时间，可以被视为"拖延"；另一方面，对于在判断企业报告的及时性时，是否需要考虑影响企业及时报告的因素，法律未予明确。在本案中，紫金矿业相关责任人以评估事故严重程度有误为由，解释事故发生后9天才履行报告义务的事实。那么，我们可否将评估有误作为认定其无须及时履行报告义务的合理因素，进而不追究其相应责任？此外，是否应当允许设立未及时履行报告义务的免责因素？若可以设立，那应当如何确定具体的免责因素？这些问题都需要我国的相关法律予以解释与完善。

第二，关于企业违反环保安全的处罚方式的思考。目前，我国针对企业违反环保安全的处罚方式，多以行政处罚为主，必要时对相关主体做出刑事处罚。此外，对于造成严重环境污染事故的企业，在接受政府行政处罚的同时，一般都会采取非诉讼途径处理相关赔偿问题。因此，企业违反环保安全的处罚方式在被害人救济、国家财产损害补偿方面仍有待完善，而进一步明确提起环境诉讼资格、鼓励相关环境诉讼主体积极行使环境诉讼权利，将是解决这一问题的有效途径。例如，在本案中，我国环保部或福建省环保厅完全可以作为诉讼主体，提起环境公益诉讼，追究其污染行为对国家财产造成的损失，要求其支付相关修复环境所需的费用，进而有效保护国家财产不受侵犯。

广西龙江镉污染事件

一、核心知识点

（一）违法排污

根据《中华人民共和国环境保护法》（2014 修订）的规定，企业的违法排污行为大致包括：无排污许可证或未按排污许可证规定排污，超标、超总量排污，"未批先建"排污，违法直排，通过暗管、渗井、伪造监测数据等逃避监管的排污等。

目前，我国加大了对企业违法排污的处罚力度，引入"按日连续处罚"的处罚制度，即违法排放污染物的企业在受到罚款处罚和被责令改正后，拒不改正的，依法做出处罚决定的行政机关可以自责令改正之日的次日起，按照原处罚数额按日连续处罚。因此，该制度的实施会促进企业衡量违法排污成本，提高违法排污治理效率。

（二）环境违法刑事责任

根据相关环境法律规定，一般情况下，我国对企业的环境违法行为多以行政处罚追究相关主体责任。但是，在企业环境违法行为构成犯罪的情况下，则需依法追究相关主体的刑事责任。

目前，我国《刑法》中涉及环境犯罪的罪名主要有以下几个，即污染环境罪、非法处置进口的固体废物罪、擅自进口固体废物罪、走私固体废物罪和环境监管失职罪。其中，污染环境罪、非法处置进口的固体废物罪、擅自进口固体废物罪、走私固体废物罪的犯罪主体既包括个人，又可以是单位。对于单位犯罪的，除需要对单位判处罚金外，还需对单位的直接负责的主管人员和其他直接责任人员依法进行处罚。环境监管失职罪的犯罪主体较为特殊，其针对的是负有环境保护监督管理职责的国家机关工作人员。

值得注意的是，环境犯罪的认定对环境污染事故的严重程度有要求，其以达到"严重污染环境"或"造成重大环境污染事故"为前提，且在符合刑法犯罪构成要件规定的情况下，认定为环境犯罪。

二、案情介绍[①]

2012 年 1 月 15 日，广西壮族自治区龙江河宜州市怀远镇河段水质出现异常，经调查发现龙江河拉浪电站坝首前 200 米处，水体中的镉含量超过《地表水环境质量标准》III 类标准约 80 倍。据估算，在本次镉污染事件中，镉泄漏量约 20 吨，波及河段约 300 公里。

2012 年 1 月 30 日，广西壮族自治区的相关部门组成了联合调查组，对本次龙江镉污染事件进行查处。2012 年 2 月 3 日下午，广西龙江河突发环境事件应急指挥部组织、召开了新

---

① 案情参见：正义网，http://www.jcrb.com/zhuanti/shzt/gxgwr/。

闻发布会称，广西金河矿业股份有限公司与河池市金城江区鸿泉立德粉材料厂的非法排污行为与此次污染事件有直接关系。经调查，河池市金城江区鸿泉立德粉材料厂自 2009 年被转手后，采用湿法提铟生产工艺非法生产铟、碳酸锌等产品，因此会在生产过程中产生浓度极高的含镉废液。不过，该厂缺乏相应重金属处理、回收设施，故其将生产废液直接向龙江河排入。经专家组认定，河池市金城江区鸿泉立德粉材料厂存在无污染防治设施，私建偷排竖井、私设暗管并用之将超高浓度的含镉废水偷排至厂区内私建竖井的问题。广西金河矿业股份有限公司冶化厂的浸出渣和压滤渣均属于危险废物，但是该厂渣场的防渗、防雨、防漏、防洪措施不完善，而浸出渣、净化渣等危险废物也未能根据规定实现分类、分区堆放。金河冶化厂通过岩溶落水洞将超标的镉浓度废水排入龙江河，同时，其利用排水沟将部分废渣渗滤液及厂区面源污水排入溶洞。

2013 年 7 月，河池市金城江区人民法院也对本案做出一审判决，广西金河矿业股份有限公司犯污染环境罪，判处罚金人民币 100 万元。此外，该公司涉案的三位负责人也被判刑并处罚金。其中，判金河矿业股份有限公司原副总经理兼金河公司冶化厂厂长覃乃义犯污染环境罪，处有期徒刑 3 年并处罚金 8 万元；判广西金河矿业股份有限公司原董事长、总经理余阳先犯污染环境罪，处有期徒刑 3 年，缓刑 4 年，并处罚金人民币 5 万元；判金河矿业股份有限公司生产安环管理部原经理罗传兴犯污染环境罪，处有期徒刑 3 年，缓刑 3 年 6 个月，并处罚金人民币 3 万元。法院认为，金河矿业股份有限公司违反相关规定，非法排放有毒物质重金属镉，严重污染了环境，且严重威胁沿河公民的饮水安全与身体健康，后果特别严重，其行为已触犯我国刑法规定，构成污染环境罪。同时，企业的相关负责人员没有严格遵守、执行国家对企业镉污染排放的新标准，使得该厂违法将镉含量超标的生产污水排至岩洞并最终流入龙江河，造成严重环境污染，后果特别严重，构成污染环境罪。同时，法院以污染环境罪，判处河池市金城江区鸿泉立德粉材料厂相关人员曾宜、李四军、高景礼、潘国强、毛文明、覃里强等 7 人五年至缓刑三年六个月不等的有期徒刑，并处罚金。

此外，2013 年 7 月 16 日，广西柳州市柳北区法院做出一审判决，被告人原广西河池市金城江区环境保护局纪检组长兼环境监察大队大队长蓝群峰、原广西河池市金城江区环境监察大队副大队长韦毅，因环境监管失职罪、受贿罪，一审均被判处有期徒刑 3 年 6 个月。二人不服，均提出上诉。2013 年 10 月 16 日，广西柳州市中级人民法院做出终审裁定：驳回上诉，维持原判。

三、适用法条

《中华人民共和国环境保护法》（2014 修订）

第四十二条　排放污染物的企业事业单位和其他生产经营者，应当采取措施，防治在生产建设或者其他活动中产生的废气、废水、废渣、医疗废物、粉尘、恶臭气体、放射性物质以及噪声、振动、光辐射、电磁辐射等对环境的污染和危害。

排放污染物的企业事业单位，应当建立环境保护责任制度，明确单位负责人和相关人员的责任。

重点排污单位应当按照国家有关规定和监测规范安装使用监测设备，保证监测设备正常运行，保存原始监测记录。

严禁通过暗管、渗井、渗坑、灌注或者篡改、伪造监测数据，或者不正常运行防治污染设施等逃避监管的方式违法排放污染物。

第六十三条 企业事业单位和其他生产经营者有下列行为之一，尚不构成犯罪的，除依照有关法律法规规定予以处罚外，由县级以上人民政府环境保护主管部门或者其他有关部门将案件移送公安机关，对其直接负责的主管人员和其他直接责任人员，处十日以上十五日以下拘留；情节较轻的，处五日以上十日以下拘留：

......

（三）通过暗管、渗井、渗坑、灌注或者篡改、伪造监测数据，或者不正常运行防治污染设施等逃避监管的方式违法排放污染物的。

第六十八条 地方各级人民政府、县级以上人民政府环境保护主管部门和其他负有环境保护监督管理职责的部门有下列行为之一的，对直接负责的主管人员和其他直接责任人员给予记过、记大过或者降级处分；造成严重后果的，给予撤职或者开除处分，其主要负责人应当引咎辞职：

......

（四）对超标排放污染物、采用逃避监管的方式排放污染物、造成环境事故以及不落实生态保护措施造成生态破坏等行为，发现或者接到举报未及时查处的。

《中华人民共和国水污染防治法》（2008 年修订）

第二十一条 直接或者间接向水体排放污染物的企业事业单位和个体工商户，应当按照国务院环境保护主管部门的规定，向县级以上地方人民政府环境保护主管部门申报登记拥有的水污染物排放设施、处理设施和在正常作业条件下排放水污染物的种类、数量和浓度，并提供防治水污染方面的有关技术资料。

企业事业单位和个体工商户排放水污染物的种类、数量和浓度有重大改变的，应当及时申报登记；其水污染物处理设施应当保持正常使用；拆除或者闲置水污染物处理设施的，应当事先报县级以上地方人民政府环境保护主管部门批准。

第二十二条 向水体排放污染物的企业事业单位和个体工商户，应当按照法律、行政法规和国务院环境保护主管部门的规定设置排污口；在江河、湖泊设置排污口的，还应当遵守国务院水行政主管部门的规定。

禁止私设暗管或者采取其他规避监管的方式排放水污染物。

第七十五条 在饮用水水源保护区内设置排污口的，由县级以上地方人民政府责令限期拆除，处十万元以上五十万元以下的罚款；逾期不拆除的，强制拆除，所需费用由违法者承担，处五十万元以上一百万元以下的罚款，并可以责令停产整顿。

除前款规定外，违反法律、行政法规和国务院环境保护主管部门的规定设置排污口或者私设暗管的，由县级以上地方人民政府环境保护主管部门责令限期拆除，处二万元以上十万元以下的罚款；逾期不拆除的，强制拆除，所需费用由违法者承担，处十万元以上五十万元以下的罚款；私设暗管或者有其他严重情节的，县级以上地方人民政府环境保护主管部门可以提请县级以上地方人民政府责令停产整顿。

未经水行政主管部门或者流域管理机构同意，在江河、湖泊新建、改建、扩建排污口的，由县级以上人民政府水行政主管部门或者流域管理机构依据职权，依照前款规定采取措施、给予处罚。

第七十六条　有下列行为之一的，由县级以上地方人民政府环境保护主管部门责令停止违法行为，限期采取治理措施，消除污染，处以罚款；逾期不采取治理措施的，环境保护主管部门可以指定有治理能力的单位代为治理，所需费用由违法者承担：

……

（二）向水体排放剧毒废液，或者将含有汞、镉、砷、铬、铅、氰化物、黄磷等的可溶性剧毒废渣向水体排放、倾倒或者直接埋入地下的。

四、案例评析

广西龙江镉污染事件作为近年来我国重大水污染事件的典型案例之一，虽然距其发生已过四年，但其至今仍会引发社会各界对我国当下环保现状进行评价与思考。

通过广西龙江镉污染事件，我们可以看到目前我国环保事业取得的如下进步。第一，我国突发环境污染事件应急机制正逐步发挥救济作用。在本次事故发生后，政府相关部门迅速、及时启用相应应急预案，进而有效、及时地制止了危害扩散，降低了事故损害。第二，媒体、公众舆论的环保意识与参与程度正逐渐提高。本案中，各渠道的媒体部门，在充分发挥了及时跟进事故进展，报道事故信息的作用的同时，也有效实现了其作为沟通媒介，在突发环境污染事故中的维稳作用。此外，公众与媒体对事件的深入、持续关注，也积极发挥了环境监督功效，促使政府依法履职。

不过，在看到我国环保事业进步的同时，我们也不能忽视此次事故所反映出的我国环保现状。第一，企业环保社会责任意识仍较为淡薄，非法生产、非法经营与非法排污的问题仍普遍存在；第二，政府相关部门与官员失职、渎职现象仍然存在，政府仍无法完全因坚持环境保护而忽视地区经济发展，目前也无法规避官商勾结、官员肆意收受企业贿赂的问题，进而导致有选择地降低监管标准，对其环境污染行为持放任态度；第三，政府突发事故环境信息披露制度有待完善。在本案中，地方政府从2012年1月7日得知河水变黑、鱼苗死亡的情况，到1月18日才组织相应人员逐村进行公布消息，这充分反映出了我国政府突发事故环境信息披露制度存在环境信息披露敏感度不足、环境信息核查与披露效率较低、信息披露方式迟缓等问题。

五、拓展思考

目前，同环境行政处罚实践相比，我国环境刑事处罚实践中表现了"当罚不罚""以罚代刑"等问题，一定程度上限制了环境刑事处罚在保护环境安全、惩戒环境违法方面作用的充分发挥。究其原因，主要是由于我国环境刑事处罚和行政处罚在立法、法律监督等方面存在衔接错位、操作不当的问题。

就我国环境刑事处罚和行政处罚的立法方面而言，其存在如下问题：第一，环境刑事处罚立法目的有待调整。目前，环境犯罪规定于"妨害社会管理秩序罪"一章，可见其立法目的侧重于维护社会公共秩序的稳定，而忽略了对于维护社会环境安全价值的追求，将社会秩序价值取代环境安全价值不利于充分地维护社会公众的环境安全。第二，环境刑事处罚与行政处罚的种类衔接性不强，我国刑法并未将污染、破坏环境要素的违法行为全部入罪，且其更侧重于结果犯，一定程度上忽略了对危险犯的环境刑事处罚。

　　从我国环境刑事处罚和行政处罚的法律监督方面而言，造成我国环境刑事处罚不完善的原因主要是我国当前环境刑事处罚的法律监督主体较为单一，其主要是由法院和检察院依法对该刑事处罚的定罪、量刑等方面进行监督、审查，所以较环境行政处罚的多方位监督主体，如环保相关部门、媒体、司法机关、社会公众等，仍存在很大的监督差距。因此，在我国针对某一环境污染事故中，是否需要适用环境刑事处罚、是否正确适用了环境刑事处罚的法律，一定程度上使得当前我国环境刑事处罚的适用无法得到及时、有效解决。

荣华公司污染腾格里沙漠案

一、核心知识点

土壤污染防治

土壤污染物大致可分为无机污染物和有机污染物两大类。无机污染物主要包括酸，碱，重金属，盐类，放射性元素铯、锶的化合物，含砷、硒、氟的化合物等。有机污染物主要包括有机农药、酚类、氰化物、石油、合成洗涤剂、3,4-苯并芘以及由城市污水、污泥及厩肥带来的有害微生物等。当土壤中含有害物质过多，超过土壤的自净能力，就会引起土壤的组成、结构和功能发生变化，微生物活动受到抑制，有害物质或其分解产物在土壤中逐渐积累，通过"土壤→植物→人体"，或通过"土壤→水→人体"间接被人体吸收，达到危害人体健康的程度。

污染物进入土壤的途径是多样的，废气中含有的污染物质，特别是颗粒物，在重力作用下沉降到地面进入土壤，废水中携带大量污染物进入土壤，固体废物中的污染物直接进入土壤或其渗出液进入土壤。其中最主要的是污水灌溉带来的土壤污染。农药、化肥的大量使用，造成土壤有机质含量下降，土壤板结，也是土壤污染的来源之一。

土壤污染的危害是非常严重的，一是影响农产品的产量和品质。土壤污染会影响作物生长，造成减产；农作物可能会吸收和富集某种污染物，影响农产品质量，给农业生产带来巨大的经济损失；长期食用受污染的农产品可能严重危害身体健康。二是危害人居环境安全。住宅、商业、工业等建设用地土壤污染还可能通过经口摄入、呼吸吸入和皮肤接触等多种方式危害人体健康。污染场地未经治理直接开发建设，会给有关人群造成长期的危害。三是威胁生态环境安全。土壤污染物可能发生转化和迁移，继而进入地表水、地下水和大气环境，影响其他环境介质，可能会对饮用水源造成污染。

在治理土壤污染这一问题上，我国已制定了一些法律、法规和规章，内容涵盖了农业环境保护、防治土地污染等方面，应该说这些法律政策对改善我国的土壤污染状况是发挥了一定作用的。但是，也必须看到《环境保护法》《农业法》《土地管理法》等现行法律法规提供的只是有关土壤污染防治的零散规定，我国在土壤污染防治方面并没有制定专门性的单行法律。因此，可以说我国在土壤污染防治上的法律是缺乏系统性与可操作性的，甚至可以说这方面的立法基本上是一片空白。据了解，国务院联合环境保护部正在起草我国第一部《土壤污染防治法》，制订防治土壤污染行动计划。《土壤污染防治法》的出台，将会弥补环境保护法在土壤环境污染方面的缺失，对土壤污染的预防和治理起到切实的保障作用。

二、案情介绍①

腾格里沙漠位于内蒙古、宁夏和甘肃交界处，是中国的第四大沙漠，也是中国沙区中治沙科研示范区，腾格里的蒙古释义是天的意思，形容是沙漠像天一样的浩瀚、无际。在腾格里沙漠腹地，分布着诸多第三纪残留湖，这里地下水资源丰富，地表有诸多国家级重点保护植物，是当地牧民的主要集居地。与黄河的直线距离也仅有 8 公里。腾格里曾被誉为"人类治沙史上的奇迹"，曾经被联合国授予"全球环保 500 佳"的荣誉。在沙漠南缘中卫沙坡头一带，已建立中国国家级自然保护区，并有世界上第一条沙漠铁路——包兰铁路。然而本案就发生在这片拥有着奇迹的土地上。

荣华公司为武威市凉州区民营企业，是全国首批 151 家农业产业化龙头企业之一、甘肃省循环经济试点企业。2011 年 8 月，该公司由凉州城区迁至城东 11 公里的发放镇沙子沟，实施易地搬迁和技改扩建，规划建设年产 30 万吨玉米淀粉、12 万吨谷氨酸等项目。2014 年 5 月，项目主要生产工程基本建成，但污染防治设施没有同步配套建成。荣华公司在环保设施没有完全建成的情况下，未经批准擅自投入调试生产，私设暗管向沙漠排放生产废水。2014 年 5 月 28 日至 2015 年 3 月 6 日，平均日排放不达标中水 971 吨，累计排放 271654 吨。其中 187939 吨用于荣华公司投资建成的荣生沙漠公路两侧树木绿化灌溉，83715 吨通过铺设的暗管直接排入沙漠腹地。

荣华公司向腾格里沙漠腹地违法排放污水 8 万多吨，污染面积 266 亩。目前，荣华公司董事长已被立案调查，两名直接责任人已被拘留，武威市、凉州区有关部门主要负责人已被停职并接受审查。相关部门已依法勒令荣华公司涉案生产项目停产，查封主要生产设备和排污设施，撤除全部暗管；已对荣华公司依据新环保法规定进行按日计罚，总计罚款 3003105 元，追缴自调试和生产以来排污费 180621 元。武威市、凉州区环保部门主要负责人、分管责任人、直接责任人已被停职并接受审查，将根据甘肃省纪检监察部门和检察机关调查结果依法严肃处理。

甘肃省武威市人民检察院依法对甘肃省武威市凉州区环保局副局长兼环境监察大队大队长文武（正科级）以涉嫌玩忽职守犯罪立案侦查。2014 年 6 月至 2015 年 1 月 20 日，犯罪嫌疑人文武在明知武威市荣华工贸有限公司存在未经环保部门批复进行试生产违法排污的情况下，未认真履行环境监管职责，使该公司违法向腾格里沙漠排污问题没有得到及时发现和处理，酿成环境污染违法事件，造成恶劣社会影响。

三、适用法条

《中华人民共和国刑法》（1997 年修订）

第三百三十八条　违反国家规定，排放、倾倒或者处置有放射性的废物、含传染病病原体的废物、有毒物质或者其他有害物质，严重污染环境的，处三年以下有期徒刑或者拘役，并处或者单处罚金；后果特别严重的，处三年以上七年以下有期徒刑，并处罚金。

第三百四十六条　单位犯本节第三百三十八条至第三百四十五条规定之罪的，对单位判

---

① 案情参见：新浪财经，http://finance.sina.com.cn/china/dfjj/20150321/220421776032.shtml。

处罚金，并对其直接负责的主管人员和其他直接责任人员，依照本节各该条的规定处罚。

第三百九十七条　国家机关工作人员滥用职权或者玩忽职守，致使公共财产、国家和人民利益遭受重大损失的，处三年以下有期徒刑或者拘役；情节特别严重的，处三年以上七年以下有期徒刑。本法另有规定的，依照规定。

国家机关工作人员徇私舞弊，犯前款罪的，处五年以下有期徒刑或者拘役；情节特别严重的，处五年以上十年以下有期徒刑。本法另有规定的，依照规定。

第四百零八条　负有环境保护监督管理职责的国家机关工作人员严重不负责任，导致发生重大环境污染事故，致使公私财产遭受重大损失或者造成人身伤亡的严重后果的，处三年以下有期徒刑或者拘役。

负有食品安全监督管理职责的国家机关工作人员，滥用职权或者玩忽职守，导致发生重大食品安全事故或者造成其他严重后果的，处五年以下有期徒刑或者拘役；造成特别严重后果的，处五年以上十年以下有期徒刑。

徇私舞弊犯前款罪的，从重处罚。

《中华人民共和国环境保护法》（2014年修订）

第五十九条　企业事业单位和其他生产经营者违法排放污染物，受到罚款处罚，被责令改正，拒不改正的，依法做出处罚决定的行政机关可以自责令改正之日的次日起，按照原处罚数额按日连续处罚。

前款规定的罚款处罚，依照有关法律法规按照防治污染设施的运行成本、违法行为造成的直接损失或者违法所得等因素确定的规定执行。

第六十条　企业事业单位和其他生产经营者超过污染物排放标准或者超过重点污染物排放总量控制指标排放污染物的，县级以上人民政府环境保护主管部门可以责令其采取限制生产、停产整治等措施；情节严重的，报经有批准权的人民政府批准，责令停业、关闭。

第六十一条　建设单位未依法提交建设项目环境影响评价文件或者环境影响评价文件未经批准，擅自开工建设的，由负有环境保护监督管理职责的部门责令停止建设，处以罚款，并可以责令恢复原状。

第六十七条　上级人民政府及其环境保护主管部门应当加强对下级人民政府及其有关部门环境保护工作的监督。发现有关工作人员有违法行为，依法应当给予处分的，应当向其任免机关或者监察机关提出处分建议。

依法应当给予行政处罚，而有关环境保护主管部门不给予行政处罚的，上级人民政府环境保护主管部门可以直接作出行政处罚的决定。

第六十八条　地方各级人民政府、县级以上人民政府环境保护主管部门和其他负有环境保护监督管理职责的部门有下列行为之一的，对直接负责的主管人员和其他直接责任人员给予记过、记大过或者降级处分；造成严重后果的，给予撤职或者开除处分，其主要负责人应当引咎辞职：

（一）不符合行政许可条件准予行政许可的；

（二）对环境违法行为进行包庇的；

（三）依法应当做出责令停业、关闭的决定而未做出的；

（四）对超标排放污染物、采用逃避监管的方式排放污染物、造成环境事故以及不落实生态保护措施造成生态破坏等行为，发现或者接到举报未及时查处的。

第六十九条　违反本法规定，构成犯罪的，依法追究刑事责任。

四、案例评析

本案无论是对荣华公司的董事长还是对甘肃省武威市凉州区环保局副局长兼环境监察大队大队长文武以及其他环境负责人都没有做出判决或是处理，案件还在进一步的审理之中，但是毫无疑问等待他们的将会是严厉的刑法和行政处罚。本案所涉及的主体由两部分组成，一是荣华公司，二是甘肃省武威市凉州区环境部门的负责人。其中荣华公司又涉及单位犯罪和个人犯罪，甘肃省武威市凉州区环境部门主要负责人需承担玩忽职守罪，而相关人员要受到行政处分。所以下面将分别对两大主体的行为以及所要承担的法律后果进行分析。

荣华公司在项目主要生产工程基本建成，但污染防治设施同步配套没有完全建成的情况下，未经批准擅自投入调试生产，私设暗管向沙漠排放生产废水，平均日排放不达标中水 971 吨，累计排放 271654 吨。根据《环境保护法》第四十一条，建设项目中防治污染的设施，应当与主体工程同时设计、同时施工、同时投产使用。防治污染的设施应当符合经批准的环境影响评价文件的要求，不得擅自拆除或者闲置。"三同时制度"规定企业在有污染项目建设过程中，防治污染的设施必须同时设计、同时施工、同时投产。然而荣华公司在其污染项目建设时，其防治污染设施却并未同时设计、同时施工、同时投产，而是擅自私设暗管向沙漠排放生产废水，造成腾格里沙漠大面积污染。根据《刑法》第三百三十八条，违反国家规定，排放、倾倒或者处置有放射性的废物、含传染病病原体的废物、有毒物质或者其他有害物质，严重污染环境的，处三年以下有期徒刑或者拘役，并处或者单处罚金；后果特别严重的，处三年以上七年以下有期徒刑，并处罚金。《刑法》第三百四十六条制定，单位犯本节第三百三十八条至第三百四十五条规定之罪的，对单位判处罚金，并对其直接负责的主管人员和其他直接责任人员，依照本节各该条的规定处罚。《最高人民法院、最高人民检察院关于办理环境污染刑事案件适用法律若干问题的解释》第六条规定，单位犯刑法第三百三十八条、第三百三十九条规定之罪的，依照本解释规定的相应个人犯罪的定罪量刑标准，对直接负责的主管人员和其他直接责任人员定罪处罚，并对单位判处罚金。单位不仅要受到刑法的处罚，其还需接受《环境保护法》的处罚，根据《环境保护法》第五十九条第一款的规定，企业事业单位和其他生产经营者违法排放污染物，受到罚款处罚，被责令改正，拒不改正的，依法做出处罚决定的行政机关可以自责令改正之日的次日起，按照原处罚数额按日连续处罚。其第六十条规定，企业事业单位和其他生产经营者超过污染物排放标准或者超过重点污染物排放总量控制指标排放污染物的，县级以上人民政府环境保护主管部门可以责令其采取限制生产、停产整治等措施；情节严重的，报经有批准权的人民政府批准，责令停业、关闭。作为荣华公司的负责人即荣华公司董事长其行为已经构成环境污染罪，面临的将是法律的严惩。

作为本案的另一个主体，甘肃省武威市凉州区环境保护的部门负责人员，其中包括环保局副局长兼环境监察大队大队长文武。虽然案件在审查过程中，事实细节并未公布，但是文武作为甘肃省武威市凉州区环保局副局长兼环境监察大队大队长，在荣华公司向腾格里沙漠排放污水长达将近一年的时间里，并未做出任何处罚措施，其渎职行为显而易见。根据《刑法》第三百九十七条第一款规定，国家机关工作人员滥用职权或者玩忽职守，致使公共财产、国家和人民利益遭受重大损失的，处三年以下有期徒刑或者拘役；情节特别严重的，处三年以上七年以下有期徒刑。本法另有规定的，依照规定。第四百零八条规定，负有环境保护监督管理职责的国家机关工作人员严重不负责任，导致发生重大环境污染事故，致使公私财产遭受重大损失或者造成人身伤亡的严重后果的，处三年以下有期徒刑或者拘役。虽本案对文武的判决还未出来，但本案甘肃省武威市人民检察院也以涉嫌玩忽职守犯罪对文武立案侦查。对于那些还正在调查的甘肃武威市凉州区环境保护部门的负责人，由于他们的严重失职，导致出现腾格里沙漠的严重污染，虽然现在正在调查中并未刑事立案或者给予行政处分，但已经全部停职审查。

五、拓展思考

本案属于土壤污染案例中的典型案例，更为突出的是沙漠污染。有些人甚至包括一些官员认为沙漠并不属于土壤，认为向沙漠排污并不会造成污染，反而变废为宝。这些人认为一方面可以减少企业防治污染设施的建设的成本，另一方面又增加当地 GDP，将此作为一举两得的妙计。殊不知这样做的后果比将污水直接排到河流或者其他土壤中的危害更加严重。首先要确定的一点是，沙漠属于土壤中的荒漠土，荒漠土广泛分布于温带和热带漠境地区，世界荒漠土约占大陆面积的 10%，在我国主要表现为棕漠土和灰漠土。而对沙漠的污染则不仅仅是对其土壤的污染，沙漠属于细沙地，水渗透的快，因此工厂排放大量的污水极易污染地下水。沙漠地下水一旦被污染，将无法修复。

我国现行的环境保护单行法律包括了《水污染防治法》《大气污染防治法》《海洋环境保护法》等各分支领域内的污染防治法或环境保护法，但是还没有出台一部《土壤环境污染防治法》。随着近年来企业排污对土壤污染越来越严重，土壤受到镉、铅等重金污染严重，土壤通过其传导作用，使得地下水被污染，动植物中重金属也严重超标，对人们的影响越来越大，因此，尽快出台一部《土壤环境污染防治法》是十分必要的。该法出台后，我国环境保护的法律体系将更加完整，土壤环境的污染防治也将有法可依。

天津市渔政渔港监督管理处诉英费尼特航运有限公司等船舶碰撞油污染损害赔偿纠纷案

一、核心知识点

与船舶有关的海洋污染防治

船舶污染是指因船舶操纵、海上事故及经由船舶进行海上倾倒致使各类有害物质进入海洋，产生损害海洋生物资源、危害人体健康、妨碍渔业和其他海上经济活动、损害海水使用质量、破坏环境优美等有害影响，使海洋生态系统平衡遭到破坏。船舶污染的特征：第一，经由船舶将各类污染物质引入海洋；第二，污染物质进入海洋是由于人为因素而不是自然因素，也就是说污染行为在主观上表现为人的故意或过失；第三，污染物进入海洋后，造成或可能造成海洋生态系统的破坏。船舶污染主要是指船舶运输的油类货物造成的污染、船用燃油造成的污染、船舶运输的有害物质造成的污染。

船舶污染的危害主要有以下两点：首先船舶污染具有流动性，无国界性。海水的流动性、船舶的移动性决定了由船舶进入海洋的污染物不可能局限在或固定在某一点而静止不动。一次污染可能会波及多个国家，给污染的治理造成诸多不便。其次船舶污染危害性强、范围广。船舶污染使海洋水质受到损害，海洋生物的栖息环境遭到破坏，严重影响海洋本身的调整功能，给海洋生态环境、海洋生物资源、海洋渔业生产等带来严重危害，从而影响到全球生态平衡，严重威胁人类的生存环境。

随着海洋运输业的蓬勃发展，船舶的拥有量持续的增加，国家对船舶污染的防治更加重视，早在 1983 年国务院就通过《防止船舶污染海域管理条例》，在 1999 年修订的《海洋环境保护法》有专门的章节规定船舶污染，而且在 2009 年，国务院通过了《防治船舶污染海洋环境管理条例》；同时我国还加入了经诸多修正案修正的 1973 年《国际防止船舶造成污染公约》（MARPOL）、1982 年《联合国海洋法公约》、1990 年《国际干预公海油污事件公约》、1992 年《国际油污损害民事责任公约》等有关船舶污染的国际公约。

二、案情介绍①

2002 年 11 月 23 日凌晨，马耳他籍"塔斯曼海"油轮与中国沿海船舶"顺凯 1 号"在天津海域发生碰撞，造成"塔斯曼海"轮大量原油泄漏，给邻近海域的海洋生态资源造成巨大损失，同时也给环渤海周边的渔民带来了严重的经济损失。也就此引发了"塔斯曼海"的系列赔偿案，本书选取了天津市渔政渔港监督管理处诉英费尼特航运有限公司和伦敦汽船船东互保协会一案进行评析。

原告天津市渔政渔港监督管理处诉被告英费尼特航运有限公司和被告伦敦汽船船东互保

---

① 案情参见：北大法宝，http://www.pkulaw.cn/fulltext_form.aspx?Gid=117526902。

协会船舶碰撞油污损害赔偿纠纷一案，天津海事法院于 2003 年 1 月 3 日立案受理。

原告诉称，2002 年 11 月 23 日，被告英费尼特航运有限公司所属马耳他籍"塔斯曼海"油轮与大连旅顺顺达船务有限公司所属中国籍"顺凯 1 号"货轮，在天津大沽口东部约 23 海里处发生碰撞，"塔斯曼海"油轮右舷第 3 舱破损，所载 956.524 吨货油入海，且只有极少量的原油被回收，造成附近海域严重污染，国家渔业资源遭受严重损失。

事故发生后，原告委托的农业部黄渤海区渔业生态环境监测中心（下称黄渤海监测中心）立即组织有关人员赶赴现场，对污染海域进行了环境质量监测，并对污染海域的渔业资源现状进行了拖网调查。根据黄渤海监测中心出具的《"TASMAN SEA"轮原油泄漏污染事故调查与渔业资源损失评估报告》（下称《损失评估报告》），确定本次污染事故造成了约 690 平方千米海域石油类浓度超过《中华人民共和国渔业水质标准》4 倍以上，污染造成渔业资源经济损失和评估费用共计 1832.8 万元人民币。

原告认为，①污染事故前的环境调查表明，该海域污染前的环境质量符合国家渔业水质标准。由于本次污染造成的海洋渔业生态环境损害需要相当长的时间才能恢复。②本次污染事故是由于"塔斯曼海"油轮溢油所致，作为"塔斯曼海"油轮船舶所有人的被告英费尼特航运有限公司应承担全部责任。被告伦敦汽船船东互保协会是"塔斯曼海"油轮的油污损害责任保险人，对上述损害依法应承担连带赔偿责任。③"塔斯曼海"轮是马耳他籍油轮，事故发生地在中国管辖海域，中国、英国和马耳他都是 1992 年《国际油污损害民事责任公约》（下称《92 责任公约》）的缔约国，该公约适用于本案。本案是侵权损害赔偿纠纷，侵权行为地和结果地在中国，中国法律、法规、规范、标准适用于本案。④依据中国法律和农业部的授权，原告是适格的索赔主体，具有合法的索赔权。⑤大连旅顺顺达船务有限公司就涉案损失已赔偿原告 50 万元，原告同意从上述总损失额中剔除 50 万元。

综上，原告请求法院依法判令：①两被告赔偿国家渔业资源损失 1782.8 万元人民币及其利息（自 2002 年 12 月 1 日起计算至实际赔付之日止，利率按中国人民银行同期贷款利率计算）；②两被告承担连带赔偿责任；③两被告承担本案有关的诉讼费用。

原告为支持其诉讼请求向天津海事法院提交了农业部办公厅通知和《损失评估报告》及其附件等证据材料 6 份。原告申请天津海事法院调取与"塔斯曼海"轮溢油事故相关证据材料 13 份。

两被告共同辩称，①本案应以《92 责任公约》《国际油污赔偿基金索赔手册》（下称《索赔手册》）和《CMI 油污损害指南》（下称《油污指南》），以及与上述公约、国际惯例或国际通行做法不相冲突的国内法作为解决本案纠纷的适用法。②依据中华人民共和国相关法律规定，原告不具有诉权，无权索赔渔业资源损失。③本次溢油事故共溢油 160 余吨，且绝大部分溢油被回收或清除。原告严重夸大了溢油量和污染面积。④在"塔斯曼海"轮溢油污染事故以前，渤海湾已经遭受了严重污染。在事故发生后的 3 个多月，事故海域的海水水质好于事故发生前的水平，事故海域的海洋沉积物质量已经恢复到国家一类沉积物标准。⑤原告的索赔与河北省滦南县渔民和天津市汉沽、北塘、大沽渔民，以及天津市海洋局的索赔相重复，依法应驳回。⑥原告提供的《损失评估报告》存在众多重大瑕疵，不能作为认定损失的依据。⑦根据《92 责任公约》《油污指南》和《索赔手册》，原告的索赔不成立。请求法院依法驳回原告的诉讼请求。

两被告为支持其抗辩主张，向天津海事法院提交了中国海洋大学《技术评估报告》、ITOPF 专家布朗出具的《关于塔斯曼海溢油评估及对环境影响的意见》和《对塔斯曼海溢油事故环境、渔业索赔的技术评估》以及"塔斯曼海"轮船舶资料等证据材料共计 55 份。

根据两被告提出的对本案涉及的专业技术问题进行鉴定的申请，经法院征得原告和两被告一致同意指定山东海事司法鉴定中心对本案涉及的专业技术问题进行鉴定。天津海事法院认为，山东海事司法鉴定中心具有最高人民法院认可的鉴定资质，经各方当事人一致同意，受法院委托就本案相关技术问题进行鉴定，符合法定程序。《共同焦点事实鉴定报告》中对原、被告关于溢油量的证据及主张的分析，逻辑严谨、论证充分，在此基础上得出的本次事故导致 205.924 吨原油入海的结论客观公正。天津海事法院对《共同焦点事实鉴定报告》予以采信。

法院审理查明：2002 年 11 月 23 日约 8 时，被告英费尼特航运有限公司所属马耳他籍"塔斯曼海"油轮与大连旅顺顺达船务有限公司所属"顺凯 1 号"货轮，在天津大沽口东部海域发生碰撞，"塔斯曼海"油轮右舷第 3 舱破损，"塔斯曼海"轮所载 205.924 吨文莱轻质原油入海，造成附近海域污染。

事故发生后，天津海事局采取应急措施，组织相关部门的船舶和人员对海上溢油进行了清污，实际回收溢油 17.85 吨。2002 年 11 月 26 至 27 日，原告委托的黄渤海监测中心组织有关人员赶赴现场，在污染海域设置的 26 个调查站位进行了环境质量监测，又于 2002 年 11 月 30 日至 12 月 1 日在受油污染海域设置的十个拖网调查站位的渔业资源现状进行了拖网调查。

本次溢油事故发生前，事故海域环境质量基本处于良好状态，整体上海水质量符合海水质量标准二类标准的要求。海域沉积物质量整体上处于良好状态，符合海洋沉积物质量一类标准的要求。山东海事司法鉴定中心经 172 小时数值模拟计算并经过实际监测数据验证，确认本次溢油扩散面积从 18 平方千米至 205 平方千米波动变化。事故发生后，经过大约 4 个月的时间，事故海域海水平均油类含量基本恢复到事故发生前的水平。

根据黄渤海监测中心的调查，1999 年 11 月、2000 年 11 月和 2001 年 11 月，在渤海湾调查海区共捕获鱼类 26 种，平均资源密度没有太大变化。水产品零售价格按照天津市价格认证中心出具的水产品价格证明所证明的价格下调 10% 计算。经与前三年的统计资料对比，由于溢油事故造成石油类浓度超过《中华人民共和国渔业水质标准》4 倍以上 690 平方千米海域不同天然渔业资源的损失为 1515.42 万元。

又查明，按照原告与黄渤海监测中心签订的调查与评估协议，原告应支付黄渤海监测中心调查与评估费用 48 万元。大连旅顺顺达船务有限公司就涉案损失已赔偿原告 50 万元，且原告同意从上述总损失额中剔除 50 万元。

再查明，"塔斯曼海"油轮具备《92 责任公约》第 7 条规定的有效的《油污损害民事责任保险或财务担保证书》，被告伦敦汽船船东互保协会为"塔斯曼海"油轮的油污损害责任保险人。我国、英国和马耳他均为《92 责任公约》的缔约国。

天津海事法院认为，本案为船舶碰撞油污损害赔偿纠纷。涉案事故发生于中华人民共和国领海内的渤海，依据最高人民法院《关于海事法院受理案件范围的若干规定》第 4 条的规定，天津海事法院具有管辖权。本案属于侵权纠纷，侵权行为地在我国的渤海，英国、马耳他和我国均为《92 责任公约》的缔约国，因此，本案应适用中华人民共和国法律及《92 责任公约》。

《索赔手册》和《油污指南》不属于我国参加的公约或公约的组成部分，从其形成和适用范围以及普遍接受程度考虑也不构成国际惯例，因此不属于我国的民事法律渊源，不适用于本案。

关于原告是否具有索赔权的问题。天津海事法院认为，中华人民共和国领海内的天然渔业资源属于国家所有。依照《海洋环境保护法》第九十条第二款的规定，被授予渔业行政管理权的政府职能部门在获得授权的范围内，有权代表中华人民共和国政府对其监督管理的海域及其毗邻海域造成海洋渔业资源污染损害的责任方行使索赔权。事故发生地为天津与河北交界海域，农业部授权天津市渔政渔港监督管理处代表国家就该污染事故所造成的渔业资源损失对两被告行使索赔权，符合法律规定，因此原告具有索赔权。

对于被告关于原告的诉讼请求与河北省滦南县、天津市汉沽、北塘、大沽渔民的索赔和天津市海洋局的索赔相重复的主张。天津海事法院认为，天津市海洋局请求的是海洋环境生态污染破坏和生态恢复的索赔；河北省滦南县和天津市汉沽、北塘、大沽渔民请求的是因污染造成的海洋捕捞停产损失、网具损失和滩涂贝类养殖损失；而原告请求的是渔业资源损失。因此各方当事人索赔的范围和内容界定明确，彼此独立，不存在重复索赔的问题。

对于被告关于渔业资源的中、长期损失是理论推导的结果，不是实际损失的主张，天津海事法院认为，第一，按照农业部《水域污染事故渔业损失计算方法规定》，污染事故渔业资源损失包括直接经济损失和天然渔业资源损失，被告所称的渔业资源中、长期损失指的就是前述天然渔业资源损失。第二，经山东海事司法鉴定中心对与"塔斯曼海"轮溢油油品性质类似的"胜利混"毒性试验结果表明，溢油中含有多种有害成分，其中有的具有较长时间的潜在危害。尽管涉案污染海域的水质在四个月后已恢复到事发前的水平，但水质的恢复并不等于渔业资源的恢复。第三，农业部《水域污染事故渔业损失计算方法规定》对天然渔业资源经济损失金额的计算，不应低于渔业资源直接经济损失的 3 倍，这是我国目前计算污染造成渔业资源损失的唯一规范性文件。依据该规定计算的渔业资源损失不是纯理论计算，而是采用专家评估法对污染造成的天然渔业资源经济损失做出的客观评估。其结论既有事实依据，又有法律依据。第四，《92 责任公约》规定，"污染损害"系指油类从船上的溢出或排放引起的污染在该船之外所造成的灭失或损害，不论此种溢出或排放发生于何处；但是，对环境造成的损害的赔偿，应限于已实际采取或将要采取的合理恢复措施的费用。很显然，该条款没有规定污染造成所谓渔业资源中、长期损失不应赔偿。所以依照黄渤海监测中心的监测结果，按照农业部《水域污染事故渔业损失计算方法规定》所得出的天然渔业资源经济损失属于客观存在的事实，其既符合我国现有法律规定，也不违反《92 责任公约》的规定。

原告为确定"塔斯曼海"轮溢油事故导致的海域污染程度、污染面积及对渔业资源的影响而支出的调查评估费用，属于《92 责任公约》规定的合理费用，应由被告承担。大连旅顺顺达船务有限公司就涉案损失已赔偿原告 50 万元，且原告同意从上述总损失额中剔除 50 万元，天津海事法院予以确认。

综上，天津海事法院依据《中华人民共和国民法通则》第一百四十二条、第一百四十六条第一款、第一百一十七条第二款、第一百二十四条、《中华人民共和国渔业法》第六条第一款、第七条、《中华人民共和国海洋环境保护法》第三条第四款、第五条第二款、第九十条第二款及 1992 年《国际油污损害民事责任公约》第 1 条第 6 款（a）、第 7 条第 8 款的规定，判决如下：

一、被告英费尼特航运有限公司赔偿原告天津市渔政渔港监督管理处渔业资源损失 1465.42 万元；

二、被告英费尼特航运有限公司赔偿原告天津市渔政渔港监督管理处调查评估费 48 万元；

三、被告英费尼特航运有限公司赔偿原告天津市渔政渔港监督管理处上述款项的利息（利息从 2002 年 12 月 1 日起计算至被告实际给付之日止，利率按中国人民银行同期贷款利率计算）；

四、被告伦敦汽船船东互保协会承担连带赔偿责任；

五、驳回原告的其他诉讼请求。

三、适用法条

《中华人民共和国海洋环境保护法》（1999 年修订）

第九十条　造成海洋环境污染损害的责任者，应当排除危害，并赔偿损失；完全由于第三者的故意或者过失，造成海洋环境污染损害的，由第三者排除危害，并承担赔偿责任。

对破坏海洋生态、海洋水产资源、海洋保护区，给国家造成重大损失的，由依照本法规定行使海洋环境监督管理权的部门代表国家对责任者提出损害赔偿要求。

1992 年《国际油污损害民事责任公约》（2000 年对我国生效）

公约第 1 条第 6 款（a）　"污染损害"系指：油类从船上溢出或排放引起的污染在该船之外造成的灭失或损害，不论此种溢出或排放发生于何处；但是，对环境损害（不包括此种损害的利润损失）的赔偿，应限于已实际采取或将要采取的合理恢复措施的费用；

公约第 7 条第 8 款　对油污损害的任何索赔可向承担船舶所有人油污损害责任的保险人或提供财务保证的其他人直接提出。在上述情况下，被告人可不问船舶所有人的实际过失或暗中参与而援用第 5 条第 1 款所规定的责任限度。被告人可以进一步提出船舶所有人本人有权援引的答辩（船舶所有人已告破产或关闭者不在此例）。除此以外，被告人可以提出答辩，说明油污损害是由于船舶所有人的有意的不当行为所造成，但不得提出他有权在船舶所有人向他提出的诉讼中所援引的答辩。在任何情况下，被告人有权要求船舶所有人参加诉讼。

四、案例评析

本案是由于船舶碰撞所引发的船舶污染损害赔偿，由于案件中大连"顺凯一号"在此次事故中不负主要责任而且"顺凯一号"船舶所有人的代表与天津市渔政渔港监督管理处庭外和解，最终大连旅顺顺达船务有限公司赔偿天津市渔政渔港监督管理处 50 万元人民币。所以本案主要是讨论英费尼特航运有限公司和伦敦汽船船东互保协会的赔偿问题。

首先本案中的第一个焦点问题也就是两被告认为原告的主体资格不适格，原告主体资格是否适格关系到本案是否需要继续审理，天津市海事法院依照《海洋环境保护法》第九十条第二款的规定，被授予渔业行政管理权的政府职能部门在获得授权的范围内，有权代表中华人民共和国政府对其监督管理的海域及其毗邻海域造成海洋渔业资源污染损害的责任方行使索赔权。本案中我国农业部已授权了天津市渔政渔港监督管理处，所以两被告所认为的原告天津市渔政渔港监督管理处不适格是没有道理的。在我国船舶污染损害赔偿责任主体的认定是《海洋环境保护法》第九十条第一款的规定，造成海洋环境污染损害的责任者，应当排除危害，并赔偿损失；完全由于第三者的故意或者过失，造成海洋环境污染损害的，由第三者排除危害，并承担赔偿责任。关于本案中被告之一的英费尼特航运有限公司，它是"塔斯曼海"号油轮的所有者，而整个污染事件又是由"塔斯曼海"号油轮负主要责任，所以英费尼特航运有限公司作为赔偿责任主体毫无疑问，而本案的另一被告伦敦汽船船东互保协会是英费尼特航运有限公司船舶油污责任强制险的保险人。船舶油污责任强制保险制度在 1992 年《国际油污损害民事责任公约》、2001 年《国际燃油污染损害民事责任公约》都有相关规定，因为在海洋漏油事故发生后，往往会出现肇事主体不能够承担相应的赔偿责任，以致受害主体无法获得赔偿的现象，所以在国际上有关船舶污染的公约中都会有船舶油污责任强制险的规定。我国已经加入上述国际公约，而且在 2010 年 3 月 1 日，国务院颁布的《防治船舶污染海洋环境管理条例》中第五十三条第一款明确规定："在中华人民共和国管辖海域内航行的船舶，其所有人应当按照国务院交通运输主管部门的规定，投保船舶油污损害民事责任保险或者取得相应的财务担保。但是，1000 总吨以下载运非油类物质的船舶除外。"

本案的另一个焦点问题就是法律适用问题，由于当时我国并没有出台有关船舶污染的损害赔偿的专门法律法规，所以原被告以及法院都只能依据相关的国内法和国际公约，而原被告和法院对其中的法律和公约又有不同的理解。但是在 2010 年我国国务院颁布《防治船舶污染海洋环境管理条例》其中第七章专门规定了船舶污染事故损害赔偿，对责任主体、免责事由、赔偿额度、赔偿顺序、强制责任保险都做了具体的规定。《防治船舶污染海洋环境管理条例》的出台极大地弥补了我国法律在船舶污染的损害赔偿的空缺，也使得我国在船舶污染的损害赔偿方面减少了法律适用的困扰。由于本案发生在 2002 年，新的法律还没有颁布，所以诉讼参与的各方只能依靠当时的法律诉讼和裁判。而对于被告所依据的《索赔手册》和《油污指南》这两个公约，我国并没有参加，所以其不能作为我国的法律渊源，在本案中不适用，但是英国、马耳他和我国均为《92 责任公约》的缔约国，所以该公约适用本案。

船舶污染损害赔偿案件中最难确定的一点是其赔偿范围，船舶污染损害赔偿范围是指船舶造成污染损害后，受害人可以向污染责任主体索赔损失的范围。因为船舶污染损害赔偿的范围直接关系到责任主体与受害者直接的切身利益。如果赔偿范围过于大，虽然对于受害者看似有益，但是责任主体因高额的赔付费会面临倒闭、破产，反而使受害者的利益得不到相应的保护。但是如果赔偿范围过小，又起不到警戒责任主体，保护海洋和受害者的作用。所以在学术界出现了在船舶污染损害赔偿案件中加入惩罚性赔偿的学说，惩罚性赔偿是指侵权行为人恶意实施该行为或者对其行为有重大的过失时，法院在判令行为人支付通常赔偿金的同时，还可以判令行为人支付高于受害人实际损失的赔偿金，以达到对行为人实施惩罚和追求一般抑制效果目的的法律制度。但是由于各国对惩罚性赔偿的分歧过大，在国际公约中并未能达成一致。我国认定的船舶污染损害赔偿的范围一般包括：（1）海洋自然资源损失的赔偿问题；（2）渔业的中、长期损失应当获得赔偿；（3）《92 年责任公约》对环境损害的赔偿，除利润损失外，对海洋自然资源的损害赔偿只赔偿实际采取或将要采取的合理复原措施的费用。本案中也是就以上述三点作为其赔偿的范围。在船舶污染损害赔偿范围中，还会出现索赔主体重复的问题。因为本案是"塔斯曼海"号系列案件其中一个案件，其他案件原告主体还包括河北省滦县渔民和天津市汉沽、北塘、大沽渔民以及天津市海洋局，而被告均是英费尼特航运有限公司和伦敦汽船船东互保协会，在本案中两被告就提出本案原告的诉讼请求与其他系列案件中原告的诉讼请求重复。但是最终法院认为，天津市海洋局请求的是海洋环境生态环境污染破坏和生态恢复的索赔；河北省滦县渔民和天津市汉沽、北塘、大沽渔民请求的是因污染造成的海洋捕捞停产损失、网具损失和滩涂贝类养殖损失；而天津市渔政渔港监督管理处请求的是渔业资源损失，各方当事人索赔的范围和内容界定明确，彼此独立，不存在重复索赔的问题。但是我们也可以看到，天津海洋局所提的海洋环境生态环境污染破坏和生态恢复与天津市渔政渔港监督管理处请求的渔业资源损失和渔民请求的海洋捕捞停产损失是存在一定的关系的，有重复索赔的问题，因为海洋环境生态环境污染破坏和生态恢复其中就会包括渔业资源的损失，而渔业资源的损失与渔民天然捕捞的损失也存在重复。所以以认定船舶污染损害索赔主体是否重复在学术界和实务界都是比较困难的问题。

五、拓展思考

"塔斯曼海"油轮溢油系列案是 21 世纪初，发生在中国最严重的船舶污染案件，其漏油多，污染广，受害者众，要求赔付巨。然而其审理年限也是相当长的，本案虽然发生在 2002 年 11 月，天津海事法院也在 2003 年 1 月就受理了此案，2004 年 12 月做出一审判决，但是两被告因国家行政主管部门的诉求内容及额度上诉，整个案件在历时七年后于 2009 年在最高人民法院的调解之下才最终尘埃落定，而当初号称 1.7 亿元的巨额赔偿也只是获得了很少部分的赔偿。当我们看到结局的时候就会发现，船舶污染损害赔偿案件是非常复杂的，因为其海洋环境损害难以量化，证据的提取保存较难，索赔主体存在重复性，以及法律适用和国际公约中各方的理解不同，造成了"塔斯曼海"油轮溢油案件成了旷日持久的拉锯战。

值得庆幸的是，2010 年，国务院专门出台了《防治船舶污染海洋环境管理条例》，并有专门章节规定船舶污染损害赔偿，在法律适用上有了统一的规定。船舶污染是海洋污染中比较常见的一种类型，也是造成海洋污染的主要原因之一，随着科学技术的发展，船舶的溢油事故的发生率和溢油量呈下降趋势，但是由其污染所带来的污染损害赔偿却仍一直困扰着各国，如何将其简单化，使受害者尽快得到赔付，将其损害降至最低，仍需要各国的不懈努力。

陈某非法处置进口的固体废物案

一、核心知识点

固体废弃物污染防治

固体废物是指在生产建设、日常生活和其他活动中产生的污染环境的固态、半固态废弃物质。固体废弃物包括工业固体废弃物、城市生活垃圾和危险废物。固体废物有以下特点：第一，固体废物具有污染环境和可利用的双重性质，如果固体废弃物处置不当，可能导致土壤、水和大气污染，固体废物是一个相对概念，在某场合可能固体废物就能成为生产原料，进行循环利用；第二，固体废物具有可转移性和处置多样性，由于废物处于固体状态，方便运输，还可以采取分类回收、焚烧、填埋等途径处理。

固体废弃物不断累积，占用土地越来越多，使得本来已经十分紧张的土地资源更加短缺，另外固体废物还会渗透到土壤中，改变土壤的性质和结构。堆积的固体废弃物通过雨水冲刷渗透到土壤中，从而污染了地下水和江河。最后固体废弃物大部分物质是可回收再利用的物质，很多固体废弃物没有回收直接抛弃，对资源造成了很大的浪费。

我国对固体废物进口实行限制制度，对于固体废物进口的基本原则是，禁止进口境外废物在境内倾倒、堆放、处置，限制进口可以作为原料的废物，确有必要进口的，必须依法执行。任何单位和个人都有权向环境保护部门、对外经贸主管部门、海关、进出口商品检验部门、工商管理部门检举违法进口废物的单位。

我国的固体废弃物防治立法始于 20 世纪 70 年代，主要是关于治理工矿企业和城市生活产生的废渣、粉尘、垃圾等对环境造成污染的法律。自 2005 年 4 月 1 日开始实施的《中华人民共和国固体废物污染环境防治法》是我国关于防治固体废物污染的综合性法律，该部法律适应了我国经济和社会发展的需要，同时也体现了国际上关于固体废物立法的发展趋势。

二、案情介绍[1]

碣石镇位于广东省陆丰市，是陆丰三大镇之一，因渔业和圣诞品加工而在当地小有名气。然而在碣石，还有一门经济规模庞大、参与人数众多的生意，那就是洋垃圾的倒卖。洋垃圾服装是以走私、夹带等方式进入我国的二手服装，是法律明令禁止进口的东西，然而在陆丰市的碣石镇，洋垃圾服装交易已经形成了一条非常成熟的产业链，洋垃圾服装的产业链基本上是这样的：首先，货源主要来自两个渠道，一个是走私，另外一个是香港有专门的公司从国外进货，再通过海运或陆路转运到内地来。随后，碣石本地大大小小的各级中间商开始对服装进行分销，卖到全国各地前来进货的商户手中，最终流向市场。本案就发生在这样的背景之下。

---

[1] 案情参见：汇法网，http://www.lawxp.com/case/c4556054.html。

　　陈某因涉嫌非法处置进口的固体废物罪，于 2013 年 12 月 23 日被广东省陆丰市公安机关刑事拘留，2014 年 1 月 22 日被逮捕。陆丰市人民检察院指控被告人陈某犯非法处置进口的固体废物罪，于 2014 年 3 月 24 日向广东省陆丰市人民法院提起公诉。

　　陆丰市人民检察院指控：2013 年 12 月 21 日至 23 日，被告人陈某受他人的雇请，组织摩托车工友温某、黄某、卓某某共四人各自驾驶二轮摩托车从陆丰市某某镇某某村附近海边一旧服装堆放点先后七次各运载国家禁止经营的固体废物旧服装共 84 包到碣石镇。同年 12 月 23 日 10 时许，被告人陈某及温某运载旧服装往碣石镇途经金碣路广福寺路段时被执法人员当场抓获，并缴获固体废物旧服装 6 包，黄某、卓某某逃离现场。次日公安机关在陆丰市某某镇某某村海边树林内查获未运载的固体废物旧服装共 11 包。公诉机关为证明上述事实，向法庭宣读和出示了相关证据。认为被告人陈某的行为已触犯《中华人民共和国刑法》第三百三十九条之规定，应以非法处置进口的固体废物罪追究其刑事责任。提请广东省陆丰市人民法院依法判处。

　　经法院审理查明，2013 年 12 月 21 日至 23 日，被告人陈某受同案人黄某兴的雇请，双方商定运费价格后，被告人陈某串招摩托车工友温某、黄某、卓某某（均另案处理）等人各自驾驶二轮摩托车到本市某某镇某某村附近海边一旧服装堆放点为黄某兴运载进口的固体废物旧服装，运费由黄某兴付给陈某后，再由陈某发放给同案人温某、黄某、卓某某。其中 2013 年 12 月 21 日，被告人陈某和同案人温某、黄某、卓某某各运载三次，每次各人运载 3 包。22 日，被告人陈某和同案人温某、黄某、卓某某同样各运载三次，每次各人运载 3 包，运费均于当天付清。同月 23 日 10 时许，被告人陈某和同案人温某、黄某、卓某某到本市某某镇某某村附近海边旧服装堆放点各运载 3 包旧服装往碣石镇，当被告人陈某及同案人温某运载旧服装往碣石镇途经金碣路广福寺路段时被执法人员当场抓获，现场缴获固体废物旧服装 6 包，同案人黄某、卓某某逃离现场。次日公安机关在本市某某镇某某村海边树林内查获尚未运载的固体废物旧服装共 11 包。被告人陈某和同案人友温某、黄某、卓某某已运载进口固体废品旧服装共计 84 包。该批进口的固体废物旧服装没有合法手续。

　　公诉机关向法院提供几份证据：陆丰市公安局《受案登记表》《立案决定书》，陆丰市碣石镇维护稳定及社会治安综合治理办公室《抓获经过》，陆丰市公安局刑事警察大队二中队现场检查笔录、照片、现场图及《扣押物品清单》，陆丰市公安局某某边防派出所《查获经过》、照片及现场图，陆丰市公安局刑警大队二中队《说明材料》。该证据经过质证，被法院采信。

　　广东省陆丰市人民法院认为：被告人陈某违反国家规定，受同案人的雇请运载境外的固体废物，其行为已构成非法处置进口的固体废物罪的共犯，依法应予惩处。公诉机关指控被告人所犯罪名成立，应予支持。庭审时，被告人陈某自愿认罪。鉴于被告人受同案人的雇请参与该案，犯罪情节较轻，且归案后悔罪表现好，依法给予从轻处罚。根据被告人的犯罪事实、情节以及对社会的危害程度，本案经广东省陆丰市人民法院审判委员会讨论决定，依照《中华人民共和国刑法》第三百三十九条第一款、第四十二条、第五十二条、第五十三条之规定，判决如下：

　　被告人陈某犯非法处置进口的固体废物罪，判处拘役五个月，并处罚金人民币 2000 元。

三、适用法条

《中华人民共和国刑法》（1997 年修订）

第三百三十九条　违反国家规定，将境外的固体废物进境倾倒、堆放、处置的，处五年以下有期徒刑或者拘役，并处罚金；造成重大环境污染事故，致使公私财产遭受重大损失或者严重危害人体健康的，处五年以上十年以下有期徒刑，并处罚金；后果特别严重的，处十年以上有期徒刑，并处罚金。

《中华人民共和国固体废物污染环境防治法》（2004 年修订）

第二十四条　禁止中华人民共和国境外的固体废物进境倾倒、堆放、处置。

第二十五条　禁止进口不能用作原料或者不能以无害化方式利用的固体废物；对可以用作原料的固体废物实行限制进口和自动许可进口分类管理。

国务院环境保护行政主管部门会同国务院对外贸易主管部门、国务院经济综合宏观调控部门、海关总署、国务院质量监督检验检疫部门制定、调整并公布禁止进口、限制进口和自动许可进口的固体废物目录。

禁止进口列入禁止进口目录的固体废物。进口列入限制进口目录的固体废物，应当经国务院环境保护行政主管部门会同国务院对外贸易主管部门审查许可。进口列入自动许可进口目录的固体废物，应当依法办理自动许可手续。

进口的固体废物必须符合国家环境保护标准，并经质量监督检验检疫部门检验合格。

进口固体废物的具体管理办法，由国务院环境保护行政主管部门会同国务院对外贸易主管部门、国务院经济综合宏观调控部门、海关总署、国务院质量监督检验检疫部门制定。

第七十八条　违反本法规定，将中华人民共和国境外的固体废物进境倾倒、堆放、处置的，进口属于禁止进口的固体废物或者未经许可擅自进口属于限制进口的固体废物用作原料的，由海关责令退运该固体废物，可以并处十万元以上一百万元以下的罚款；构成犯罪的，依法追究刑事责任。进口者不明的，由承运人承担退运该固体废物的责任，或者承担该固体废物的处置费用。

四、案例评析

本罪的犯罪对象是各种境外固体废物，根据《固体废物污染环境防治法》第二条、第七十四条、第七十五条和《废物进口环境保护管理暂行规定》第三十二条的解释，"固体废物"是指在生产建设、日常生活和其他活动中产生的污染环境的固态、半固态废弃物质，主要包括工业固体废物、城市生活垃圾和危险废物，还包括液态废物和置于容器的气态废物，但不包括排入水体的废水和排入大气的废气、放射性固体废物，固体废物污染海洋的也不在此列。其中，"工业固体废物"是指在工业、交通等生产活动中产生的固体废物。"城市生活垃圾"是指在城市日常生活中或者为城市日常生活提供服务的活动中产生的固体废物以及法律、行政法规规定视为城市生活垃圾的固体废物。"危险废物"是指列入《国家危险废物名录》或者根据国家规定的危险废物鉴别标准和鉴别方法认定的具有危险特性的废物。固体废物的分类方法很多：按固体废物的化学性质分为有机废物和无机废物；按固体废物的危害状况分为有害废物和一般废物；按固体废物的形状分为固体废物（粉状、颗粒状、块状）和泥状废物；通常为便于管理，则按其来源分为矿业固体废物、工业固体废物、城市垃圾、农业废弃物和放射性固体废物五类。消除这些废物的危害，往往需要较高的技术并耗费大量资金。因此，一些发达国家，千方百计将本国的有毒有害废物和垃圾转移到国外处置。为了保护人类健康，限制发达国家转移污染和保护发展中国家免受污染转移之害，1989 年《控制危险废物越境转移及其处置巴塞尔公约》全体代表在瑞士巴塞尔通过了该《公约》。我国政府于 1990 年签署了该《公约》。按照《公约》的规定，任何国家皆享有禁止《公约》所指危险废物自外国进入其领土或在其领土内处置的主权权利。

我国关于固体废物进口的基本原则是：禁止进口境外废物在境内倾倒、堆放、处置。限制进口可以做原料的废物，确有必要进口的，必须依法执行。任何单位和个人都有义务向环境保护部门、对外经济贸易主管部门、海关、进出口商品检验部门、工商行政管理部门和司法机关检举违法进口废物的单位。我国《禁止进口固体废物目录》明确规定了"废纺织原料及制品"为禁止进口的固体废物，其中废物名称中包括"旧衣服"这种固体废物。另外，行为人处置的固体废物必须是来源于国外的固体废物，国内的固体废物不属于行为人处置的对象。所谓"境外"，是指在我国国境以外的其他国家和地区。所谓"进口"也称为输入，是指从国外输入商品的贸易活动。《废物进口环境保护管理暂行规定的补充规定》第 1 项载明："废物进口是指一切废物以任何贸易方式和无偿提供、捐赠等方式进入中华人民共和国境内。"换言之，本罪行为人处置的固体废物应限定为境外的固体废物。本案中被告人陈某运送的为非法进口的旧服装，属于我国明令禁止进口的固体废弃物，这种非法入境旧服装是典型的"洋垃圾"，我国政府部门严令禁止进口及销售。旧服装的来源广泛，但主要出自国外的垃圾场和太平间，服装上沾满大量细菌，如结核杆菌、鼠疫、霍乱等各种疾病传染源。穿着以后，会使人感染各种皮肤疾病或其他疾病，有些病菌存在引发大面积疫情的严重危害，危及人类健康。

本罪的客观行为方式是对进口的固体废物进行倾倒、堆放、处置。"倾倒"是指通过船舶、航空器、平台或者其他运载工具，向陆地或水体处置废弃物或者其他有害物质的行为。"堆放"是指向土地直接弃置固体废弃物的行为。"处置"是指将（境外的）固体废物焚烧和用其他改变固体废物的物理、化学、生物特性的方法，达到减少已产生的固体废物数量，缩小固体废物体积、减少或消除其危险成分的活动，或者将固体废物最终置于符合环境保护规定要求的场所或设施并不再回取的活动。实践中行为人处置境外固体废物的方法多种多样，本条所指三种行为方式仅属概括性的列举。本罪属于行为犯，行为人实施了非法处置进口固体废物的行为，就构成犯罪既遂，而无须危害结果的发生。

认定本罪客观行为的程度应符合三个条件：首先，非法处置境外固体废物的行为，必须是违反国家有关固体废物污染防治规定的处置行为。这种行为一般发生于固体废物进境以后，行为人利用或使用境外固体废物过程中。如果发生在固体废物进境过程中，一般不以本罪论。其次，非法处置境外固体废物已达到一定的程度。如果行为人符合进口入境程序合理使用进口的固体废物，同时采取了防扬散、防流失、防渗漏或者其他防止污染环境的措施，则不构成犯罪。例如，行为人在运输过程中的沿途丢弃、遗撒，以及装载、卸货不符合安全管理规定等均属于非法倾倒，如已采取必要的防护措施则不属于非法倾倒。行为人贮存境外固体废物，未采取防护措施维护管理的，则属于非法堆放固体废物行为。行为人无论采用何种方式处置进口的固体废物，都必须采用防止污染环境的措施予以处理，否则应以非法处置固体废物行为论。最后，行为人处置境外固体废物行为必然导致一种危险状态的存在。本案中陈某驾驶二轮摩托车到某某镇某某村附近海边一旧服装堆放点为黄某兴运载进口的固体废物旧服装，其行为已经属于对固体废物的倾倒行为，因为倾倒是指通过船舶、汽车等运载工具向我国境内任何地方倾卸固体废物的行为，陈某驾驶摩托车装载着进口的旧服装，其目的就是要转移该批废物，对其进行倾倒和处理，其行为已经构成非法处置进口的固体废物罪。

五、拓展思考

在广东省陆丰市洋垃圾服装交易已经形成了一条非常成熟的产业链，成了当地人讨生活的"工作"。陆丰市碣石镇的洋垃圾服装产业之所以能蓬勃生长，一方面当地存在着盘根错节的利益关系，形成了一个既得利益群体，另一方面在这些黑恶势力背后，似乎还有保护伞。再加上倒卖旧衣服的高额利润，这个肮脏的产业在这个小环境里，似乎逐渐长成了一个恶性肿瘤，再怎么动刀都无法根除干净。

根据我国《固体废物污染环境防治法》第二十四条规定，国外的旧衣物是禁止入境的，那么这样数量庞大的洋垃圾旧衣物是怎么获得海关许可，报关从香港进入广东的呢？在翻阅该《固体废物污染防治法》的时候发现，第二十五条中又规定，对于可以做原料的固体废物，实行限制进口和自动许可进口分类管理。香港的某些公司正是利用这个模糊的界限，将禁止进口的这些洋垃圾以可用作原料的固体废物报关，运往广东的。所有这些，都使得打击了十几年的洋垃圾越打越多，犯罪分子的气焰也越来越嚣张。我们要堵住制度上的漏洞、监管上的漏洞，下决心关掉进口通道，铲除地下网络。

国际上洋垃圾、电子废物的跨境转移主要由发达国家运往发展中国家。一方面是发展中国家环境保护立法较为宽松，立法者对这些垃圾的危害认识不足；另一方面，一些国家的进口商从这些垃圾中寻找新的原料，比如从电子废物中提炼铅等物质，来满足国内生产对稀缺原材料的需求。国际社会针对危险废物的越境转移，于1989年制定了《巴塞尔公约》，该公约目的是为了加强世界各国在控制危险废物和其他废物越境转移及其处置方面的合作，防止危险废物的非法越境运输，保护全人类的身体健康和生存环境。我国于1991年成为该公约的缔约国，在加强本国海关执法、防止危险废物从海上登陆的同时，也可以根据《巴塞尔公约》的相关规定，如危险废物转移的许可和危险废物转移之前的事先知情同意制度等，通过与其他缔约国的国际合作，尤其是加强与危险废物出口国的联系，将洋垃圾堵在国门之外。

李明、王军诉北京庄维房地产开发有限责任公司噪声污染损害赔偿纠纷案

一、核心知识点

环境噪声污染防治

环境噪声是指在工业生产、建筑施工、交通运输和社会生活中所产生的干扰周围生活环境的声音。构成环境噪声必须具备以下要件：第一，环境噪声必须是由人为活动产生的声音。第二，环境噪声是某些人为活动产生的声音。第三，环境噪声必须是干扰周围生活环境的声音。

环境噪声污染是指所产生的环境噪声超过国家规定的环境噪声排放标准，并干扰他人正常生活、工作和学习的现象。而社会生活噪声是指人为活动所产生的除工业噪声、建筑物噪声和交通运输噪声之外的干扰周围生活环境的声音。

环境噪声污染是一种危害和影响相当广泛的公害，影响人的正常睡眠休息，损害人的听力，影响人的心理，同时也会对动物和机器设备造成损害。我国目前环境噪声污染主要有：第一，交通噪声污染严重。第二，社会生活噪声影响面最广，是干扰生活环境的主要噪声污染源。第三，环境噪声超标严重。

我国环境噪声污染防治专门立法是 1997 年开始实施的《中华人民共和国环境噪声污染防治法》，该法第一条规定：为防治环境噪声污染，保护和改善生活环境，保障人体健康，促进经济和社会发展，制定本法。为了贯彻落实该法，还制定了专门的规范性文件，如《声环境质量标准》《工业企业厂界环境噪声排放标准》和《社会生活环境噪声排放体系》。

二、案情介绍①

2001 年 6 月 19 日，原告李明、王军与被告北京庄维房地产开发有限责任公司签订商品房买卖合同，购买了北京市某区庄维花园 7 号楼 306 号房屋一套，并于同年 12 月 31 日入住。2002 年 5 月 8 日，庄维房地产开发公司对地下室水泵房振动扰民一事确认无误，并承认房屋有质量问题。对此，开发公司曾采取措施，对管道进行过改造处理，但噪声依然严重。因该楼采用的是由高压水泵从地下一层的低水位水箱向 24 层的高水位水箱供水的方式，当低水位水箱向高水位水箱上水时，水泵起动的响声异常巨大，随后是长达 10 多分钟的输水噪音，间隔不到 2 小时就一次，而且水泵的起动及输水情况是不分昼夜的。2004 年 9 月 10 日，经区环保局环境保护监测站噪声检测，李明所住房屋的噪声超标。由于长期的噪声污染，致使李明一家人没有安静的生活环境，直接影响了正常的工作和孩子的学习，甚至已严重危害了一家人的身心健康。为此，李明向法院提出如下要求：（1）被告采取根本措施，彻底消除自己

---

① 案情参见：法搜网，http://www.fsou.com/html/text/fnl/1175273/117527340.html。

住房内的噪声污染；（2）赔偿自其入住以来的精神损害抚慰金10万元；（3）噪声检测费、诉讼费均由被告承担。

被告庄维房地产开发公司辩称：李明所述不属实，环境保护监测站的噪声检测报告并未做出结论性意见，不能显示噪声污染事实。监测站适用的标准是《城市区域环境噪声标准》，该标准适用于区域环境，并不适用于建筑住宅室内。双方争议的焦点问题在于判断噪声是否超标、应适用什么标准以及因适用不同标准而采用不同的测量方法。建设部颁布的《住宅设计规范》是1999年开始实施的强制性国家标准，其中有关于住宅室内的明文规定，即室内噪声昼间应小于或等于50分贝，夜间应小于或等于40分贝；而原告主张适用《城市区域环境噪声标准》。对比两个标准，前者是"国标"，且颁布时间在后，有明文的规定依据，适用的对象是专门针对住宅室内环境的，后者则是针对住宅外部环境、没有明文法律依据的"人为解释"，很明显适用前者更为妥当。而环保局却主张适用后者，这样的结果是牵强附会地把区域环境的噪声标准挪用到建筑物室内。其实两个标准从字面含义上分析并不存在矛盾。根据《城市区域环境噪声标准》中规定的"不得不在室内测量时，噪声限值减10分贝"，其测量的对象仍然是"室外环境"，而不是"室内环境"，只不过由于测量方法的局限无法在室外测量时而更改测量地点，室内测量的结果势必与室外不同，才需要降低10分贝。但它并没有改变测量的对象是外部环境，更不意味着室内环境的标准应依此来判断。当出现部门之间不同标准冲突的情况下不应当由被管理者承担不利的后果。本案当事人双方在适用标准上的分歧，反映出两个部门、两个标准的冲突，这是建设部与国家环保总局的冲突。庄维房地产开发公司作为房地产开发企业，理应遵守建设部的明文规定。在出现上述冲突的情况下，不应当由开发商来承担不利的后果，否则对庄维房地产公司是不公平的。既然环保局认为国家关于住宅室内环境的噪声标准和测量方法正在制定之中，尚未正式出台，那么法不溯及既往，何况现在还没有法，就更没有理由来提前强行对庄维房地产开发公司适用，以此判定该公司败诉。

关于赔偿问题。虽然原告在庭审中提交了医院就诊证明作为证据，但是其所述的损害是全凭其个人口述的，从医学的角度都是无法用医学科技手段，如透视、CT、B超等加以确定的。因此其所述的损害没有事实根据，其所要求的精神损害赔偿也没有法律根据，庄维房地产公司不同意原告的赔偿请求。另外，出于维护业主利益考虑，庄维房地产公司已确定了水泵的整改方案，不论本案的判决结果如何，该公司都会在技术可行的条件下进行整改。

北京市丰台区人民法院经公开审理查明，原告李明、王军夫妇于2001年6月与被告庄维房地产开发公司签订商品房买卖合同，购买庄维花园7号楼306号房屋一套，并于同年12月入住。入住以后，自2002年5月，房屋内开始有7号楼内地下室水泵运转发出的噪声。原告曾多次向庄维房地产开发公司和物业管理公司反映情况，要求更换水泵或对水泵房采取隔音降噪措施。庄维房地产开发公司对水泵房的噪声进行过治理，但噪声污染没有得到根本改善。2004年9月10日，李明委托北京市丰台区环境保护监测站对306号住房噪声进行测量，监测站出具的检测报告证明：检测时间是2004年9月10日22时10分，主要声源是水泵，实测值客厅中心为39.7dB（A）、客厅中心本底为29.4dB（A）；李明支付检测费105元。

案件审理期间，丰台区法院委托北京市某区环境保护监测站对原告的306号住房再次进行了噪声检测，检测时间是2005年3月10日20时30分至3月11日0时10分，主要声源是楼内地下室水泵，测点位置是306单元内，实测值为水泵启动时昼：44.1dB（A），夜：43.5dB（A）；水泵正常运转时昼：36.2dB（A），夜：35.4dB（A）；本底昼：30.6dB（A），夜：30.0dB（A）；检测依据是GB12349—90。李明支付检测费350元。

　　2004 年 12 月 23 日、2005 年 1 月 12 日，李明及王军先后到医院就诊，经诊断为脑供血不足、神经衰弱等。2004 年 12 月 28 日，原告之子到北京儿童医院就诊，病历记载主诉是两三个月以来出现间断、无规律头痛现象。

　　北京市丰台区人民法院根据上述事实和证据认为，住宅是人日常生活、休息的主要生活环境，作为国家环境保护行政主管部门的国家环境保护总局为保护公民的生活环境，制定了环境噪声的最高限值标准，其中《城市区域环境噪声标准》规定以居住为主的 1 类区域，白天噪声标准为 55dB（A）、夜间噪声标准为 45dB（A），《城市区域环境噪声测量方法》（GB/T14623—93）第 5.4 条规定："不得不在室内测量时，室内噪声限值应低于所在区域标准值 10dB"；在《工业企业厂界噪声标准》中同样规定以居住为主的 1 类区域，白天噪声标准为 55dB（A）、夜间噪声标准为 45dB（A），《工业企业厂界噪声测量方法》（GB12349—90）的第 2.6.2 条规定："若厂界与居民住宅相连，厂界噪声无法测量时，测点应选在居室中央，室内限值应比相应标准值低 10dB（A）。"北京市环境保护局于 2001 年 12 月 17 日在针对居民楼内电梯、泵房、变电器等设备产生的噪声问题而做出的"关于室内噪声污染有关问题的函"中答复："由于国家和北京市对此类问题没有明确规定，但依据《中华人民共和国环境噪声污染防治法》第六条第二款'县级以上地方人民政府环境保护行政主管部门对本行政区域内的环境噪声污染防治实施统一监督管理'的规定，为解决人民群众的实际问题，环境保护部门可以对此类噪声问题进行管理，依照'城市区域环境噪声测量方法'（GB/T14623—93）和'城市区域环境噪声标准'（GB3096—93），不得不在室内测量时，室内噪声限值应低于所在区域标准值 10dB。监测时应当关闭窗户，并防止室内外其他噪声源的影响。"

　　依据《中华人民共和国环境保护法》和《中华人民共和国环境噪声污染防治法》的规定，国家环境保护行政主管部门对环境保护工作实施统一的监督管理，并制定国家噪声环境质量标准和测量方法，在国家环境保护行政主管部门有关住宅室内专门的噪声标准和测量方法出台之前，法官从保护公民环境权的角度出发，综合参考比照目前国家环保总局和北京市环境保护局及区环境保护监测站对住宅室内适用的噪声标准和测量方法审判案件是合法的，对双方当事人也是公平合理的。

　　原告李明、王军向被告庄维房地产开发公司购买的庄维花园 7 号楼 306 号住宅属《城市区域环境噪声标准》和《工业企业厂界噪声标准》规定的 1 类区域，该住房内从 2002 年 5 月开始出现 7 号楼地下室水泵运转发出的噪声，经环境保护监测站两次进行噪声检测，夜间噪声实测值分别为 39.7dB（A）、43.5dB（A）（水泵启动时）和 35.4dB（A）（水泵正常运转时），均超过了《城市区域环境噪声标准》和《城市区域环境噪声测量方法》规定的夜间最高限值标准；如果充分考虑被告利益，按照《工业企业厂界噪声测量方法》（GB12349—90）第 3.2 条"背景噪声的声级值应比待测噪声的声级值低 10dB（A）以上，若测量值与背景值差值小于 10dB（A）应进行修正"的规定，考虑 306 号住宅的本底噪声因素，39.7dB（A）、43.5dB（A）的噪声值超过了《工业企业厂界噪声标准》和《工业企业厂界噪声测量方法》规定的夜间最高限值标准；另水泵在夜间启动时产生的噪声也高于被告坚持适用的国家强制性标准《住宅设计规范》第 5.3.1 条"住宅的卧室、起居室（厅）内的允许噪声级（A 声级）夜间应小于或等于 40dB"的标准。综上所述，7 号楼内水泵的噪声污染是非常严重的，被告对原告住房的噪声污染侵权行为成立，被告有责任对水泵房采取有效、可靠的隔声减噪措施或更换水泵，切实改善原告住宅的声环境质量，以保障 7 号楼居民良好的生活环境；同时，长期噪声超标的住宅生活环境严重干扰和影响了原告一家的正常生活、工作、学习、休息和身心健康，对原告的环境权益造成严重损害，即使没有造成实际经济损失或医疗仪器暂时检测不出原告身体的损害后果，也应做出相应赔偿，故依据最高人民法院《关于确定民事侵权精神损害赔偿责任若干问题的解释》，被告应赔偿原告的精神损害。

北京市丰台区人民法院依照《中华人民共和国环境保护法》第七条、第九条、第四十一条，《中华人民共和国环境噪声污染防治法》第二条、第六条、第十条、第二十五条、第六十一条及《中华人民共和国民法通则》第五条、第一百二十四条之规定，判决如下：

（1）被告庄维房地产开发公司于判决生效之日起六十日内对庄维花园 7 号楼水泵采取有效、可靠的隔声降噪措施，使原告李某、王某的 7 号楼 306 号住宅内的水泵噪声达到国家环境保护总局规定的最高限值以下；逾期未达标准，按每日一百元对原告李明、王军进行补偿。

（2）被告庄维房地产开发公司于判决生效之日起七日内赔偿原告李明、王军精神损害抚慰金 10 万元。

判决后，庄维房地产开发公司不服，仍持原诉辩意见上诉，要求二审法院依法改判。北京市第二中级人民法院根据上述事实和证据认为：庄维房地产开发公司对李明、王军住房的噪声污染侵权行为成立，庄维房地产开发公司有责任采取有效措施改善李明、王军的住宅环境质量。长期噪声超标的住宅生活环境严重干扰和影响李明一家的正常生活和身心健康，故庄维房地产开发公司应对此给李明一家造成的精神损害予以赔偿，原审法院根据查明的事实，酌定的精神损害抚慰金数额适当，应予支持。北京市第二中级人民法院依照《中华人民共和国民事诉讼法》第一百五十三条第（一）款第（一）项之规定，驳回上诉，维持原判。

三、适用法条

《中华人民共和国环境保护法》（2014 年修订）

第四十一条　造成环境污染危害的，有责任排除危害，并对直接受到损害的单位或者个人赔偿损失。

赔偿责任和赔偿金额的纠纷，可以根据当事人的请求，由环境保护行政主管部门或者其他依照法律规定行使环境监督管理权的部门处理；当事人对处理决定不服的，可以向人民法院起诉。当事人也可以直接向人民法院起诉。

完全由于不可抗拒的自然灾害，并经及时采取合理措施，仍然不能避免造成环境污染损害的，免予承担责任。

《中华人民共和国环境噪声污染防治法》（1996 年颁布）

第二条　本法所称环境噪声，是指在工业生产、建筑施工、交通运输和社会生活中所产生的干扰周围生活环境的声音。

本法所称环境噪声污染，是指所产生的环境噪声超过国家规定的环境噪声排放标准，并干扰他人正常生活、工作和学习的现象。

第六条　国务院环境保护行政主管部门对全国环境噪声污染防治实施统一监督管理。

县级以上地方人民政府环境保护行政主管部门对本行政区域内的环境噪声污染防治实施统一监督管理。

各级公安、交通、铁路、民航等主管部门和港务监督机构，根据各自的职责，对交通运输和社会生活噪声污染防治实施监督管理。

第十条　国务院环境保护行政主管部门分别针对不同的功能区制定国家声环境质量标准。

县级以上地方人民政府根据国家声环境质量标准，划定本行政区域内各类声环境质量标准的适用区域，并进行管理。

第二十五条　产生环境噪声污染的工业企业，应当采取有效措施，减轻噪声对周围生活环境的影响。

第六十一条　受到环境噪声污染危害的单位和个人，有权要求加害人排除危害；造成损失的，依法赔偿损失。

赔偿责任和赔偿金额的纠纷，可以根据当事人的请求，由环境保护行政主管部门或者其他环境噪声污染防治工作的监督管理部门、机构调解处理；调解不成的，当事人可以向人民法院起诉。当事人也可以直接向人民法院起诉。

《中华人民共和国民法通则》（1986 年颁布）

第一百二十四条　违反国家保护环境防止污染的规定，污染环境造成他人损害的，应当依法承担民事责任。

四、案例评析

本案属于环境民事侵权，对于环境民事侵权，目前国内没有统一的定义。陈泉生先生认为，环境侵权是因人为活动致使生活环境和生态环境受到破坏或污染而侵害相当地区多数居民生活权益的事实。[①]曹明德先生认为：环境侵权是指因行为人污染环境造成他人财产权、人格权以及环境权受到损害，依法应承担民事责任的一种特殊侵权行为。[②]

环境民事侵权是一种特殊侵权，与传统侵权相比较，具有以下特点：

1. 环境民事侵权的社会性

环境民事侵权的对象往往是相当地区范围内不特定的多数人或物，其影响所涉及的人数之多、范围之广、时间之长是其他侵权行为难以比拟的。本案中水泵持续工作，造成长期的噪声污染，致使李明一家人没有安静的生活环境，直接影响了正常的工作和孩子的学习，甚至已严重危害了一家人的身心健康。

2. 环境民事侵权的利益性

传统的侵权行为往往是危害社会、对社会无益的行为，但是环境民事侵权则不同，环境侵权始终与经济发展相伴随，它的产生是各种创造社会财富活动的衍生行为，在相当程度上具有价值正当性。

3. 环境民事侵权具有长期性

传统的侵权行为是一旦当事人停止实施，侵害即停止。而环境民事侵权行为往往经过相当时间才能显示其危害性，而且造成的损害是持续性的，危害结果不可逆转。

上述特点决定了本案必须从保护原告环境权出发，进行利益衡量，确定平衡点，这种"平

---

① 陈泉生. 论环境侵权的诉讼时效[J]. 环境导报，1996（2）.

② 曹明德. 环境侵权法[M]. 北京：法律出版社，2000：9-12.

衡点"既是原告的"忍受限度",也是被告侵权原因行为的"允许限度",在环境法上主要表现为各种环境标准,并以此标准来判断是否构成噪声污染并排除危害。

本案中还涉及噪声污染标准的判断问题。环境标准是国家依照法定程序制定的具有较强科学性、技术性的强制性法律规范。依照《环境噪声污染防治法》第二条的规定,"环境噪声污染指超过国家规定的环境噪声排放标准,并干扰他人正常生活、工作和学习的现象"。所以,环境噪声污染必须具备两个条件:一是排放的环境噪声超过国家规定的环境噪声排放标准;二是环境噪声干扰了他人的生活、工作和学习。所以案件适用的环境噪声标准是评判案件事实是否侵权的依据,是本案的基本问题。环境保护部门至今没有出台专门针对住宅室内的低频噪声标准,20 世纪 90 年代制定的《城市区域环境噪声标准》《城市区域环境噪声测量方法》及《工业企业厂界噪声标准》和《工业企业厂界噪声测量方法》等都是为了保护地方区域环境制定的区域性质的环境噪声衡量标准,每个区域的环境噪声标准数值相差 5 分贝之多。大多数人体对住宅室内的噪声容忍度和医学要求的指征应该是一致的,根据环保局多年前制定的区域环境噪声标准衡量个案会使公民因所住地方区域不同而适用不同的噪声限值标准,确实有不合理的情况。

《城市区域环境噪声标准》和《工业企业厂界噪声标准》规定以居住为主的 1 类区域,白天噪声标准为 55dB(A)、夜间噪声标准为 45dB(A)。北京市环境保护局于 2001 年 12 月 17 日在针对居民楼内电梯、泵房、变电器等设备产生的噪声问题而做出的"关于室内噪声污染有关问题的函"中答复:"由于国家和北京市对此类问题没有明确规定,但依据《中华人民共和国环境噪声污染防治法》第六条第二款'县级以上地方人民政府环境保护行政主管部门对本行政区域内的环境噪声污染防治实施统一监督管理'的规定,为解决人民群众的实际问题,环境保护部门可以对此类噪声问题进行管理,依照'城市区域环境噪声测量方法'(GB/T14623—93)和'城市区域环境噪声标准'(GB3096—93),不得不在室内测量时,室内噪声限值应低于所在区域标准 10 分贝。监测时应当关闭窗户,并防止室内外其他噪声源的影响。"对本案水泵噪声进行检测的区监测站认为适用《工业企业厂界噪声标准》和测量方法对双方当事人更公平。这些规定都是国家各级环境保护部门在现阶段为解决住宅室内的噪声采用的标准、测量方法和政策,法官在审判时进行了综合的考量和比照。

诉讼中被告提出应适用建设部于 1999 年颁布的《住宅设计规范》,认为该规范是目前房地产开发商适用的强制性国家标准,其中有关于住宅室内的明文规定,即室内噪声昼间应小于或等于 50 分贝,夜间应小于或等于 40 分贝。这个标准与环保局比照适用的噪声标准限值昼间和夜间分别高 5 分贝。对比两个标准本案水泵噪声在夜间都超标,只是污染程度不同,比照环保局的标准水泵噪声整夜超标,而比照《住宅设计规范》只有水泵在夜间启动时超标。环保局和建设部制定的标准都是国家行业标准,两个标准规定不一致,参考适用哪一个标准更合法、合理,显然适用环保局的标准更有利于保护原告的环境权。依据《环境保护法》和《环境噪声污染防治法》的规定,国家环境保护行政主管部门对环境保护工作实施统一的监督管理,并制定国家声环境质量标准和测量方法,所以在国家环境保护行政主管部门有关住宅室内专门的噪声标准和测量方法出台之前,法官从保护环境人身权出发,适用严格责任原则,参考比照目前国家环保总局和北京市环境保护局及区环境保护监测站对住宅室内适用的噪声限值标准和测量方法审判案件是合法的,对双方当事人也是公平合理的。

案件宣判后,被媒体报道为北京市同类案件赔偿额最高的环境侵权案例。对环境侵权损害赔偿数额如何确定目前法律、法规尚无一个统一、客观或是具体的标准,法官只能在审判实践中自由裁量。《环境保护法》第四十一条第一款规定："造成环境污染危害的，有责任排除危害，并对直接受到损害的单位或个人赔偿损失。"《环境噪声污染防治法》第六十一条第一款规定："受到环境噪声污染的单位和个人，有权要求加害人排除危害，造成损失的依法赔偿损失。"上述环境法律在规定受害者有要求赔偿和排除危害权利的同时也规定了加害人相对应的双重责任。

声音是由物体振动产生的，噪声污染侵权与一般的人身侵权和财产侵权的区别表现在作用于人身或财产上的不是侵权人直接实施的强力，而是刺激人体听觉神经的噪声。它也许没有给受害人造成多大的财产损失或人身伤害，但给受害人带来的精神伤害却是客观存在的。这种损害具有潜伏性的特征，并且很难通过物理学或者医学上的方法测量出来加以量化，其中牵涉的科技知识、专业理论非平常人所能具备，非通常手段所能确定。本案原告人的身体虽然还没有直观或医学的病情伤害结果，但是事实上其夜间的宁静权已长期受到危害，精神上遭受痛苦，而这种危害和痛苦用金钱也不足以弥补。在业主提出污染问题后又不采取积极措施加以大力度的整改，其主观上明显有过错。平衡双方利益及过错程度，被告理应巨额赔偿。

环境噪声污染因具有反复持续性的特点而不同于其他民事侵权行为，在损害赔偿之后，环境污染的侵害状态依然存在。环境法中规定的"排除危害"这一责任形式与损害赔偿的事后被动、消极救济相比，兼具补救性与预防性的双重性质，它可以对环境侵权行为直接打击和制止，所以是应对环境问题的一种更积极、更彻底的责任形式。就本案而言噪声污染是反复、连续性的，且污染主要是在晚上，影响睡眠、休息和健康；加害人也没有采取最完善和有效的防止措施，所以应准许排除噪声污染。排除危害责任的形式是令被告对水泵房采取减振、隔声、降噪措施或更换水泵，使水泵噪声不再超标。但是，水泵房的噪声治理工程是一项专业性和技术性都很强的复杂工程，法院很难强制执行。为了保障判决的执行，判决运用了经济制裁措施，即如被告不履行排除危害责任，则对原告进行每天100元的经济补偿，以促使被告尽快主动完成对噪声污染的整改工程。

本案还涉及环境侵权中的精神赔偿问题。根据《关于确定民事侵权精神损害赔偿责任若干问题的解释》的规定，自然人的生命权、健康权、身体权、姓名权、肖像权、名誉权、荣誉权、人格尊严权、人身自由权等权利受到非法侵害，向人民法院起诉请求赔偿精神损害的，人民法院应当受理。该《解释》第八条还规定，因侵权致人精神损害，造成严重后果的，人民法院除判令侵权人承担停止侵害、恢复名誉、消除影响、赔礼道歉等民事责任之外，可以根据受害人一方的请求判令其赔偿相应的精神损害抚慰金。本案中由于长期的噪声污染，致使原告一家人没有安静的生活环境，直接影响了正常的工作和孩子的学习，甚至已严重危害了一家人的身心健康，已经使原告家庭遭受了极大的精神痛苦和经济损失。其健康权已经受到了严重的伤害，因此有权请求人民法院判决被告支付精神损害赔偿金，法院判决被告庄维房地产开发公司赔偿原告李明、王军精神损害抚慰金10万元是合乎法律规定的。

五、扩展思考

在大多数环境噪声污染案件中，原告索要的精神赔偿一般不被法院支持，或者赔偿数额很少，本案中法院判决开发商赔偿原告精神抚慰金10万元，已经算是比较高的。虽然相对于其他污染，噪声污染不会造成大范围环境破坏或危及生命安全，但是对于受到污染侵害的个人，常年承受噪声的折磨，其生活、工作和身体健康都会受到严重影响。1969年在日本"都营地铁工程噪声案件"中，东京高等裁判所认为："众所周知，睡眠是人不可缺少的生理需求。像本案这样长期妨碍夜间充分睡眠，从某种意义上说，其痛苦的程度无疑远远超过了物质上的损害。对睡眠造成如此明显妨碍的噪声，即使其原因行为本身没有错误，甚至是一种有益于社会的行为，但如果超过了，人们社会生活所能承受的限度，就构成不法行为。由此造成的损害，应由行为的实施者负赔偿义务。"

从本案中也能看到，我国有关噪声标准令出多门，法院无法确定适用的标准，各政府部门各自为政，朝令夕改，各部门均出台相应法律法规，这些文件大多存在矛盾，确实出现纠纷时，法官和当事人无法选择合适的法律，造成很多困难。因此，我们呼吁国家相关部门加强环境噪声振动控制等相关标准、规范的修订，促进环保立法的科学性、合理性和可行性，切实加强环境执法规范化、制度化和执法能力建设。

王召成等非法买卖、储存危险物质案

一、核心知识点

危险化学品污染防治

危险化学品也叫有毒有害危险化学物质，我国法律上使用的名称是"危险化学品"，是指由人类通过化学方法生产和制造，在工业生产或日常生活中使用的具有污染环境，会造成人体健康、动植物或财产损害的化学物质的总称。其中包括爆炸品、压缩气体和液化气体、易燃液体、自燃物品和遇湿自燃物品、氧化剂和有机过氧化物等。

化学品广泛应用于工农业和日常生活，对社会的发展、提高公众生活水平起着不可替代的作用。同时，化学物品种类繁多、性质复杂，在生产、储存、运输、使用的过程中，存在着危害人体健康和生态环境的风险。化学物质污染已经成为全球性的环境问题，汞、农药、氯乙烯、多氯联苯等在生产和运输过程中发生过多起严重污染事故，造成巨大的生命和财产损失。如印度博帕尔农药厂毒气泄漏，1953年到1956年日本水俣湾因石油化工厂排放含汞的污水，致使当地居民食用水俣湾的鱼类时造成甲基汞中毒。我国有害化学品重大事故也时有发生，全国每年随着化工三废排放到环境中的有毒有害化学物质，如氰化物、砷、汞、铅等对我国江河湖泊水体造成极大危害。

我国关于化学品管理的立法开始较早，早在20世纪50年代就公布了关于农药管理的规定。有关的法律法规包括《药品管理法》《兽药管理暂行条例》《农药管理条例》《固体废物污染环境防治法》《食品卫生法》《化妆品卫生监督条例》《监控化学品管理条例》和《危险化学品安全管理条例》。现行的《危险化学品安全管理条例》所指的危险化学品列入以国家标准公布的《危险货物品名表》（GB12268）为准。

二、案情介绍[①]

氰化钠（NaCN）、氰化钾（KCN）以及氢氰酸（HCN）是列入《危险化学品名录》的三种剧毒氰化物，其生产、运输和使用都有严格限制，需要遵循相关法律的特别规定。本案就是因非法买卖、储存氰化钠而发生的。

公诉机关指控王召成、金国淼、孙永法、钟伟东、周智明非法买卖氰化钠，危害公共安全，且系共同犯罪，应当以非法买卖危险物质罪追究刑事责任，但如实供述自己的罪行，购买氰化钠用于电镀，未造成严重后果，可以从轻处罚，并建议对5名被告人适用缓刑。

被告人王召成的辩护人辩称，氰化钠系限用而非禁用剧毒化学品，不属于毒害性物质，王召成等人擅自购买氰化钠的行为，不符合刑法第一百二十五条第二款规定的构成要件，在未造成严重后果的情形下，不应当追究刑事责任，故请求对被告人宣告无罪。

---

① 案情参见：中国法院网，http://www.chinacourt.org/article/detail/2013/02/id/893720.shtml。

法院经审理查明，被告人王召成、金国淼在未依法取得剧毒化学品购买、使用许可的情况下，约定由王召成出面购买氰化钠。2006 年 10 月至 2007 年年底，王召成先后 3 次以每桶 1000 元的价格向倪荣华（另案处理）购买氰化钠，共支付给倪荣华 40000 元。2008 年 8 月至 2009 年 9 月，王召成先后 3 次以每袋 975 元的价格向李光明（另案处理）购买氰化钠，共支付给李光明 117000 元。王召成、金国淼均将上述氰化钠储存在浙江省绍兴市南洋五金有限公司其二人各自承包车间的带锁仓库内，用于电镀生产。其中，王召成用总量的三分之一，金国淼用总量的三分之二。2008 年 5 月和 2009 年 7 月，被告人孙永法先后共用 2000 元向王召成分别购买氰化钠 1 桶和 1 袋。2008 年 7、8 月间，被告人钟伟东以每袋 1000 元的价格向王召成购买氰化钠 5 袋。2009 年 9 月，被告人周智明以每袋 1000 元的价格向王召成购买氰化钠 3 袋。孙永法、钟伟东、周智明购得氰化钠后，均储存于各自车间的带锁仓库或水槽内，用于电镀生产。

法院认为，被告人王召成、金国淼、孙永法、钟伟东、周智明在未取得剧毒化学品使用许可证的情况下，违反国务院《危险化学品安全管理条例》等规定，明知氰化钠是剧毒化学品仍非法买卖、储存，危害公共安全，其行为均已构成非法买卖、储存危险物质罪，且系共同犯罪。关于王召成的辩护人提出的辩护意见，经查，氰化钠虽不属于禁用剧毒化学品，但系属列入危险化学品名录中严格监督管理的限用的剧毒化学品，易致人中毒或者死亡，对人体、环境具有极大的毒害性和极度危险性，极易对环境和人的生命健康造成重大威胁和危害，属于刑法第一百二十五条第二款规定的"毒害性"物质；"非法买卖"毒害性物质，是指违反法律和国家主管部门规定，未经有关主管部门批准许可，擅自购买或者出售毒害性物质的行为，并不需要兼有买进和卖出的行为；王召成等人不具备购买、储存氰化钠的资格和条件，违反国家有关监管规定，非法买卖、储存大量剧毒化学品，逃避有关主管部门的安全监督管理，破坏危险化学品管理秩序，已对人民群众的生命、健康和财产安全产生现实威胁，足以危害公共安全，故王召成等人的行为已构成非法买卖、储存危险物质罪，上述辩护意见不予采纳。王召成、金国淼、孙永法、钟伟东、周智明到案后均能如实供述自己的罪行，且购买氰化钠用于电镀生产，未发生事故，未发现严重环境污染，没有造成严重后果，依法可以从轻处罚。根据 5 名被告人的犯罪情节及悔罪表现等情况，对其可依法宣告缓刑。公诉机关提出的量刑建议，王召成、钟伟东、周智明请求从轻处罚的意见，予以采纳。

浙江省绍兴市越城区人民法院做出刑事判决，以非法买卖、储存危险物质罪，分别判处被告人王召成有期徒刑 3 年，缓刑 5 年；被告人金国淼有期徒刑 3 年，缓刑 4 年 6 个月；被告人钟伟东有期徒刑 3 年，缓刑 4 年；被告人周智明有期徒刑 3 年，缓刑 3 年 6 个月；被告人孙永法有期徒刑 3 年，缓刑 3 年。宣判后，5 名被告人均未提出上诉，判决已发生法律效力。

三、适用法条

《危险化学品安全管理条例》（国务院 2011 年修订）

第五条　任何单位和个人不得生产、经营、使用国家禁止生产、经营、使用的危险化学品。

国家对危险化学品的使用有限制性规定的，任何单位和个人不得违反限制性规定使用危险化学品。

第十四条　危险化学品生产企业进行生产前，应当依照《安全生产许可证条例》的规定，取得危险化学品安全生产许可证。

生产列入国家实行生产许可证制度的工业产品目录的危险化学品的企业，应当依照《工业产品生产许可证管理条例》的规定，取得工业产品生产许可证。

负责颁发危险化学品安全生产许可证、工业产品生产许可证的部门，应当将其颁发许可证的情况及时向同级工信部门、环保部门和公安机关通报。

第三十三条　国家对危险化学品经营（包括仓储经营）实行许可制度。未经许可，任何单位和个人不得经营危险化学品。

依法设立的危险化学品生产企业在其厂区范围内销售本企业生产的危险化学品，不需要取得危险化学品经营许可。

依照《港口法》的规定取得港口经营许可证的港口经营人，在港区内从事危险化学品仓储经营，不需要取得危险化学品经营许可。

《中华人民共和国刑法》（1997 年修订）

第一百二十五条　非法制造、买卖、运输、邮寄、储存枪支、弹药、爆炸物的，处三年以上十年以下有期徒刑；情节严重的，处十年以上有期徒刑、无期徒刑或者死刑。

非法制造、买卖、运输、储存毒害性、放射性、传染病病原体等物质，危害公共安全的，依照前款的规定处罚。

单位犯前两款罪的，对单位判处罚金，并对其直接负责的主管人员和其他直接责任人员，依照第一款的规定处罚。

四、案例评析

本案是一起因非法储存、买卖危险化学品而受到刑事处罚的案件。下面介绍一下我国有关危险化学品的管理制度。

（一）统一规划、合理布局制度

《危险化学品安全管理条例》规定，国家对危险化学品的生产、储存实行统筹规划、合理布局。国务院工信部门以及国务院其他有关部门依据各自职责，负责危险化学品生产、储存的行业规划和布局。地方人民政府组织编制城乡规划，应当根据本地区的实际情况，按照确保安全的原则，规划适当区域专门用于危险化学品的生产、储存。

（二）许可证制度

1. 生产许可证

危险化学品生产企业进行生产前，应当依照《安全生产许可证条例》的规定，取得危险化学品安全生产许可证。生产列入国家实行生产许可证制度的工业产品目录的危险化学品的企业，应当依照《工业产品生产许可证管理条例》的规定，取得工业产品生产许可证。负责颁发危险化学品安全生产许可证、工业产品生产许可证的部门，应当将其颁发许可证的情况及时向同级工信部门、环保部门和公安机关通报。使用危险化学品从事生产并且使用量达到规定数量的化工企业（属于危险化学品生产企业的除外），应当依照本条例的规定取得危险化学品安全使用许可证。

申请危险化学品安全使用许可证的化工企业，应当向所在地设区的市级人民政府安监部门提出申请，并提交其符合本条例第三十条规定条件的证明材料。设区的市级人民政府安监部门应当依法进行审查，自收到证明材料之日起45日内做出批准或者不予批准的决定。予以批准的，颁发危险化学品安全使用许可证；不予批准的，书面通知申请人并说明理由。安监部门应当将其颁发危险化学品安全使用许可证的情况及时向同级环保部门和公安机关通报。

2. 经营销售许可证

国家对危险化学品经营销售实行许可制度。未经许可，任何单位和个人不得经营危险化学品。从事剧毒化学品、易制爆危险化学品经营的企业，应当向所在地设区的市级人民政府安监部门提出申请，从事其他危险化学品经营的企业，应当向所在地县级安监部门提出申请（有储存设施的，应当向所在地设区的市级人民政府安监部门提出申请）。设区的市级人民政府安监部门或者县级安监部门应当依法进行审查，并对申请人的经营场所、储存设施进行现场核查，自收到证明材料之日起30日内做出批准或者不予批准的决定。予以批准的，颁发危险化学品经营许可证；不予批准的，书面通知申请人并说明理由。设区的市级人民政府安监部门和县级安监部门应当将其颁发危险化学品经营许可证的情况及时向同级环保部门和公安机关通报。

申请人持危险化学品经营许可证向工商行政部门办理登记手续后，方可从事危险化学品经营活动。法律、行政法规或者国务院规定经营危险化学品还需要经其他有关部门许可的，申请人向工商行政部门办理登记手续时还应当持相应的许可证件。

（三）安全包装制度

危险化学品的包装应当符合法律、行政法规、规章的规定以及国家标准、行业标准的要求。危险化学品包装物、容器的材质以及危险化学品包装的型式、规格、方法和单件质量（重量），应当与所包装的危险化学品的性质和用途相适应。

生产列入国家实行生产许可证制度的工业产品目录的危险化学品包装物、容器的企业，应当依照《工业产品生产许可证管理条例》的规定，取得工业产品生产许可证；其生产的危险化学品包装物、容器经国务院质检部门认定的检验机构检验合格，方可出厂销售。运输危险化学品的船舶及其配载的容器，应当按照国家船舶检验规范进行生产，并经海事机构认定的船舶检验机构检验合格，方可投入使用。对重复使用的危险化学品包装物、容器，使用单位在重复使用前应当进行检查；发现存在安全隐患的，应当维修或者更换。使用单位应当对检查情况做出记录，记录的保存期限不得少于2年。

（四）安全评价制度

生产、储存危险化学品的企业，应当委托具备国家规定的资质条件的机构，对本企业的安全生产条件每3年进行一次安全评价，提出安全评价报告。安全评价报告的内容应当包括对安全生产条件存在的问题进行整改的方案。

生产、储存危险化学品的企业，应当将安全评价报告以及整改方案的落实情况报所在地县级安监部门备案。在港区内储存危险化学品的企业，应当将安全评价报告以及整改方案的落实情况报港口部门备案。

（五）报告及处理制度

生产、储存剧毒化学品或者国务院公安部门规定的可用于制造爆炸物品的危险化学品的单位，应当如实记录其生产、储存的剧毒化学品、易制爆危险化学品的数量、流向，并采取必要的安全防范措施，防止剧毒化学品、易制爆危险化学品丢失或者被盗；发现剧毒化学品、易制爆危险化学品丢失或者被盗的，应当立即向当地公安机关报告。生产、储存剧毒化学品、易制爆危险化学品的单位，应当设置治安保卫机构，配备专职治安保卫人员。

危险化学品应当储存在专用仓库、专用场地或者专用储存室内，并由专人负责管理；剧毒化学品以及储存数量构成重大危险源的其他危险化学品，应当在专用仓库内单独存放，并实行双人收发、双人保管制度。

剧毒化学品、易制爆危险化学品在道路运输途中丢失、被盗、被抢或者出现流散、泄漏等情况的，驾驶人员、押运人员应当立即采取相应的警示措施和安全措施，并向当地公安机关报告。公安机关接到报告后，应当根据实际情况立即向安监部门、环保部门、卫生部门通报。有关部门应当采取必要的应急处置措施。

（六）实行运输资质认定制度

危险化学品道路运输企业、水路运输企业的驾驶人员、船员、装卸管理人员、押运人员、申报人员、集装箱装箱现场检查员应当经交通部门考核合格，取得从业资格。具体办法由国务院交通部门制定。危险化学品的装卸作业应当遵守安全作业标准、规程和制度，并在装卸管理人员的现场指挥或者监控下进行。水路运输危险化学品的集装箱装箱作业应当在集装箱装箱现场检查员的指挥或者监控下进行，并符合积载、隔离的规范和要求；装箱作业完毕后，集装箱装箱现场检查员应当签署装箱证明书。

通过道路运输危险化学品的，应当配备押运人员，并保证所运输的危险化学品处于押运人员的监控之下。

运输危险化学品途中因住宿或者发生影响正常运输的情况，需要较长时间停车的，驾驶人员、押运人员应当采取相应的安全防范措施；运输剧毒化学品或者易制爆危险化学品的，还应当向当地公安机关报告。

禁止通过内河封闭水域运输剧毒化学品以及国家规定禁止通过内河运输的其他危险化学品。通过内河运输危险化学品，应当由依法取得危险货物水路运输许可的水路运输企业承运，其他单位和个人不得承运。托运人应当委托依法取得危险货物水路运输许可的水路运输企业承运，不得委托其他单位和个人承运。

托运人不得在托运的普通货物中夹带危险化学品，不得将危险化学品匿报或者谎报为普通货物托运。

任何单位和个人不得交寄危险化学品或者在邮件、快件内夹带危险化学品，不得将危险化学品匿报或者谎报为普通物品交寄。邮政企业、快递企业不得收寄危险化学品。

（七）危险化学品登记与事故应急救援制度

国家实行危险化学品登记制度，为危险化学品安全管理以及危险化学品事故预防和应急救援提供技术、信息支持。对同一企业生产、进口的同一品种的危险化学品，不进行重复登记。危险化学品生产企业、进口企业发现其生产、进口的危险化学品有新的危险特性的，应当及时向危险化学品登记机构办理登记内容变更手续。

县级以上地方人民政府安监部门应当会同工信、环保、公安、卫生、交通、铁路、质检等部门，根据本地区实际情况，制定危险化学品事故应急预案，报本级人民政府批准。

本案中王召成、金国淼等在未依法取得剧毒化学品购买、使用许可的情况下，购买大量氰化钠储存于各自车间的带锁仓库或水槽内，用于电镀生产，这一系列行为违反了《危险化学品安全管理条例》所规定的"国家对危险化学品经营销售实行许可制度；未经许可，任何单位和个人不得经营危险化学品"。

本案中被告人认为氰化钠系限用而非禁用剧毒化学品，不属于毒害性物质，被告人擅自购买氰化钠的行为，不符合刑法第125条第2款规定的构成要件，根据《危险化学品安全管理条例》规定，危险化学品是指具有毒害、腐蚀、爆炸、燃烧、助燃等性质，对人体、设施、环境具有危害的剧毒化学品和其他化学品。危险化学品名录，由国务院安全生产监督管理部门会同工业和信息化、公安、环境保护、卫生、检验检疫、交通运输、农业主管部门，根据化学品危险特性的鉴别和分类标准进行确定、公布，并适时调整。本案例中的氰化钠为白色粒状或熔块，在湿空气中吸湿并分解产生微量氰化氢气体，剧毒，有腐蚀性，易致人中毒或者死亡，对人体、环境具有相当大的毒害性和极度危险性，极易对环境和人的生命健康造成重大威胁，一直被国家列入《剧毒化学品名录》中重点监管，系国家严格监督管理的限用剧毒化学品。也就是说，氰化钠不仅具有毒害性，而且具有公共危险性，在生产、流通、储存等环节受到法律法规的管理和限制，显然属于毒害性物质。

另外被告人还辩护称在未造成严重后果的情形下，自己不应当被追究刑事责任，根据《刑法》第125条规定，非法制造、买卖、运输、储存毒害性、放射性、传染病病原体等物质，危害公共安全的，依照前款的规定处罚。从该法条中可以看出本罪并没有以造成严重后果为构成要件，只要实施了制造、买卖和储存毒害性物质的行为，即为本罪既遂，所以法院的判决是正确的。

五、拓展思考

随着我国经济的发展，我国危险化学品行业也快速发展。危险化学品为我们带来生活的便利之外，还带来了诸多问题，比如危险化学品管理不善发生泄漏、爆炸等事故，危险化学品的刑事案件近来呈多发态势等问题。在生产领域，部分危险化学品从业单位工艺落后、设备简陋陈旧、安全水平低，受中小企业基础薄弱等多种因素影响，危险化学品较大、重大生产安全事故时有发生，安全生产形势严峻，安全监管工作任务十分繁重。

目前我国有关危险化学品的法律法规标准体系比较滞后，由于大多数立法多为单行法，不利于跨部门、跨地区合作，也不利于法律的执行，存在着诸如法律法规缺乏系统性等问题，如原国家化工部、经贸委、环保总局、质检总局等部门都有相关的安全规定与标准，而这些标准和规定侧重点不同，容易相互产生矛盾。另外，技术标准体系缺口较大，我国没有从整体层面上进行系统的危险化学品标准化研究，各相关领域研究处于专业条块分割状态，特别是煤化工等新兴行业领域的设计标准基本上处于空白。

为了解决上述问题，立法部门应细化危险化学品管理法律法规和规章制度，协调彼此之间的矛盾。当前危险化学品的管理经常出现的状况就是危险化学品的管理混乱，不知该如何适用法律，所以应该细化危险化学品管理条例，使其更具有可操作性。不仅要让各种违法行为有法可依，更让其有据以罚，同时应该协调彼此之间的矛盾，使同一种违法行为不会因适用法律不同而出现不同处罚的情况。

另外，为了避免类似印度博帕尔事件的发生，我们应提早采取预防措施，防患于未然，尽早发现危险化学品生产、运输和使用过程中的问题，防止其泄露导致重大的环境污染问题，把危险的苗头扼杀于初始阶段。为此，我国应把危险化学品的安全管理作为政府危机管理的一项重要内容纳入到化工行业发展规划中，实行多因素动态综合安全管理，从社会效应、经济效应等多方面进行研究，变被动、滞后的安全管理为主动、超前的安全管理模式，变传统的事故管理为现代的事前分析与隐患管理，由事后处置变为预防为主，这样危险化学品的管理才能更加完善。

季某与镇江市广播电视局电磁辐射侵权案

一、核心知识点

电磁污染防治

电磁污染是指天然的或人为的各种电磁波的干扰及有害的电磁辐射。电磁污染包括天然和人为两种来源。天然电磁污染是某些自然现象，如雷电引起的，火山喷发、地震和太阳黑子活动引起的磁暴都会产生电磁干扰。天然电磁污染对短波通信干扰最为严重。人为电磁污染源包括：脉冲放电；工频交变电磁场，如大功率电机、输电线附近；射频电磁辐射，如广播、电视、微波通信等。电磁波虽然看不见摸不着，但确实是一种客观存在的物质，是一种能量传输的形式，过量的电磁辐射造就了电磁污染。

电磁污染的危害表现在它会对仪器设备造成干扰，对人类居住环境造成污染，并损害人体健康。据世界卫生组织调查显示，电磁辐射是心血管疾病、糖尿病、癌突变的主要诱因；对人体生殖系统、神经系统和免疫系统造成直接伤害；可造成流产、不育、胎儿畸形；过量的电磁辐射直接影响大脑组织发育、骨骼发育、视力下降、严重者可导致视网膜脱落。

随着科学技术的进步，人们生活水平的提高，移动电话的迅速发展，电视、电脑、微波炉、电磁炉的日益普及，高压输电线路、电气化铁路、轻轨不断进入市区，使得电磁辐射充斥着我们生活的各个角落。由于电磁辐射在空中的能量传播随距离增加迅速衰减，只要在安装发射天线时，合理布局，还是可以避免电磁辐射对人体的伤害的。为加强对电磁辐射环境保护工作，保护公众健康，原环保总局在1997年发布了《电磁辐射环境保护管理办法》，此外，我国还制定了《电磁辐射防护规定》等电磁辐射污染控制标准。

二、案情介绍[①]

原告季某所住房屋（4楼顶楼）位于镇江市广播电视局所有的广播电视大楼北面，两幢楼前后相邻。2006年，原告季某以被告楼顶安装的广播电视发射装置存在强电磁辐射造成其家人及周围居民身体患病为由，诉至法院，要求被告停止侵害，转移发射装置或为原告安排同等条件的其他住房。为证明其主张，原告提供了患病治疗的相关病历资料，以此证明其患病与被告楼顶发射装置有关。被告镇江市广播电视局则认为原告患病与被告楼顶发射装置辐射无关，并提供了江苏省辐射环境保护咨询中心出具的电磁辐射项目环境影响报告表（以下简称环评报告），结论为项目在正常运行情况下，周围环境电磁辐射功率密度符合《电磁辐射防护规定》中公众照射的导出限值要求；项目在正常运行情况下，对水平距离60米以外，高度40米以下范围内产生的电磁辐射，不会对周围敏感点产生超标的电磁辐射影响。遂请求驳回季某的诉讼请求。

---

① 案情参见：北大法宝，http://www.pkulaw.cn/fulltext_form.aspx?Db=pfnl&gid=119205683。

江苏省镇江市润州区人民法院经审理认为，经有资格部门进行的包括原告所住房在内的环境监测分析结论表明，被告大楼顶层的发射装置在正常运行下符合有关规定的标准，没有对原告产生电磁辐射伤害，故原告要求停止侵害、转移发射装置等诉请，不能成立，判决驳回原告的诉讼请求。

宣判后，原告不服一审判决，提起上诉。季某认为环评报告未经行政审批，不应作为证据使用，且报告内容缺乏科学性，要求对上诉人所受损害与被上诉人的辐射行为是否存在因果关系进行鉴定。

二审法院经查询，目前尚无鉴定机构可以承接该鉴定事项，季某也表示其无法提供相应鉴定机构。江苏省镇江市中级人民法院经审理认为，无论从鉴定机构、鉴定人员的鉴定资质方面，还是从鉴定程序及鉴定依据方面，该环评报告应合法有效。就其真实性而言，鉴定机构及鉴定人员是依照专业规范进行实地检测的，所得数据及结论客观真实；该结论与案件事实认定具有紧密关联，虽未经行政审批，但具备证据能力及证明力，应当予以采信。依据该报告中实地测量的数值，季某住处测到的辐射值近乎微小，对人体的影响属于安全范围。虽然因果关系因客观原因鉴定不能，但环评报告中的测量数值能够客观地反映被告发射台的辐射，对于季某是在安全量值范围之内的。而且，在人们的生活环境中也不乏电磁辐射源，电视机、电磁炉、电脑、手机等都可能成为辐射源。因此，季某认为其受到的损害是由于广播电视局发射台的辐射行为所致的理由，无据可证。判决：驳回上诉，维持原判。

三、适用法条

《中华人民共和国民法通则》（2009 年修订）

第八十三条　不动产的相邻各方，应当按照有利生产、方便生活、团结互助、公平合理的精神，正确处理截水、排水、通行、通风、采光等方面的相邻关系。给相邻方造成妨碍或者损失的，应当停止侵害，排除妨碍，赔偿损失。

《中华人民共和国物权法》（2007 年颁布）

第九十条　不动产权利人不得违反国家规定弃置固体废物，排放大气污染物、水污染物、噪声、光、电磁波辐射等有害物质。

《电磁辐射环境保护管理办法》（原国家环保局 1997 年颁布）

第十五条　按规定必须编制环境影响报告书（表）的，从事电磁辐射活动的单位或个人，必须对电磁辐射活动可能造成的环境影响进行评价，编制环境影响报告书（表），并按规定的程序报相应环境保护行政主管部门审批。

四、案例评析

本案是一起因相邻关系受到侵害，具体讲就是季某认为广播电视大楼楼顶安装的广播电视发射装置存在强电磁辐射造成其家人及周围居民身体患病，但该广播发射装置是否直接导致家人患病，季某并没有确凿的证据。本案涉及电磁辐射问题，下面介绍我国的电磁污染防治的管理制度。

根据《电磁辐射环境管理办法》的规定，我国电磁辐射环境保护的监督管理体制是，县级以上人民政府环境保护行政主管部门对本辖区电磁辐射环境保护工作实施统一监督管理。从事电磁辐射活动的单位主管部门负责本系统、本行业电磁辐射环境保护工作的监督管理工作。

主要的电磁辐射监管制度有以下几个方面：

（一）建设项目环境保护制度

法律规定，国家对涉及电磁辐射的建设项目实行环境保护申报登记制度、环境影响评价制度和"三同时"制度，总功率在 200 千瓦以上的电视发射塔；总功率在 1000 千瓦以上的广播台、站；跨省级行政区电磁辐射建设项目；国家规定的限额以上电磁辐射建设项目，由国务院环境保护行政主管部门负责建设项目环境保护申报登记和环境影响报告书的审批，负责对该类项目执行环境保护设施与主体工程同时设计、同时施工、同时投产使用的情况进行检查并负责该类项目的竣工验收。

省、自治区、直辖市环境保护行政主管部门负责除国务院环境保护行政主管部门负责项目以外、豁免水平以上的电磁辐射建设项目和设备的环境保护申报登记和环境影响报告书的审批；负责对该类项目和设备执行环境保护设施"三同时"制度的情况进行检查并负责竣工验收；参与辖区内由国务院环境保护行政主管部门负责的环境影响报告书的审批、环境保护设施"三同时"制度执行情况的检查和项目竣工验收以及项目建成后对环境影响的监督检查；负责辖区内电磁辐射环境保护管理队伍的建设；负责对辖区内因电磁辐射活动造成的环境影响实施监督管理和监督性监测。市级环境保护行政主管部门根据省级环境保护行政主管部门的委托，可承担第七条所列全部或部分任务及本辖区内电磁辐射项目和设备的监督性监测和日常监督管理。

（二）电磁辐射建设项目或设备环境保护申报登记制度

从事电磁辐射活动的单位和个人建设或者使用《电磁辐射建设项目和设备名录》中所列的电磁辐射建设项目或者设备，必须在建设项目申请立项前或者在购置设备前，按本办法的规定，向有环境影响报告书（表）审批权的环境保护行政主管部门办理环境保护申报登记手续。有审批权的环境保护行政主管部门受理环境保护申报登记后，应当将受理的书面意见在30 日内通知从事电磁辐射活动的单位或个人，并将受理意见抄送有关主管部门和项目所在地环境保护行政主管部门。

有审批权的环境保护行政主管部门应根据申报的电磁辐射建设项目所在地城市发展规划、电磁辐射建设项目和设备的规模及所在区域环境保护要求，对污染严重、工艺设备落后、资源浪费和生态破坏严重的电磁辐射建设项目与设备，禁止建设或者购置；符合城市发展规划要求、豁免水平以上的电磁辐射建设项目，要求从事电磁辐射活动的单位或个人履行环境影响报告书审批手续；有关工业、科学、医疗应用中的电磁辐射设备，要求从事电磁辐射活动的单位或个人履行环境影响报告表审批手续。

（三）电磁辐射环境监测制度

为防止电磁辐射污染危害，国家实施电磁辐射环境监测制度，主要内容包括：对环境中电磁辐射水平进行监测；对污染源进行监督性监测；对环境保护设施竣工验收的各环境保护设施进行监测；为编制电磁辐射环境影响报告书（表）和编写环境质量报告书提供有关监测资料；为征收排污费或处理电磁辐射污染环境案件提供监测数据，进行其他有关电磁辐射环境保护的监测。

（四）电磁辐射污染事故报告处理制度

因发生事故或其他突然性事件，造成或者可能造成电磁辐射污染事故的单位，必须立即采取措施，及时通报可能受到电磁辐射污染危害的单位和居民，并向当地环境保护行政主管部门和有关部门报告，接受调查处理。环保部门收到电磁辐射污染环境的报告后，应当进行调查，依法责令产生电磁辐射的单位采取措施，消除影响。发生电磁辐射污染事件，影响公众的生产或生活质量或对公众健康造成不利影响时，环境保护部门应会同有关部门调查处理。

另外，法律还规定了违反电磁辐射管理办法相关制度的责任。对于不按规定办理环境保护申报登记手续，或在申报登记时弄虚作假的；不按规定进行环境影响评价、编制环境影响报告书（表）的；拒绝环保部门现场检查或在被检查时弄虚作假的，由环境保护行政主管部门依照国家有关建设项目环境保护管理的规定，责令其限期改正，并处罚款。电磁辐射建设项目和设备的环境保护设施未建成，或者未经验收合格即投入生产使用的，由批准该建设项目环境影响报告书（表）的环境保护行政主管部门依法责令停止生产或者使用，并处罚款。

承担环境影响评价工作的单位，违反国家有关环境影响评价的规定或在评价工作中弄虚作假的，由核发环境影响评价证书的环境保护行政主管部门依照国家有关建设项目环境保护管理的规定，对评价单位没收评价费用或取消其评价资格，并处罚款。

造成电磁辐射污染环境事故的，由省级环境保护行政主管部门处以罚款。有违法所得的，处违法所得 3 倍以下的罚款，但最高不超过 3 万元；没有违法所得的，处 1 万元以下的罚款。造成环境污染危害的，必须依法对直接受到损害的单位或个人赔偿损失。

本案的争议焦点在于季某认为广播电视发射装置存在强电磁辐射造成其家人及周围居民身体患病，并出具了相关病历资料，而镇江市广播电视局则认为原告患病与被告楼顶发射装置辐射无关，并提供了江苏省辐射环境保护咨询中心出具的电磁辐射项目环境影响报告表，证明不会对周围敏感点产生超标的电磁辐射影响。到底广播发射装置的电磁辐射是否导致季某家人患病，双方各执一词，坚定各自的观点。本案的核心问题是认定广播发射装置的电磁辐射与季某家人患病之间的因果关系。因果关系的认定与举证责任的分配紧密联系，广播电视局证明其发射行为对季某不构成损害的可能性达到了高度盖然性的证明标准。

在侵权领域，传统法律遵循的是损害预防原则，只有在损害确定的情况下才能构成侵权。季某虽然提供了相关病例资料，但其还要向法院提供电磁辐射导致家人患病的初步证据，所谓初步证据就是有可能导致患病的证据，也就是电磁辐射与损害后果之间具有时空上的一致性与延续性、物质上的同一性，且普通人依据常识和经验判断因果关系可能成立。而季某并没有提供初步证据，令法院相信电磁辐射可能导致患病。相反，广播电视剧出具了环评报告，按照环评报告结论，被告大楼顶层的发射装置正常运行下符合国家规定的标准，季某住处测到的辐射值近乎微小，对人体的影响属于安全范围。季某没有相关机构可以对上述因果关系做出权威鉴定，因此，广播电视局对侵权因果关系的举证达到了不构成侵权的高度盖然性证明标准，故不应当承担责任。

五、拓展思考

由于电磁辐射污染会造成不同程度的人身损害以及精神损害，仅仅依靠物权法或侵权行为法调整是不够的，民事救济无论是采取损害赔偿、恢复原状方式，还是采取排除侵害方式，都不过是在环境侵权行为发生后的事后救济，而无事先救济的救济功能，因此，需要行政法律法规和规章共同作用，实现预防优先、合理控制、统一规划、严格管理。

详而言之，第一，政府部门在安装发射台之前，应当充分考虑广播电视发射台、雷达等大型电磁辐射设施对周围环境的影响，合理安排不同区域的布局，并在规划环境影响评价中详细阐明发射塔的电磁辐射量，对周围居民的影响程度，提出具体可行的防止电磁辐射污染措施。另外，广播电视发射台、雷达等大型电磁辐射设施的选址应当符合城乡规划和防治电磁辐射的要求，与医院、学校、幼儿园、居民住房和通信、导航、军事等敏感建筑和设施保持适当距离，确保给这些特殊人和物带来的影响最低。第二，我国在环境治理的过程中实行环境影响评价制度，在电磁污染的防治中同样适用，即对新建、改建、扩建可能产生电磁辐射污染的建设项目，应当依法进行环境影响评价，工业、科研等活动中使用电磁辐射设施，也应当依法进行环境影响评价，其环境影响评价文件应当经有审批权的环境保护行政主管部门批准，不能"先上车后买票"，等到对周围民众造成电磁辐射时，为时已晚。第三，对于可能产生电磁辐射污染的建设项目的建设单位，工业、科研等活动中使用电磁辐射设施的单位，应当按照经批准的环境影响评价文件及其审批意见的要求和国家有关规定，严格履行"三同时"制度，即同时设计、同时施工、同时投入使用电磁辐射污染防治设施，保证使污染降到最低。第四，发射塔、雷达的所有单位应当采取防治电磁辐射污染的措施，对相关设备的使用、维修要经过专业人员进行，保持电磁辐射污染防治设施的正常使用，确保电磁辐射设施、设备产生的电场、磁场或者电磁场符合国家有关规定及防护要求。

博白县林业开发公司、叶辉滥伐林木案

一、核心知识点

森林资源保护

森林是指存在于一定区域内的以树木或者其他木本植物为主体的植物群落。按照森林的生态习性可分为热带雨林、季雨林、亚热带常绿阔叶林、温带落叶阔叶林、针叶混交林、针叶林。按照森林的用途划分，可将其分为防护林、用材林、经济林、薪炭林和特种用途林。森林不仅可以调节气候、净化空气、涵养水源、防风固沙、保持水土、维持生态平衡，还可以提供林业产品，发展林业经济。森林资源是一个国家或地区林地面积、树种及木材储积量等的总称。

为了保证森林资源的永续利用，我国对森林进行了限制采伐的规定。第一，国家根据用材林的消耗量低于生长量的原则，严格控制森林年采伐量，国家所有的森林和林木以国有企业和事业单位、农场为单位，集体所有的森林和林木、个人所有的林木以县为单位，制定年采伐限额，由省、自治区、直辖市林业主管部门汇总，经同级人民政府审批后，报国务院批准。第二，我国法律规定，采伐林木必须申请采伐许可证，按许可证的规定进行采伐，审核发放采伐许可证的部门不得超过批准的采伐限额发放采伐许可证。第三，国家禁止、限制出口珍贵树木及其制品、衍生物，禁止、限制出口珍贵树木及其制品、衍生物的名录和年度限制出口总量，由国务院林业主管部门会同国务院有关部门制定，报国务院批准。

1979 年，国家为了加强对森林资源的保护、培育、合理利用，进一步发挥森林的经济效能和生态效能，制定了《森林法（试行）》，该法于 1984 年被修改后正式颁布为《森林法》。除此之外，国务院和林业主管部门还以《森林法》为核心，先后制定了《森林资源档案管理办法》《森林采伐更新管理办法》《森林防火条例》《森林法实施条例》《退耕还林条例》等，基本上形成了比较完备的森林资源保护法体系。

二、案情介绍[①]

1998 年 4 月 14 日，被告单位博白县林业开发服务公司、被告人叶辉与国有博白城东林场签订买卖林木合同，以 68000 元购买城东林场坐落在青山顶一带将军岭的林木。同年 8 月 5 日由博白县林业局营林股派员到该砍伐区进行主伐设计，设计采伐面积 48.1 公顷，总蓄积 2471 立方米，材积 1588.8 立方米。博白县林业局于同年 8 月 7 日和 11 月 12 日两次核发林木采伐许可证数量共蓄积 2471 立方米，材积 1588.8 立方米。博白县林业开发服务公司、叶辉领取采伐证后，于同年 9 月中旬开始对上述砍伐区的林木进行采伐至 1999 年 2 月结束。结果共砍伐面积为 68.8 公顷，砍伐林木蓄积 3597.552 立方米，材积 2370.7867 立方米，造成无证

---

① 案情参见：北大法宝，http://www.pkulaw.cn/fulltext_form.aspx?Gid=117519662。

滥伐林木蓄积 1126.552 立方米。

1999 年 3 月 5 日，被告单位博白县林业开发服务公司、被告人叶辉与博白县亚山镇旺洛林场签订合同，以 49000 元购旺洛林场位于温罗库区内围岭肚棉花地分场的林木。同年 10 月 17 日博白县林业局营林股派员到该砍伐区进行主伐设计。设计采伐面积 20.99 公顷，总蓄积 701.46 立方米，材积 435.96 立方米。博白县林业局于同年 11 月 3 日核发了林木采伐许可证共蓄积 279.73 立方米，材积 180.28 立方米。博白县林业开发服务公司、叶辉领取林木采伐许可证后，于同年 12 月开始对上述伐区的林木进行砍伐至 2000 年 1 月结束，结果共砍伐面积 26.8 公顷，总蓄积 1624.27 立方米，材积 1069.02 立方米，造成无证滥伐林木蓄积 1344.54 立方米。

被告人叶辉，因涉嫌滥伐林木罪，于 2000 年 3 月 25 日被广西玉林市公安局刑事拘留，同年 4 月 29 日被玉林市公安局逮捕。广西博白县人民检察院指控称，1998 年 4 月 14 日被告单位博白县林业开发服务公司，被告人叶辉以 68000 元的价格购买城东林场坐落于青山顶一带将军岭的林木、领取林木蓄积 2471 立方米，材积 1588.8 立方米的采伐许可证却砍伐林木蓄积 3597.552 立方米，材积 2370.7867 立方米。被告单位及被告人明知超批准数量砍伐而未申报，继续砍伐，造成无证滥伐林木 1126.552 立方米。

1999 年 3 月 5 日，被告单位博白县林业开发服务公司，被告人叶辉以 49000 元的价格购买了旺洛林场坐落于温罗水库库区内围岭肚棉花地分场的林木，领取林木蓄积 279.73 立方米，材积 180.28 立方米的采伐许可证，却砍伐林木蓄积 1624.27 立方米，材积 1069.02 立方米，造成无证滥伐林木 1344.54 立方米。

检察机关认为，被告单位及被告人违反森林法规，超过林木采伐许可证规定的数量采伐，数量巨大，其行为已触犯《中华人民共和国刑法》第三百四十五条第二款和最高人民法院《关于审理破坏森林资源刑事案件具体应用法律若干问题的解释》第五条第一款第（二）项的规定，均构成滥伐林木罪，请求依法惩处。

被告人叶辉认为自己主观上无滥伐林木的故意，客观上未实施滥伐林木的行为，不构成滥伐林木罪。砍伐将军岭的林木是按采伐设计的范围、数量和砍伐方式进行的，主伐设计范围与实际界址相符。出材量大于主伐设计，是设计不准或设计错误，责任应由设计人员承担。砍伐后才知道超批准数量砍伐，不能认定被告人明知而构成故意犯罪。砍伐旺洛林场的林木，有区林业厅 1000 立方米的戴帽专项采伐指标，主伐设计范围与实际采伐界址相符，出材量在生产计划之内，不能因为采伐设计与实际出材量有误差，就认定为滥伐，且滥伐林木数量不清，证据不足，只有被告单位检尺出来的原木材积，没有被告单位销售林木的材积数量所证实，鉴定结论有失客观公正。

博白县法院认为，被告单位及被告人叶辉，虽然经过批准，但超批准砍伐且事后又不申报，造成了无证滥伐林木 1126.552 立方米，不仅有玉林市林业局的技术鉴定书、博白县林业开发服务公司的实际砍伐林木检尺木材统计的材积数等证据，也有博白县林业开发服务公司当时的检尺员刘裕、统计员朱燕琳、邓琳、张里玲等人的证言，均证实叶辉随时掌握将军岭林木的砍伐情况，并十天写出报表一次交给叶辉或公司的统计员，然后统计员又把统计的情况交给叶辉，因此，被告单位及被告人主观上无滥伐林木的故意，客观上无滥伐林木的行为，不构成滥伐林木罪的辩解，与本案事实不符，法院不予采纳。至于林木部门的设计有错误，或者在设计中有其他违法犯罪行为，则属另一法律关系，不影响本案的成立，被告单位及被告人明知超批准数量砍伐而不申报，继续砍伐，造成大量林木被滥伐的严重后果，应当追究刑事责任。

对于被告人叶辉的辩护意见，合议庭认为，我国对砍伐林木采取持证砍伐的制度，被告单位及被告人只领取蓄积 279.73 立方米、材积 180.28 立方米的采伐许可证，就大量砍伐林木，造成无证滥伐林木 1344.54 立方米，显然是违反国家法律规定的，应当依法追究刑事责任。因此，对被告人的辩解、律师的辩护意见，法院不予采纳。

博白县人民法院根据上述事实和证据认为：被告单位博白县林业开发服务公司、被告人叶辉违反森林法规，超过采伐许可证规定的数量采伐林木，数量巨大。其行为均已触犯刑法，构成滥伐林木罪。公诉机关指控的罪名成立。被告人叶辉及其辩护人辩解被告人叶辉主观上无滥伐林木的故意，客观上未实施滥伐林木的行为，不构成滥伐林木罪的理由不成立，法院不予采纳。被告人叶辉主观上明知自己领取的是蓄积 2471 立方米、材积 1588.8 立方米和蓄积 279.73 立方米、材积 180.28 立方米的采伐许可证，却超批准数量砍伐而不申报，故意继续滥伐，客观上违反国家的森林法规，超过林木采伐许可证规定的数量采伐，造成无证滥伐林木 2471.092 立方米，其行为完全符合滥伐林木罪的特征，构成滥伐林木罪。

博白县人民法院依照《中华人民共和国刑法》第三百四十五条第二款和最高人民法院《关于审理破坏森林资源刑事案件具体应用法律若干问题的解释》第五条第一款第（二）项的规定，判决如下：

（1）被告单位博白县林业开发服务公司犯滥伐林木罪，判处罚金 5 万元。

（2）被告人叶辉犯滥伐林木罪，判处有期徒刑五年，并处罚金 1 万元。

一审宣判后，被告人叶辉不服，向广西壮族自治区玉林市中级人民法院提起上诉。上诉人叶辉认为原判违反法定程序，认定事实不清，其在主观上没有滥伐的故意、客观上未实施滥伐的行为，不构成滥伐林木罪，请求撤销原判，改判为无罪。

玉林市中级人民法院合议庭评议认为，上诉人叶辉、被告单位博白县林业开发服务公司违反森林法的规定，超过林木采伐许可证规定的数量采伐林木，其行为已构成滥伐林木罪，且滥伐数额巨大，依法应从严惩处。关于上诉人叶辉及其辩护人提出的叶辉不构成滥伐林木罪的意见，经查，博白县林业开发服务公司当时的检尺员刘裕、熊新，统计员朱燕琳、邓琳、张里玲等人的证言分别证实他们要将砍伐林木的数量每十天写出报表交叶辉或由公司的统计员把统计的情况交叶辉，叶辉随时掌握林木的砍伐情况。对于认定博白县林业开发服务公司滥伐林木蓄积 2471.092 立方米，有玉林市林业局的技术鉴定、博白县林业开发服务公司实际砍伐林木检尺木材统计的材积数等证据证实。以上事实与证据充分证明了博白县林业开发服务公司及该公司的时任经理叶辉在主观上具有滥伐林木的故意，客观上违反了森林法的规定，实施了超过林木采伐许可证规定的数量采伐数额巨大的林木的行为，其行为符合滥伐林木罪的构成要件，因此，叶辉的上诉理由及辩护人的辩护意见不能成立，不予采纳。玉林市人民检察院建议驳回叶辉的上诉，维持原判的意见正确，应予采纳。原审人民法院根据博白县林业开发服务公司、叶辉犯罪的事实、犯罪的性质、情节和对社会的危害程度做出判决定罪正确，量刑与罚金适当，审判程序合法，应予维持。原判漏了对本单位犯本罪的法律适用，及认定滥伐林木构成数额巨大的司法解释，应予补正。

玉林市中级人民法院依照《中华人民共和国刑事诉讼法》第一百八十九条第（一）项，《中华人民共和国刑法》第三百四十五条第二款、第三百四十六条和最高人民法院《关于审理破坏森林资源刑事案件具体应用法律若干问题的解释》第五条第一款第（二）项、第六条的规定，驳回上诉，维持原判。

三、适用法条

《中华人民共和国刑法》（1997年修订）

第三百四十五条　盗伐森林或者其他林木，数量较大的，处三年以下有期徒刑、拘役或者管制，并处或者单处罚金；数量巨大的，处三年以上七年以下有期徒刑，并处罚金；数量特别巨大的，处七年以上有期徒刑，并处罚金。

违反森林法的规定，滥伐森林或者其他林木，数量较大的，处三年以下有期徒刑、拘役或者管制，并处或者单处罚金；数量巨大的，处三年以上七年以下有期徒刑，并处罚金。

非法收购、运输明知是盗伐、滥伐的林木，情节严重的，处三年以下有期徒刑、拘役或者管制，并处或者单处罚金；情节特别严重的，处三年以上七年以下有期徒刑，并处罚金。

盗伐、滥伐国家级自然保护区内的森林或者其他林木的，从重处罚。

第三百四十六条　单位犯本节第三百三十八条至第三百四十五条规定之罪的，对单位判处罚金，并对其直接负责的主管人员和其他直接责任人员，依照本节各该条的规定处罚。

《中华人民共和国森林法》（1998年修正）

第四十一条　违反本法规定，超过批准的年采伐限额发放林木采伐许可证或者超越职权发放林木采伐许可证、木材运输证件、批准出口文件、允许进出口证明书的，由上一级人民政府林业主管部门责令纠正，对直接负责的主管人员和其他直接责任人员依法给予行政处分；有关人民政府林业主管部门未予纠正的，国务院林业主管部门可以直接处理；构成犯罪的，依法追究刑事责任。

四、案例评析

本案的争议焦点是叶辉认为自己主观上无滥伐林木的故意，砍伐将军岭的林木是按采伐设计的范围、数量和砍伐方式进行的，主伐设计范围与实际界址相符。出材量大于主伐设计，是设计不准或设计错误，责任应由设计人员承担，自己不构成滥伐林木罪。而检察院认为叶辉超过林木采伐许可证规定的数量进行采伐，且数量巨大，已构成滥伐林木罪。下面就介绍下滥伐林木罪的构成要件。

滥伐林木罪，是指违反森林法的规定，未经有关部门批准并核发采伐许可证，或者虽持有采伐许可证，但违背采伐证所规定的地点、数量、树种、方式而任意采伐本单位所有或管理的，以及本人自留山上的森林或者其他林木，数量较大的行为。

本罪侵犯的客体是国家保护林业资源的管理制度。本罪的犯罪对象与盗伐林木罪的对象相同，包括防护林、用材林、经济林、薪炭林、特种用途林等。森林或林木的所有权属于国家或其他单位或非本人所有的，以及个人种植的零星林木不属于本罪的对象。

滥伐林木罪的客观方面主要表现为以下几种情形：一是未经林业主管部门或者法律规定的其他主管部门的批准并核发林木采伐许可证，或者虽有采伐许可证，单位违反林木采伐许可的时间、树种、数量、方式或者查处核准的采伐数量，任意采伐本单位或者本人所有的林木。二是超过采伐许可证规定的数量采伐他人所有的森林或者其他林木。三是林木权属争议一方在权属尚未明确前擅自砍伐森林或者林木。

此外，构成滥伐林木罪还需要"数量较大"这个要件。根据《关于办理盗伐滥伐林木案件应用法律的几个问题的解释》，数量较大的起点，在林区，滥伐一般可掌握在10—20立方米或幼树500—1200株。在非林区，滥伐一般可掌握在5—10立方米，或幼树250—600株，或者相当于上述损失。滥伐林木接近上述规定的数量，而具有下列情形之一的，应按上述规定的标准定罪量刑：（1）为首组织、策划、煽动滥伐林木，或者破坏植被面积极大，致使森林资源遭受损失的；（2）滥伐防护林、经济林、特种用途林的；（3）一贯滥伐或屡教不改的；（4）滥伐林木不听劝阻，或威胁护林人员的；（5）其他滥伐情节严重的。

本罪的主体是一般主体。无论国家工作人员，还是普通公民，只要达到刑事责任年龄、具备刑事责任能力的，都可以构成本罪。单位也可构成本罪。

滥伐林木罪在主观上均为故意，包括直接故意和间接故意。直接故意的内容表现为，明知滥伐行为会侵害国家的林业管理活动，却故意实施这种行为，以追求其行为对法律所保护的客体受到侵害结果的发生；间接故意的内容，主要是行为人明知自己的滥伐行为是违反《森林法》和《刑法》的有关规定，并会发生对森林资源造成破坏的结果，而对这种结果采取放任态度。也就是说，行为人虽然不希望造成森林资源损害结果的发生，但是又不设法防止，而采取听之任之、漠不关心的态度。如果由于过失违章错伐了不应砍伐的林木，不能构成本罪。

本案中叶辉与博白县林业开发服务公司虽有采伐证，但却超额采伐，造成无证滥伐林木2471.092立方米，已经大大超过法律规定"数量较大"的标准，该行为符合客观方面第二种状况，即超过采伐许可证规定的数量采伐他人所有的森林或者其他林木，构成滥伐林木罪。另外叶辉和林业开发公司声称自己持有采伐证，对于多采伐的林木不知情，主观上并无过错，但林业公司和行为人在采伐过程中，已明知采伐超出批准设计范围（有多人证言可证），但仍采伐，主观故意是很明显的。至于设计是否有错，应该由有关部门通过有关程序予以撤销或更正。公司与行为人以持有证件为合法依据辩称主观上无故意是讲不通的。

五、拓展思考

林业资源是一项极其宝贵的资源，国家制定了相应法规，对林业资源予以规范和保护。法律规定，任何单位与个人砍伐林木必须先经有关部门批准并核发采伐许可证，并严格按照采伐证所规定的地点、数量、树种、方式进行采伐林木。笔者认为不单单要在实体法上加以完善，还要在采伐证的发放程序上来完善。首先，发放《林木采伐许可证》的行为要按照行政许可的程序进行发放。一是要审查申请人的条件，申请人填写《林木采伐许可证申请表》，只有符合条件的人才可以发放《林木采伐许可证》；二是要审查林木踏勘设计是否按规定操作，要不定期地进行复查，对在行使踏勘设计时有过错行为的人要进行处理；三是可以进行必要的听证。其次，监督行为人严格按《林木采伐许可证》的规定开展采伐工作。一是书面告知持证人要严格按《林木采伐许可证》的规定进行采伐，如要边采边检量。二是要派遣专门管理人员到现场进行监督，以防违反规定采伐。最后，对违反规定的人员，不仅包括采伐树木的人，还包括依法负有监督管理职责的林业部门管理人员，都必须依法严肃处理。只有这样才能防止滥伐林木事件的发生。

陈允斗与宽甸满族自治县虎山镇老边墙村民委员会
采矿权转让合同纠纷案

一、核心知识点

矿产资源保护

矿产资源是指由地质作用形成的，具有利用价值的，呈固态、液态、气态的自然资源。一般地把矿产资源分为能源矿产、金属矿产、非金属矿产和水气矿产四大类。我国矿产资源种类繁多，是世界上矿产品种比较齐全的少数国家之一，但是我国矿产资源总量丰富，人均资源相对不足；部分重要矿产贫富不均、贫矿多、富矿少、选矿难度大；地区分布不均衡，不利于工业布局；综合开发利用水平低，导致矿产资源损耗浪费严重，同时也造成环境污染问题。

我国较早地对矿产资源进行了立法，1965年国务院制定了《矿产资源保护试行条例》，1978年国务院批准了《小煤矿试行办法》，1986年全国人大常委会通过了《矿产资源法》，1996年全国人大常委会通过了《煤炭法》并对《矿产资源法》进行了修正。另外，国务院还制定了《矿产资源勘查登记管理暂行办法》《对外合作开采陆上石油资源条例》《煤炭生产许可证管理办法》《探矿权采矿权转让管理办法》等行政法规。

根据法律规定，矿产资源属于国家所有，由国务院行使国家对矿产资源的所有权。探矿权是指在依法取得的勘查许可证规定的范围内勘查矿产资源的权利。依法取得勘查许可证的个人或单位称为探矿权人。探矿权人所享有的权利包括：按照勘查许可证规定的区域、期限、工作对象进行勘查；在勘查作业区及相邻区域架设供电、供水、通信管线，但是不得影响或者损害原有的供电、供水设施和通信管线；在勘查作业区及相邻区域通行；有取得勘查作业区内新发现矿种的优先权；有取得勘查作业区内矿产资源采矿权的优先权。采矿权是指在依法取得的采矿许可证规定范围内，开采矿产资源和获得所开采的矿产品的权利。取得采矿许可证的单位或个人称为采矿权人。采矿权人所享有的权利包括：按照采矿许可证规定的范围和期限从事开采活动；自行销售除国务院规定由指定的单位统一收购的矿产品之外的矿产品；根据生产建设的需要依法取得土地使用权。

二、案情介绍①

陈允斗于2006年8月8日向辽宁省丹东市中级人民法院起诉称，2001年10月6日，陈允斗经依法投标取得村委会所有的老边墙第一、第二金矿的开采经营权，同日双方又签订了《老边墙金矿租赁协议书》，并约定开采经营期限为五年，自2001年10月至2006年10月。合同签订后，由于案外人程绍武对村委会提起诉讼，村委会至今未将老边墙第一金矿（以下

---

① 案情参见：中国长安网，http://www.chinapeace.gov.cn/2012-08/03/content_4708040.htm。

简称第一金矿）交给陈允斗经营。老边墙第二金矿（以下简称第二金矿）由于村委会不能全部交付金矿设施，陈允斗不得不另行投资重开巷道开采。并且由于村委会与他人的纠纷，致使第二金矿的采矿证有三年无法办理，合同无法履行。陈允斗请求法院判令：（1）村委会履行合同约定的将第一金矿交给其经营的义务；（2）如不能交付，由第二金矿代为履行；（3）村委会顺延履行第二金矿的合同期限三年；（4）村委会赔偿其经济损失 160 万元。

村委会一审答辩称，陈允斗的诉讼请求没有事实和法律依据，村委会没有义务向陈允斗交付金矿的设施，陈允斗无法办理采矿许可证与村委会无关。陈允斗请求村委会赔偿损失没有客观依据，其损失不应由村委会承担。

丹东中院一审查明，2001 年 8 月 31 日，村委会与老边墙金矿（分为第一金矿、第二金矿）原承包人的承包协议到期，村委会于同年 9 月 28 日发布了《老边墙金矿租赁告示》，其主要内容为：老边墙金矿于 2001 年 9 月 1 日承包到期，根据矿产资源法的有关规定和县政府 1999 年第 34、35 号文件精神，经村民代表大会讨论决定，现对外公开招标：标的 40 万元，格外加投标总额 20% 的镇政府管理费；合同期限五年；金矿所有手续由承包者自行办理，费用自负；设备和电力及毛台上矿石归原承包者，限期在投标之日起 20 日内撤除；在承包期内矿山发生的一切法律责任、经济纠纷等均由新承包者承担，村委会不承担经济责任。

2001 年 10 月 6 日，陈允斗中标并与村委会签订《老边墙金矿租赁协议书》，约定：村委会通过招标将老边墙金矿租赁给陈允斗开采经营，开采经营期限五年，即自 2001 年 10 月至 2006 年 10 月，陈允斗一次性向村委会缴纳五年的经济补偿金，并按中标数额的 20% 一次性向所在镇政府缴纳补偿金；金矿所有手续由承包者自行办理，费用自负。如因有关手续办理不妥无法开采，租金不予返还，所造成的损失亦由陈允斗自负，设备、电力、毛台上矿石及矿井内原承包者开采的矿石归原承包者所有；在租赁期内矿山产生的一切经济、法律责任均由陈允斗承担，村委会不承担任何责任。

协议签订后，由于老边墙金矿原承包人程绍武未及时将其设备从第一金矿撤出，致使陈允斗不能依据协议约定正常经营该矿。同时，也由于程绍武及其亲属的原因，致使辽宁省国土资源厅只颁发了第二金矿 2002 年和 2005 年的采矿许可证。第二金矿 2001 年、2003 年和 2004 年的采矿许可证未予办理和颁发。另查，陈允斗经营老边墙金矿期间，对矿山的井巷工程进行了增建。经评估，陈允斗增建的矿山井巷工程价值 706874.9 元。

丹东中院一审认为，陈允斗与村委会签订租赁协议之前，均知道该矿的原租赁人程绍武因刑事犯罪被拘押，其租赁合同的期限已经届满，但采矿证没有交还村委会，其采矿设备及部分矿石仍在矿内没有运走。村委会在告示中也示明了有关情况。村委会的做法属于规避商业风险，维护自身利益的行为，该行为并不违反法律规定。陈允斗自愿接受村委会设定的条件参加竞标，双方在协议中就有关情况的约定有效。

现陈允斗主张在协议履行过程中，因案外人妨碍使其无法行使五年开采权，而要求由村委会顺延履行协议规定的租赁期限，其理由是村委会应从案外人处收回已出租的金矿，不符合双方签订的租赁协议的约定。造成陈允斗不能完全履行租赁协议的原因是案外人的侵权行为所致，陈允斗应向侵权人主张权利。村委会在租赁协议履行过程中并无过错，不应承担民事责任。法院于 2006 年 12 月 18 日做出民事判决，驳回陈允斗的诉讼请求。

陈允斗不服一审判决，于 2006 年 12 月 30 日向辽宁省高级人民法院上诉称，一审判决认定事实错误。该判决认定租赁协议未能完全履行的原因是案外人侵权行为所致，陈允斗应向侵权人主张权利。村委会在协议履行过程中并无过错，不应承担民事责任，这种认定是错误的。村委会未履行协议本身就是一种违约行为。一审判决未适用《中华人民共和国合同法》是错误的。本案是合同纠纷。本案租赁协议合法有效，陈允斗按照中标的租金数额交纳了相应的款额，理应享有协议中约定的权利。其上诉请求是：（1）撤销一审判决；（2）村委会履行协议约定的将第一金矿交给陈允斗经营的义务，如不能交付，则由第二金矿代为履行五年；（3）村委会赔偿陈允斗经济损失 706874.9 元。

村委会在二审庭审中答辩称，根据合同约定和客观事实，村委会没有任何违约事实，其已经交付了金矿，陈允斗请求如不能交付第一金矿则由第二金矿代为交付没有法律依据；对于没有办理采矿权证的问题，协议约定由陈允斗自行办理，如无法开采，损失自负，并且在合同履行过程中，陈允斗也有开采行为。因村委会没有任何违约行为，不应承担赔偿责任。原审法院认定事实清楚，适用法律正确，审判程序合法，二审法院应驳回其上诉，维持原判。

辽宁高院二审认为，涉案租赁协议是双方当事人的真实意思表示，已经成立。关于采矿经营权的取得和转让，《中华人民共和国矿产资源法》及其实施细则、国务院《探矿权采矿权转让管理办法》、国土资源部《矿业权出让转让管理暂行规定》等法律法规的相关内容，均明确规定采矿经营权是特许经营权，其批准应严格履行审批程序。涉案租赁协议没有履行法定强制性规定的审批手续，符合《合同法》第五十二条规定，应为无效。无效协议自始没有效力，部分无效，不影响其他部分效力。陈允斗所诉村委会违约行为的请求，没有法律依据，不予采纳。协议无效涉及的损失赔偿，应以签约时双方的过错情况予以考虑。但鉴于陈允斗在一审中并未主张村委会应承担缔约过失责任及举出相关证据，因此，其所称损失应予赔偿的理由，法律依据不充分，不予支持。该院于 2007 年 7 月 30 日做出判决，驳回上诉，维持原判。

陈允斗不服二审判决，向辽宁高院申请再审称，二审判决认定事实、适用法律均有错误。二审法院将陈允斗与村委会之间的租赁关系认定为采矿权的承包转让关系，并认定协议没有履行法定强制性规定的审批手续的主要证据不足，认定事实错误。二审判决依据法律、行政法规和行政规章的规定，认定协议无效属适用法律错误。故请求：（1）撤销本案二审判决；（2）改判按照租赁协议约定，村委会交付第一金矿给陈允斗，如不能交付，则由第二金矿代为履行五年，顺延履行第二金矿的协议期限三年；（3）村委会赔偿陈允斗经济损失 160 万元。

辽宁高院再审认为，关于涉案租赁协议是否有效的问题，根据《中华人民共和国矿产资源法》第六条、《探矿权采矿权转让管理办法》第三条第二项规定：除非发生合并、分立、合资、合营等几种变更企业资产产权的情形，变更采矿权主体，经依法批准可以将采矿权转让外，不得转让采矿权。《矿业权出让转让管理暂行规定》第三十六条规定：矿业权转让是指矿业权人将矿业权转移的行为，包括出售、作价出资、合作、重组改制等；矿业权的出租、抵押，按照矿业权转让的条件和程序进行管理，由原发证机关审查批准。上述法律、行政法规对采矿权的出租及其他转让方式设定了强行性规范。陈允斗与村委会于 2001 年填报的《采矿权出租申请登记表》，虽经宽甸满族自治县地矿办公室及丹东市规划和国土资源局同意，但其是作为下一级地矿主管部门的审查意见呈请审批的，是请批过程中需要履行的行政程序，不具有行政许可的效力。在辽宁省国土资源厅做出行政许可前，应认定该项请批尚处于申请阶段，并未得到审批管理机关的批准。因此，本案金矿租赁协议因违反法律的强制性规定而无效。经辽宁高院审判委员会讨论决定，该院于 2009 年 8 月 14 日做出民事判决，维持二审判决。

陈允斗不服再审判决，于 2009 年 11 月 27 日向最高人民法院申诉称，其与村委会之间是租赁合同关系，租赁合同内容不违反法律的强制性规定，而且按照有关规定履行了登记手续，辽宁省国土资源厅也在 2002 年为其办理过采矿许可证，原再审判决认定协议无效是错误的。再则，在程绍武诉村委会和陈允斗一案中，法院已经认定本案所涉租赁协议有效，并据此驳回程绍武的诉讼请求。同样的协议，原审法院做出相反的判决，显然错误。故请求：（1）撤销辽宁高院民事判决；（2）支持陈允斗的诉讼请求。

最高人民法院再审查明：涉案租赁协议签订后，陈允斗依约一次性交清了补偿金（即租金）54 万元。2006 年 10 月 9 日，村委会与程显锋签订《宽甸县虎山镇老边墙村第二金矿采矿权转让协议书》。此后，程显锋又将该矿的采矿许可证办理到自己名下，成为该矿的采矿权人，有效期至 2012 年 3 月 7 日。村委会现已不是第一金矿、第二金矿的采矿权人。

关于涉案《老边墙金矿租赁协议书》的效力问题，最高人民法院认为，采矿业属于特许行业，根据有关法律、行政法规的规定，取得涉案金矿的采矿权和租赁权都要经过辽宁省国土资源厅审批，其中任何一项权利未经批准，其采矿行为不受法律保护。1998 年 2 月 12 日国务院《探矿权采矿权转让管理办法》第十条第三款规定："批准转让的，转让合同自批准之日起生效。"据此，最高人民法院认定涉案租赁协议已合法成立，尚未生效，该协议条款对双方当事人没有约束力，也不产生违约责任。

另外村委会是否违约并应承担违约责任以及租赁协议应否继续履行的问题，最高人民法院认为，涉案租赁协议签订后，由于多种原因导致协议没有全部履行，致使陈允斗无法正常开矿，确实遭受了经济损失。但由于该协议未生效，对双方当事人不具有约束力，陈允斗遭受的损失不能依据该协议的违约条款获得救济，故对于陈允斗主张的协议无法履行的责任在村委会，村委会应承担违约责任的主张，不予支持。出租采矿权以拥有合法采矿权为前提，鉴于目前村委会已不是涉案金矿的采矿权主体，丧失了履约条件和能力，依约办理相关审批手续，继续履行涉案租赁协议已不可能，对于陈允斗关于涉案租赁协议应继续履行的主张，最高人民法院不予支持。

陈允斗虽然因采矿遭受了经济损失，但其在明知租赁协议未生效的情况下，擅自开挖巷道，属于违法开采行为，该行为不受法律保护，后果自负。对其关于村委会因违约应赔偿其160 万元的请求，因缺乏法律依据，最高人民法院不予支持。涉案租赁协议未生效，村委会据此取得的陈允斗交付的租金本应返还，但鉴于陈允斗在本案中对此未提出主张，最高人民法院不能直接判决返还，陈允斗可以另循法律途径解决。

综上，涉案采矿权租赁协议未生效，村委会不应承担违约责任。退一步讲，即使认定租赁协议有效，鉴于该协议均约定村委会免责，陈允斗对不能依约采矿经营产生的风险自担，村委会同样不应承担违约责任。鉴于村委会现已不是采矿权主体，涉案租赁协议已无法继续履行，陈允斗主张继续履行该协议的依据不足，对其诉求不予支持。辽宁高院再审判决认定事实基本清楚，虽在认定涉案租赁协议无效和案由方面存在瑕疵，但判决结果正确，应予维持。依照《中华人民共和国民事诉讼法》第一百八十六条第一款、最高人民法院《关于适用中华人民共和国民事诉讼法审判监督程序若干问题的解释》第三十七条的规定，维持辽宁省高级人民法院第 26 号民事判决。

三、适用法条

《中华人民共和国合同法》（1999 年颁布）

第五十二条　有下列情形之一的，合同无效：（一）一方以欺诈、胁迫的手段订立合同，损害国家利益；（二）恶意串通，损害国家、集体或者第三人利益；（三）以合法形式掩盖非法目的；（四）损害社会公共利益；（五）违反法律、行政法规的强制性规定。

《中华人民共和国矿产资源法》（1996 年修正）

第六条　除按下列规定可以转让外，探矿权、采矿权不得转让：

（一）探矿权人有权在划定的勘查作业区内进行规定的勘查作业，有权优先取得勘查作业区内矿产资源的采矿权。探矿权人在完成规定的最低勘查投入后，经依法批准，可以将探矿权转让他人。

（二）已取得采矿权的矿山企业，因企业合并、分立，与他人合资、合作经营，或者因企业资产出售以及有其他变更企业资产产权的情形而需要变更采矿权主体的，经依法批准可以将采矿权转让他人采矿。

前款规定的具体办法和实施步骤由国务院规定。

《探矿权采矿权转让管理办法》（国务院 2003 年颁布）

第十条　申请转让探矿权、采矿权的，审批管理机关应当自收到转让申请之日起 40 日内，作出准予转让或者不准转让的决定，并通知转让人和受让人。

准予转让的，转让人和受让人应当自收到批准转让通知之日起 60 日内，到原发证机关办理变更登记手续；受让人按照国家规定缴纳有关费用后，领取勘查许可证或者采矿许可证，成为探矿权人或者采矿权人。

批准转让的，转让合同自批准之日起生效。

不准转让的，审批管理机关应当说明理由。

《矿业权出让转让管理暂行规定》（国土资源部 2000 年颁布）

第三十六条　矿业权转让是指矿业权人将矿业权转移的行为，包括出售、作价出资、合作、重组改制等。

矿业权的出租、抵押，按照矿业权转让的条件和程序进行管理，由原发证机关审查批准。

第三十七条　各种形式的矿业权转让，转让双方必须向登记管理机关提出申请，经审查批准后办理变更登记手续。

第三十八条　采矿权人不得将采矿权以承包等方式转给他人开采经营。

第四十九条　矿业权出租是指矿业权人作为出租人将矿业权租赁给承租人，并向承租人收取租金的行为。

矿业权出租应当符合国务院规定的矿业权转让的条件。

矿业权人在矿业权出租期间继续履行矿业权人的法定义务并承担法律责任。

第五十条　出租国家出资勘查形成的采矿权的，应按照采矿权转让的规定进行评估、确认，采矿权价款按有关规定进行处置。

已出租的采矿权不得出售、合资、合作、上市和设定抵押。

四、案例评析

本案辽宁省高院认定《老边墙金矿租赁协议书》为无效合同，存在着认定合同效力的瑕疵，把合同无效与合同未生效混同。下面首先对合同无效与合同未生效两种情况进行区分。

合同无效法律行为是指已经成立，但因欠缺法定有效要件，除法律另有规定外，在法律上确定的当然自始不发生法律效力的合同行为。我国《合同法》第 52 条规定："有下列情形之一的，合同无效：（1）一方以欺诈、胁迫的手段订立合同，损害国家利益；（2）恶意串通、损害国家、集体或者第三人利益；（3）以合法形式掩盖非法目的；（4）损害社会公共利益；（5）违反法律、行政法规的强制性规定。"具体而言：

其一，以欺诈、胁迫手段订立合同，损害国家利益。

欺诈是指一方当事人故意告知对方虚假情况，或者故意隐瞒真实情况，诱使对方当事人做出错误的意思表示。因欺诈而订立的合同，是在受欺诈人因欺诈行为发生错误认识而作意思表示的基础上产生的。因欺诈而为的民事行为，是行为人在他方有意欺诈下陷于某种错误认识而为的民事行为。构成欺诈应具备如下条件：一是必须有欺诈人的欺诈行为。欺诈行为是能使受欺诈人陷于某种错误，加深错误或保持错误的行为。主要表现情形有三种，即捏造虚伪的事实、隐匿真实的事实、变更真实的事实。二是必须有欺诈人的欺诈故意。欺诈故意是由于欺诈人的欺诈行为而使他人陷于错误，并基于此错误而为意思表示的故意。三是必须有受欺诈人因欺诈人的欺诈行为而陷入的错误。这里所说的"错误"，是指对合同内容及其他重要情况的认识缺陷。传统民法认为，构成欺诈必须有受欺诈人陷入错误这一事实，受欺诈人未陷入错误，虽欺诈人有欺诈故意及行为，在民法上不发生欺诈的法律后果。四是必须有受欺诈人因错误而为的意思表示。所谓受欺诈人因错误而为的意思表示，即错误与意思表示之间有因果关系。错误的认识必须是进行意思表示的直接动因，才能构成欺诈。五是欺诈是违反了民事活动应当遵循的诚实信用原则。诚实信用原则要求人们在民事活动中讲究信用，恪守诺言，诚实不欺，在不损害他人利益和社会利益的前提下追求自己的利益。

胁迫是以给公民及其亲友的生命健康、荣誉、名誉、财产等造成损害或者以给法人的荣誉、名誉、财产等造成损害为要挟，迫使相对方做出违背真实意思表示的行为。胁迫也是影响合同效力的原因之一。胁迫构成应当具备如下条件：一是必须有胁迫人的胁迫行为。所谓胁迫行为是胁迫人对受胁迫人表示施加危害的行为。胁迫行为在《民法通则若干问题的意见》第 69 条已规定清楚。二是必须有胁迫人的胁迫故意。所谓胁迫故意，是指胁迫人有使表意人（受胁迫人）发生恐惧，且因恐惧而为一定意思表示的意思。即包含两层含义：须有使受胁迫人陷于恐惧的意思和须有受胁迫人因恐惧而为一定意思表示的意思。三是胁迫系属不法。所谓不法，情形有三种：有目的为不法，手段也为不法者；目的为合法，手段为不法者；手段为合法，而目的为不法者。四是须有受胁迫人因胁迫而发生恐惧，即受胁迫人意识到自己或亲友的某种利益将蒙受较大危害而产生恐惧、恐惧的心理。若受胁迫人并未因胁迫而发生恐惧，虽发生恐惧但其恐惧并非因胁迫而发生，都不构成胁迫。五是须有受胁迫人因恐惧而为意思表示，即恐惧和意思表示之间有因果关系，这种因果关系构成，只需要受胁迫人在主观上是基于恐惧而为意思表示即可。只有同时具备上述五个要件，方可构成胁迫。

依《合同法》第 52 条规定，一方以欺诈、胁迫等手段订立的合同，只有在有损国家利益时，该合同才为无效。

其二，恶意串通，损害国家、集体或者第三人利益。

所谓恶意串通，是指当事人为实现某种目的，串通一气，共同实施订立合同的民事行为，造成国家、集体或者第三人的利益损害的违法行为。恶意串通，损害国家、集体或者第三人利益的合同，司法实践中并不少见，诸如，债务人为规避强制执行，而与相对方订立虚假的买卖合同、虚假抵押合同或虚假赠与合同等；代理人与第三人勾结而订立合同，损害被代理人的利益的行为，也为典型的恶意串通行为。恶意串通而订立的合同，其构成要件：一是当事人在主观上具有恶意性。即明知或者应知其行为会造成国家、集体或者第三人利益的损害，而故意为之。二是当事人之间具有串通性。串通是指相互串连、勾通，使当事人之间在行为的动机、目的、行为以及行为的结果上达成一致，使共同的目的得到实现。在实现非法目的的意思表示达成一致后，当事人约定互相配合或者共同实施该种合同行为。三是双方当事人串通实施的行为损害国家、集体或者第三人的利益。恶意串通的结果，应当是国家、集体或者第三人的利益受到损害。法律并不禁止当事人在合同的订立和履行中获得利益。但是，如果双方当事人在谋求自己的利益的同时而损害国家、集体或第三人的利益的时候，法律就要进行干预。

恶意串通所订立的合同，是绝对无效的合同，不能按照《合同法》第 58 条规定的一般的绝对无效合同的原则处理，而是按照《合同法》第 59 条的规定，将双方当事人因该合同所取得的财产，收归国有或者返还集体或者个人。

其三，以合法形式掩盖非法目的。

以合法形式掩盖非法目的，也称为隐匿行为，是指当事人通过实施合法的行为来掩盖其真实的非法目的，或者实施的行为在形式上是合法的，但是在内容上是非法的行为。以合法形式掩盖非法目的而订立的合同，应当具备下列要件：一是当事人所要达到的真实目的或者其手段必须是法律或者行政法规所禁止的；二是合同的当事人具有规避法律的故意；三是当事人为规避法律、行政法规的强制性规定而采用了合法的形式对非法目的进行了掩盖。

其四，损害社会公共利益。

在法律、行政法规无明确规定，但合同又明显地损害了社会公共利益时，可以适用"损害社会公共利益"条款确认合同无效。

其五，违反法律、行政法规的强制性规定。

违反法律、行政法规的强制性规定的合同，是指当事人在订约目的、订约内容都违反法律和行政法规强制性规定的合同。《合同法解释》第 4 条明确规定："合同法实施以后，人民法院确认合同无效，应当以全国人大及其常委会制定的法律和国务院制定的行政法规为依据，不得以地方性法规、行政规章为依据。"合同未生效是指合同已经成立，但合同的权利义务尚未开始发生法律上的效力。但在诸多情况之下，合同虽已成立，或因合同所附条件未成就、或因合同所附生效期限、或因合同须办理登记、批准等手续诸多原因而不能发生法律效力，故依据债权理论，凡属所附条件未成就、生效期限未届至合同，依法应当登记、批准才能生效的合同在履行登记、批准手续之前等情形均属于成立未生效合同范围。

无效合同是指已经成立但欠缺根本生效要件，自始、确定和当然不发生当事人意思之预期效力的合同。它与未生效合同两者在合同成立后，当时都不会生效，但两者还是存在诸多不同：首先，两者的法律意义不同。合同有效还是无效，其法律意义体现了国家对该合同做出肯定性或否定性评价，对合同的无效评价不以合同是否生效为基础，无效合同成立时其内容就决定了它不会发生法律效力。未生效的合同则不同，其效力处于不确定状态，它可能成为有效合同，也有可能成为无效合同。其次，两者的决定因素不同。合同有效还是无效，取决于国家意志和法律的强制性、限制性规定。而合同生效还是不生效，取决于特定法律事实的确定，特定法律事实的确定可能使未生效合同变成有效合同。最后，两者的处理方式不同。对无效合同的处理，不以当事人的意志为转移，不考虑当事人是否对合同无效提出主张。对于部分未生效合同的处理，应充分尊重当事人的意愿。

长期以来，在我国司法实践中，由于对未生效合同与无效合同未予区分，混淆了两者的区别，从而导致将大量的未生效合同作为无效合同对待，将一些已经成立但不具备生效要件的合同都作为无效合同对待，从而导致大量本来可以生效的合同成为无效合同，消灭了本来不应该被消灭的交易。因此，正确区分未生效合同与无效合同，在理论上和实践中都具有重要意义。

就本案而言，双方争议焦点莫过于对《老边墙金矿租赁协议书》是否有效之争，陈允斗认为法院二审判决依据法律、行政法规和行政规章的规定，认定协议无效属适用法律错误。该判决依据之一的矿业权出让转让管理暂行规定是行政规章，不能作为认定协议无效的依据。即便陈允斗未办理登记手续也不影响协议的效力，因为相关法律和行政法规既未规定采矿租赁协议应当办理登记手续，更未规定登记后才生效。陈允斗仍坚持认为《老边墙金矿租赁协议书》有效，村委会有违约之嫌，致使陈允斗未能完全取得金矿租赁权，村委会应当承担违约责任，赔偿给陈允斗造成的损失。对于陈允斗的主张，法律有明确规定，《矿业权出让转让管理暂行规定》第三十六条第二款规定，矿业权的出租、抵押，按照矿业权转让的条件和程序进行管理，由原发证机关审查批准。第三十七条规定，各种形式的矿业权转让，转让双方必须向登记管理机关提出申请，经审查批准后办理变更登记手续。这里明确规定矿业权的转让"必须"向登记管理机关提出申请，经"批准"后才能办理变更登记手续，因此行政部门的批准是合同是否生效的要件之一，该条款属于强制性规定。《最高人民法院关于适用〈中华人民共和国合同法〉若干问题的解释（一）》第九条规定："依照合同法第四十四条第二款的规定，法律、行政法规规定合同应当办理批准手续，或者办理批准、登记等手续才生效，在一审法庭辩论终结前当事人仍未办理批准手续的，或者仍未办理批准、登记等手续的，人民法院应当认定该合同未生效；法律、行政法规规定合同应当办理登记手续，但未规定登记后生效的，当事人未办理登记手续不影响合同的效力，合同标的物所有权及其他物权不能转移。"本案中《老边墙金矿租赁协议书》在审判之前并未得到相关部门的批准，也就没有生效。《探矿权采矿权转让管理办法》第十条第三款规定："批准转让的，转让合同自批准之日起生效。"《探矿权采矿权转让管理办法》是国务院行政法规，陈允斗的行为违反了国务院法规的强制性规定。

本案中由于《老边墙金矿租赁协议书》未生效，对双方当事人不具有约束力，陈允斗遭受的损失不能依据该协议的违约条款获得救济，所以陈允斗主张的协议无法履行的责任在村委会，村委会应承担违约责任，是不能够得到支持的。出租采矿权以拥有合法采矿权为前提，目前村委会已不是涉案金矿的采矿权主体，丧失了履约条件和能力，依约办理相关审批手续，继续履行涉案租赁协议已不可能，对于陈允斗关于涉案租赁协议应继续履行的主张，即使法院支持其诉求，也无法得到实现。因本案租赁协议未生效，村委会据此取得的陈允斗交付的租金本应返还，但由于陈允斗在本案中对此并没有提出主张，最高人民法院不能直接判决返还，这也符合不告不理的审判原则。

五、拓展思考

对于未经批准的采矿权转让合同的效力问题，理论界存在一定争议，并形成以下几种倾向的观点：第一种观点认为，合同有效。根据《物权法》第十五条的规定，不动产物权合同在成立时生效，法律另有规定或者当事人另有约定除外。但除外规定中强调的是"法律"另有规定，而非"行政法规"另有规定。与《合同法》第四十四条相比，合同效力界定的法律依据由"法律和行政法规"变为了"法律"。按照新法优于旧法的原则，在界定采矿权转让合同何时生效方面，物权法优先于合同法适用，且排除《探矿权采矿权转让管理办法》的适用。依物权法第十五条的规定，采矿权转让合同自合同成立之日起生效。第二种观点认为，合同无效。理由是采矿权转让合同属批准生效的合同，根据《最高人民法院关于适用〈中华人民共和国合同法〉若干问题的解释（一）》第九条的规定，在一审法庭辩论终结前该合同仍未办理批准手续的，应当认定该合同未生效，未生效即是无效。第三种观点认为，合同成立但未生效。《探矿权采矿权转让管理办法》的相关规定并非效力性强制性规定。未办理审批手续的采矿权转让合同处于成立但未生效状态。如不存在其他导致合同无效的情形，采矿权转让合同的效力处于不确定状态，不能对其做出是否有效或无效的判断。

上述不同意见，产生于对采矿权的法律属性的不同认识。《物权法》第十五条明确规定："当事人之间订立有关设立、变更、转让和消灭不动产物权的合同，除法律另有规定或者合同另有约定外，自合同成立时生效；未办理物权登记的，不影响合同效力。"《合同法》第四十四条的规定："依法成立的合同，自成立时生效。法律、行政法规规定应当办理批准登记等手续生效的，依照其规定。"国务院颁布实施的《探矿权采矿权转让管理办法》第十条第三款规定："批准转让的，转让合同自批准之日起生效。"因此，笔者认为，未经批准的采矿权转让合同，既不是生效合同，也不是无效合同，其效力处于未生效状态。

包头市达尔罕茂明安联合旗人民政府等与白斯格楞草原行政管理上诉案

一、核心知识点

草原资源保护

草原是指由草和其着生的土地构成的具有多种功能的自然综合体，包括天然草原和人工草地。一般的，可将草原分为草甸草原、典型草原、荒漠草原、高寒草原。草原不仅具有保持水土、防风固沙、保持生物多样性、维持生态平衡的功能，而且还有提供生物产品、生活饲料、燃料、工业用料等多种经济效能。只要遵循生态规律，对草原进行全面保护、合理利用草原，草原可以为人类永续利用。

为了加强草原资源的保护、管理、建设和合理利用，改善生态环境，维护生物多样性，促进经济和社会的可持续发展，我国于 1985 年制定了关于草原保护的专门法律《中华人民共和国草原法》。修订后的《草原法》于 2003 年 3 月 1 日开始实施，现行《草原法》明确规定了对草原科学规划、全面保护、重点建设、合理利用的方针，促进草原的可持续利用和生态、经济、社会的协调发展，对草原的权属制度、规划建设利用保护制度、监督检查制度及相关法律责任做了全面规定。此外，与《草原法》相配套的法规有《草畜平衡管理办法》《草种管理办法》《草原防火条例》等。

二、案情介绍[①]

包头市达尔罕茂明安联合旗人民政府（以下简称达茂旗政府）、照日格图因草原行政管理案，不服固阳县人民法院行政判决，向包头市中级人民法院提起上诉。

固阳县人民法院查明，1988 年照日格图承包塔拉嘎查集体草牧场 7980 亩（532 公顷）、承包证号 07147。2001 年照日格图举家搬迁到新宝力格苏木那仁宝力格嘎查居住，并取得一处草牧场经营权，后将自己承包的该草牧场交由白斯格楞父亲白宝珍无偿使用。同年白宝珍持有关证明材料到达茂旗政府所属职能部门办理了草场承包经营权证。2004 年后白斯格楞与照日格图因草牧场发生争议，经嘎查多次调解处理未果。2008 年白斯格楞与该嘎查签订禁牧合同。之后双方争议再起。2009 年明安镇人民政府做出处理决定，白斯格楞对处理决定不服，先向达茂旗政府行政复议，后又向达尔罕茂明安联合旗人民法院提起行政诉讼，之后明安镇人民政府撤回处理决定。2012 年 2 月 17 日达茂旗政府通过达政发〔2012〕9 号文件做出同意对白斯格楞编号为 07147、面积为 7980 亩（532 公顷）草场承包经营权证予以撤销的批复，并于同年 3 月 8 日又做出达政发〔2012〕14 号《关于撤销明安镇巴音塔拉嘎查牧民白斯格楞

---

① 案情参见：北大法宝，http://www.pkulaw.cn/fulltext_form.aspx?Db=pfnl&EncodingName=big5&Gid= 121437084&Search_Mode&keyword。

草场承包经营权证的公告》。白斯格楞不服，向达尔罕茂明安联合旗人民法院提起诉讼，后经包头市中级人民法院指定固阳县人民法院审理。

固阳县人民法院认为，1988 年第一轮草场承包到户，照日格图依法承包明安镇巴音塔拉嘎查的 7980 亩草场并领取草场承包经营权证，后其因照顾家人搬迁到其母亲住处，将自己承包的 7980 亩草牧场交由白斯格楞的父亲白宝珍无偿使用。2001 年白宝珍持有关证件到达茂旗政府为白斯格楞办理承包草场经营权流转登记并领取草场承包经营权证。至于照日格图和达茂旗政府所称草场承包经营权证颁发系白宝珍利用手中权力，采取欺骗手段蒙诈苏木领导假签字无证据证实，况且此事已历经十余年。达茂旗政府做出的达政发〔2012〕9 号文件、14 号文件内容缺乏事实依据，故应予撤销。根据《中华人民共和国行政诉讼法》第五十四条之规定，判决撤销达茂旗政府达政发〔2012〕9 号及达政发〔2012〕14 号文件。

上诉人达茂旗政府上诉称，一审法院认定事实错误。白斯格楞以转让方式占有照日格图承包草场取得承包经营权证是非法的。白斯格楞与照日格图之间没有签订草场转让合同，依据 1999 年《内蒙古自治区草原承包经营权流转办法》第 17 条规定："经批准或者发包方同意，草原承包经营权流转的，承包方与第三方应当依法签订书面合同。"本案事实是白斯格楞父亲是当时塔拉嘎查负责人，私自将照日格图一家的承包草场办理到白斯格楞名下。没有当事人双方协商，没有书面协议，在达茂旗草原监理局没有任何备案文件。白斯格楞现手头持有的 2001 年 7 月 7 日"请示"及收费复印件在达茂旗草原监理局没有备案，无法查实。2003 年 11 月 25 日、2004 年 3 月 27 日、2004 年 3 月 28 日原巴音珠日和苏木巴音塔拉嘎查三次对白斯格楞非法占有照日格图承包草场提出处理意见和当时全体牧民代表签字，说明当时嘎查的其他负责人对白宝珍为其子办理转让照日格图一家草场的事不知情。白斯格楞在 2001 年 12 月 25 日签订承包合同，但在 2001 年 12 月 24 日就领取了草原承包经营权证。总之，一审法院认定事实错误，适用法律错误，请求二审法院撤销一审判决，改判维持公告，驳回白斯格楞请求。

上诉人照日格图上诉称，达茂旗政府的公告事实依据正确。2001 年 7 月白宝珍利用职位之便，非法将我家承包的草场变更到其子名下，2002 年得知情况就提出申诉，2003 年 11 月 25 日塔拉嘎查经过对我反映的侵权事实的核实，认定白宝珍未经嘎查委员会集体研究，蒙蔽苏木领导，非法将我家 7980 亩草场划到其子白斯格楞名下，嘎查做出"关于白宝珍未经嘎查委员会研究通过擅自变更草牧场的申请"上报珠日和苏木人民政府，苏木政府 2003 年 12 月 24 日签注意见"按照嘎查委员会的处理意见及证明材料，同意变更照日格图使用，望草监所给予办理草场使用证"。2004 年 3 月 27 日，塔拉嘎查再次召开牧民代表大会，于同年 3 月 28 日做出"关于对我嘎查牧民照日格图与白宝珍草牧场纠纷的处理决定"要求白斯格楞父亲白宝珍立即停止使用我的草牧场，将草牧场 7980 亩归还我使用。1999 年《内蒙古自治区草原承包经营权流转办法》对草场转让程序有明确规定，我与白斯格楞没有自主、自愿签订的转让协议，在我不知情的情况下，白斯格楞占有我的草场是非法的。达茂旗政府依据以上事实发出公告撤销白斯格楞持有的 07147 号草场承包经营权证是正确的。公告适用的法律是正确的。请求二审法院撤销一审判决，改判维持公告，驳回白斯格楞请求。

被上诉人白斯格楞答辩称，达茂旗政府的上诉请求不能成立。答辩人 1990 年就生活在该争议草场并建筑房舍至今二十多年，照日格图早已离开当地生活并在 2000 年从现居住地杭盖嘎查取得乔谦承包草场。2001 年经所在嘎查同意双方签字认可办理了争议草场的过户手续。没有双方协议和没有备案旗草原监理局的情况在达茂旗是很普遍的，至于当时手续是否符合相关程序的规定，答辩人认为转让手续在程序上的瑕疵不能影响案件的基本事实认定。达茂旗政府在一审中并没有就自己所做的具体行政行为提出合法有效的证据和法律依据，一审法院依法对达茂旗政府的具体行政行为进行合法性审查，之后做出正确的认定符合本案事实和相关法律规定，不存在违法行为。请求二审法院依法驳回两位上诉人的上诉，维持一审正确判决。

包头市中级人民法院经审理查明，1988 年第一轮草场承包到户时照日格图承包原巴音珠日和苏木巴音塔拉嘎查集体草牧场 7980 亩（532 公顷）、承包经营权证号 07147。1997 年第二轮草场续包时照日格图继续承包该草场。2001 年照日格图因照顾其母亲搬迁到新宝力格苏木那仁宝力格嘎查居住，将该草牧场交由白斯格楞父亲白宝珍无偿使用。同年白宝珍到达茂旗政府所属的职能部门为白斯格楞办理了该争议草场的承包经营权证。2002 年照日格图向当时的嘎查和苏木反映草场侵权事实，2003 年 11 月 25 日塔拉嘎查认定白宝珍未经嘎查委员会集体研究，非法将照日格图 7980 亩草场划到其子白斯格楞名下，做出"关于白宝珍未经嘎查委员会研究通过擅自变更草牧场的申请"上报珠日和苏木人民政府。2003 年 12 月 24 日该苏木政府签注"按照嘎查委员会的处理意见及证明材料，同意变更照日格图使用，望草监所给予办理草场使用证"意见。2004 年 3 月 27 日，塔拉嘎查召开牧民代表大会，于同年 3 月 28 日做出"关于对我嘎查牧民照日格图与白宝珍草牧场纠纷的处理决定"，要求白斯格楞之父白宝珍立即停止使用照日格图草牧场，将草牧场 7980 亩归还照日格图使用。2008 年白斯格楞与塔拉嘎查签订草场禁牧合同。同年明安镇人民政府做出明镇发〔2008〕78 号处理决定。白斯格楞不服该处理决定，经行政复议后，向达尔罕茂明安联合旗人民法院提起行政诉讼。在诉讼中明安镇人民政府以明政发〔2009〕54 号文件形式撤销该处理决定，白斯格楞撤回起诉。2012 年 2 月 17 日，达茂旗政府针对达茂旗草原监督管理局达草监字〔2012〕5 号《关于撤销明安镇巴音塔拉嘎查牧民白斯格楞草场承包经营权证的请示》文件，以达政发〔2012〕9 号文件形式做出同意对白斯格楞编号为 07147、面积为 7980 亩（532 公顷）草场承包经营权证予以撤销的批复，并与同年 3 月 8 日又做出了达政发〔2012〕14 号《关于撤销明安镇巴音塔拉嘎查牧民白斯格楞草场承包经营权证的公告》。白斯格楞不服，再次提起行政诉讼。

包头市中级人民法院又查明，白斯格楞持有的草场经营权证和达茂旗草原监督管理局的草牧场使用证登记表上虽签注经嘎查同意流转，但达茂旗草原监督管理局的流转档案中没有白斯格楞提供的《关于变更塔拉嘎查二户草场经营证的请示》原件和草场经发包方同意流转的相关原始备案手续，也无白斯格楞和照日格图的草场转让协议。

包头市中级人民法院认为，上诉人照日格图于 1988 年和 1997 年两轮承包本案争议草场后，因照顾其母亲搬迁到新宝力格苏木那仁宝力格嘎查居住，将该草牧场交由白斯格楞父亲白宝珍无偿使用。2001 年白宝珍到达茂旗政府所属的职能部门为白斯格楞办理了该争议草场的承包经营权证。达茂旗政府作为草原经营权证的发证机关依据《中华人民共和国草原法》和《内蒙古自治区草原管理条例》的规定，有权对经审查认为不符合法律规定的草原经营权证予以撤销。达茂旗政府的达政发〔2012〕9 号及达政发〔2012〕14 号文件，是根据达茂旗草原监督管理局达草监字〔2012〕5 号《关于撤销明安镇巴音塔拉嘎查牧民白斯格楞草场承包经营权证的请示》做出的，但该文件的证据材料之一明安镇人民政府明政发〔2008〕78 号文件已被明安镇人民政府于 2009 年 4 月 25 日以明政发〔2009〕54 号文件予以撤销。达茂旗政府在该文件已被撤销的情况下根据该文件做出达政发〔2012〕9 号及达政发〔2012〕14 号文件，属行政行为做出时证据不足，且该行政行为在做出时没有告知相对人诉讼权利，属行政行为做出时违反法定程序，应予撤销。原审法院虽然经审理判决撤销该行政行为正确，但原审法院在没有审查达茂旗政府做出该行政行为时的证据是否确凿、程序是否合法的情况下就认定达茂旗政府的行政行为缺乏事实依据，属认定事实不清，应予撤销。针对本案草场争议，达茂旗政府应当在查清事实后，依法重新做出具体行政行为。依据《中华人民共和国行政诉讼法》第五十四条第（二）项第 1 目、第 3 目和第六十一条第（三）项之规定，判决如下：

一、撤销固阳县人民法院〔2012〕固行初字第 09 号行政判决；

二、撤销达茂旗政府达政发〔2012〕9 号及达政发〔2012〕14 号文件；

三、判令达茂旗政府重新做出具体行政行为。

三、适用法条

《中华人民共和国行政诉讼法》（1989 年颁布）

第五十四条　人民法院经过审理，根据不同情况，分别做出以下判决：

（一）具体行政行为证据确凿，适用法律、法规正确，符合法定程序的，判决维持。

（二）具体行政行为有下列情形之一的，判决撤销或者部分撤销，并可以判决被告重新做出具体行政行为：

1. 主要证据不足的；

2. 适用法律、法规错误的；

3. 违反法定程序的；

4. 超越职权的；

5. 滥用职权的。

（三）被告不履行或者拖延履行法定职责的，判决其在一定期限内履行。

（四）行政处罚显失公正的，可以判决变更。

第六十一条　人民法院审理上诉案件，按照下列情形，分别处理：

（一）原判决认定事实清楚，适用法律、法规正确的，判决驳回上诉；维持原判；

（二）原判决认定事实清楚，但适用法律、法规错误的，依法改判；

（三）原判决认定事实不清，证据不足，或者由于违反法定程序可能影响案件正确判决的，裁定撤销原判，发回原审人民法院重审，也可以查清事实后改判。当事人对重审案件的判决、裁定，可以上诉。

《中华人民共和国草原法》（2003 年修订）

第十一条　依法确定给全民所有制单位、集体经济组织等使用的国家所有的草原，由县级以上人民政府登记，核发使用权证，确认草原使用权。

未确定使用权的国家所有的草原，由县级以上人民政府登记造册，并负责保护管理。

集体所有的草原，由县级人民政府登记，核发所有权证，确认草原所有权。

依法改变草原权属的，应当办理草原权属变更登记手续。

第十五条　草原承包经营权受法律保护，可以按照自愿、有偿的原则依法转让。草原承包经营权转让的受让方必须具有从事畜牧业生产的能力，并应当履行保护、建设和按照承包合同约定的用途合理利用草原的义务。

草原承包经营权转让应当经发包方同意。

承包方与受让方在转让合同中约定的转让期限，不得超过原承包合同剩余的期限。

第十六条　草原所有权、使用权的争议，由当事人协商解决；协商不成的，由有关人民政府处理。单位之间的争议，由县级以上人民政府处理；个人之间、个人与单位之间的争议，由乡（镇）人民政府或者县级以上人民政府处理。

当事人对有关人民政府的处理决定不服的，可以依法向人民法院起诉。

在草原权属争议解决前，任何一方不得改变草原利用现状，不得破坏草原和草原上的设施。

四、案例评析

本案属于行政诉讼案例，行政诉讼是个人、法人或其他组织认为国家机关做出的行政行为侵犯其合法权益而向法院提起的诉讼。行政诉讼的原告只能是行政相对人，即认为行政机关的具体行政行为侵犯了自己合法权益的公民、法人和其他组织。而行政诉讼的被告只能是做出具体行政行为的行政机关或法律、法规授权的组织。行政诉讼不同于民事、刑事诉讼，有其独特之处。行政诉讼的客体限于具体行政行为，不包括抽象行政行为。法院审查具体行政行为只审查合法性，一般不审查其合理性。

我国最新修订的《行政诉讼法》规定了新的受案范围，人民法院受理公民、法人或者其他组织提起的下列诉讼：对行政拘留、暂扣或者吊销许可证和执照、责令停产停业、没收违法所得、没收非法财物、罚款、警告等行政处罚不服的；对限制人身自由或者对财产的查封、扣押、冻结等行政强制措施和行政强制执行不服的；申请行政许可，行政机关拒绝或者在法定期限内不予答复，或者对行政机关做出的有关行政许可的其他决定不服的；对行政机关做出的关于确认土地、矿藏、水流、森林、山岭、草原、荒地、滩涂、海域等自然资源的所有权或者使用权的决定不服的；对征收、征用决定及其补偿决定不服的；申请行政机关履行保护人身权、财产权等合法权益的法定职责，行政机关拒绝履行或者不予答复的；认为行政机关侵犯其经营自主权或者农村土地承包经营权、农村土地经营权的；认为行政机关滥用行政权力排除或者限制竞争的；认为行政机关违法集资、摊派费用或者违法要求履行其他义务的；认为行政机关没有依法支付抚恤金、最低生活保障待遇或者社会保险待遇的；认为行政机关不依法履行、未按照约定履行或者违法变更、解除政府特许经营协议、土地房屋征收补偿协议等协议的；认为行政机关侵犯其他人身权、财产权等合法权益的。

本案涉及有关草原经营权流转中行政确认与撤销问题，焦点问题是达茂旗政府做出同意对白斯格楞草场承包经营权证予以撤销的批复，而白斯格楞认为，2001年经所在嘎查同意双方签字认可办理了争议草场的过户手续，没有双方协议和没有备案旗草原监理局的情况在达茂旗是很普遍的，其认为转让手续在程序上的瑕疵不能影响案件的基本事实认定，所以政府不应撤销草场承包经营权证。

白斯格楞不服达茂旗政府做出同意对白斯格楞面积为7980亩（532公顷）草场承包经营权证予以撤销的批复与《关于撤销明安镇巴音塔拉嘎查牧民白斯格楞草场承包经营权证的公告》，本案属于上述所讲"认为行政机关侵犯其经营自主权或者农村土地承包经营权、农村土地经营权的"的情形，白斯格楞认为行政机关侵犯其经营自主权或者农村土地承包经营权、农村土地经营权，向法院提起诉讼，符合受案范围。

另外具体行政行为的合法性必须具备一定条件，也称作具体行政行为的合法要件，主要有以下几个：行为主体合法，只有行为主体合法的具体行政行为才是合法的具体行政行为。这就要求行为主体应具备行政主体资格，这里的资格是指能够以自己名义来实施具体行政行为并且能够独立承担相应的法律效果。还要求合议制行政主体应以会议的形式来做出具体行政行为以及实施行为的公职人员应具有合法身份。行为权限合法，只有权限合法的具体行政行为才是合法的具体行政行为。这要求具体行政行为必须是在行政主体法定权限内所做的行为，并且具体行政行为的实施没有滥用职权；行为内容合法，具体行政行为要有事实根据，意思表示真实，适用法律正确；行为程序合法，具体行政行为既要符合行政程序的基本原则，又要符合行政程序的制度（如听证制度）；行为形式合法，要求要式具体行政行为必须具备法律所要求的形式。总之，只有同时具备上述要件的具体行政行为才是合法的具体行政行为。

而本案中达茂旗政府的达政发〔2012〕9 号及达政发〔2012〕14 号文件，是根据达茂旗草原监督管理局达草监字〔2012〕5 号《关于撤销明安镇巴音塔拉嘎查牧民白斯格楞草场承包经营权证的请示》做出的，但该文件的证据材料之一明安镇人民政府明政发〔2008〕78 号文件已被明安镇人民政府于 2009 年 4 月 25 日以明政发〔2009〕54 号文件予以撤销。达茂旗政府在该文件已被撤销的情况下根据该文件做出达政发〔2012〕9 号及达政发〔2012〕14 号文件，属行政行为做出时证据不足，且该行政行为在做出时没有告知相对人诉讼权利，属行政行为做出时违反法定程序，该具体行政行为不合法。

总之，政府颁发草原承包经营权证的行为是一种具体行政行为。具体行政行为的法律性质决定了它是可以撤销的行为，所以达茂旗政府对白斯格楞面积为 7980 亩草场承包经营权证是可以撤销的。另外颁发草原承包经营权证的行为是独立于草原承包合同的行为。虽然草原承包经营权来源于承包合同，但它又是独立的行政行为，行政机关在颁发草原承包经营权证时要履行法定的程序，要审查申请人的条件，要适用一定的法律依据。再者，撤销草原承包经营权证的行为是政府自我纠错行为，行政机关认为已经做出的具体行政行为错误，可以进行纠正，这是行政机关的法定权力。

五、拓展思考

起初草原的流转是一种自发的、个别的，且流转方式只限于转包一种形式的牧户之间的自由行为。1999 年自治区政府以主席令的形式出台了《内蒙古自治区草牧场承包经营权流转办法》。但由于广大牧民对草原的价值认识不足，自我保护的认识不够，在实际流转过程中，大多数是未经发包方同意自行流转形式，流转双方往往因图省事而不履行必需的手续，并没有通过流转合同或者契约来规范流转双方的权利义务关系，没有想过对以后带来的风险，通常采取口头协议的方式进行私下流转，造成草原承包关系的混乱，导致相关纠纷越来越多。针对以上草原经营权流转不规范的问题，草原管理部门和草原监理机构要切实负责草原承包经营权流转及合同管理的指导，落实草原承包经营权流转备案和报告管理制度，对草原承包经营权流转情况进行监督检查，调解当事人之间发生的纠纷，纠正违反法律、法规、规章的流转行为，保证草原承包经营权正常流转。

唐先林非法猎捕、杀害珍贵、濒危野生动物和非法收购、出售珍贵、濒危野生动物制品案

一、核心知识点

野生动植物资源保护

野生动植物是野生动物和野生植物的合称。野生动物是指自然状态下生长且未被人工驯化的动物，我国《野生动物保护法》所保护的野生动物是指珍贵、濒危的陆生、水生野生动物和有益或者有重要经济、科学研究价值的陆生野生动物。野生植物是指在自然状态下生长的且未经人工栽培的植物，我国《野生植物保护法》所保护的野生植物是指原生地天然生长的珍贵植物和原生地生长的并具有重要经济、科学研究、文化价值的濒危、稀有植物。

野生动植物不仅是重要的自然资源，也是重要的环境要素，是自然生态系统中能量转化、物质循环和信息传递的不可或缺的环节，同时也与人类的生存息息相关。但是随着地球人口不断增加，城市化、工业化不断发展，人类对野生动植物的开发强度日益增大，加之对野生动植物的大肆破坏，许多野生动植物数量明显减少，有些物种甚至濒临灭绝。

国家对珍贵、濒危的野生动物实行重点保护，国家重点保护的野生动物分一级保护野生动物和二级保护野生动物。我国法律禁止猎捕、猎杀国家重点保护野生动物，因科学研究、驯养繁殖、展览或其他情况，需要捕捉、捕捞国家一级保护野生动物的，必须向国务院野生动物行政主管部门申请特许猎捕证；猎捕国家二级保护野生动物的，必须向省、自治区、直辖市政府野生动物行政主管部门申请特许捕猎证。

1988 年通过的《中华人民共和国野生动物保护法》是我国第一部野生动物保护的综合性法律，对野生动物的保护和管理做了原则性规定，2004 年和 2009 年我国对该法进行了两次修正。另外，与之相配套的法律法规还有《进出境动植物检疫法》《水生野生动物保护实施条例》《濒危野生动植物进出口管理条例》《国家重点保护野生动物名录》等。

二、案情介绍①

20 世纪八九十年代，猎杀大熊猫及倒卖、走私大熊猫皮的犯罪活动时有发生。1986 年以来，案件数量大幅度上升，情况十分严重。据四川省平武、仪川、北川、松潘、南坪县统计，5 年以来共查获猎杀大熊猫案件 38 起，其中 1986 年以来的就有 22 起，占 57.9%，1983 年以来，共查获倒卖大熊猫皮案件 73 起，其中 1986 年以来的就有 62 起，占 84.9%。由于犯罪分子的破坏，加上 1974 年以来平武、汉川等县上百万亩大熊猫赖以生存的高山箭竹成片大面积开花枯死和 1976 年松潘、平武地区地震滑坡造成竹类损失，致使这些地区大熊猫的生存受到严重影响。近几年来查获倒卖的大熊猫皮鉴定结果显示，属人为杀害的就有 76 只，占同

---

① 案情参见：北大法宝，http://www.pkulaw.cn/case/pfnl_117668828.html?match=Exact。

期大熊猫减少总数的 47.6%。显然，致使大熊猫逐年减少的原因中，"人祸"大于"天灾"。本案就发生在这样的背景之下。

被告人唐先林，1991 年 5 月 4 日因投机倒把（非法收购、出售大熊猫皮）被收容审查，同年 8 月 19 日脱逃；1995 年 7 月 7 日被逮捕。

四川省绵阳市人民检察院指控称，1989 年 3 月至 1995 年 1 月，被告人唐先林单独或伙同他人猎杀大熊猫 3 只，倒卖大熊猫皮 4 张，共得赃款 17500 元，唐从中分得 11500 元。1995 年 7 月 6 日晚 23 时许，唐在倒卖大熊猫皮时，将前去抓捕他的武警平武县中队副队长刘昌建刺成重伤。1991 年 5 月 4 日唐先林因倒卖大熊猫皮被收容审查，1991 年 8 月 19 日他纠集同监舍人犯撬锁，翻墙逃走。被告人唐先林的行为分别构成投机倒把罪、故意伤害罪、脱逃罪，诉请法院依法判处。

被告人唐先林一审辩称，1992 年 7 月自己猎杀大熊猫，属犯罪中止，因熊猫是姜波打死的，皮也是姜拿去卖的；1995 年 7 月 6 日晚唐倒卖大熊猫皮被抓捕时，因对方身着便衣，未表明身份，不属拒捕，情节不严重，因而不适用全国人大《关于严惩严重危害社会治安的犯罪分子的决定》对其处刑。

四川省绵阳市中级人民法院经公开审理查明，1989 年 3 月，被告人唐先林用 2000 元从平武县木座乡新驿村一麻风病人手里购买大熊猫皮一张，交由李国模（已判刑）出售。李伙同黄存隆、邹定跃（均已判刑）等人，于同年 7 月，将此皮运至江油市九岭乡倒卖未果。此后，黄存隆独自将此皮带到绵阳，以 5000 元的价格卖给一个自名李连生的人，唐先林得赃款 2500 元。同年 11 月，被告人唐先林在平武县木皮乡关坝沟牛场附近山梁上，用猎枪打死一只大熊猫，将皮剥下烘干，藏于家中。1990 年 2 月，唐伙同阮祥春（已判刑）、鲍义兴（另案处理），将此皮运至阮家。3 月 17 日，阮以 8000 元的价格将此皮卖给平武县土城乡农民杨兴清（已判刑）。阮给唐先林赃款 7000 元。1992 年 4 月，被告人唐先林伙同姜波、陈正平、程洪恩、吴永福，携带猎枪、猎狗，从平武县木座乡新驿村薅子坪组鱼儿沟进山。途中，唐带的猎狗从丛林中撵出一只大熊猫，唐将其杀死，剥皮烘干后藏匿待售。同年 7 月，唐托程洪恩、姜波帮助倒卖。姜以 5000 元的价格将皮卖给程洪恩。程和吴永福携皮到青川县竹园坝镇，以 1.4 万元（实得 6000 元）的价格卖给刘显宝（另案处理）。9 月初，刘又将此皮运至陕西省西安市，以 1.4 万元（实得 9000 元）的价格卖给该市居民王建设。1993 年 3 月 6 日，王在当地倒卖此皮时被西安市公安局抓获。1995 年 1 月的一天，被告人唐先林只身进入四川省青川县唐家河自然保护区，在唐二草坡内猎杀一只大熊猫，并剥皮烘干藏匿待售。同年 4 月，唐找到胡远年（另案处理），让其帮助寻找买主。7 月 6 日下午，胡到唐家告知已联系到一个绵阳的买主，议价 1.5 万元，约定当晚在铁龙铺大桥交"货"。唐先林便将熊猫皮装入背篼，上面覆盖一层核桃，与胡前往约定的交"货"地点。当晚 23 时许，二人行至平武县木皮乡曾岩窝检查站附近时，化装为"买主"的平武县公安局和武警平武县中队的干警把车停在路中，要唐、胡在此处交"货"。下车前去看"货"的武警中队副队长刘昌建，乘唐不备，将其打倒按住，唐拔出随身携带的藏刀，朝刘的右胸戳刺，车上的干警闻声赶至，将唐擒获。胡则趁乱逃走。刘昌建经医院抢救脱险，法医学鉴定刘所受损伤属重伤。

被告人唐先林因猎杀大熊猫，倒卖大熊猫皮，于 1991 年 5 月 4 日被平武县公安局收容审查。同年 8 月 19 日凌晨 2 时许，唐用钢筋撬坏门锁，与人犯冯映平等 5 人翻墙逃走。

四川省绵阳市中级人民法院认为，被告人唐先林为了牟取暴利，公然违反国家禁令，肆意猎杀濒临灭绝的国家珍稀野生动物大熊猫，倒卖大熊猫皮，其行为已构成投机倒把罪，且情节特别严重，应依法严惩。在公安机关掌握了其倒卖大熊猫皮的罪行、组织力量抓捕时，被告人唐先林拒捕，持械将执行公务的人员刺成重伤，其行为已构成故意伤害罪，且情节恶劣，也应从重处罚。在因猎杀大熊猫、倒卖大熊猫皮被收容审查期间，唐又为首纠集同监舍人犯逃跑，其行为构成脱逃罪。脱逃后，其继续进行猎杀大熊猫、倒卖大熊猫皮的犯罪活动。公诉机关指控罪名成立，应予支持。被告人 1995 年 7 月 6 日晚倒卖大熊猫皮时被当场抓获，卖皮未成，虽属犯罪未遂，但根据其犯罪情节，仍不足以减轻其刑罚。故辩护人以此要求对被告人从轻处罚的意见，难以采纳。辩护人辩称被害人刘昌建未表明身份，不属执行公务，因而不能认定被告人拒捕，不适用全国人大常委会《关于严惩严重危害社会治安的犯罪分子的决定》的辩护意见，忽略了该决定的立法精神。而且，即使抓捕和制止犯罪分子犯罪行为的是一般公民，犯罪人反抗，也属拒捕，损伤抓捕人身体，也属犯罪情节恶劣，因此，该辩护理由不予采纳。

四川省绵阳市中级人民法院依照 1979 年《中华人民共和国刑法》第一百一十八条、第一百三十四条第二款、第一百六十一条、第六十四条、第六十条、第五十三条第一款、全国人大常委会《关于严惩严重破坏经济的罪犯的决定》第一条第一项和《关于严惩严重危害社会治安的犯罪分子的决定》第一条第（二）项之规定，做出如下判决：唐先林犯投机倒把罪，判处死刑，剥夺政治权利终身；犯故意伤害罪，判处无期徒刑，剥夺政治权利终身；犯脱逃罪，判处有期徒刑 4 年。数罪并罚，决定执行死刑，剥夺政治权利终身。

四川省绵阳市中级人民法院宣判后，被告人唐先林不服，向四川省高级人民法院提出上诉，其上诉理由有：原判认定的投机倒把罪事实有误；拒捕不成立；坦白认罪态度较好；并请求二审法院从轻改判。

四川省高级人民法院经审理查明：1989 年 3 月，上诉人唐先林以 2000 元的价格购得大熊猫皮一张，交由李国模出售，李伙同黄存隆、邹定跃等人于同年 7 月将熊猫皮运至江油倒卖未果。此后，黄存隆将此皮带到绵阳以 5000 元价格卖给李某某，上诉人唐先林分得赃款 2500 元。上诉人唐先林还于 1989 年 11 月至 1995 年 1 月期间，单独或伙同他人在平武县木皮乡关坝沟牛场附近山梁上、青川县唐家河自然保护区唐二草坡内等地猎杀大熊猫 3 只，剥皮烘干后，将上述 3 张大熊猫皮分别委托他人以 8000 元、5000 元和 1.5 万元不等的价格进行倒卖。1995 年 7 月 6 日晚 23 时许，上诉人唐先林在倒卖大熊猫皮时，前去执行公务的武警刘昌建对其进行抓捕，上诉人唐先林拔出随身携带的藏刀，朝刘右胸戳刺致刘受伤，后经医院抢救脱险，经法医学鉴定，刘昌建所受损伤为重伤。上诉人唐先林因猎杀大熊猫、倒卖大熊猫皮于 1991 年 5 月 4 日被公安机关收容审查，同年 8 月 19 日，唐先林伙同人犯冯映平等人从看守所翻墙逃跑。1995 年 7 月 6 日在倒卖大熊猫皮时被公安机关抓获归案。

四川省高级人民法院认为，上诉人唐先林为牟取暴利，肆意猎杀大熊猫、倒卖大熊猫皮的行为已分别构成非法猎捕、杀害珍贵、濒危野生动物罪和非法收购、出售珍贵、濒危野生动物制品罪，且情节特别严重，依法应从重处罚。上诉人唐先林持械将执行公务的刘某某刺成重伤的行为已构成故意伤害罪，情节严重，亦应从重惩处。上诉人唐先林在收容审查期间，为首纠集同监人犯逃跑，其行为还构成脱逃罪，应依法处罚，并应数罪并罚。唐先林提出的"原判认定的投机倒把罪（猎杀大熊猫）的事实有误；拒捕不成立，不构成伤害罪"等上诉理由，与查明的事实不符，不能成立。鉴于该案在二审期间，修订后的刑法已正式施行，由于修订后的刑法已对 1979 年刑法关于投机倒把罪的规定进行了分解，不再单设投机倒把罪名，因此，二审对上诉人唐先林非法猎杀大熊猫、倒卖大熊猫皮的行为应依照修订后的刑法定为非法猎捕、杀害珍贵、濒危野生动物罪和非法收购、出售珍贵、濒危野生动物制品罪，而不能以投机倒把罪论处，故对原审判决中对唐先林非法猎杀大熊猫、倒卖大熊猫皮的行为以投机倒把定罪处刑的部分予以变更。此外，按照修订后的刑法规定，原审判决对故意伤害罪的量刑过重，应予以变更。

四川省高级人民法院依照《中华人民共和国刑事诉讼法》第一百八十九条第（一）项、第（二）项和《中华人民共和国刑法》第十二条第一款、第三百四十一条、第二百三十四条第二款、第五十二条、第三百一十六条第一款、第六十九条之规定，做出如下判决：

（1）撤销四川省绵阳市中级人民法院（1997）绵刑一初字第 3 号刑事判决。

（2）上诉人（原审被告人）唐先林犯非法猎捕、杀害珍贵、濒危野生动物罪，判处有期徒刑 15 年；犯非法收购、出售珍贵、濒危野生动物制品罪，判处有期徒刑 5 年；犯故意伤害罪，判处有期徒刑 10 年；犯脱逃罪，判处有期徒刑 4 年。数罪并罚，决定执行有期徒刑 20 年，并处罚金 3 000 元。

三、适用法条

《中华人民共和国刑法》（1997 年修订）

第十二条　中华人民共和国成立以后本法施行以前的行为，如果当时的法律不认为是犯罪的，适用当时的法律；如果当时的法律认为是犯罪的，依照本法总则第四章第八节的规定应当追诉的，按照当时的法律追究刑事责任，但是如果本法不认为是犯罪或者处刑较轻的，适用本法。

第六十九条　判决宣告以前一人犯数罪的，除判处死刑和无期徒刑的以外，应当在总和刑期以下、数刑中最高刑期以上，酌情决定执行的刑期，但是管制最高不能超过三年，拘役最高不能超过一年，有期徒刑最高不能超过二十年。

如果数罪中有判处附加刑的，附加刑仍须执行。

第二百三十四条　故意伤害他人身体的，处三年以下有期徒刑、拘役或者管制。

犯前款罪，致人重伤的，处三年以上十年以下有期徒刑；致人死亡或者以特别残忍手段致人重伤造成严重残疾的，处十年以上有期徒刑、无期徒刑或者死刑。本法另有规定的，依照规定。

第三百四十一条　非法猎捕、杀害国家重点保护的珍贵、濒危野生动物的，或者非法收购、运输、出售国家重点保护的珍贵、濒危野生动物及其制品的，处五年以下有期徒刑或者拘役，并处罚金；情节严重的，处五年以上十年以下有期徒刑，并处罚金；情节特别严重的，处十年以上有期徒刑，并处罚金或者没收财产。

违反狩猎法规，在禁猎区、禁猎期或者使用禁用的工具、方法进行狩猎，破坏野生动物资源，情节严重的，处三年以下有期徒刑、拘役、管制或者罚金。

第三百一十六条　依法被关押的罪犯、被告人、犯罪嫌疑人脱逃的，处五年以下有期徒刑或者拘役。

劫夺押解途中的罪犯、被告人、犯罪嫌疑人的，处三年以上七年以下有期徒刑；情节严重的，处七年以上有期徒刑。

《中华人民共和国野生动物保护法》（1988 年颁布）

第八条　国家保护野生动物及其生存环境，禁止任何单位和个人非法猎捕或者破坏。

第九条　国家对珍贵、濒危的野生动物实行重点保护。国家重点保护的野生动物分为一级保护野生动物和二级保护野生动物。国家重点保护的野生动物名录及其调整，由国务院野生动物行政主管部门制定，报国务院批准公布。

地方重点保护野生动物，是指国家重点保护野生动物以外，由省、自治区、直辖市重点保护的野生动物。地方重点保护的野生动物名录，由省、自治区、直辖市政府制定并公布，报国务院备案。

国家保护的有益的或者有重要经济、科学研究价值的陆生野生动物名录及其调整，由国务院野生动物行政主管部门制定并公布。

第十六条　禁止猎捕、杀害国家重点保护野生动物。因科学研究、驯养繁殖、展览或者其他特殊情况，需要捕捉、捕捞国家一级保护野生动物的，必须向国务院野生动物行政主管部门申请特许猎捕证；猎捕国家二级保护野生动物的，必须向省、自治区、直辖市政府野生动物行政主管部门申请特许猎捕证。

第十八条　猎捕非国家重点保护野生动物的，必须取得狩猎证，并且服从猎捕量限额管理。

持枪猎捕的，必须取得县、市公安机关核发的持枪证。

第十九条　猎捕者应当按照特许猎捕证、狩猎证规定的种类、数量、地点和期限进行猎捕。

第二十二条　禁止出售、收购国家重点保护野生动物或者其产品。因科学研究、驯养繁殖、展览等特殊情况，需要出售、收购、利用国家一级保护野生动物或者其产品的，必须经国务院野生动物行政主管部门或者其授权的单位批准；需要出售、收购、利用国家二级保护野生动物或者其产品的，必须经省、自治区、直辖市政府野生动物行政主管部门或者其授权的单位批准。

第三十一条　非法捕杀国家重点保护野生动物的，依照关于惩治捕杀国家重点保护的珍贵、濒危野生动物犯罪的补充规定追究刑事责任。

四、案例评析

非法猎捕、杀害珍贵、濒危野生动物罪，是指违反野生动物保护法规，猎捕、杀害国家重点保护的珍贵、濒危野生动物的行为。

在客体要件方面，本罪侵犯的客体是国家对重点保护的珍贵、濒危野生动物的管理制度。珍贵、濒危野生动物是国家的一项宝贵自然资源，不仅具有重要的经济价值，而且具有重要的文化价值、社会价值甚至政治价值，因此，国家通过制定一系列保护野生动物的法律法规，对珍贵、濒危野生动物予以重点保护，如《野生动物保护法》《陆生野生动物保护实施条例》《水生野生动物保护实施条例》。非法捕杀珍贵、濒危野生动物，致使国家重点保护的珍贵、濒危野生动物濒临灭绝的危险，严重侵犯了国家对野生动物资源的保护和管理制度，应当依法予以惩处。本罪的犯罪对象是国家重点保护的珍贵、濒危野生动物。1988 年 11 月 8 日全国人大常委会通过的《中华人民共和国野生动物保护法》第 9 条规定："国家对珍贵、濒危野生动物实行重点保护。国家重点保护的野生动物分为一级保护野生动物和二级保护野生动物。"1988 年 12 月 10 日国务院批准并由林业部和农业部联合发布的《国家重点保护野生动物名录》中，共计 258 种国家重点保护野生动物，其中包括大熊猫、虎、豹、棕熊、穿山甲等。

在客观要件方面，本罪在客观方面表现为非法猎捕、杀害国家重点保护的珍贵、濒危野生动物的行为。非法捕杀珍贵、濒危野生动物的行为方式多种多样，但可以归纳为 3 类：猎取珍贵、濒危的陆生野生动物，捕捞珍贵、濒危的水生野生动物，杀害珍贵、濒危的陆生或水生野生动物。至于其捕杀行为是在何时、何地，用何种工具，采用何种方法都不影响本罪的成立。实践中具有非法猎捕和杀害两种方式之一的，即可构成本罪，同时具备两种方式的，也只构成一罪，不能按数罪并罚。本罪属于行为犯，只要行为人实施了非法捕杀珍贵、濒危野生动物的行为，就构成犯罪。不以其是否具备"情节严重"作为划分罪与非罪的界限。非法捕杀珍贵、濒危野生动物罪的既遂，以符合本罪的构成要件为标准。只要完成猎取、捕捞、杀害行为之一的，构成既遂。是否杀害珍贵、濒危野生动物并非本罪既遂的唯一标志。对于只是伤害、虐待或者不加节制地喂食珍贵、濒危野生动物，不具有非法猎捕、杀害的故意行为，一般应以故意毁坏财物罪定罪处罚。通说认为，这些野生动物同动物园里的机械设备或者动物房舍一样，都属于财物。

在主体要件方面，本罪的主体为一般主体，即凡是达到刑事责任年龄具有刑事责任能力的人，均可构成本罪。单位也可成为本罪主体。

在主观要件方面，本罪在主观方面表现为故意，过失不构成本罪。行为人可能是为了出卖牟利、自食自用、馈赠亲友或者出于取乐的目的，都可以构成本罪。

在处罚方面，非法猎捕、杀害国家重点保护的珍贵、濒危野生动物的，处 5 年以下有期徒刑或者拘役，并处罚金；情节严重的，处 5 年以上 10 年以下有期徒刑，并处罚金；情节特别严重的，处 10 年以上有期徒刑，并处罚金或者没收财产。根据有关司法解释，这里的情节严重是指：（1）达到其附表所列相应数量标准的；非法猎捕、杀害不同种类的珍贵、濒危野生动物，其中两种以上分别达到附表所列情节严重数量标准一半以上的。（2）具有下列情形之一的，可以认定为情节严重：犯罪集团的首要分子；严重影响对野生动物的科研、养殖等工作顺利进行的；以武装掩护方法实施犯罪的；使用特种车、军用车等交通工具实施犯罪的；造成其他严重损失的。这里的情节特别严重是指：（1）达到其附表所列相应数量标准的；非法猎捕、杀害不同种类的珍贵、濒危野生动物，其中两种以上分别达到附表所列情节特别严重数量标准一半以上的。（2）非法猎捕、杀害珍贵、野生动物情节严重，并且具有下列情形之一的，可以认定为情节特别严重：犯罪集团的首要分子；严重影响对野生动物的科研、养殖等工作顺利进行的；以武装掩护方法实施犯罪的；使用特种车、军用车等交通工具实施犯罪的；造成其他严重损失的。

本案的争议焦点有两个：第一个争议焦点是唐先林在 1992 年 7 月自己猎杀大熊猫，称熊猫是姜波打死的，皮也是姜拿去卖的，与自己无关；另外在 1995 年 7 月 6 日晚唐倒卖大熊猫皮被抓捕时，因警察身着便衣，未表明身份，将其打伤不属拒捕。而检察院认为唐先林为了牟取暴利，肆意猎杀国家珍稀野生动物大熊猫，倒卖大熊猫皮，其行为已构成投机倒把罪。并且在公安机关掌握了其倒卖大熊猫皮的罪行、组织力量抓捕时，唐先林拒捕，持械将执行公务的人员刺成重伤，其行为已构成故意伤害罪，应从重处罚。第二争议焦点是因新《刑法》已经生效，取消了投机倒把罪，而检方仍以投机倒把罪起诉，双方在此有争议。

　　本案中唐先林以 2000 元的价格购得大熊猫皮一张，又卖给李国模，随后唐先林又单独或伙同他人在平武县木皮乡关坝沟牛场附近山梁上、青川县唐家河自然保护区唐二草坡内等地猎杀大熊猫 3 只，剥皮烘干后，将上述 3 张大熊猫皮分别委托他人以 8000 元、5000 元和 1.5 万元不等的价格进行倒卖。很明显，唐先林的行为已经属于非法猎捕、杀害国家重点保护的珍贵、濒危野生动物的行为，且以营利为目的，构成非法猎捕、杀害珍贵、濒危野生动物罪，唐猎杀 3 只大熊猫已经符合法律规定的"情节特别严重"的情形。另外，唐先林为了抗拒抓捕，用随身携带的藏刀将执行公务的武警刘昌建右胸戳刺成重伤，构成了故意伤害罪。最后，唐先林被平武县公安局收容审查后，用钢筋撬坏门锁，与人犯冯映平等 5 人翻墙逃走，构成脱逃罪。

　　本案二审对一审的改判主要表现在法律的适用上，其实质则是刑法的溯及力问题。20 世纪 80 年代后期，一些犯罪分子为牟取暴利，勾结境外犯罪分子，采取各种非法手段猎杀大熊猫、倒卖大熊猫皮，危害十分严重。保护大熊猫这一我国特有的珍贵、濒危野生动物，严惩这类犯罪分子已刻不容缓。1987 年 7 月 14 日，最高人民法院发出了《要求依法严惩猎杀大熊猫、倒卖、走私大熊猫皮的犯罪分子的通知》，通知中规定：对猎杀大熊猫并出卖大熊猫皮的犯罪分子，应依照《中华人民共和国刑法》第一百一十七条、第一百一十八条和全国人大常委会《关于严惩严重破坏经济的罪犯的决定》第一条第（一）项的规定以投机倒把罪从重处罚，并规定倒卖、走私一张大熊猫皮，即应视为情节特别严重，依照全国人大常委会《关于严惩严重破坏经济的罪犯的决定》第一条第（一）项规定判处 10 年以上有期徒刑、无期徒刑或者死刑，可以并处没收财产。1988 年 11 月 8 日公布的全国人大常委会《关于惩治捕杀国家重点保护的珍贵、濒危野生动物犯罪的补充规定》对刑法做了补充：非法捕杀国家重点保护的珍贵、濒危野生动物的，处 7 年以下有期徒刑或者拘役，可以并处或单处罚金，非法出售倒卖、走私的，按投机倒把罪、走私罪处刑。鉴于唐先林非法猎杀大熊猫 3 只并倒卖大熊猫皮 4 张的犯罪行为发生在补充规定施行以后、刑法修订之前，因此一审判决以投机倒把罪判处其死刑并无不当。

　　但是，本案二审期间，《中华人民共和国刑法》修订，并于 1997 年 10 月 1 日正式施行。修订后的刑法取消了投机倒把罪名，对原投机倒把犯罪所包含的各种犯罪行为进行了分解，将《关于惩治捕杀国家重点保护的珍贵、濒危野生动物犯罪的补充规定》的内容纳入修订后的刑法，在第三百四十一条第一款规定了非法猎捕、杀害珍贵、濒危野生动物罪和非法收购、出售珍贵、濒危野生动物制品罪的罪状及法定刑。根据修订后的《中华人民共和国刑法》第三百四十一条之规定，唐先林的行为分别构成非法猎捕、杀害珍贵、濒危野生动物罪和非法收购、出售珍贵、濒危野生动物制品罪。那么，二审应如何适用法律？这时需要解决的是刑法的溯及力问题。修订后的《中华人民共和国刑法》第十二条规定：中华人民共和国成立以后本法施行以前的行为，如果当时的法律不认为是犯罪的，适用当时的法律；如果当时的法律认为是犯罪的，依照本法总则第四章第八节的规定应当追诉的，按照当时的法律追究刑事责任，但是如果本法不认为是犯罪或者处刑较轻的，适用本法。也就是说，当修订后的刑法"处刑较轻"时，对发生在修订后刑法施行以前的行为也应适用该法，即修订后的刑法具有溯及力。经过比较，修订前刑法规定的投机倒把罪的法定最高刑是死刑，而修订后刑法规定的非法猎捕、杀害珍贵、濒危野生动物罪和非法收购、出售珍贵、濒危野生动物制品罪的法定最高刑为有期徒刑 15 年。相比之下，显然后罪比前罪处刑要轻一些。按照修订后《中华人民共和国刑法》第十二条所确立的从旧兼从轻原则，二审适用修订后的刑法，并根据第三百四十一条之规定对唐先林猎杀大熊猫、倒卖大熊猫皮的行为定罪处刑，无疑是正确的。同样，对于唐先林用藏刀刺伤前去抓捕其归案的武警刘昌建的行为也应适用修订后的刑法，根据第二百三十四条的规定，故意伤害他人身体致人重伤的，以故意伤害罪处 3 年以上 10 年以下有期徒刑。因此，二审对一审判决的这一部分在量刑上做相应变更是恰当的。

五、拓展思考

近年来由于我国对大熊猫的保护力度大大提高，枪杀、捕猎大熊猫，贩卖熊猫皮的刑事案件有所减少，但一些其他的珍稀濒危动物却遭到劫难，近来案发所涉及的动物主要有熊、斑羚、林麝、梅花鹿等国家珍稀保护动物，案件多发地主要有四川、青海、云南等地，我们不希望只保护国宝熊猫，而置其他珍稀动物于不顾，当地政府是否认真落实《野生动物保护法》是个值得深思的问题。

目前我国野生动物保护存在多头管理的弊端，多头管理会使管理责任松弛，难以实现保护野生动物的目标。我国林业、渔业行政主管部门分别主管陆生、水生、野生动物管理工作，省级林业部门主管本行政区内的陆生野生动物管理，并对下级行政主管部门进行监督管理，县级以上渔业部门则逐级按行政区域管理。我国野生动物的保护政出多门，造成职能不清，各部门相互推诿、相互争夺职权，各自为政。我国野生动物管理设置是按主管部门及行政区划为标准，考虑的是部门利益，没有考虑野生动物保护的整体利益。建议设立专门管理机构，取消陆生、水生野生动物的划分，在自然保护区及野生动物栖息地设立野生动物管理机构，不受行政区划的限制，直接受国务院专门管理机构领导。原林业、渔业部门中央负责野生动物保护的机构取消，并入专门管理机构。

陈礼灼诉徐闻县海洋与渔业局许可纠纷案

一、核心知识点

渔业资源保护

渔业资源是指天然水域中具有开发利用价值的鱼、甲壳类、贝、藻和海兽类等经济动植物的总体。按水域分内陆水域渔业资源和海洋渔业资源两大类。海洋渔业即海洋水产业，包括海洋捕捞业和海水增养殖业与水产品加工业及渔业休闲服务业。我国是世界上最大的渔业生产国，但目前国内海洋渔业经济发展还面临很多问题。海洋渔业资源的过度开采，主要经济鱼类不能形成鱼汛，严重影响了渔民的出海作业天数和收入。海洋生物资源的过度开发使得渔业资源的增殖与恢复能力下降，重要渔区的渔获物种类日趋单一。

为了解决以上问题使我国渔业持续健康发展，我国《渔业法》规定了几项保护与恢复渔业的制度，如捕捞限额制度、捕捞许可证制度、海洋伏季休渔制度和水产种质资源保护制度等。我国《渔业法》第二十三条规定，国家对捕捞业实行捕捞许可证制度。渔业捕捞许可是指渔业行政机关依据行政相对人的申请，准许其从事渔业捕捞活动的具体行政行为。渔业捕捞许可有其自身的特征：被动性，只有当行政相对人提出申请后，渔业行政机关才会对符合条件的申请人颁发捕捞许可证；授益性，渔业捕捞行政许可引发的法律后果是渔政机关准予行政相对人从事渔业捕捞活动，渔政机关的许可行为使得行政相对人获得捕捞渔业资源的权利；要式性，渔业捕捞行政许可是一种要式行政行为，要式行政行为是指行政行为的做出必须遵循法定的程序并具备一定的书面形式。

1979 年国务院颁布了《水产资源繁殖保护条例》，第一次以行政法规的形式创设了渔业许可制度，同年还出台了《渔业许可证若干问题暂行规定》，对渔业许可证的内容、审批程序做了规定。除了《渔业法》规定的渔业资源捕捞许可制度之外，我国《渔业法实施细则》也对捕捞许可证的申领程序及不得发放许可证的情形进行了规定。《渔业捕捞许可管理规定》也对捕捞许可证的主管机关和许可证种类进行了规定。

二、案情介绍[①]

原告陈礼灼系"粤徐闻 64003"捕捞渔船的所有人。2003 年 4 月 23 日，原告为该捕捞渔船办理了船舶登记，取得了渔业船舶登记证书、渔业船舶所有权证书和渔业捕捞许可证。该捕捞渔船登记后，原告每年按规定缴交渔港费、渔业资源增殖保护费和一切杂费。自 2008 年 5 月开始，原告每年要求被告给予换发内陆渔业捕捞许可证等船舶证件，但被告一直不给予办理，被告的该行为明显属于行政不作为行为。原告请求法院判决：（1）确认被告不给原告办理捕捞渔船的船舶证件的行为违法；（2）判令被告给原告办理捕捞渔船的渔业船舶登记

---

① 案情参见：北大法宝，http://www.pkulaw.cn/fulltext_form.aspx?Db=pfnl&EncodingName=frame_top/ top_page.aspx&Gid= 120225966&Search_Mode&keyword。

证书、渔业船舶所有权证书及渔业捕捞许可证等船舶证书；（3）判令被告承担本案诉讼费用。

在法庭辩论终结前，原告明确将诉讼请求变更为：请求法院依法确认被告不给原告办理捕捞渔船的内陆渔业捕捞许可证的行为是不作为行为及违法行为，并请求判令被告给予原告办理捕捞渔船的内陆渔业捕捞许可证。本案诉讼费用由被告承担。

被告徐闻县海洋与渔业局认为：（1）原告的渔船属于"三无"渔船（无有效的渔业捕捞许可证书、渔业船舶登记证书和渔业船舶检验证书）。根据2001年农业部《关于清理整顿三无和三证不齐渔船的通知》和《关于清理整顿海洋三无和三证不齐渔船的通告》，对2000年全国海洋渔船普查登记在册的从事海洋捕捞作业的"三无"和"三证不齐"渔船，属专业渔民个人所有的"三无"渔船，经检验合格后，由主管机关核发《渔业船舶登记证书》和《渔业捕捞许可证（临时）》，但不贴附功率凭证，限制作业海域、作业方式、渔船不得抵押和出售，不得更新。2000年开展渔业船舶普查时，原告没有为其船舶申报，故无法给原告的渔业船舶办理登记。（2）凡是2000年全国海洋渔船普查未登记在册，以及虽登记在册，但经检验不合格的"三无"和"三证不齐"渔船，应立即淘汰，一律不得再从事海洋捕捞作业。但经过2001年给"三无"和"三证不齐"渔船补办船舶登记后，徐闻县仍然有相当数量的"三无"渔船。针对存在大量"三无"渔船的现实，广东省渔政总队徐闻大队请示湛江市渔政支队同意，对愿意缴交捕捞渔船的渔港费、渔业资源增殖保护费的"三无"渔船，给予颁发渔业船舶登记的相关临时证书，纳入县内管理。广东省渔政总队徐闻大队于2003年给原告的渔船命名"粤徐闻64003"并颁发相关证书，就是这个时期的产物。此类渔业船舶临时证书，只在徐闻县内有效，未入农业部渔船数据库。由于未入农业部渔船数据库，后来自然也无法再办理捕捞渔船的登记。（3）农业部2002年8月发布的《渔业捕捞许可管理规定》，国家对捕捞业实行船网工具控制指标管理，实行捕捞许可证制度和捕捞限额制度，海洋捕捞渔船的船网工具指标由农业部和省级人民政府渔业行政主管部门两级管理。捕捞渔船登记发证的前提是要取得省级以上人民政府渔业行政主管部门签发的渔业船网工具指标批准书。2003年农业部、农业部渔业局联合颁发《关于2003－2010年海洋捕捞渔船控制制度实施意见》（农渔函〔2003〕63号），对海洋捕捞渔船船数和功率实行总量控制（双控）制度，实行"负增长"政策，不得再新增渔船。不给原告颁发渔业捕捞许可证，不是被告行政不作为，而是法律不允许。

广州海事法院审理查明以下事实：

（一）关于"粤徐闻64003"权属及持有相关证书的情况

"粤徐闻64003"属于木质渔船，登记的船舶所有人为原告。原告所属"粤徐闻64003"取得相关渔船证书的情况如下：徐闻渔港监督于2003年4月23日签发小型渔船登记证书，该证书有效期至2008年4月23日止。徐闻渔港监督于2003年4月23日签发小型渔船检验证书（临时），该证书记载渔船最后一次检验是2005年。徐闻渔港监督于2003年4月23日签发的渔船船舶所有权证书（临时）记载，该证书的有效期限自2003年4月23日至2006年4月23日。被告确认上述证书的真实性。原告主张，在临时渔业捕捞许可证于2006年有效期届满时，原告就一直向被告提出换发申请，但被告以没有指标为由不予办理。被告代理人在庭审时予以确认。

（二）关于全国海洋渔船普查登记的相关规定

2000 年 3 月 29 日，农业部发出《关于开展首次全国海洋渔业船舶普查的通告》，通告的内容如下：（1）全国海洋渔业船舶普查的对象具体指捕捞船、养殖船、水产运销船、冷藏加工船、油船等。（2）本次渔业船舶普查登记的内容为：船名号、船籍港、船舶种类、作业方式等其他项目。（3）普查登记时间为 2000 年 6 月 1 日至 8 月 31 日。渔业船舶所有人须从 6 月 1 日起至 8 月 10 日前，到县（市、区，下同）、乡（镇、街道办事处，下同）渔业船舶普查工作组所设的普查登记站办理普查登记。（4）"三无"和"三证"不齐的渔船，其所有人须持本人身份证、船舶产权证明和船舶其他资料，到所有人户籍所在县、乡普查登记站办理普查登记。

2001 年 1 月 21 日，农业部发出《关于清理整顿海洋三无和三证不齐渔船的通告》，主要内容是：（1）本次清理整顿的对象是海洋"三无"（没有有效的渔业捕捞许可证书、渔业船舶登记证书和渔业船舶检验证书）和"三证不齐"（只持有上述三种证书中一种或两种）渔船，以及持有《渔业捕捞许可证》但未贴附或未贴足功率凭证的渔船、所持证书载明的主机功率与渔船实际主机功率不符的渔船。（2）凡 2000 年全国海洋渔船普查登记在册的上述清理整顿对象，经检验合格后纳入管理，按不同情况分别处理。属于专业渔民个人所有的"三无"渔船，必须申请检验，经检验合格后，由主管机关核发《渔业船舶登记证书》和《渔业捕捞许可证（临时）》，但不贴附功率凭证，限制作业海域、作业方式，渔船不得抵押和出售，不得更新。（3）清理整顿时间为自本通告下发之日起至 2001 年 11 月 30 日。凡属纳入管理的"三无"和"三证不齐"渔船及其他更改主机功率的渔船，需按当地渔业行政主管部门规定的时间主动到渔船检验机构申请检验，并办理其他相关手续。（4）纳入管理的"三无"和"三证不齐"渔船在办理《渔业船舶登记证书》《渔业捕捞许可证（临时）》《渔业捕捞许可证》时，或已有《渔业捕捞许可证》更改主机功率时，渔船所有人应补交自渔船建造之日或渔船主机更新之日起至办证之日止漏交的"渔业资源增殖保护费"和船舶港务费，并按规定缴纳滞纳金。（5）凡 2000 年全国海洋渔船普查未登记在册，以及虽登记在册，但经检验不合格的"三无"和"三证不齐"渔船，自本通告下发之日起，应立即淘汰，一律不得再从事海洋捕捞作业。

同日，农业部发出《关于清理整顿三无和三证不齐渔船的通知》，强调《渔业捕捞许可证（临时）》是纳入管理的"三无"渔船从事海洋捕捞生产的临时许可证书，由发证机关按规定在本机关权限范围内签发。对持有《渔业捕捞许可证（临时）》渔船的管理，实行年检年审制度，渔船必须经渔业船舶检验机构进行年检，年检合格后，进行《渔业捕捞许可证（临时）》的年审，年检不合格或年审脱审的渔船，一律吊销《渔业捕捞许可证（临时）》，不得再从事海洋捕捞生产。

农业部办公厅《关于加快推进新版渔业捕捞许可证换发工作有关问题的通知》中提到，关于对临时渔业捕捞许可证渔船管理与换证的问题，各地要加大对临时证渔船的管理力度，本次换证仍换发临时证，并严格核准作业类型、场所和时限，持临时证渔船不得从事拖网作业，其作业场所仅限定在发证主管机关管辖海域。

（三）原告交纳相关费用及年审的情况

原告缴交了 2003 年 1 月 31 日至 2005 年 12 月 31 日的渔港费和渔业资源增殖保护费，"粤徐闻 64003" 捕捞渔船在 2003 年至 2005 年已进行了年度审核登记。

　　广州海事法院认为：本案属换发渔业捕捞许可证纠纷。《渔业捕捞许可管理规定》（2007修订）第十七条规定，渔业捕捞许可证分为七类，包括内陆渔业捕捞许可证和临时渔业捕捞许可证等，内陆渔业捕捞许可证适用于许可在内陆水域的捕捞作业，临时渔业捕捞许可证适用于许可临时从事捕捞作业和非专业渔船从事捕捞作业。第三十二条规定，海洋渔业捕捞许可证和内陆渔业捕捞许可证的使用期限为 5 年。其他种类渔业捕捞许可证的使用期限根据实际需要确定，但最高不超过 3 年。从上述规定可以看出，内陆渔业捕捞许可证和临时渔业捕捞许可证属于两类不同的渔业捕捞许可证，在许可范围和使用期限等方面均不同。在 2000年全国渔船普查登记时，原告渔船属于"三无"渔船，2003 年取得临时渔业捕捞许可证。根据我国农业部《关于清理整顿三无和三证不齐渔船的通知》和农业部办公厅《关于加快推进新版渔业捕捞许可证换发工作有关问题的通知》，临时渔业捕捞许可证是纳入管理的"三无"渔船从事海洋捕捞生产的临时许可证书，由发证机关按规定在本机关权限范围内签发。各地要加大对临时证渔船的管理力度，本次换证仍换发临时证。《广东省渔业捕捞许可证管理办法》第五条第二款第（三）项的规定，临时捕捞许可证是允许未经批准增加而应压缩淘汰的捕捞渔船，是在其过渡阶段从事捕捞生产的证件。按照总量控制的原则，1999 年、2000 年农业部分别实施了海洋捕捞"零增长"和"负增长"政策，进一步加大了对海洋捕捞强度的控制力度。实施方式是重点压减持临时渔业捕捞许可证渔船，以及从事拖网、帆张网、定置张网作业的渔船。因此，根据当时和现有的国家政策规定，原告作为临时渔业捕捞许可证的持有人，在原有的临时渔业捕捞许可证有效期届满时，也只能再次申请换发临时渔业捕捞许可证，原告诉请要求被告将临时渔业捕捞许可证换发为内陆渔业捕捞许可证，缺乏法律和行政法规依据，应予驳回。

　　此外，《渔业捕捞许可管理规定》（2007 修订）第三十三条第一款规定，使用期一年以上的渔业捕捞许可证实行年度审验制度，每年审验一次。第三十四条规定，同时符合下列条件的，为年审合格，由审验人签字，注明日期，加盖公章：具有有效的《渔业船舶检验证书》和《渔业船舶登记（国籍）证书》，持证人和渔船主尺度、主机功率、吨位未发生变更。原告目前持有的《渔业船舶检验证书》的有效期至 2005 年 12 月 31 日，原告没有持有有效的《渔业船舶检验证书》，根据上述规定，原告申请换发渔业捕捞许可证，不符合规定。

　　本案查明的事实表明，被告在进行渔船普查时，存在遗漏登记原告渔船资料的事实，存在过错，属于违法行为，但该违法行为与原告申请换发内陆渔业捕捞许可证之间没有法律上的因果关系。综上所述，根据最高人民法院《关于执行中华人民共和国行政诉讼法若干问题的解释》第五十六条第（一）项的规定，驳回原告要求被告换发内陆渔业捕捞许可证的诉讼请求。

三、适用法条

《中华人民共和国渔业法》（2004 年修订）

　　第二十三条　国家对捕捞业实行捕捞许可证制度。

　　到中华人民共和国与有关国家缔结的协定确定的共同管理的渔区或者公海从事捕捞作业的捕捞许可证，由国务院渔业行政主管部门批准发放。海洋大型拖网、围网作业的捕捞许可证，由省、自治区、直辖市人民政府渔业行政主管部门批准发放。其他作业的捕捞许可证，由县级以上地方人民政府渔业行政主管部门批准发放；但是，批准发放海洋作业的捕捞许可证不得超过国家下达的船网工具控制指标，具体办法由省、自治区、直辖市人民政府规定。

捕捞许可证不得买卖、出租和以其他形式转让，不得涂改、伪造、变造。

到他国管辖海域从事捕捞作业的，应当经国务院渔业行政主管部门批准，并遵守中华人民共和国缔结的或者参加的有关条约、协定和有关国家的法律。

《渔业捕捞许可管理规定》（农业部 2013 年修订）

第三条　国家对捕捞业实行船网工具控制指标管理，实行捕捞许可证制度和捕捞限额制度。

第四条　渔业捕捞许可证、船网工具控制指标等证书的审批和签发实行签发人制度。

第五条　农业部主管全国渔业捕捞许可管理工作。

农业部各海区渔政渔港监督管理局分别负责本海区的捕捞许可管理的组织和实施工作。县级以上地方人民政府渔业行政主管部门及其所属的渔政监督管理机构负责本行政区域内的捕捞许可管理的组织和实施工作。

第十六条　在中华人民共和国管辖水域和公海从事渔业捕捞活动，应当经主管机关批准并领取渔业捕捞许可证，根据规定的作业类型、场所、时限、渔具数量和捕捞限额作业。

渔业捕捞许可证必须随船携带（徒手作业的必须随身携带），妥善保管，并接受渔业行政执法人员的检查。

第十七条　渔业捕捞许可证分为下列七类：

（一）海洋渔业捕捞许可证，适用于许可在我国管辖海域的捕捞作业。

（二）公海渔业捕捞许可证，适用于许可我国渔船在公海的捕捞作业。国际或区域渔业管理组织有特别规定的，须同时遵守有关规定。

（三）内陆渔业捕捞许可证，适用于许可在内陆水域的捕捞作业。

（四）专项（特许）渔业捕捞许可证，适用于许可在特定水域、特定时间或对特定品种的捕捞作业，包括在 B 类渔区的捕捞作业，与海洋渔业捕捞许可证或内陆渔业捕捞许可证同时使用。

（五）临时渔业捕捞许可证，适用于许可临时从事捕捞作业和非专业渔船从事捕捞作业。

（六）外国渔船捕捞许可证，适用于许可外国船舶、外国人在我国管辖水域的捕捞作业。

（七）捕捞辅助船许可证，适用于许可为渔业捕捞生产提供服务的渔业捕捞辅助船，从事捕捞辅助活动。

第十八条　县级以上渔业行政主管部门按规定的权限审批发放渔业捕捞许可证，应当明确核定许可的作业类型、场所、时限、渔具数量及规格、捕捞品种等。已实行捕捞限额管理的品种或水域要明确核定捕捞限额的数量。

第三十三条　使用期一年以上的渔业捕捞许可证实行年度审验（以下称年审）制度，每年审验一次。

公海渔业捕捞许可证的年审期为二年。

渔业捕捞许可证的年审工作由发证机关负责，也可由发证机关委托申请人户籍或企业所在地的县级以上渔业行政主管部门负责。

《关于执行中华人民共和国行政诉讼法若干问题的解释》（法释〔2000〕8号）

第五十六条　有下列情形之一的，人民法院应当判决驳回原告的诉讼请求：

（一）起诉被告不作为理由不能成立的；

（二）被诉具体行政行为合法但存在合理性问题的；

（三）被诉具体行政行为合法，但因法律、政策变化需要变更或者废止的；

（四）其他应当判决驳回诉讼请求的情形。

四、案例评析

本案属换发渔业捕捞许可证纠纷，原告陈礼灼认为徐闻县海洋与渔业局应按照职责给其颁发捕捞许可证，而徐闻县海洋与渔业局认为陈礼灼本具有临时捕捞许可证，要换证也是更换临时捕捞许可证，不能向其颁发捕捞许可证，双方的争议焦点在于到底该发放捕捞许可证还是临时捕捞许可证。我国对渔业捕捞实行许可证制度，下面介绍我国有关渔业捕捞许可证的有关规定。

（一）渔业捕捞许可证管理体系

一般来讲，渔业捕捞许可证的管理工作都有相应的渔政部门负责，只因许可证的种类不同，发放的机关级别不同。根据我国《渔业法》规定，到我国与有关国家缔结的协定确定的共同管理的渔区或者公海从事捕捞作业的捕捞许可证，由国务院渔业行政主管部门批准发放。海洋大型拖网、围网作业的捕捞许可证，由省一级人民政府渔业行政主管部门批准发放。其他作业的捕捞许可证，由县级以上地方人民政府渔业行政主管部门批准发放。

我国传统施行大农业的概念，即农业包括农林牧副渔，所以《渔业捕捞许可管理规定》规定农业部主管全国渔业捕捞许可管理工作。农业部各海区渔政渔港监督管理局分别负责本海区的捕捞许可管理的组织和实施工作。县级以上地方人民政府渔业行政主管部门及其所属的渔政监督管理机构负责本行政区域内的捕捞许可管理的组织和实施工作。

（二）渔业捕捞许可证的分类

根据我国《渔业捕捞许可管理规定》，渔业捕捞许可证分为七类，本案中所涉及的捕捞许可证为内陆渔业捕捞许可证和临时渔业捕捞许可证。内陆渔业捕捞许可证是适用于许可在内陆水域的捕捞作业的许可证。而临时渔业捕捞许可证是适用于许可临时从事捕捞作业和非专业渔船从事捕捞作业。陈礼灼希望徐闻县海洋与渔业局给他发放内陆渔业捕捞许可证，而他之前拥有的却是临时渔业捕捞许可证，根据法律规定是不能这样换证的。

（三）渔业捕捞许可证发放条件

我国法律既规定了渔业捕捞许可证的发放条件，又规定了不得发放许可证的情形，笔者认为法律只规定一种即可，这样会导致存在空白地带，给许可发放部门带来麻烦。法律规定具备下列条件的，方可发给捕捞许可证：有渔业船舶检验证书；有渔业船舶登记证书；符合国务院渔业行政主管部门规定的其他条件。

法律还规定有下列情形之一的，不得发放捕捞许可证：使用破坏渔业资源、被明令禁止使用的渔具或者捕捞方法的；未按国家规定办理批准手续，制造、更新改造、购置或者进口捕捞渔船的；未按国家规定领取渔业船舶证书、航行签证簿、职务船员证书、船舶户口簿、渔民证等证件的。

县级以上地方人民政府渔业行政主管部门批准发放的捕捞许可证，应当与上级人民政府渔业行政主管部门下达的捕捞限额指标相适应。

（四）渔业捕捞许可证无效的情形

许可证在手并不是可以一直进行捕捞作业的，船主还要每年到渔政部门进行审核备案，进行换证，这样连续备案的许可证才是有效的。逾期未年审或年审不合格的、证书载明的渔船主机功率与实际功率不符的、应贴附而未贴附功率凭证或功率凭证贴附不足或贴附无效功率凭证的、以欺骗或其他方法非法取得的，以及涂改、伪造、变造、买卖、出租或以其他形式转让的渔业捕捞许可证，为无效渔业捕捞许可证。涂改、伪造、变造、买卖、出租或以其他形式转让的渔船主机功率凭证为无效渔船主机功率凭证。使用无效的渔业捕捞许可证，或未携带渔业捕捞许可证从事渔业捕捞活动的为无证捕捞。

（五）法律责任

法律区别于其他制裁手段之处在于它规定了责任，能够使不遵守法律的人得到惩治，以此激励大众遵守法律。《渔业捕捞许可管理规定》也规定了相应的法律责任，未依法取得捕捞许可证擅自进行捕捞的，没收渔获物和违法所得，并处十万元以下的罚款；情节严重的，并可以没收渔具和渔船。

违反捕捞许可证关于作业类型、场所、时限和渔具数量的规定进行捕捞的，没收渔获物和违法所得，可以并处五万元以下的罚款；情节严重的，并可以没收渔具，吊销捕捞许可证。

涂改、买卖、出租或者以其他形式转让捕捞许可证的，没收违法所得，吊销捕捞许可证，可以并处一万元以下的罚款；伪造、变造、买卖捕捞许可证，构成犯罪的，依法追究刑事责任。

本案中原告陈礼灼已在 2003 年为自己的捕捞渔船办理了船舶登记，广东省渔政海监检查总队徐闻大队于 2003 年 4 月 23 日签发的渔业捕捞许可证（临时）记载，该证书的有效期限自 2003 年 4 月 23 日至 2006 年 4 月 23 日。陈礼灼认为取得了渔业船舶登记证书、渔业船舶所有权证书和渔业捕捞许可证，即取得了"三证"。

自 2008 年 5 月开始，陈礼灼每年要求徐闻县海洋与渔业局给予换发内陆渔业捕捞许可证等船舶证件，但渔业局一直不给予办理，陈礼灼认为徐闻县海洋与渔业局行为属于行政不作为行为，要求法院判令渔业局向其更换捕捞许可证。

2000 年开展渔业船舶普查时，陈礼灼没有为其船舶申报，故徐闻县海洋与渔业局无法给其渔业船舶办理登记。经过 2001 年给"三无"和"三证不齐"渔船补办船舶登记后，徐闻县仍然有相当数量的"三无"渔船。针对存在大量"三无"渔船的现实，为了解决该问题，徐闻县海洋与渔业局对愿意缴交捕捞渔船的渔港费、渔业资源增殖保护费的"三无"渔船，给予颁发渔业船舶登记的相关临时证书，纳入县内管理。此类渔业船舶临时证书，只在徐闻县内有效，未入农业部渔船数据库。由于未入农业部渔船数据库，后来也无法再办理捕捞渔船的登记。

根据农业部渔业局《关于 2003—2010 年海洋捕捞渔船控制制度实施意见》（农渔函〔2003〕

63 号）以及当时和现有的国家政策规定，陈礼灼作为临时渔业捕捞许可证的持有人，在原有的临时渔业捕捞许可证有效期届满时，也只能再次申请换发临时渔业捕捞许可证。而陈礼灼要求徐闻县海洋与渔业局将临时渔业捕捞许可证换发为内陆渔业捕捞许可证，不符合法律规定，徐闻县海洋与渔业局没有职责给其换发捕捞许可证，因此法院驳回陈礼灼的诉求是正确的判决。

另外，根据法律规定，使用期一年以上的渔业捕捞许可证实行年度审验制度，每年审验一次。陈礼灼向法庭提交《渔业船舶检验证书》的有效期到 2005 年 12 月 31 日，其后的年份没有进行审检，所以陈礼灼没有持有有效的《渔业船舶检验证书》，所以陈礼灼申请换发渔业捕捞许可证的诉求不能得到支持。

五、拓展思考

2002 年农业部出台的《渔业捕捞许可管理规定》虽然对捕捞许可证做出了分类，规范了申领的程序，但捕捞许可证制度并没有得到有效的实施。一方面，由于我国渔业执法系统存在缺陷，大量的"三无"和"三证不全"的渔船从事着捕捞活动，滥捕、偷捕的现象依然严重。我国捕捞许可制度规定从事海洋捕捞作业者必须持有捕捞许可证，制定的相关的管理办法和实施细则形同虚设。另外，我国的捕捞许可制度没有对入渔权①的拥有对象做出界定，导致大量的非渔业劳动者和"三无"渔船入渔，加速了捕捞强度的膨胀。

另一方面，尽管相关机关通过捕捞许可制度控制如渔船数目、渔具类型和捕鱼方式等捕捞能力要素，但是由于这一制度缺乏针对现实状况的可操作性，不能将所有的捕捞要素纳入管理中。在发放捕捞许可证的必备条件中，只强调对渔业船舶证书的规定，既未设计申领人的资信条件，也未对"渔业船舶"用途做出界定。在法律责任中建立了渔业行政主管部门的和其所属的渔业监管机构和工作人员的法律责任，但是未就许可证签发资格制度做出规定，这就有可能导致捕捞许可证发放的随意性。

相关部门要进一步完善捕捞许可制度，加强监督检查和执法力度，贯彻国务院关于渔船数量和功率"零增长"的意见，停止发放新的捕捞许可证，并严格按照渔船报废制度逐步压缩渔船捕捞能力。联合船监、港监、工商等部门加大对渔船的管理，尽量使"三无"渔船纳入到渔政部门的管辖范畴，逐步淘汰落后的渔船，保证许可证制度落到实处，实现我国渔业长期持续发展的目标。

---

① 入渔权是我国渔业准入制度的一部分，拥有入渔权的船只可以获得到特定水域进行捕捞作业的资格。渔业准入制度是指为保护传统渔民的合法权益和优化渔业资源配置，规定渔业经营者和从业者进入特定海域和滩涂从事捕捞等生产活动所必须具备的条件而设立的制度。

白玉吉诉白玉石等相邻采光权纠纷案

一、核心知识点

采光权保护

采光权是指不动产的所有人或使用人为获得日照而要求相邻人限制其房屋或其他构造物的距离或高度的权利。采光权具有以下特征：（1）采光权的主体是相邻者，具体包括不动产的所有者和使用者。（2）采光权的客体是相邻者基于相邻关系而应当获得的日照利益。（3）采光权的内容是限制邻人不动产的距离或高度。（4）采光权的本质是为了自己的便利而限制别人的权利。

对于采光权的性质，我国《民法通则》第八十三条规定："不动产的相邻各方，应当按照有利生产、方便生活、团结互助、公平合理的精神，正确处理截水、排水、通行、通风、采光等方面的相邻关系。给相邻方造成妨碍或者损失的，应当停止侵害，排除妨碍，赔偿损失。"另外《物权法》第八十九条也规定："建造建筑物，不得违反国家有关工程建设标准，妨碍相邻建筑物的通风、采光和日照。"以上法律通过相邻关系确立了对不动产所有人或使用人采光权利的保护，也即人们通常所称的采光权，但各界对采光权的基本认识并不一致，主要有两种学说，一种学说认为采光权属于相邻关系，是法律对权利人采光权利的基本保障，是不动产权利人为方便自己不动产的使用而对邻人的不动产最低限度的需要，法律强制性地规定邻人应当接受该必要限制或提供便利，以便使邻人能够满足自己最基本的生活需要。另一种学说认为采光权属于基本人权范畴，认为"日照与空气、水一样，同属人类的共同资源，为一般人生存所不可或缺，如有缺乏，个人之健康或生存势将受到威胁甚或遭到破坏，因此日照权为基本人权之一种"。因此，可以说采光权是人类赖以生存的具有完全排他性的物权和基本人权。

二、案情介绍[①]

由于土地、房屋的稀缺，人们为解决土地有限与人口急剧增加的矛盾，实现资源利用的最大化，使房屋建得更高，房屋的间距缩得更小，这使得采光也越来越成为一种稀缺资源。随着我国土地政策、住房政策的变化和发展，相邻房屋的通风、采光和日照等妨害纠纷，在司法实践中不断出现，已经逐渐成为热点问题。

原告白玉吉与被告白玉石、李彩虹因相邻采光权受到影响而发生纠纷，原告白玉吉于2013年12月17日向河北省滦平县人民法院提起诉讼，被告白玉石、李彩虹于2013年12月25日向滦平县人民法院提起反诉。本诉原告白玉吉诉称，原告白玉吉与被告白玉石、李彩虹系邻居，原告白玉吉家在被告白玉石、李彩虹家的房后，2013年春季，被告白玉石、李彩虹

---

① 案情参见：北大法宝, http://www.pkulaw.cn/fulltext_form.aspx?Db=pfnl&EncodingName&Gid=121340953 &Search_Mode&keyword。

在其房院中建设了彩钢房一处，该彩钢房面积近 500 平方米，工程即将完工时，原告认为被告的房屋建设得非常高，给原告白玉吉家的采光造成严重影响。2013 年 6 月 17 日，经双方与中证人协商，签订了《影响采光协议书》（简称《协议书》），约定由白玉石、李彩虹每年付给白玉吉 3000 元取暖费，直到白玉石将现有厂房拆除为止。但协议签订后白玉石、李彩虹至今未履行给付白玉吉 3000 元取暖费的义务。经白玉吉多次找白玉石、李彩虹协商未果。原告白玉吉认为双方签订的协议系双方真实意思表示且并不违反法律规定，该协议合法有效，被告白玉石、李彩虹应按照协议的约定履行义务。被告白玉石、李彩虹的行为已经违反了协议的约定，为了维护原告白玉吉的合法权益，故依法提起诉讼，要求被告白玉石、李彩虹履行双方于 2013 年 6 月 17 日签订的协议，给付原告白玉吉每年 3000 元取暖费直到房屋拆除为止，本案诉讼费用由二被告白玉石、李彩虹承担。

本诉被告（反诉原告）白玉石、李彩虹的答辩意见与反诉意见一致，称：二反诉原告白玉石、李彩虹与反诉被告白玉吉系前后院邻居关系，反诉原告白玉石、李彩虹房屋在前，反诉被告白玉吉房屋在后。2013 年反诉原告白玉石、李彩虹翻建老房院，反诉被告白玉吉认为反诉原告白玉石、李彩虹所建房屋会影响到其采光，在反诉原告白玉石、李彩虹建房过程中多次阻拦、威胁，在安装彩钢瓦的过程中，双方多次发生冲突并报警至派出所，反诉原告为了早日完成建房，在违背真实意思表示的情况下与白玉吉签订《协议书》。房屋建成后，反诉原告白玉石、李彩虹才发现其所建房屋丝毫未影响到反诉被告白玉吉的房屋采光，反诉被告白玉吉的房屋采光符合国家要求的标准，无须对白玉吉进行任何补偿，当时签订协议时存在重大误解，故反诉原告白玉石、李彩虹提起反诉，要求法院撤销白玉吉与白玉石、李彩虹签订的《协议书》当中的第三条的约定（关于影响采光补偿部分的约定）。反诉案件受理费由反诉被告白玉吉承担。

反诉被告白玉吉针对反诉意见辩称，反诉人陈述反诉被告威胁反诉人不真实，第一，签订《协议书》时，反诉人的房屋已经即将完工，二者协商签订协议，并有中证人证明；第二，双方发生纠纷并报警，说明在采光问题的解决上被反诉人一时冲动，并不能说明是威胁，更不能说明胁迫反诉人签订协议；第三，白玉石家的厂房没有经过审批。

经审理查明，本诉原告白玉吉家在本诉二被告白玉石、李彩虹家的东北方，互为邻居。2013 年 5 月 30 日上午 9 时，白玉石、李彩虹家建设彩钢厂房（在白玉石家宅基地上，覆盖整个院落，没有审批手续）快完工时，与白玉吉家发生打架纠纷并停止施工，经滦平县人民法院公安局红旗派出所解决，白玉石家于 2013 年 6 月 3 日恢复施工。2013 年 6 月 17 日，白玉石、李彩虹找了六名中证人在白玉吉家双方签订《协议书》，内容是："协议甲方：李彩虹、白玉石；乙方：白玉吉，因白玉石家盖房与白玉吉家发生的矛盾纠纷需要解决，今经来人协商，特商量解决结果如下：一、白玉石家盖房，前期因矛盾产生的打架纠纷、因伤住院所花的费用，双方各自承担，互不追究。二、因盖房污染了白玉吉家自打水井，需承担淘井清理或付清理的费用。三、遮挡西间房采光，需付取暖费，每年付取暖费 3000 元，直到现盖的房子拆除为止，取暖费用在每年 11 月份付清。四、现有房子拆除后，需盖正房，必须以东老墙往前挪　米，作为滴水。甲方：白玉石、李彩虹；乙方：白玉吉；中证人：孙显杰、白玉付、白玉录、白玉星、王艳平、常淑华（以上签字人员均按了手印）。"房屋竣工后，白玉石、李彩虹发现所建房屋未影响到白玉吉家房屋的采光，拒绝履行《协议书》第三项，并在白玉吉起诉要求履行《协议书》后，提起反诉，以建房过程中白玉吉多次阻拦、威胁，并发生纠纷，所以签订《协议书》，房屋建成后，发现不影响白玉吉家采光，当时签订《协议书》时存在受胁迫和重大误解为由，要求滦平县人民法院撤销《协议书》第三项。

滦平县人民法院认为，白玉吉与白玉石、李彩虹于 2013 年 6 月 17 日签订《协议书》的过程中，证人是白玉石、李彩虹主动找的，证人孙某某、白某某、白某某、白某某、王某某、常某某在协议上签字，其中有四人是白玉石的直系亲属、孙某某是白玉石的亲家，白某某、王某某、常某某出庭证言证是在签订《协议书》时，经中证人反复询问双方是否同意，在双方自愿的情况下达成的《协议书》，《协议书》每人一份。《协议书》内容是双方的真实意见表示，不存在胁迫行为。2013 年 6 月 17 日签订《协议书》时，房屋已经基本竣工，双方当事人都是具有完全民事行为能力的自然人，在《协议书》签订时，白玉石家所建基本竣工的房屋，是否影响白玉吉家的房屋采光应有明确的判断，不存在显失公平的情形。白玉石、李彩虹主张为了不受白玉吉阻拦施工，在违背真实意思、受胁迫的情况下签订了该《协议书》，白玉石、李彩虹没有提供有效的证据证实。综上，滦平县人民法院认为该《协议书》在签订过程中，没有胁迫情形，是双方当事人的真实意思表示，且不违反法律规定，《协议书》合法有效，故对本诉原告白玉吉要求本诉被告白玉石、李彩虹给付白玉吉每年 3000 元取暖费直到房屋拆除为止的诉讼请求，滦平县人民法院依法予以支持；对反诉原告白玉石、李彩虹要求撤销《协议书》第三项的诉讼请求，滦平县人民法院依法不予支持。故依据《中华人民共和国合同法》第四十四条、第六十条，《中华人民共和国民事诉讼法》第六十四条、第一百四十三条、第一百四十四条，《最高人民法院关于民事诉讼证据的若干规定》第二条的规定，判决如下：一、本诉原告白玉吉与本诉被告白玉石、李彩虹于 2013 年 6 月 17 日签订的《协议书》合法有效。由本诉被告白玉石、李彩虹于本判决生效后十日内给付本诉原告白玉吉 2013 年度取暖费 3000 元，2014 年以后的取暖费按照《协议书》约定履行。二、驳回反诉原告白玉石、李彩虹的反诉请求。

三、适用法条

《中华人民共和国合同法》（1999 年颁布）

第四十四条　依法成立的合同，自成立时生效。法律、行政法规规定应当办理批准、登记等手续生效的，依照其规定。

第六十条　当事人应当按照约定全面履行自己的义务。当事人应当遵循诚实信用原则，根据合同的性质、目的和交易习惯履行通知、协助、保密等义务。

《中华人民共和国民事诉讼法》（1991 年颁布）

第六十四条　当事人对自己提出的主张，有责任提供证据。

第一百四十三条　原告经传票传唤，无正当理由拒不到庭的或者未经法庭许可中途退庭的，可以按撤诉处理；被告反诉的，可以缺席判决。

第一百四十四条　被告经传票传唤，无正当理由拒不到庭的，或者未经法庭许可中途退庭的，可以缺席判决。

《最高人民法院关于民事诉讼证据的若干规定》（法释〔2001〕33 号）

第二条　当事人对自己提出的诉讼请求所依据的事实或者反驳对方诉讼请求所依据的

事实有责任提供证据加以证明。

没有证据或者证据不足以证明当事人的事实主张的，由负有举证责任的当事人承担不利后果。

《中华人民共和国民法通则》（1986 年颁布）

第八十三条　不动产的相邻各方，应当按照有利生产、方便生活、团结互助、公平合理的精神，正确处理截水、排水、通行、通风、采光等方面的相邻关系。给相邻方造成妨碍或者损失的，应当停止侵害，排除妨碍，赔偿损失。

《中华人民共和国物权法》（2007 年颁布）

第八十九条　建造建筑物，不得违反国家有关工程建设标准，妨碍相邻建筑物的通风、采光和日照。

四、案例评析

随着社会的发展和人们生活水平的提高，当代人对安静、优美、和谐的居住环境的要求也越来越高，相邻关系主体之间彼此提供方便、互相容忍的权利和义务不可避免地会发生种种冲突，这些冲突不及时加以解决就会演变成侵权，更有甚者会给对方造成难以弥补的侵害，其中集中表现为通风、采光、噪声等侵害。

采光权侵害，是指相邻一方在建造房屋或其他工作物时，应当与相邻他方保持适当的距离或限制适当的高度，不得侵害相邻他方的房屋或其他工作物的采光，否则将构成相邻一方对于相邻他方的采光权侵害。构成侵害的相邻他方可以请求排除妨碍或给予补偿，造成损害的，可以请求损害赔偿。

采光权侵害的构成应具备四个基本要件：（1）构成采光相邻关系的主体是相邻不动产的所有人或使用人。（2）侵害行为，即侵害者滥用其基于所有、占有的权利而实施的行为。（3）被侵害的采光权是公民基于占有、使用场所而拥有的正当权利，即失去此采光权就无法正常生产生活。（4）侵害结果，须有采光受到影响的事实。侵害结果可以是身心伤害、财产损失，在判定被侵害方的身心所受的损害是否超过近邻者通常应忍受的义务范围时，一般仅考虑被害者作为正常人的个人感受之本身利益。在采光权侵害的构成要件中，要明确加害方的责任，采光侵害只要超过了忍受限度，无论加害方主观上有无过错，都应承担民事责任。

（一）构成采光权侵害和赔偿标准

1. 法律标准

（1）法律规定方面。《物权法》第 89 条、《民法通则》第 83 条虽有所规定，但未能明确采光权侵害的法定构成要件及采光权侵害赔偿的范围和标准。原则性的规定既不全面，也不具有可操作性。《城市规划法》第 40 条对此也进行了规定，但其是从行政管理的角度出发，且法律条文本身并没有体现关于采光权侵害的内容，也没有规范采光权侵害达到何种程度即可由行政机关进行制止和纠正，行政机关是否参与该纠纷的裁决、赔偿程序和标准。

（2）法规及部门规章方面。建设部《提高住宅设计质量和加强住宅设计管理的若干意见》第 7 条规定"住宅设计应重视室内外环境，满足住宅对采光、日照、隔声以及热工、卫生等方面的要求，提高居住的舒适度"。此意见也是对采光做出了"满足要求"的原则性规定，但同样没有规定具体规范。

2. 技术标准

（1）《中华人民共和国国家标准住宅建筑规范 GB50386—2005》第 4 条规定住宅间距，应以满足日照要求为基础，综合考虑采光、通风、消防、防灾等要求确定，并列出参考性表格。此外也规定了老年人住宅和旧区改建的问题。第 7 条规定了住宅应充分利用外部环境提供的日照条件，每套住宅至少应有一个居住空间能获得冬季日照。该规范充分确认了日照和采光对于住宅建筑物的重要意义，并结合我国不同气候状况和城市规模的实际情况区分了不同地区的日照标准。但在实践中，很多以旧区改建项目为名的建设实际上就是全部拆迁新建，这样的规定使不断追逐最大经济效益的动机不纯的开发者有机可乘，为了建设更多的住宅而不顾居住质量地尽可能缩小建筑间距。

（2）《中华人民共和国国家标准城市居住区规划设计规范 GB50180—93》第 5 条规范虽然规定了住宅正面间距采用日照间距系数控制或间距折减系数换算方法，但仅适用于无其他日照遮挡的平行布置条式住宅间，显然不能满足现有布局和规格的建筑物的采光权限制和保护的要求。

3. 赔偿标准

采光权纠纷应当以一次性赔偿为宜，不宜以定额长期赔偿的方式判决。关于采光权赔偿标准，在审判实践中，各地对采光权赔偿标准不同，具体数额的确定总结有三种计算方法：

第一种是先确定采光权侵害的面积，然后根据公平原则、地方商品房均价、经济发展水平，再参照其他城市的补偿数额，确定每平方米的补偿标准，两项相乘从而得出最终的赔偿数额。举例说明：2003 年 8 月，天津一位住户向和平区人民法院起诉采光权受到侵害。通过鉴定认定住户的日照时间因为高层建筑的遮挡确实减少的情况下，法院依照"公平原则"判令被告——高层建筑物的开发商按照居室面积一次性补偿住户 2800 余元。赔偿标准按每平方米 120 元计算。但是得到补偿的只是被遮挡的 20 平方米的居室面积，而不是整套住宅。长沙市吴某诉某物业发展公司采光权受侵害要求赔偿损失一案，一审开福区法院判决以每平方米 110 元的标准赔偿吴某共计 7000 余元。吴某不服判决上诉，2004 年 10 月，长沙市中级人民法院对该案做出二审判决，认为目前我国法律没有这类赔偿标准的明确规定，一审开福区人民法院按照每平方米 110 元作为赔偿标准并无不妥，判决驳回上诉，维持原判。

第二种方法是按照受害方因住房阳光被遮后，以多用的照明、取暖电费为基准来确定赔偿数额。2004 年 11 月，湖北省荆州市中级人民法院审结一起采光权纠纷案。判决认为，湖北省监利县一栋新建的 7 层综合楼影响了 10 户居民的通风、采光等权益，要求侵害人采取折价赔偿办法，即从 2003 年 4 月 3 日起至其停止侵害时止，侵害方赔偿 10 户居民每天每户电费 1.12 元。

第三种是针对房屋价值的降低，以采光权受侵害前后房屋市场价格的差额作为计算采光权受侵害的赔偿数额。就房屋价值降低的损失而言，房屋采光权受到侵害，房屋的市场价格降低是不争的事实。那么，以采光权受到侵害前后房屋市场价格的差额作为计算房屋价值损失的主要标准，也不失为一种定额的方法。2008 年 9 月，北京市丰台区人民法院对经济适用房住户告新建相邻楼房影响采光的案件做出一审判决，判决开发商赔偿原告房屋贬值损失 13.9 万余元及增加电费损失 3 万余元，合计 17 万元左右。本案中法院认为原告采光权受到侵害所遭受的主要损失为房产贬值。这种以受害房屋的市场价值波动为主要考虑的赔偿金额计算方法具有其合理性。但笔者认为该案判决的赔偿数额不具备全国范围内的借鉴意义。原因很简单，北京的房价在全国居高。在司法实践中如果要以此案例中确定之赔偿数额作为参考依据的话，应当综合纠纷发生地和北京的商品房差价来考虑。

建筑日照不足的赔偿存在多个标准，类似案例也无倾向性参考标准。结合相关判例，受案法院通常应考虑如下因素：

（1）被侵权人房屋贬值部分。

如侵权人因其建筑物向高空发展，充分利用了空间，其房屋有了较大的增值，其建成房屋的经济效益自不待言，与此形成鲜明对比的是，相邻一方的房屋因采光受到影响，其房屋在原有价值的基础上有大幅的下降。因为房屋的价值取决于其位置、方向、采光等关键因素，因此应委托专业评估机构，对房屋的原有价值及采光受影响后的价值予以评估，其差额部分应属赔偿范围。

（2）被侵权人采取补救措施的费用。

被侵权人因采光的需要，需改变原有房屋结构，如增大门窗面积、开天窗等，该项费用应属赔偿范围。另外，被侵权人因采光不足，室内照明设备使用时间相对延长，对照明设备的使用寿命及能源消耗都有较大影响，因此，将该项费用应酌情予以一次性赔偿。

（二）救济问题

民事法律救济方式主要有：①停止侵害，是指要求正在进行的采光权侵害行为停止，对于已经终止和尚未实施的侵害行为不能适用。采光权权利人应对义务人的采光权侵害行为正在进行中的事实承担举证责任。②排除妨碍，是指排除对于对权利人的采光权构成妨害的状态，这种状态既包括已经造成损害后果的现实妨碍，也包括可能造成妨碍的现实威胁。权利人承担采光权侵害行为对权利人的合法权益构成现实妨碍或存在妨碍威胁的举证责任。赔偿损失，是指义务人通过支付一定数额金钱的方式对受害人的损害予以救济的责任方式，即通过上文所述各标准，综合考虑各因素确定赔偿范围及金额。

针对采光权侵权的诉讼时效问题，理论界存在两种观点：一种观点认为，由于采光权受到的侵害是处于持续状态的，且依照《民法通则》的规定，该权利具有物权性质，因此，对于采光权的保护不应当受诉讼时效的限制。另一种观点认为，采光权虽然具有物权性质，但是作为权利保护，不能无限延长其保护时限。应当以权利人知道或者应当知道其权利被侵害之日起两年作为法律保护的诉讼时效。

采光纠纷的一方当事人往往要求排除妨碍、停止侵害，具有物上请求权的特征，只要其对该毗邻的不动产的所有权、使用权没有让渡出去，权利人就可以直接请求妨碍人排除妨碍，或消除可能发生的妨碍因素，所以无须用时效督促权利人及时行使权利。而相邻妨碍的事实状态在一般情况下是持续存在的，不会产生证据湮灭的困难，鉴于以上分析，该类纠纷只要妨碍事实持续存在，则被侵权人随时可以起诉，不存在超过时效丧失胜诉权的问题。

本案中虽然主线是认定白玉石与白玉吉签订的《影响采光协议书》是否有效，但最终还是回归到双方对采光权的争议上，白玉吉家在白玉石家后面（北面），由于白玉石建设彩钢房，对白玉吉家的采光造成影响，他们对于有关争议，双方达成一致，签订了《影响采光协议书》，约定由白玉石、李彩虹每年付给白玉吉3000元取暖费，直到白玉石将现有厂房拆除为止。白玉吉的采光权受到了侵害，白玉吉与白玉石是两座房屋的所有人，且房屋相邻，使得白玉吉院内的阳光受到了遮挡，衣物的晾晒、心情的舒适度都受到了影响，他们没有就采光权争议提起诉讼，而是私下解决问题，这也是解决此类争议的方法之一。

五、拓展思考

本案虽是采光权受到侵害，推而广之，即相邻环境权受到侵害。相邻环境侵权，是指不法侵害他人相邻环境权的侵权行为，其侵害对象是相邻环境权。具体而言，相邻环境侵权包括不可量物侵权、有形的生活污染侵权和空间利用侵权等。不可量物侵权是指噪音、煤烟、震动、臭气、尘埃、放射性物体等不可量物质侵入邻地或相邻的建筑物造成的干扰性妨害或损害；有形的生活污染侵权主要是指日常生活中由于排除生活垃圾造成的空气、水、土壤的变质和污染；空间利用侵权是指相邻关系主体因对日照、通风、眺望的权益利用而使对方生活的舒适和方便受到损害。

从性质上讲，环境相邻关系属于民事法律关系，解决环境相邻问题时主要是通过物权请求权和人格侵权的私法规范。相邻环境侵权，作为一种侵权行为，不一定要有损害事实的出现，难以忍受的噪声、恶臭等同样可以构成相邻环境侵权。对于已经受到损害但有可能恢复的相邻环境权就可以行使请求权，该请求权可分为三种，防御请求权、保全请求权和补救请求权。在相邻环境权有受侵害之虞时可行使防御请求权，在确实遭受损失后可行使补救请求权。

相邻环境侵权是与人们的日常生活紧密联系在一起的，无论是在乡村还是城镇，居住的密集性、生活的社区性都越来越普遍，相邻环境侵权的类型以及发生率都会不断增加，如果不能及时有效地加以解决，就会影响社区的和谐，进而降低生活的质量。如果赋予相邻关系主体防御请求权、保全请求权、补救请求权，受害者就可直接依据这三类请求权规范，向法院提出诉讼，请求相对人承担不同的义务或责任，这样必然有利于对权利进行最完整的保护。

京沈高铁环评案

一、核心知识点

（一）环境影响评价制度

环境影响评价制度顾名思义就是在进行工程建设、生态保护、自然开发时先对环境的承载力、适应性以及以后的变化进行评估，以达到保护环境的目的。环境影响评价有狭义和广义之分，狭义的环评是指特定建设项目在动工之前，对其选址、设计、施工等过程，尤其是生产阶段对环境带来的影响进行评价分析，同时规定防治措施，确保生态环境良性循环。广义的环评是指在进行开发建设、规划、立法等某些重大活动之前，通过环境影响评价来预测该活动对环境造成的不利影响。我国《环境影响评价法》第 2 条规定：环境影响评价是指对规划和建设项目实施后可能造成的环境影响进行分析、预测和评估，提出预防或者减轻不良环境影响的对策和措施，进行跟踪监测的方法和制度。

环境影响评价的意义在于：（1）环评制度贯彻了"预防为主"的原则。对开发项目进行环评，是为了在从事有害环境活动之前就弄清楚该活动对环境的影响，以便采取有效措施尽可能防止不利环境影响的发生。（2）环评制度贯彻了"协调原则"，把经济建设与环境保护协调起来。环评制度是对传统发展模式的改变，是实现经济社会发展与环境保护相协调的重要手段。

环境影响评价制度首先创立于美国，1969 年美国《国家环境政策法》把环境影响评价制度作为联邦政府在环境管理中必须遵守的一项制度。我国在 1979 年颁布的《环境保护法（试行）》中首次规定了环境影响评价制度。1992 年以后，我国环境影响评价从单纯的建设项目环境影响评价发展至区域综合评价，又扩展至对经济发展的重大决策所产生的环境影响进行评价。2009 年《规划环境影响评价条例》正式实施。

（二）公众参与制度

公众参与制度是指在生态环境保护和自然资源的开发利用中必须依靠社会公众广泛参与，公众有权参与解决生态问题的决策过程，参与环境管理并对环境管理部门的行为进行监督的制度。该制度肇端于美国 1969 年的《国家环境政策法》，1972 年的《人类环境宣言》等国际文件都强调公众参与制度在生态保护中的重要性。1992 年《里约环境发展宣言》对该原则也有相应表述。

我国《环境保护法》规定了公民对污染和破坏环境的行为有检举、控告的权利。另外《水污染防治法》中还具体规定了公众参与环境决策的程序。《环境影响评价法》也做了相应规定，专项规划的编制机关对可能造成不良影响并直接涉及环境权益的规划，应在该规划报送审批之前，举行论证会、听证会，或以其他形式征求有关单位、专家和公众对环境影响报告书的意见。

二、案情介绍①

北京至沈阳铁路客运专线是《中长期铁路网规划》"四纵四横"客运专线主骨架京哈高速铁路的重要组成部分,是铁路"十二五"规划的重大项目。线路自北京铁路枢纽星火站引出,途经河北省承德市、辽宁省朝阳市、阜新市后接入沈阳铁路枢纽沈阳站,全长 697.626 公里,总投资 1245 亿元。该项目的可行性研究报告已于 2013 年 12 月获国家批复,拟按时速 350 公里标准设计建设。

高速铁路建设与通车原本因便民利民而常受人民期待,但原计划 2013 年通车的京沈高铁却在规划阶段就遭遇北京民众反对。项目原定包含三组设计方案,其中两组方案采用改造既有京包线的方式建设,另外一组方案为新建铁路经通州进入北京站。最终,抛弃了地势开阔、周边无密集居住区却更消耗资源及征地费用的其他两组设计方案后,规划设计部门选取了改造既有京包线的方案进行环评。

该方案却将经过北京东部多个京包线沿线小区。根据地图显示,滨河一号小区距离京包线仅 100 米,卡布其诺小区、上东三角洲小区距铁路轨道仅 90 米,刚刚交房入住的丽都壹号小区距铁路轨道仅 50 米,梵谷水郡距离最短,仅有 30 米。原来就经受京包线火车通过带来的噪音、震动之苦的五个小区居民,担忧京沈高铁建成后将加剧类似的环境污染。而由于规划线路贴近幼儿园,不少幼儿家长进一步担心高铁带来的电磁辐射将给孩子的健康成长增加不安定因素。

第三次环评报告《新建北京至沈阳铁路客运专线环境影响报告书》于 2012 年 11 月 19 日在环保部官方网站公布。前两次的环评报告分别于 2009 年 3 月、2010 年 12 月进行了环评公示和公众参与工作,均遭遇部分反对意见而继续进行方案优化。

在环保部公布环评报告以后,卡布其诺小区、上东三角洲小区等五个小区居民通过微博、博客、论坛和 QQ 群开始联络沿线其他小区,在五个小区的基础之上,又增加了国美第一城、华纺易城、润枫水尚、珠江罗马嘉园、晨光家园和炫特区等小区,维权的范围从星火站北蔓延到星火站南,维权小区数量达到了 14 个之多。

反对者称,在京包线沿线(京沈高铁走线的基路)将受环境影响的小区多达 34 个,最近的楼房距铁路 20 多米,稍微远一些的 100 米,涉及人口大约十多万。居民们不同意是因为:"京沈高铁和原本的京包线通过带来噪音、震动及电磁辐射,严重影响居民健康与居住质量。"他们的普遍诉求是"希望京沈高铁改道"。

根据《环境影响评价公众参与暂行办法》,高铁项目的规划编制机关、建设单位、环评单位应当在高铁建设的不同阶段,以法定方式,分别公告相关信息,并征求公众意见,且应当对是否采纳公众意见给予说明。从文本内容看,第三次《环境影响报告书》程序上的确做到了这些。不过,反对者表示,相关部门之前并未通过任何渠道通知京沈高铁计划经过小区附近。

环保部于 2013 年 11 月 14 日对《新建北京至沈阳铁路客运专线环境影响报告书》进行了第四次公示,对报告进行了一定的修改。具体如下:北京市五环内有 11 处噪音污染的声环境敏感点,其中 5 处高层敏感点设置总长 2970 单线延米框架式声屏障,将星火站东侧设计为封

---

① 案情参见:火车网,http://www.huoche.net/gaotie_4318/。

闭式结构，减缓对金隅凤麟洲的影响，两处设置总长 1390 单线延米的 5 米高声屏障，其余 3 处共安装 360 平方米隔声窗。工程涉及 174 处振动敏感目标，铁路外轨中心线 30 米范围内实施工程拆迁后，路基段和桥梁段的各敏感点均满足相应标准要求，隧道上方有 15 处敏感点，超标的两处采取了搬迁措施。对工程沿线受列车运行电磁干扰影响的电视用户预留 96 万元有线电视入网补偿经费，基站远离敏感区。

三、适用法条

《中华人民共和国环境影响评价法》（2002 年颁布）

第十六条　国家根据建设项目对环境的影响程度，对建设项目的环境影响评价实行分类管理。

建设单位应当按照下列规定组织编制环境影响报告书、环境影响报告表或者填报环境影响登记表：

（一）可能造成重大环境影响的，应当编制环境影响报告书，对产生的环境影响进行全面评价；

（二）可能造成轻度环境影响的，应当编制环境影响报告表，对产生的环境影响进行分析或者专项评价；

（三）对环境影响很小、不需要进行环境影响评价的，应当填报环境影响登记表。

第二十一条　除国家规定需要保密的情形外，对环境可能造成重大影响、应当编制环境影响报告书的建设项目，建设单位应当在报批建设项目环境影响报告书前，举行论证会、听证会，或者采取其他形式，征求有关单位、专家和公众的意见。

建设单位报批的环境影响报告书应当附具对有关单位、专家和公众的意见采纳或者不采纳的说明。

《建设项目环境保护管理条例》（国务院 1998 年颁布）

第十五条　建设单位编制环境影响报告书，应当依照有关法律规定，征求建设项目所在地有关单位和居民的意见。

四、案例评析

我国法律规定，建设对环境有影响的建设项目都必须依法执行环境影响评价制度。建设项目是指中华人民共和国领域内的工业、交通、水利、农林、商业、卫生、文教、科研、旅游、市政、机场等对环境有影响的新建、扩建、改建和技术改造项目。国家根据建设项目对环境的影响程度，对建设项目的环境保护实行分类管理：

建设项目对环境可能造成重大环境影响的，应当编制环境影响报告书，对产生的环境影响进行全面评价。属于该类型的项目是：（1）所有流域开发、开发区建设、城市新区建设和旧区改造等开发性项目。（2）可能对环境敏感区造成影响的大中型项目。（3）污染因素复杂、产生污染物种类多、毒性大的建设项目。（4）造成生态系统结构重大变化或生态功能重大损失的项目。（5）容易引起跨行政区划污染纠纷的建设项目。

　　建设项目对环境可能造成轻度环境影响的，应当编制环境影响报告表，对产生的环境影响进行分析或者专项评价。属于该类型的项目是：（1）不对环境敏感区造成影响的中等规模的建设项目。（2）污染因素简单、污染种类少和产生毒性较低的中等规模建设项目。（3）对地形、地貌、植被、水文等生态条件有一定影响但不改变生态功能结构和功能的中等规模以下的建设项目。

　　建设项目对环境影响很小、不需要进行环境影响评价的，应当填报环境影响登记表。属于该类型的项目是：（1）基本不产生废水、废气、废渣、粉尘、恶臭、噪声等不利影响的建设项目。（2）基本不改变地形、地貌、植被、水文等生态条件和不改变生态功能结构和功能的建设项目。（3）不对环境敏感区造成影响的小型规模的建设项目。

　　京沈高铁属于第一种类型，它的开工建设会给经过城市周边居民带来严重影响，所以要对该项目进行环评，编制环境影响报告书。报告书中应当包括建设项目的概况，建设项目周围的环境状况，建设项目对环境可能造成的影响的分析和预测（包括铁路噪声、振动、电磁辐射对周围生活居民的影响范围和防护措施），环保措施的经济、技术论证，环境影响评价经济损益分析，环评结论。

　　京沈高铁项目早在 2009 年 10 月就获得了国家发展改革委批准。环保部针对该线路一共做出过四份环评报告，第三次报告《新建北京至沈阳铁路客运专线环境影响报告书》，于 2012 年 11 月 19 日在其官方网站公布。

　　但该份报告公示后，北京市朝阳区属地内的国美第一城、卡布其诺、炫特区等沿线社区居民集体反对这份环评报告，认为该报告中对噪音、辐射、震动等影响所采取的措施对当地居民产生严重影响，当地居民要求线路另选地址修建。

　　这个事件中双方争论的焦点在于：当地居民对京沈高铁《环评报告》的程序保持怀疑，另外当地居民不希望京沈高铁在未来给自己带来噪声、辐射等不良环境影响；而环保部认为自己已经做出最大让步，尽可能避免给铁道两侧居民带来不利影响。更具体地说双方争议点就在《京沈高铁环评报告》上。

　　京沈高铁项目环评受阻不是环评报告书不合格，而是铁路建设项目环评遇上了公众，也就是环境保护公众参与机制发挥了作用。公众参与环境影响评价制度是项目方或环境影响评价的有关单位与公众之间的一种双向交流，其目的是使公众充分了解规划或建设项目，并且保证其在实施过程中不对公众的环境权益造成威胁，使经济、社会和环境效益协调发展。因此，公众参与是环境影响评价的重要组成部分，规划或建设项目的实施直接影响着公众的生活质量，公众有充分的权利知道其生活周围的环境正在进行的变化，并且有权利参与决定这种变化，将公众参与作为环境影响评价的一项重要内容，保证了环境影响评价的民主性，是提高环境影响评价质量的前提条件。公众参与环境影响评价为公众实现环境权提供了具体的形式和载体，即公众可以通过参与环境影响评价使其周围的环境不受规划或建设项目的不良影响，从而保证公民能在健康、舒适的环境中生存。

　　我国《环境影响评价法》规定，除国家规定需要保密的情形外，对环境可能造成重大影响的，应当编制环境影响报告书的建设项目，建设单位应当在报批建设项目环境报告书之前，举行论证会、听证会，征求有关单位、专家和公众的意见。对环境可能造成重大影响，或产生恶臭、异味、油烟、噪声等直接影响公众生活的建设项目，有审批权的环境保护行政主管部门在进行环境保护验收时实行公示制度，听取有关单位、专家和公众意见。建设单位报批的环境影响报告书应当附具有对有关单位、专家和公众意见采纳或不采纳的说明。

　　公众知情权是公众参与环境决策的基础，只有公开相关环境信息才能使公众充分行使参与权从而提高公众参与的质量与效率。而在中国，公众与环评机关之间存在着严重的信息不对称。在公众参与环境影响评价的过程中，公众对于环境信息的拥有和理解，是其能够有效而富有意义地参与的基础。公众如何判断其环境利益是否受损、受损的程度以及是否需要通过一定的方式维护自己的环境权益往往都取决于公众对环境信息的掌握程度。我国信息公开制度的缺陷主要存在于信息的内容、公众获取信息的途径和信息发布的时间三方面。在内容上我国环境信息缺乏相应的技术帮助，因为环境信息有其特有的技术性和专业性，普通公民不可能具有与专业人士相同的环境知识，所以环境信息的易理解性就会影响公众参与的热情程度。在公众获取环境信息的方面，我国环境信息公示主要通过电视、广播、报纸、网络等媒体不定期的公示形式为主，而且主要表现为一些环境动态及立法动态，但对与公众健康密切相关的环境因素状况的公示却明显不足。

　　我国环境信息还存在着发布的滞后性，环境信息不能保证在公众参与前公布甚至根本没有公布，这样公众就不能在参与前彻底了解规划或建设项目的具体情况，就不能充分保障其充分表达自己的意愿的权利。

　　环保部对《新建北京至沈阳铁路客运专线环境影响报告书》进行第一次公示时，京沈高铁建设项目采用的是在公众参与环境影响评价网站上发布信息及现场张贴公告两种方式。第二次公示时，该项目将公示材料直接发布在《中国环境报》上，同时将环境影响报告书的简本链接在相关机构的评价网站上。这两次公示都是在专业的媒体网站及报纸上完成的，公众参与范围十分受限制，高铁沿线的居民很难通过这些渠道获得相关项目信息。所以，信息公开途径的选择不科学造成该项目公示效果低下，环境影响评价的有效性较差，给后续工作中发生矛盾、问题埋下了隐患。

　　在制度设计中，京沈高铁建设项目并没有针对听证会、论证会的启动程序做出明确的规定，公众也没有积极行使听证环境影响评价的权利，促使听证程序几乎完全被组织者掌握，造成公众参与受到很大限制。因此，公众参与环境影响评价的方式过于单一，发生渠道太受限制，事件各方没有沟通交流的平台，造成项目环境影响评价的可靠性及真实性偏低。

　　京沈高铁北京市区沿线居民的多次参与环评的行为值得鼓励，也取得了相应成效，最后环保部于2013年11月14日对《新建北京至沈阳铁路客运专线环境影响报告书》进行了第四次公示，对报告进行了一定的修改，对高层敏感点设置声屏障，将星火站东侧设计为封闭式结构等。

五、扩展思考

　　新修订的《环境保护法》对环境影响评价进行了修订，强化了环评的实行效果。《环境保护法》第六十一条规定，建设单位未依法提交建设项目环境影响评价文件或者环境影响评价文件未经批准，擅自开工建设的，由负有环境保护监督管理职责的部门责令停止建设，处以罚款，并可以责令恢复原状。

　　这次修订，堵住了现有《环评法》中"限期补办"的漏洞。未批先建项目不可以再通过补办手续的方式"补票"，将直接被责令停建，处以罚款。而此前的有关规定是，对于逾期不补办手续的才可以罚款。更强硬的手段还有，对未批先建的，可以责令恢复原状，对拒不执行停建的，要拘留责任人。要么停建，要么恢复原状。只要未批先建，项目就得下马。

　　另外，《环境保护法》第十四条规定，国务院有关部门和省、自治区、直辖市人民政府组织制定经济、技术政策，应当充分考虑对环境的影响，听取有关方面和专家的意见。在某种程度上，可以看作政策环评的雏形，也是立法机关、环保部门和公众的诉求。有专家认为，这一条可谓此次修法最"超前"的规定，填补了法律空白，具有里程碑式意义。相对于规划和单个建设项目，一些重大经济和技术政策、区域性和行业性发展规划，对环境的影响范围更广、时间更长，且影响发生之后更难处置。

　　法律明文规定了制定经济、技术政策时，要听取有关方面和专家的意见，但在具体实施方面仍然存在不确定性。例如，何种类型的政策制定需要听取意见，对于专家意见的采纳程度如何确定，如果有关方面和专家提出的意见对政策影响较大，政策制定者如何协调部门之间的利益冲突问题，目前尚未有详细法律规定，具体实施细则仍需加以明确，保证此项条文落到实处。

宋世英等人环境监管失职案

一、核心知识点

环境犯罪

近些年来，我国经济飞速发展，人民生活水平日益提高，但是我们的环境状况不容乐观，有久久得不到治理的雾霾、有大江大河受到污染、有生产企业排污污染生态等，环境犯罪也随之多发起来。对于环境犯罪国内学者尚无统一的解释，主要有以下几种观点：（1）环境犯罪是指自然人故意或过失的、法人无过失的污染、破坏环境和自然资源，从而严重损害环境要素及人类健康和生命或损害巨额公私财产的行为。（2）环境犯罪指的是行为人实施的违反环境保护法规、侵害法规保护的对象，并且后果严重（指造成不特定多数人的生命健康和重大公私财产损失），危害公共安全，依照法律应该受到刑罚处罚的行为。（3）环境犯罪是指违反环境保护法律，故意或过失地从事危害或可能危害环境或人体健康的活动，情节严重的行为。

根据我国现行《刑法》的规定，环境犯罪一般可分为三类——污染环境犯罪、破坏环境犯罪和环境职务犯罪。污染环境犯罪有重大环境污染事故罪、非法处置进口固体废物罪、走私废物罪等；破坏环境犯罪主要有非法狩猎罪、非法捕捞水产品罪、非法采矿罪、盗伐林木罪等；环境职务犯罪主要有环境监管失职罪。在矿产、林业等能源资源和生态环境领域，环境监管失职犯罪案件发案率高，这与环境监管人员玩忽职守、滥用职权、徇私舞弊、相互勾结、钱权交易有着直接的关系。

环境职务犯罪分为两类：一是污染环境类职务犯罪；二是破坏自然资源保护类职务犯罪。现行刑法规定了环境监管失职罪，对负有环境保护监督管理职责的国家机关工作人员严重不负责任，不履行或不认真履行环境保护监管职责所导致发生的重大环境污染事故进行处罚。现行刑法对破坏自然资源保护类职务犯罪的规定为非法批准征用、占用土地罪，非法低价出让国有土地使用权罪，违法发放林木采伐许可证罪。环境职务犯罪既包括污染环境方面的职务犯罪，也包括破坏自然资源保护方面的职务犯罪。

二、案情介绍①

沱江干流总长达 600 多公里，经成都、资阳、内江、泸州后注入长江，流域面积约 2.7 万平方公里，其中仅内江市就有 80 万人靠它提供用水。2004 年 3 月初，简阳市一些居民家中的水龙头突然流出有浓烈异味的黑水。从 2004 年 3 月 2 日早晨开始，内江市区及资中县城区和资阳市的简阳三地出现了大面积停水，三城近 100 万居民用水告急，50 万公斤鱼类被毒死，百万人断水 26 天，经济损失 2 亿多元。根据资阳市环境监测站 3 月 1 日下午 4 时采样监

---

① 案情参见：北大法律信息网，http://vip.chinalawinfo.com/case/displaycontent.asp?gid=117521043。

测显示,沱江简阳段氨氮超标 40 至 50 倍。事故原因是位于长江上游一级支流沱江附近的川化集团有限责任公司的控股子公司川化股份有限公司所属第二化肥厂,因违规技改并试生产,设备出现故障,在未上报环保部门的情况下,将 2000 吨氨氮含量超标数十倍的废水直接外排,导致沱江流域严重污染。本案就发生在这样的背景之下。

被告人宋世英,2004 年 4 月 28 日因涉嫌犯环境监管失职罪被成都市公安局刑事拘留,同年 5 月 11 日被成都市公安局锦江区分局逮捕。被告人张明,2004 年 4 月 28 日因涉嫌犯环境监管失职罪被成都市公安局刑事拘留,同年 5 月 11 日被成都市公安局锦江区分局逮捕。被告人张山,2004 年 6 月 30 日因涉嫌犯环境监管失职罪被成都市公安局青白江区分局刑事拘留,同年 7 月 5 日被逮捕。

公诉机关成都市锦江区人民检察院指控被告人宋世英、张明、张山犯环境监管失职罪,于 2004 年 12 月 13 日向成都市锦江区人民法院提起公诉。公诉机关起诉指控,2004 年 2 月 23 日,被告人宋世英接到青白江区污水处理厂副厂长周某某关于污水中氨味很浓的报告后,未及时安排环保局监测站进行监测,未对所发生的水质污染异常情况的原因和污染源进行调查和处理。同月 27 日,被告人宋世英、张明、张山到该污水处理厂检查工作时,得知污水中氨氮含量已严重超标和沱江下游有死鱼的情况,但被告人宋世英仅指示张明、张山对四川化工股份有限责任公司(以下简称川化公司)的污水排放及污水处理设施运行情况进行监测和检查,但既未主动掌握也未要求及时上报监测数据和检查结果,致使区环保局未能及时掌握和处理川化公司严重超标排污的情况。被告人张明在当月 28 日中午得知川化公司所排放的污水中所含有的氨氮含量已超过国家允许的 60mg/l 污水达标排放值,达到 7000mg/l 后,并未及时向区环保局报告这一监测结果,并且在 3 月 1 日下午当其正式签署有关对川化公司排放污水的监测报告后,仍未立即上报区环保局,被告人张山未认真履行环境污染监理职责,迟至 3 月 1 日下午才到川化公司进行现场检查。在发现川化二厂超标排污情况后,未采取任何措施阻止川化公司排污。由于上列三被告人在环境监管工作中的失职行为,未能及时、有效地避免沱江干流重大污染事故的发生。该次重大污染事故致使国家利益和人民群众财产遭受严重损失。经鉴定,其直接经济损失即达 2.19 亿元人民币。公诉机关认为,被告人宋世英身为环保局主管副局长,被告人张明身为环境监测站站长,被告人张山身为环境监理所所长,在履行环境保护监督管理职责中严重不负责任,未及时有效避免重大污染事故的发生,使公私财产遭受重大损失,其行为已触犯《中华人民共和国刑法》第四百零八条之规定,提请成都市锦江区人民法院以环境监管失职罪分别追究三名被告人的刑事责任。

被告人宋世英对起诉书指控的基本事实无异议,但辩解称 2004 年 2 月 23 日青白江区污水处理厂向其汇报氨味浓时,污水处理厂在检测,其曾告诉污水处理厂出现情况要及时反映。被告人宋世英的辩护人提出的辩护意见是:对起诉书指控的罪名无异议。但需要说明的是:一、客观方面,被告人宋世英已经在相当程度上正确履行了环境监管的职责,只是在 2004 年 2 月 27 日的监测数据出来后,未安排上报时间,存有一定程度的疏忽大意。二、主观方面,被告人宋世英只具有较轻程度的过失。三、后果方面,被告人宋世英等人的过失行为与危害结果之间只具有相当间接、偶然的因果关系。四、责任分担方面,被告人宋世英仅应当承担相当次要的责任。五、被告人宋世英系初犯,平时表现较好,归案后认罪态度好,建议对被告人宋世英适用缓刑。

被告人张明对公诉机关的起诉指控辩解称:(1)2004 年 2 月 28 日其得知的监测结果是 2000mg/l,3 月 1 日其将书面报告交给监测站副站长顾某某,让顾某某向上级汇报。其接到指示后即安排副站长开展工作，是尽了职责的。（2）青白江区环境监测站在接到监测指示前沱江污染已经存在，此次污染是由川化公司造成的。（3）青白江区环境监测站是事业单位，其不符合环境监管失职罪的主体。被告人张明的辩护人提出的辩护意见是：一、2004 年 2 月 27 日被告人宋世英安排张明进行监测，同月 28 日被告人张明得知监测结果后就告知了被告人张山；2004 年 3 月 1 日，被告人张明在书面的监测报告上签名后即将报告交给了青白江区环境监测站副站长顾某某，被告人张明不具有严重不负责的行为发生。二、川化公司的污染是从 2004 年 2 月 16 日开始的，被告人张明接到监测任务时，沱江水早已污染了十多天，被告人张明不应当对 2.19 亿元的损失承担责任。

被告人张山对公诉机关的起诉指控辩解称：（1）2004 年 2 月 27 日被告人宋世英安排其对川化公司进行检查，因为平时进川化公司都要事先与川化公司环安处联系。2 月 28 日、29 日为国家法定休息日，川化公司职工休息，故其于 2004 年 3 月 1 日才到川化公司调查。（2）青白江区环境监理所对外的处罚行为都要报区环保局批准才能进行，环境监理所无权自行阻止川化公司排污。（3）其于 3 月 1 日将调查情况向青白江区环保局局长赖某某做了汇报，是否向青白江区区政府汇报是赖某某局长决定的。被告人张山的辩护人提出的辩护意见是：一、青白江区环保局未将沱江污染事件当成紧急事件处理，该局安排被告人张山所做的工作是日常性的工作。被告人张山到川化公司了解情况后向有关领导做了汇报，领导未让其上报，被告人张山已完成了青白江区环保局交办的任务，不存在环境监管失职的行为。二、区监理所人员要进川化公司调查情况需得到该公司环安处人员的配合，且区环境监理所对外所做的处罚行为要区环保局委托才能进行。

对于公诉机关出示的四川省经委出具的证明沱江污染事故造成的直接经济损失为 2.19 亿元的证据，因未能提供组成直接经济损失 2.19 亿元的基础数据的证据，也无省经委会同省建设厅、省水利厅，省环保局对成都、资阳、内江、自贡、泸州五市上报的损失对口核查情况的相关证据予以印证，成都市锦江区人民法院不能确认该数据的客观性，故认定污染事故造成直接经济损失为 2.19 亿元的基础证据不足。

成都市锦江区人民法院认为，被告人宋世英身为青白江区环保局分管环境监测、环境监理、污染管理的副局长，在 2004 年 2 月 23 日得知污水中氨味浓的情况后，未采取相应措施；在 2 月 27 日看了青白江区污水处理厂的监测数据后虽然安排了工作人员进行监测和检查，但未及时督促上报监测数据和检查结果，致使区环保局未能及时掌握川化公司严重超标排污的情况。被告人宋世英在工作中违反了工作职责，严重不负责任；被告人张明身为青白江区环境监测站站长，按照规定负有对该辖区环境要素进行经常性监测，对区内排放污染物的单位进行定期或不定期的监测，完成环保局下达的临时性工作任务的工作职责，却未发现川化公司超标排污的事实，2 月 27 日其接受监测任务后虽然安排了监测站人员进行监测，但其在 2 月 28 日、2 月 29 日得知污水中氨氮含量较高的情况后未将此重大情况汇报给安排其监测的青白江区环保局，在 3 月 1 日得到正式的书面监测报告后，仍未立即将报告递交青白江区环保局，其在履职中存有严重不负责任的行为；被告人张山身为青白江区环境监理所所长，负责监理所的全面工作，负有依法对污染源实施监督管理，负责环境保护行政处罚，完成领导临时交办的工作任务的主要工作职责，被告人张山在 2004 年 2 月 27 日接受调查任务后，在 2 月 28 日、2 月 29 日得知监测数据较高的情况下，迟至 3 月 1 日才到川化公司了解、调查情况，其行为违反了工作职责，在工作中存在严重不负责任的情况。上述三被告人身为负有环境保护监督管理职责的国家机关工作人员，违反相关的职责规定，在工作中严重不负责任，导致未能及时有效地预防、阻止重大环境污染事故的发生，致使公私财产遭受重大损失，其行为已构成环境监管失职罪。公诉机关起诉指控三被告人的犯罪事实清楚，证据确实、充分，指控罪名成立，但其指控沱江污染事故造成直接经济损失为 2.19 亿元的证据不足。被告人宋世英及其辩护人提出的被告人宋世英仅应当承担相当次要的责任的辩解、辩护意见，成都市锦江区人民法院认为，青白江区环保局有权对管辖范围内的排污单位进行现场检查，指导和协调解决本区、各部门的重大环境问题，查处重大环境污染事故和生态破坏事件，调查处理辖区内的环境污染纠纷，被告人宋世英任青白江区环保局副局长、党组成员，其工作职责是协助局长分管环境监测、环境监理、法制与污染管理等工作，对本次事故具有不可推卸的责任，故对上述辩解、辩护意见不予采纳。被告人张明提出的其不符合环境监管失职罪的主体的辩解意见，成都市锦江区人民法院认为，环境监管失职罪的主体是指负有环境保护监督管理职责的国家机关工作人员，青白江区环境监测站是受青白江区环保局领导，从事环境监测的机构，被告人张明身为青白江区环境监测站站长，符合本罪的主体要件，故被告人张明的辩解意见不能成立。被告人张明及其辩护人提出的被告人张明无严重不负责任的行为发生，不应当承担责任的辩解、辩护意见，被告人张山及其辩护人提出的被告人张山在工作中不存在失职行为的辩解、辩护意见，与庭审查明的事实不符，不能成立。为了保护国家防治环境污染的管理制度，维护环境保护部门的正常管理活动，判决如下：

一、依照《中华人民共和国刑法》第四百零八条之规定，被告人宋世英犯环境监管失职罪，判处有期徒刑二年六个月。

二、依照《中华人民共和国刑法》第四百零八条之规定，被告人张明犯环境监管失职罪，判处有期徒刑二年六个月。

三、依照《中华人民共和国刑法》第四百零八条、第七十二条之规定，被告人张山犯环境监管失职罪，判处有期徒刑一年六个月，缓刑二年。

三、适用法条

《中华人民共和国刑法》（1997 年修订）

第四百零八条　负有环境保护监督管理职责的国家机关工作人员严重不负责任，导致发生重大环境污染事故，致使公私财产遭受重大损失或者造成人身伤亡的严重后果的，处三年以下有期徒刑或者拘役。

《国家突发环境事件应急预案》（国办函〔2014〕119 号）附件之一的《突发环境事件分级标准》

凡符合下列情形之一的，为特别重大突发环境事件：

1. 因环境污染直接导致 30 人以上死亡或 100 人以上中毒或重伤的；
2. 因环境污染疏散、转移人员 5 万人以上的；
3. 因环境污染造成直接经济损失 1 亿元以上的；
4. 因环境污染造成区域生态功能丧失或该区域国家重点保护物种灭绝的；
5. 因环境污染造成设区的市级以上城市集中式饮用水水源地取水中断的；
6. I、II 类放射源丢失、被盗、失控并造成大范围严重辐射污染后果的；放射性同位素和射线装置失控导致 3 人以上急性死亡的；放射性物质泄漏，造成大范围辐射污染后果的；

7. 造成重大跨国境影响的境内突发环境事件。

四、案例评析

环境监管失职罪是指负有环境保护监督管理职责的国家机关工作人员严重不负责任、导致发生重大环境污染事故，致使公私财产遭受重大损失或者造成人身伤亡的严重后果的行为。

（一）客体要件

本罪侵犯的客体是国家环境保护机关的监督管理活动和国家对保护环境防治污染的管理制度。造成重大环境污染事故，致使公私财产遭受重大损失或严重人身伤亡的后果，是本罪社会危害性的表现。环境监管机关必须依法对环境实行有效监督和保护管理，负有环境保护监管职责的工作人员，如不认真履行职责，造成重大损失后果的，就是一种严重失职的行为，直接侵害国家对环境保护的管理制度。

（二）客观要件

本罪在客观方面表现为严重不负责任，导致发生重大环境污染事故，致使公私财产遭受重大损失或者造成人身伤亡的严重后果的行为。

1. 必须有严重不负责任的行为

严重不负责任是指行为人对我国法律及其他有关法规所规定的关于环境保护部门监管工作人员的职责，不履行或不认真履行，工作极不负责的行为。实践中严重不负责任的表现多种多样，如对建设项目任务书中的环境影响报告不做认真审查，或者防治污染的设施不进行审查验收即批准投入生产、使用；对不符合环境保护条件的企业、事业单位，发现污染隐患，不采取预防措施防止污染事故的发生；对造成环境严重污染的企业、事业单位应当提出限期治理意见而不提出治理意见；或者虽然提出意见，令其整顿，但不认真检查、监督是否整顿治理以及是否符合条件；应当现场检查排污单位的排污情况而不做现场检查，发现环境受到严重污染应当报告当地政府的却不报告或者虽做报告但不及时等。

本案中，宋世英、张山和张明三位环境监督管理人员的严重不负责任行为表现为：发现环境保护违法行为不及时予以查处；发生环境污染事故不按照规定报告，并且不依法采取必要措施或者拖延采取措施，致使事故扩大，延误了事故处理。

2. 严重不负责任的行为必须导致重大环境污染事故的发生致使公私财产遭受重大损失或者造成人身伤亡的严重后果

环境监管失职要求存在实际危害结果，这里的危害结果必须是客观存在的，即仅指实害结果，而不包括现实危险。根据 2006 年 7 月 26 日最高人民检察院发布施行的《关于渎职侵权犯罪案件立案标准的规定》（简称《立案标准》）的规定，涉嫌下列情形之一的应予立案：

（1）造成死亡 1 人以上，或者重伤 3 人以上，或者重伤 2 人、轻伤 4 人以上，或者重伤 1 人、轻伤 7 人以上，或者轻伤 10 人以上的；

（2）导致 30 人以上严重中毒的；

（3）造成个人财产直接经济损失 15 万元以上，或者直接经济损失不满 15 万元，但间接经济损失 75 万元以上的；

（4）造成公共财产、法人或者其他组织财产直接经济损失 30 万元以上，或者直接经济损失不满 30 万元，但间接经济损失 150 万元以上的；

（5）虽未达到 3、4 两项数额标准，但 3、4 两项合计直接经济损失 30 万元以上，或者合计直接经济损失不满 30 万元，但合计间接经济损失 150 万元以上的；

（6）造成基本农田或者防护林地、特种用途林地 10 亩（约 0.67 公顷）以上，或者基本农田以外的耕地 50 亩（约 3.33 公顷）以上，或者其他土地 70 亩（约 4.67 公顷）以上被严重毁坏的；

（7）造成生活饮用水地表水源和地下水源严重污染的；

（8）其他致使公私财产遭受重大损失或者造成人身伤亡严重后果的情形。

本案中因宋世英、张山以及张明的严重渎职行为，致使内江市区及资中县城区和资阳市的简阳三地出现了大面积停水，三城近 100 万居民用水告急，50 万公斤鱼类被毒死，百万人断水 26 天，经济损失 2 亿多元，显然远远高于立案标准。

3. 严重不负责任行为与造成的重大损失结果之间，必须具有刑法上的因果关系

这是确定刑事责任的客观基础，严重不负责任行为与造成的严重危害结果之间的因果关系错综复杂，构成本罪。应当追究刑事责任的则是指严重不负责任行为与造成的严重危害后果之间有必然因果联系的行为。由于本罪的严重危害后果并非行为人的直接行为所致，因此，如何认定两者之间具有刑法上的因果关系具有一定难度。认定二者是否具有因果关系，关键要查明行为人是否具有防止重大环境污染事故发生的职责，如果具有这种防止义务，由于其违反环境监督管理职责的规定，严重不负责任，那么就应当认定二者具有刑法上的因果关系。

宋世英、张明、张山分别作为青白江区环保局分管环境监测、环境监理、污染管理的副局长、环境监测站站长和环境监理所所长，负有及时有效地预防、阻止重大环境污染事故的发生的职责，但其在工作中严重不负责任，违反相关的职责规定，致使公私财产遭受重大损失，因此应认定三位环境监督管理人员的行为与损害结果之间具有刑法上的因果关系，构成环境监管失职罪。

（三）主体要件

本罪主体为特殊主体，即负有环境保护监督管理职责的国家机关工作人员，具体是指在国务院环境保护行政主管部门、县级以上地方人民政府环境保护行政主管部门从事环境保护工作的人员，以及在国家海洋行政主管部门、港务监督、渔政渔港监督、军队环境保护部门和各级公安、交通、铁路、民航管理部门中，依照有关法律的规定对环境污染防治实施监督管理的人员。此外，县级以上人民政府的土地、矿产、林业、农业、水利行政主管部门中依照有关法律的规定对资源的保护实施监督管理的人员，也可以构成本罪的主体。在依照法律、法规规定行使环境监督管理职权的组织中从事公务的人员，或者在受国家机关委托代表国家机关行使环境监督管理职权的组织中从事公务的人员，或者虽未列入国家机关人员编制但在负有环境监督管理职责的国家机关中从事公务的人员，在代表国家机关行使环境监督管理职权时，也可构成本罪的主体。

从本案来看，宋世英符合本罪犯罪主体中"县级以上地方人民政府环境保护行政主管部门从事环境保护工作的人员"此类情况，青白江区环保局是法律明确规定的环境保护行政主管部门，对辖区内的环境保护工作实施统一监督管理。宋世英作为副局长分管环境监测、环境监理、污染管理工作，其违反工作职责严重不负责任的行为，构成环境监管失职罪，对本

次事故具有不可推卸的责任。张明则应属"环保部门以外的其他组织中的工作人员通过授权或委托取得合法资格，行使环境监管职责的"情形，青白江区环境监测站是接受区环保局领导，从事环境监测的机构。尽管环境监测站是事业单位，但其实质上是依照法律、法规行使环境保护监督管理职权的组织。张明担任环境监测站站长，负责监测站的全面工作，是在行使环境监督管理职责，符合本罪的主体要求。

（四）主观要件

本罪主观上是过失，存在注意义务是过失犯罪成立的前提。环境监管失职是一种职务上的监管过失，表现为负有环境监管职责的工作人员在从事公务过程中违反了注意义务，不履行或者不正确履行自己的职责，致使公共财产、国家和人民利益遭受重大损失的过失情况。有的学者认为本罪的主观不仅包括过失，还包括间接故意。本罪是结果犯，虽然行为人对其应履行的职责有明确的认知，但对危害结果的发生是持否定态度的。因此，本罪只能由过失构成。

本案的争议焦点是检察院认为宋世英为青白江区环保局副局长、党组成员，其工作职责是协助局长分管环境监测、环境监理、法制与污染管理等工作，对管辖范围内的排污单位进行现场检查，指导和协调解决本区、各部门的重大环境问题，查处重大环境污染事故和生态破坏事件，调查处理辖区内的环境污染纠纷，宋世英没有尽到以上义务，导致事故的发生。宋世英认为自己已经在相当程度上正确履行了环境监管的职责，只是在2004年2月27日的监测数据出来后，未安排上报时间，存有一定程度的疏忽大意，具有较轻程度的过失。另外，宋世英认为自己应承担次要责任。另一被告人张明认为自己已经尽到职责，污染不能由自己一人避免，自己也不是环境监察失职罪的责任主体，不能构成此罪。而检方则认为环境监管失职罪的主体是指负有环境保护监督管理职责的国家机关工作人员，青白江区环境监测站是受青白江区环保局领导，从事环境监测的机构，被告人张明身为青白江区环境监测站站长，符合本罪的主体要件。

综合以上分析，宋世英身为青白江区环保局分管环境监测、环境监理、污染管理的副局长，在得知污水中氨味浓的情况后，未采取相应措施，虽然安排了工作人员进行监测和检查，但未及时督促上报监测数据和检查结果，致使区环保局未能及时掌握川化公司严重超标排污的情况。宋世英在工作中违反了工作职责，严重不负责任。张明身为青白江区环境监测站站长，按照规定负有对该辖区环境要素进行经常性监测，对区内排放污染物的单位进行定期或不定期的监测，却未发现川化公司超标排污的事实，2004年2月27日其接受监测任务后虽然安排了监测站人员进行监测，但其在2月28日、2月29日得知污水中氨氮含量较高的情况后未将此重大情况汇报给安排其监测的青白江区环保局，在3月1日得到正式的书面监测报告后，仍未立即将报告递交青白江区环保局，其在履职中存有严重不负责任的行为。张山身为青白江区环境监理所所长，负责监理所的全面工作，负有依法对污染源实施监督管理，负责环境保护行政处罚，完成领导临时交办的工作任务的主要工作职责。张山在2004年2月27日接受调查任务后，在2月28日、2月29日得知监测数据较高的情况下，3月1日才到川化公司了解、调查情况，其行为违反了工作职责，在工作中存在严重不负责任的情况。

宋世英、张明、张山身为负有环境保护监督管理职责的国家机关工作人员，违反相关的职责规定，在工作中严重不负责任，导致未能及时有效地预防、阻止重大环境污染事故的发生，致使内江市区及资中县城区和资阳市的简阳三地出现了大面积停水，三城近100万居民用水告急，50 万公斤鱼类被毒死，百万人断水 26 天，经济损失 2 亿多元，其行为已构成环境监管失职罪。

五、拓展思考

就本案而言，由于宋世英、张明和张三的失职，导致了 2.19 亿元的直接经济损失，宋世英和张明分别被判处两年六个月的有期徒刑，张山被判一年六个月，还适用缓刑，我们不得不惊叹，贪污腐败几百万就判死刑，现在导致这么大的经济损失最重才判两年半。环境检查失职罪的最高刑期为三年，难道把全国的河流都污染了，环保部门人员失职就判三年吗？显然量刑和导致的损失不成正比。另外，环境监管失职罪作为结果犯，只有造成一定环境污染事故，检察院才能提起公诉，很多案件并没有达到该立案标准，所以这些失职的环境监管人员不受法律约束。

对于现行《刑法》对于环境监管失职罪刑责不对应的现状，建议立法机关加大对环境犯罪的刑罚力度，约束环境行政机关人员的行为，督促他们尽职尽责，但这并非开历史倒车，把中国拉回重刑的时代，应坚持罪责刑相适应的原则。其次，还要降低环境监管失职罪的立案标准，改变以重大污染事故和重大公私财产损害为构成要件的情况，规定相应的预防措施，尽量避免造成严重后果的结果犯，把环境监管失职行为扼杀在萌芽阶段。

沱江接连发生两起特大水污染事件反映出诸多问题，不单单是环境行政人员工作失职的问题，环境突发事件的应急和预警机制出现了问题。由于缺乏及时准确的信息报告系统，有些地方对突发性污染事件的敏感性不高，存在着瞒报、漏报、不报等情况。我们要通过改进行政管理措施，对可能发生突发性污染事件的领域进行严格管理，将事故隐患消灭于萌芽状态，杜绝污染事故的发生。另外还要尽快建立突发性污染事件预警预报系统，预警预报系统主要着眼于对事件的预防跟踪、紧急通报和应急监测，以便对可能影响的范围和程度做出预报。再次还要建立突发性污染事件地理信息系统，利用现有科技把控不同区域的污染企业，有针对性地采取预防措施，建立重点企业、重点敏感地带污染事件隐患情况的档案，对可能造成突发性事件的污染源及时跟踪，提高应急反应机制的科学性、合理性和智能化水平。

邹桂生诉资源县林业局颁发林木采伐许可证纠纷案

一、核心知识点

环境许可证制度

环境法中的许可证制度是由环境法确认的从事可能对环境有不良影响活动的开发、建设或者经营者，必须向有关管理机关提出申请，经审查批准发给许可证后才能从事该活动的一系列管理制度。许可证制度体现了环境保护中政府的直接控制手段，相对于市场手段的间接调控，许可证制度是政府通过设置直接准入条件以保护环境的有效方式。通过颁发许可证，可以禁止和限制那些不利于环境的人类活动，使人类活动遵循自然规律，引导整个社会向可持续发展的方向发展。许可证制度是实现环境保护的法律目的，实现人与自然和谐共处的重要制度。

许可证种类繁多，根据我国环境法的规定，我国许可证包括排污许可证，海洋倾废许可证，林木采伐许可证，捕捞许可证，采矿许可证，取水许可证，特许捕猎证，驯养繁殖许可证，建设用地许可证，进出口许可证，核设施建造证，危险废物经营、转移许可证等。根据不同特点，环境许可证可归纳为不同类型：根据紧急程度可以分为一般许可证和紧急许可证；根据控制程度可以分为特别许可证和普通许可证；根据许可行为所涉及的领域可以分为开发许可证、规划许可证、建设许可证、排污许可证等。

二、案情介绍[①]

原告邹桂生在资源县瓜里乡白竹村一个小地名叫火烧凹的林地有 0.1 公顷以上的人工营造的杉木纯林；在小地名叫纪木湾的地方有 0.4 公顷以上的人工营造的杉木纯林，以上两处，原告管业超过了二十余年，林木的培育种植、养护、收益以及世行造林贷款等业务均归原告实施和享有，与他人从未有过林地、林木的权属纠纷。

2008 年 10 月 7 日，被告资源县林业局向林木采伐许可证申请人颁发桂 ANO0286931 和桂 ANO0286932 林木采伐许可证；该两证资料显示：火烧凹和纪木湾两处伐区面积总计为 0.5 公顷，出材量总计为 47 立方米；林木权属认定为邹世益所有；林木已到成熟期，无继续生长前途。以上情况与事实均有不同程度的差异甚至认定错误。申请人邹世益得到被告颁发的两个林木采伐许可证后，大肆采伐原告所有的林木，伐区面积大约 0.8 公顷，出材量超过 47 立方米，而真正属于申请人邹世益所有的 10 平方米的林木却没有一棵被采伐。因被告的错误颁发林木采伐许可证的行为给原告造成了无法挽回的巨大的经济损失。应原告的申请，被告已对采伐的林木进行了冻结，但对错误颁发林木采伐许可证及给原告造成的经济损失避而不谈，至今未给原告一个满意的答复。

[①] 案情参见：北大法宝，http://www.pkulaw.cn/fulltext_form.aspx?Db=pfnl&EncodingName=/help/di.html&Gid =117631370& Search_Mode&keyword。

原告认为由于被告的违法行政行为，错误颁发两份林木采伐许可证，导致其遭受巨大经济损失。为保护原告的合法权益不受侵犯，特依照《中华人民共和国行政诉讼法》第六十七条、第六十八条的规定，向资源县法院起诉，请求：撤销被告颁发的桂 ANO0286931 和桂 ANO0286932 林木采伐许可证；诉讼费用由被告承担。请法院依法判决，支持原告的诉讼请求。

被告辩称：其一，被告发放林木许可证的行为符合法定程序。2008 年 8～9 月间，邹世益的女儿邹连英向外宣称娘家有两块青山出售，梅溪乡喻清、周良玉等人即与邹连英联系，邹连英就带他们到山场查看，说是自己父亲邹世益的山场。喻清等人认为值得购买，就与邹连英达成了购买意向。喻清等人联系瓜里乡林业站，9 月 20 日，瓜里乡林业站工作人员与喻清等人及邹连英一同到这两块山场进行现场查看，由邹连英指出伐区范围，林业站做了伐区调查设计的工作。因邹世益当时在江西务工，9 月 23 日，喻清、周良玉与邹连英签订了购买合同，邹连英经邹世益许可提供了邹世益的户口本。9 月 24 日，喻清等人持邹世益的户口本到瓜里乡白竹村村委会找到村委会主任易忠荣，村委会签署了情况属实的意见。10 月 6 日，喻清等人将设计报告及申请表带到县林业局，各部门签署了同意采伐的意见。10 月 7 日，瓜里乡林业站发放了林木采伐许可证。被告已按法定程序履行了审查义务。

其二，邹世益将邹桂生的山林冒充自己的山林骗取林木采伐许可证，被告无过错，邹桂生应向邹世益主张权利。在邹桂生提出异议的情况下，被告立即对已采伐的林木进行了冻结，并派出工作人员进行了详细调查。据悉原因为：邹桂生与邹世益属堂兄弟，数年前邹桂生的儿子因故杀害邹世益的儿子，被判无期徒刑，法院判决民事赔偿 8 万余元，但邹桂生一直未予赔偿，并常年不在家。邹世益在多年索赔未果的情况下，认为邹桂生故意逃避债务，于是趁邹桂生不在家时将邹桂生的山林冒充自己的山林，从而骗取了林木采伐许可证。虽然邹世益在申请、发放林木采伐许可证期间不在家，但他承认是知情的。被告派出的工作人员多次询问邹世益，邹世益明确表示伐区和砍伐的山场确属邹桂生所有，不存在所谓的林权纠纷。因此在发放采伐证的过程中，邹世益及其女儿邹连英故意隐瞒真实情况，被告无过错。现林木已被砍伐，撤销采伐许可证已无实际意义，邹世益的行为给邹桂生造成的损失，邹桂生应依照法律程序向邹世益主张损害赔偿。被告认为，采伐许可证发放到邹世益的名下，被告已尽到合理审查的义务，邹世益及其女儿邹连英故意隐瞒真实情况骗取采伐许可证，应当承担法律责任，邹桂生应向邹世益主张损害赔偿的权利，撤销采伐许可证已无实际意义。

法院经审理查明，2008 年 9 月 23 日，邹连英在告知其父邹世益后，以邹世益名义与周良玉、喻清签订《购买杉树青山协议书》，将位于资源县瓜里乡白竹村刘家组纪木湾、火烧凹本属原告邹桂生的山林作价 2.5 万元转让给周良玉、喻清。签订协议时，周良玉交给邹连英押金 1.2 万元。之后，邹连英提供邹世益的户口本，由周良玉以邹世益名义提出申请办理林木采伐许可证。在经白竹村村委会审核，资源县林业调查规划设计队设计后，资源县林业局根据《广西壮族自治区林木采伐许可证发放与管理办法》的相关规定，于 2008 年 10 月 7 日向周良玉颁发了名字为邹世益的桂 ANO0286931〔2008〕资林采字第 372 号、桂 ANO0286932〔2008〕资林采字第 373 号林木采伐许可证，领证人是周良玉。周良玉取得林木采伐许可证后，即对以上两处林木进行采伐，且在本案诉讼前已采伐完毕。原告邹桂生知情后要求林业局处理，因对处理不满意，遂向资源县人民法院提起行政诉讼。

资源县人民法院认为，人民法院审理行政案件是对行政行为的合法性进行审查。审查行政行为的合法性，即审查行政机关是否具有管理被诉行政行为的法定职权、做出的行政行为是否符合法定程序、事实是否清楚、适用法律法规是否正确。本案中,原告诉请撤销林木采伐许可证的理由是认为被告将本属原告的林木却向邹世益发放林木采伐许可证,属错误颁证。经资源县人民法院审查,邹连英所卖纪木湾、火烧凹林木,确属原告邹桂生所有。在周良玉以邹世益名义申请林木采伐许可证过程中,资源县林业局对申请材料进行形式审查后,即向周良玉发放了名字为邹世益的林木采伐许可证。按照《广西壮族自治区林木采伐许可证发放与管理办法》第四条第二项规定,签发林木采伐许可证的依据应有山界林权证书或有关证明文件。因资源县林业局没有对相关申请林木采伐许可证的林木权属进行实质审查,致颁证事实不清,应予撤销。但周良玉在取得林木采伐许可证后,已将林木采伐完毕,故撤销林木采伐许可证已无实际意义,鉴于此,应确认被告颁发的林木采伐许可证违法。综上所述,依照《最高人民法院关于执行〈中华人民共和国行政诉讼法〉若干问题的解释》第五十七条第二款第(二)项之规定,经资源县人民法院审判委员会讨论决定,判决如下:

①确认被告资源县林业局 2008 年 10 月 7 日颁发的〔2008〕资林采字第 372 号林木采伐许可证违法。

②确认被告资源县林业局 2008 年 10 月 7 日颁发的〔2008〕资林采字第 373 号林木采伐许可证违法。

三、适用法条

《中华人民共和国森林法》(1984 年颁布)

第三十二条 采伐林木必须申请采伐许可证,按许可证的规定进行采伐;农村居民采伐自留地和房前屋后个人所有的零星林木除外。

国有林业企业事业单位、机关、团体、部队、学校和其他国有企业事业单位采伐林木,由所在地县级以上林业主管部门依照有关规定审核发放采伐许可证。

铁路、公路的护路林和城镇林木的更新采伐,由有关主管部门依照有关规定审核发放采伐许可证。

农村集体经济组织采伐林木,由县级林业主管部门依照有关规定审核发放采伐许可证。

农村居民采伐自留山和个人承包集体的林木,由县级林业主管部门或者其委托的乡、镇人民政府依照有关规定审核发放采伐许可证。

采伐以生产竹材为主要目的的竹林,适用以上各款规定。

《最高人民法院关于执行〈中华人民共和国行政诉讼法〉若干问题的解释》(法释〔2015〕9 号)

第五十七条 人民法院认为被诉具体行政行为合法,但不适宜判决维持或者驳回诉讼请求的,可以做出确认其合法或者有效的判决。

有下列情形之一的,人民法院应当做出确认被诉具体行政行为违法或者无效的判决:

(一)被告不履行法定职责,但判决责令其履行法定职责已无实际意义的。

(二)被诉具体行政行为违法,但不具有可撤销内容的。

(三)被诉具体行政行为依法不成立或者无效的。

四、案例评析

本案涉及的是林木采伐许可证颁发所引起的纠纷问题。颁发环境资源保护许可证是国家有关环境资源管理机关经常进行的一种行政行为。许可证的管理程序大致分为以下几个步骤：

（一）许可证的申请。由申请人向环境资源管理机关提出书面申请，并附有审查所必需的各种材料，如林木采伐许可证申请时应提交林木采伐申请书、伐区调查设计材料、缴交税金费凭证、有法律效力的山林权属证明、上年度采伐迹地更新验收合格证明等材料。

（二）申请的审查。有权颁发环境资源许可证的国家行政机关在收到申请人的申请后，应对申请进行全面审查。审查包括程序审查和实质审查两部分。程序审查主要审查申请事项是否符合法律规定的程序，申请手续是否齐全等；实质审查包括审查有关的申请事项是否符合有关法律、法规的规定，对某些重要事项，发证机关还要进行实地调查。此外，主管机关在公布申请后一定时间内征求公众意见。

（三）决定。发证机关对环境资源保护许可证的申请进行审查后，如果认为符合要求，那么就应当及时向申请人颁发环境资源保护许可证。经过审查，如果认为不符合要求，那么就应当允许申请人进行调整，待满足条件后，重新提出申请。拒绝发证的，应说明拒发理由。

（四）监督管理。许可证颁发后，主管机关必须对持证人执行许可证情况进行经常性监督管理，包括索取有关资料、现场检查、实地监测排污情况等。如发现问题，应及时纠正和处理。在发生情况变化时，主管机关可以修改许可证中原来的条件。

（五）处理。如果持证人违反规定义务从而导致环境资源的损害或其他后果时，主管机关可以中止、吊销许可证，责令其停产等。

邹桂生对林业局向他人颁发林木采伐许可证的行为不服，认为侵犯到自己合法权益而诉至法院的行政纠纷，法庭审理主要围绕着被告资源县林业局的颁证行为是否合法、原告请求的撤销本案所涉及的林木采伐证的请求能否成立的判断而展开，因此在分析该案件时也需要从这几个方面来梳理线索：

一是对于"被告资源县林业局的颁证行为是否合法"的判定，此处主要涉及合法行政行为的认定方面的内容。

根据我国行政法律法规的规定，要认定某具体行政行为合法需要满足如下几个条件：其一，行政行为的主体应当合法，具体是指行政机关合法、人员合法和委托合法；其二，行政行为应当符合行政主体的权限范围，也就是所谓的权限合法；其三，行政行为内容应当合法、适当，具体是指行政行为所涉及的权利、义务，以及对这些权利、义务的影响或处理，均应符合法律、法规的规定和社会公共利益，内容要明确、适当，而且应当公正、合理；其四，行政行为应当符合法定程序，包括必须符合与该种行政行为性质相适应的程序要求以及程序的一般要求。只有同时符合上述四个条件的行政行为才是合法行政行为。

本案涉及的行政行为是被告向周良玉颁发林木采伐许可证的行政许可行为，要考察该行为的合法性就要看其是否符合上述四个要件。经法庭审查可知，涉案纪木湾、火烧凹林木的所有权人为原告邹桂生，在签发林木采伐许可证时，发证机关应当对申请人的山界林权证书或有关证明文件予以审查，确定申请人的身份后方可颁发。在周良玉以邹世益名义申请林木采伐许可证过程中，资源县林业局仅对申请材料进行了形式审查后，并未核实其上述证件，即向周良玉发放了名字为邹世益的林木采伐许可证。在该行政行为中存在着内容不合法的情形，实质审查的缺失导致了该行政行为的违法性。

二是对于"原告请求的撤销本案所涉的林木采伐证的请求能否成立"的判定，此处主要涉及行政行为违法后的处理方面的内容。

行政行为被认定为违法后，自始无效，应当恢复原状亦即撤销该违法行为，在无法恢复原状的情况下，则确认该行政行为违法，如果该行为存在非法侵权后果的，则由赔偿义务机关予以赔偿损失。

在本案中，资源县林业局向周良玉颁发名字为邹世益的林木采伐许可证的行为被认定为违法，周良玉在取得林木采伐许可证后，已将林木采伐完毕，故无法再恢复原状，撤销林木采伐许可证已无实际意义，因此法院确认被告颁发的林木采伐许可证违法是正确的。

五、拓展思考

林木采伐许可证制度的实施对我国林木资源的保护发挥着重大的作用，但我国林木采伐许可证仍面临不少问题。如采伐许可证审核机关存在交叉等问题。

林木采伐许可证的审批机关包括纵向和横向两个方面。纵向的审批机关是指从国务院林业主管部门到省级、市级、县级林业主管部门这样一个体系。横向的审批机关包括林业部门和与其平级的相关部门，如水利、农业、国土资源等部门。林业部门的主要管辖区域是林地部分，非林地部分分布的区域相对比较分散，林业部门对这些分散的林木进行管理，成本过高，不切实际，在操作中也会出现困难。林业行政主管部门作为林业的主管机关不可能对所有涉及林地的部分进行管理，对于在农田里的零星树木，可能由农业部门来规范，所以在实践中可能存在审批机关相冲突的现象，不利于对林木资源进行管理。

明确林木采伐许可证的审批机关，可以提高林业许可审批的效率，进一步便利当事人。从横向来看，一般情况下林业部门管辖的区域是林地部分，非林地部分的区域因为比较分散，在实际的操作中也难以管理。非林地部分的林木让其他相关部门进行管理符合实际的需要，也可以便利林权人。所以，为了更加便利林木权人行使自己的权利，对自己的林木进行处置，提高农林收益，同时促进林业部门提高审批效率，林业部门可以取消对于这部分采伐审批的规定，但当采伐的树木达到一定数量时，林木采伐许可的审批就有必要报林业主管部门审批，这个数量也要因地制宜，不能以统一的数量线来卡死。

从纵向来看，各级林业部门应该更加明确权限划分，一些地方的审批程序过于严格阻碍了林业产业的发展。现实中就有因为森林采伐审批不通过而陷入困境的案例，石光银于1984年决定承包荒沙地造林，并成立治沙公司，至2002年，已经完成造林4000公顷，但石光银却无法砍伐自己所种林木，原因是他根本申请不到林木采伐许可证。高利红教授在《森林权属法律体系构造》一文中认为导致上述案例问题的原因在于我国实行的采伐许可证制度，对于植树造林者来讲，植树人拥有所植树木所有权，按照一般理论拥有所有权即可对该物品进行处分，但我国规定对森林树木的采伐处置需要进行许可，这种许可与《物权法》规定的所有权是冲突的。为了化解此矛盾，高利红教授认为我们要明晰采伐许可证的性质是一般许可，不是赋予权利的特殊许可，所以其建议立法部门下放商品林（生态林除外）采伐审批权，尽量避免法律体系之间的矛盾。

泗县第三人民医院诉泗县环保局行政处罚纠纷案

一、核心知识点

排污收费制度

排污收费制度是对于向环境排放污染物或者超过国家排放标准排放污染物的污染者，按照污染物的种类、数量和浓度，根据规定征收一定费用的制度。排污收费制度是运用经济手段有效地促进污染治理和新技术的发展，使污染者承担一定的污染防治费用的法律制度，是污染者付费原则的体现。排污收费制度既能控制污染排放，也能对控制和削减污染的行为提供支持和帮助。

排污收费制度的特点是：排污收费制度属于国家强制征收，征收的排污费纳入国家财政预算，作为环境保护专项资金使用。为加强经济手段和市场机制在环境污染防治中的作用，我国的排污收费制度开始从污染物的浓度收费向总量收费发展，缩小了只对超过污染物排放标准收费的"超标收费"的适用范围，扩大了收费、超标增加收费的排污收费范围。

排污收费制度源于工业发达国家，作为一项完整的制度，大约始于 20 世纪 70 年代初。中国排污收费制度始于改革开放之初。1979 年 9 月，第五届全国人大常委会第十一次会议通过的《中华人民共和国环境保护法（试行）》规定："超过国家规定的标准排放污染物，要按照排放污染物的数量和浓度，根据规定收取排污费"，其他环境保护法律也对此做出了明确规定，从法律上确立了中国的排污收费制度。1982 年 7 月，国务院颁布《征收排污费暂行办法》，标志着我国排污收费制度正式建立。2003 年 1 月，国务院颁布了《排污费征收使用管理条例》，并于当年在全国实施。这是中国排污收费制度逐步完善的标志，是排污收费的政策体系、收费标准、使用、管理方式的一次重大改革和完善。随后，相应配套规章办法也及时出台，包括《排污费征收标准管理办法》《排污费资金收缴使用管理办法》《关于减免及缓缴排污费等有关问题的通知》等法规。

二、案情介绍[①]

2003 年 8 月 30 日，泗县环保局根据泗县第三人民医院的排污申报及相关资料，依法向该医院发出了排污核定通知书。接到通知书后，该医院于 2003 年 8 月 31 日向泗县环保局提出排污复核申请。2003 年 9 月 4 日，泗县环保局经复核后，向该医院发出了排污核定复核决定通知书，并于 2003 年 9 月 15 日正式向该医院发出排污费缴纳通知单（〔2003〕第 7 号），并发布公告。然而，泗县第三人民医院在接到通知单的 7 日内，拒不履行缴纳排污费义务。2003 年 9 月 30 日，泗县环保局向泗县第三人民医院发出了排污费限期缴纳通知书。在规定期限内，该医院仍未履行缴纳义务。

---

① 案情参见：新浪网，http://news.sina.com.cn/c/2004-08-30/10493532245s.shtml。

针对该医院的环境违法行为，泗县环保局在立案调查后，按照行政处罚程序于 2003 年 12 月 21 日对该医院送达行政处罚决定书（〔2003〕第 362 号），罚款 5214.99 元，责令补缴 2003 年 7～9 月排污费 2779.98 元。泗县第三人民医院接到处罚决定书后，认为此处罚决定侵犯其合法权益，遂向泗县人民法院提起行政诉讼。

2004 年 2 月 24 日，泗县人民法院公开开庭审理了此案。原告泗县第三人民医院在庭审中诉称，泗县第三人民医院属非营利性福利事业单位，治污设施一直运转正常，其产生的医疗固废都已按规定进行毁形、变形和消毒处理。按照原国家计委、财政部《关于不得向医疗机构征收污水排污费问题的通知》的规定，医院不属于征收污水排污费的范围，请求撤销〔2003〕第 7 号排污费缴纳通知单及〔2003〕第 362 号行政处罚决定书。而被告泗县环保局在庭审中则辩称：依据《排污费征收使用管理条例》规定，泗县第三人民医院应视为排污单位，理应依法缴纳排污费。同时，根据日常检查情况，原告根本没有执行《医疗废物管理条例》的有关规定对垃圾进行处理，更谈不上符合国家《危险废物焚烧污染控制标准》。

法院庭审后认为，泗县环保局在对泗县第三人民医院做出行政处罚过程中，按照《排污费征收使用管理条例》规定的排污费征收程序操作严格，证据确凿，程序合法。维持泗县环保局做出的〔2003〕第 7 号排污费缴纳通知单及〔2003〕第 362 号行政处罚决定书。泗县第三人民医院接到判决书后，不服一审判决，遂上诉于安徽省宿州市中级人民法院。宿州市中级人民法院经公开开庭审理后，依法驳回原告上诉，维持原判。

三、适用法条

《中华人民共和国环境保护法》（2014 年修订）

第四十三条　排放污染物的企业事业单位和其他生产经营者，应当按照国家有关规定缴纳排污费。排污费应当全部专项用于环境污染防治，任何单位和个人不得截留、挤占或者挪作他用。

依照法律规定征收环境保护税的，不再征收排污费。

《排污费征收使用管理条例》（国务院 2003 年颁布）

第二条　直接向环境排放污染物的单位和个体工商户（以下简称排污者），应当依照本条例的规定缴纳排污费。

排污者向城市污水集中处理设施排放污水、缴纳污水处理费用的，不再缴纳排污费。排污者建成工业固体废物贮存或者处置设施、场所并符合环境保护标准，或者其原有工业固体废物贮存或者处置设施、场所经改造符合环境保护标准的，自建成或者改造完成之日起，不再缴纳排污费。

国家积极推进城市污水和垃圾处理产业化。城市污水和垃圾集中处理的收费办法另行制定。

第十四条　排污费数额确定后，由负责污染物排放核定工作的环境保护行政主管部门向排污者送达排污费缴纳通知单。

排污者应当自接到排污费缴纳通知单之日起 7 日内，到指定的商业银行缴纳排污费。商业银行应当按照规定的比例将收到的排污费分别解缴中央国库和地方国库。具体办法由国务院财政部门会同国务院环境保护行政主管部门制定。

　　第二十一条　排污者未按照规定缴纳排污费的，由县级以上地方人民政府环境保护行政主管部门依据职权责令限期缴纳；逾期拒不缴纳的，处应缴纳排污费数额 1 倍以上 3 倍以下的罚款，并报经有批准权的人民政府批准，责令停产停业整顿。

四、案例评析

　　本案中，泗县第三人民医院向环境排放污染物，泗县环保局令其缴纳排污费，医院认为自己不属于污水排污费的征收范围，于是未在规定期限内缴纳排污费，环保局按照法律规定开出罚单，双方便发生了争执，诉诸于法庭。

　　本案的重要线索是排污费的收取，关于排污费的征收与管理，我国法律有着明确规定，下面内容将逐一进行分析。

　　（一）征收排污费的对象和范围

　　1. 征收排污费的对象

　　2003 年开始实行的《排污费征收使用管理条例》对排污费的征收对象做了规定，即直接向环境排放污染物的单位和个体工商户。单位包括政府机关、事业单位、企业等，个体工商户包括家庭作坊等形式的经营者。并不是所有单位和个体工商户都要缴纳排污费，对于向城市污水集中处理设施排放污水、缴纳污水处理费用的，不再缴纳排污费。

　　《水污染防治法》也对征收排污费的对象进行了规定，企事业单位向水体排放污染物的，按照国家规定缴纳排污费；超过国家或地方规定的污染物排放标准的，按照国家规定缴纳超标准排污费。

　　2. 征收排污费的范围

　　根据《排污费征收使用管理条例》的规定，排污收费项目包括四大类型：污水排污费；废气排污费；固体废物及危险废物排污费；噪声超标排污费。今后征收排污费的发展方向是：扩大收费范围，对同样污染环境的恶臭、电磁辐射、光污染、生活垃圾等也应考虑开征排污费。

　　（二）征收排污费的程序

　　排污费的缴纳并不是一次完成的，需要经过相应法律程序，根据《排污费征收使用管理条例》和《关于排污费征收核定有关工作的通知（试行）》（以下简称《核定通知》）的规定，征收排污费应当遵守如下程序：

　　1. 申报登记

　　《排污费征收使用管理条例》和《核定通知》都对此程序有规定，排污者应当在每年 12 月 15 日前，填报《全国排放污染物申报登记报表》，申报下一年度排放污染物种类、数量、浓度等情况，并提供相关资料。新建、扩建、改建项目，应当在试生产前 3 个月内办理排污申报手续。在城市市区内建筑施工中使用机械设备，可能产生环境噪声污染的，施工单位应在开工前 15 日办理排污申报手续。

　　2. 审核

　　环境监察机构应在每年 1 月 15 日前，依据排污者申报的《全国排放污染物申报登记报表》

进行年度审核。

3. 核定

《核定通知》对排污费征收核定权限、核定依据和顺序、核定通知书的送达等事项做出相应规定：

（1）核定权限。县级以上环境保护局应当切实加强本行政区域内排污费征收管理工作的贯彻实施，其所属的环境监察机构具体负责排污费征收管理工作。县级环境保护局负责行政区划范围内排污费的征收管理工作。直辖市、设区的市级环境保护局负责本行政区域市区范围内排污费的征收管理工作。省、自治区环境保护局负责装机容量 30 万千瓦以上的电力企业排放二氧化硫排污费的征收管理工作。

（2）核定依据和顺序。环境监察机构应当依据《排污费征收使用管理条例》，按照下列规定顺序对排污者排放污染物的种类、数量进行核定：排污者按照规定正常使用国家强制检定并经依法定期校验的污染物排放自动监控仪器，其监测数据作为核定污染物排放种类、数量的依据；具备监测条件的，按照国家环境保护总局规定的监测方法监测所得的监督监测数据；不具备监测条件的，按照国家环境保护总局规定的物料衡算方法计算所得物料衡算数据。设区市级以上环境监察机构可以结合当地实际情况，对餐饮、娱乐、服务等第三产业的小型排污者，采用抽样测算的办法核算排污量。

（3）核定通知书的送达。各级环境监察机构应当在每月或者每季度终了后 10 日内，依据经审核的《全国排放污染物申报登记报表（试行）》《排污变更申报登记表（试行）》，并结合当月或者当季的实际排污情况，核定排污者排放污染物的种类、数量，并向排污者送达《排污核定通知书（试行）》。排污者对核定结果有异议的，自接到《排污核定通知书（试行）》之日起 7 日内，可以向发出通知的环境监察机构申请复核；环境监察机构应当自接到复核申请之日起 10 日内，做出复核决定。对拒报、谎报《全国排放污染物申报登记报表（试行）》《排污变更申报登记表（试行）》的，由环境监察机构直接确定其排放污染物的种类、数量，并向排污者送达《排污核定通知书（试行）》。

4. 公告及排污费的缴纳

各级环境监察机构应当按月或按季度根据排污费征收标准和经核定的排污者排放污染物种类、数量，确定排污者应当缴纳的排污费数额，并予以公告；排污费数额确定后，由环境监察机构向排污者送达《排污费缴纳通知单（试行）》；排污者应当自接到《排污费缴纳通知单（试行）》之日起 7 日内，到指定的商业银行缴纳排污费；逾期未缴纳的，负责征收排污费的环境监察机构从逾期未缴纳之日起 7 日内向排污者下达《排污费限期缴纳通知书（试行）》。

（三）排污费征收标准的确定和征收、减免、免收和缓缴条件

1. 排污费征收标准的确定

根据国务院《排污费征收使用管理条例》和《排污费征收标准管理办法》的规定，排污者应当按照国务院环境保护行政主管部门的规定，向县级以上地方人民政府环境保护行政主管部门申报排放污染物的种类、数量，并提供有关材料。

国务院价格主管部门、财政部门、环境保护行政主管部门和经济贸易主管部门，根据污染治理产业化发展的需要、污染防治的要求和经济、技术条件以及排污者的承受能力，制定国家排污费征收标准。国家排污费征收标准中未做规定的，省、自治区、直辖市人民政府可以制定地方排污费征收标准，并报国务院价格主管部门、财政部门、环境保护行政主管部门

和经济贸易主管部门备案。负责污染物排放核定工作的环境保护行政主管部门，应当根据排污费征收标准和排污者排放的污染物种类、数量，确定排污者应当缴纳的排污费数额，并予以公告。

2. 排污费的征收、减收、免收和缓缴条件

从我国目前排污费征收的实践来看，需要注意以下几个方面：第一，排污收费实施的重点应该是能较方便地获得排污监测依据的固定污染源或者其他具有相同特征的污染源，以利于排污收费的有效征收；第二，排污收费手段实施要与一定时期内排污者削减排放、技术工艺改造和转变污染行为的潜力相适应；第三，排污收费手段应该与排放标准相配合，因为排污收费手段并不直接对排污量形成控制。

根据《排污费征收使用管理条例》规定，排污者因不可抗力遭受重大经济损失的，可以申请减半缴纳排污费或者免缴排污费；排污者因未及时采取有效措施，造成环境污染的，不得申请减半缴纳排污费或者免缴排污费。

排污者因有特殊困难不能按期缴纳排污费的，自接到排污费缴纳通知单之日起 7 日内，可以向发出缴费通知单的环境保护行政主管部门申请缓缴排污费；环境保护行政主管部门应当自接到申请之日起 7 日内，做出书面决定；期满未做出决定的，视为同意。排污费的缓缴期限最长不超过 3 个月。

（四）排污费的管理和使用

《排污费征收使用管理条例》规定了如何对排污费进行管理和使用。排污费的征收、使用必须严格实行"收支两条线"，征收的排污费一律上缴财政，环境保护执法所需经费列入本部门预算，由本级财政予以保障。第五条特别强调，排污费应当全部专项用于环境污染防治，任何单位和个人不得截留、挤占或者挪作他用。

排污费必须纳入财政预算，列入环境保护专项资金进行管理，主要用于重点污染源防治，区域性污染防治，污染防治新技术、新工艺的开发、示范和应用等项目的拨款补助或者贷款贴息。

县级以上人民政府财政部门、环境保护行政主管部门应当加强对环境保护专项资金使用的管理和监督。按照本条例第十八条的规定使用环境保护专项资金的单位和个人，必须按照批准的用途使用。县级以上地方人民政府财政部门和环境保护行政主管部门每季度向本级人民政府、上级财政部门和环境保护行政主管部门报告本行政区域内环境保护专项资金的使用和管理情况。

（五）违反排污收费制度的法律责任

1. 排污者的法律责任

排污者未按照规定缴纳排污费的，由县级以上地方人民政府环境保护行政主管部门依据职权责令限期缴纳；逾期拒不缴纳的，处应缴纳排污费数额 1 倍以上 3 倍以下的罚款，并报经有批准权的人民政府批准，责令停产停业整顿。

排污者以欺骗手段骗取批准减缴、免缴或者缓缴排污费的，由县级以上地方人民政府环境保护行政主管部门依据职权责令限期补缴应当缴纳的排污费，并处所骗取批准减缴、免缴或者缓缴排污费数额 1 倍以上 3 倍以下的罚款。

2. 环境保护基金使用者的法律责任

环境保护专项资金使用者不按照批准的用途使用环境保护专项资金的，由县级以上人民政府环境保护行政主管部门或者财政部门依据职权责令限期改正；逾期不改正的，10 年内不得申请使用环境保护专项资金，并处挪用资金数额 1 倍以上 3 倍以下的罚款。

3. 行政管理人员的法律责任

县级以上地方人民政府环境保护行政主管部门应当征收而未征收或者少征收排污费的，上级环境保护行政主管部门有权责令其限期改正，或者直接责令排污者补缴排污费。

县级以上人民政府环境保护行政主管部门、财政部门、价格主管部门的工作人员有下列行为之一的，依照刑法关于滥用职权罪、玩忽职守罪或者挪用公款罪的规定，依法追究刑事责任；尚不够刑事处罚的，依法给予行政处分：违反本条例规定批准减缴、免缴、缓缴排污费的；截留、挤占环境保护专项资金或者将环境保护专项资金挪作他用的；不按照本条例的规定履行监督管理职责，对违法行为不予查处，造成严重后果的。

根据《关于排污费征收核定有关工作的通知（试行）》第六条规定，各级环境监察机构应当按月或按季根据排污费征收标准和经核定的排污者排放污染物种类、数量，确定排污者应当缴纳的排污费数额，并予以公告；排污费数额确定后，由环境监察机构向排污者送达《排污费缴纳通知单（试行）》；排污者应当自接到《排污费缴纳通知单（试行）》之日起 7 日内，到指定的商业银行缴纳排污费；逾期未缴纳的，负责征收排污费的环境监察机构从逾期未缴纳之日起 7 日内向排污者下达《排污费限期缴纳通知书（试行）》。2003 年 9 月 4 日，泗县环保局对排污复核申请进行复核后，向该医院发出了排污核定复核决定通知书，并于 2003 年 9 月 15 日正式向该医院发出排污费缴纳通知单（〔2003〕第 7 号），并发布公告。然而，泗县第三人民医院在接到通知单的 7 日内，拒不履行缴纳排污费义务。2003 年 9 月 30 日，泗县环保局向泗县第三人民医院发出了排污费限期缴纳通知书。泗县环保局的做法程序合法有效，不存在瑕疵。

本案中，在规定期限内，泗县第三人民医院仍未履行缴纳义务。泗县环保局在立案调查后，按照行政处罚程序于 2003 年 12 月 21 日对该医院送达行政处罚决定书（〔2003〕第 362 号），罚款 5214.99 元，责令补缴 2003 年 7～9 月排污费 2779.98 元。对于未在规定期限内缴纳排污费的排污者，法律规定：未按照规定缴纳排污费的，由县级以上地方人民政府环境保护行政主管部门依据职权责令限期缴纳；逾期拒不缴纳的，处应缴纳排污费数额 1 倍以上 3 倍以下的罚款，并报经有批准权的人民政府批准，责令停产停业整顿。环保局对该医院开出 5214.99 元的罚单，而医院应缴的排污费为 2779.98 元，罚款差不多为应缴排污费的 2 倍，符合法律的规定。

五、拓展思考

我国实行排污收费制度时间不短，对于遏制环境污染、控制污染物排放起到了一定作用，但也存在一些问题。按照法律规定，排污者排放污染物超过国家规定的污染物排放标准的，应按照规定缴纳超标准排污费。由于现行法律对超标排污罚款额度较低，排污收费标准低于企业治污成本，无法对企业形成正面激励导向作用，造成企业宁可缴纳超标排污罚款，也不愿意积极治污，进而导致排污收费制度实施效果不佳。就以本案为例，泗县第三人民医院应缴排污费 2779.98 元，而环保局仅仅处罚了 5214.99 元，对于一家医院来说，5000 多元的处罚着实是件小事，对于医院的污染治理难以起到刺激作用。

针对处罚力度过轻的问题，新修订的《环境保护法》加大了对污染环境行为的处罚力度，新增按日计罚的方式，排污时间越久，应缴罚款就越多，改变了之前固定罚款数额的形式，只有这样才能倒逼企业改进生产技术，处理废水、废气。另一个亮点是在环境保护领域规定了拘留这种最严重的行政制裁措施，对于未依法进行环评，未取得排污许可证进行排污，被责令停止拒不执行的，对其直接负责的主管人员和其他直接责任人员，根据情节严重程度，处五日以上十五日以下拘留。严厉的制裁措施增加了环境污染者的违法成本，使得《环境保护法》起到更加明显的威慑作用。

另外，我国现行排污费征收标准征收的排污费往往低于治理污染的成本，既没有反映出资源的稀缺性，也没有反映出治理环境的较高成本。针对这一问题，我国应逐步提高排污收费标准，制定高于污染治理成本的排污费征收标准，为企业治理污染提供激励，促使排污企业加强污染治理，减少污染物排放。用严格的法律来倒逼企业进行污染治理，使其排放的废水、废气达标。唯此，我们的天才能更蓝，水才能更清。

福建省漳平煤矿不服漳平市水土保持监督站征收水土保持补偿费案

一、核心知识点

水土保持

水土流失是指土地表层缺乏植被保护，被雨水冲刷后导致的土壤逐渐变薄、变贫瘠的现象。造成水土流失的主要原因有自然因素和人为因素，除了洪水、暴雨等自然因素外，很大程度上导致水土流失的是人类对自然资源的不合理利用而使土地植被遭到破坏。水土流失是我国面临的严重的环境问题之一，也是国家在生态环境保护方面亟待解决的关键问题。严重的水土流失导致了石漠化面积逐年增加，土地生产力下降、耕地减少、土地退化，沙尘暴、洪涝灾害频繁发生，生态环境不断恶化，给社会经济发展和人民群众生产、生活带来严重危害。

水土保持正是针对水土流失问题提出的，是对自然原因和人为活动造成的水土流失所采取的预防和治理措施。它是我国国民经济和社会发展的基础，它关系到环境的可持续发展利用，因此国家非常重视水土保持工作。1957 年国务院颁布了《水土保持暂行纲要》，1982 年国务院颁布了《水土保持条例》，1991 年全国人大常委会通过了《水土保持法》，2010 年对此法做了修订，1993 年国务院发布了《水土保持法实施条例》。另外《环境保护法》《土地管理法》《水法》及《防沙治沙法》等法律也对防止水土流失做了相关规定。

为了解决水土流失问题，我国法律还规定了水土保持补偿费制度。水土保持补偿费是对损坏水土保持设施、地貌植被，不能恢复原有水土保持功能的生产建设单位征收一定费用，专项用于水土流失预防和治理的一项制度，该费用是对水土保持功能损失的货币补偿。补偿费的多少应与水土保持功能损失的程度直接相关，功能损失程度越大补偿费用就应越高。该补偿费需全额纳入财政预算管理，由水行政主管部门按照规定专项用于水土流失预防和治理，主要用于异地水土流失综合治理，以弥补区域水土保持功能的降低，任何单位和个人不得截留、挪用。

二、案情介绍①

福建省漳平煤矿是省属企业，多年来排放的大量矸石堆积在山沟、山坡，从未采取任何有效的水土保持措施，所损坏的植被一直没有恢复，造成人为水土流失，为此，漳平煤矿向福建省煤炭工业总公司缴纳矿产资源生态环境保护费。在《中华人民共和国水土保持法》《中华人民共和国水土保持法实施条例》以及《福建省实施〈中华人民共和国水土保持法〉办法》颁布实施之后，漳平市水土保持监督站（以下简称监督站）的行政执法人员多次前往漳平煤

---

① 案情参见：北大法宝，http://www.pkulaw.cn/fulltext_form.aspx?Db=pfnl&EncodingName?html&Gid= 117679006。

矿，要求漳平煤矿履行法律义务，缴纳水土保持补偿费。

1997 年 3 月 3 日以后，监督站委托漳平市水利水电勘测设计室对漳平煤矿因倾倒矸石损坏植被的面积进行实地测量，实测损坏植被面积为 87426 平方米，并据此多次要求漳平煤矿依法补报水土保持方案和缴纳水土保持补偿费。漳平煤矿一再拒绝缴纳。监督站依照《福建省实施〈中华人民共和国水土保持法〉办法》第二十一条"因开矿、采石等生产建设改变地貌、损坏植被而降低或丧失原有水土保持功能的，应当交纳补偿费"，以及福建省物价委员会、财政厅闽价（1996）费字 393 号文《关于水土保持补偿费收费标准的批复》第三条"对已缴纳了矿产资源生态环境保护费的煤矿等矿种，其水土保持补偿费按每平方米 0.5 元收取"的规定，于 1998 年 2 月 18 日向漳平煤矿送达（1998）01 号行政处理决定书，限期补报水土保持方案并缴纳 1997 年度水土保持补偿费 43713 元。

漳平煤矿不服，于 1998 年 3 月 15 日向龙岩市水土保持事业局提请行政复议。龙岩市水土保持事业局于 1998 年 4 月 9 日做出行政复议决定书，对（1998）01 号行政处理决定书予以维持。漳平煤矿仍然不服，于 1998 年 4 月 28 日向漳平市人民法院提起行政诉讼。原被告双方对（1998）01 号行政处理决定书所认定的损坏植被面积的事实不持异议，但就闽价（1996）费字 393 号文颁发实施前所损坏植被并未恢复的面积应不应当缴费的问题进行了激烈的辩论。原告认为 1996 年 10 月 1 日即本省收费标准实施之日前弃渣损坏植被的面积不应缴费。被告辩称：闽价（1996）费字 393 号文确定的仅是收费标准和开始执行的时间，对 1996 年 10 月 1 日之前倾倒弃渣损坏植被是否缴费，须遵从《中华人民共和国水土保持法》及其他相关法规的规定。漳平市人民法院认定，被告的处理决定事实清楚，证据充分，程序合法，适用法律法规正确，应当给予支持，于 1998 年 7 月 20 日做出维持被告（1998）01 号行政处理决定书的判决。

原告不服一审判决，又于 1998 年 8 月 2 日向龙岩市中级人民法院提出上诉。龙岩市中级人民法院经过审理认为，一切单位和个人都有保护水土资源，防止水土流失的义务。上诉人堆置矸石与废渣弃土，改变地貌，损坏植被，降低或丧失原有水土保持功能，依法应当缴纳水土保持补偿费，原审判决维持被告（1998）01 号行政处理决定书正确，于 1998 年 10 月 5 日做出终审判决，驳回上诉，维持原判。漳平煤矿不仅如数缴纳 1997 年度的水土保持补偿费，其水土保持方案也在补报之中。

三、适用法条

《中华人民共和国水土保持法》（2010 年修订）

第三十二条　开办生产建设项目或者从事其他生产建设活动造成水土流失的，应当进行治理。

在山区、丘陵区、风沙区以及水土保持规划确定的容易发生水土流失的其他区域开办生产建设项目或者从事其他生产建设活动，损坏水土保持设施、地貌植被，不能恢复原有水土保持功能的，应当缴纳水土保持补偿费，专项用于水土流失预防和治理。专项水土流失预防和治理由水行政主管部门负责组织实施。水土保持补偿费的收取使用管理办法由国务院财政部门、国务院价格主管部门会同国务院水行政主管部门制定。

生产建设项目在建设过程中和生产过程中发生的水土保持费用，按照国家统一的财务会计制度处理。

第五十五条　违反本法规定，在水土保持方案确定的专门存放地以外的区域倾倒砂、石、土、矸石、尾矿、废渣等的，由县级以上地方人民政府水行政主管部门责令停止违法行为，限期清理，按照倾倒数量处每立方米十元以上二十元以下的罚款；逾期仍不清理的，县级以上地方人民政府水行政主管部门可以指定有清理能力的单位代为清理，所需费用由违法行为人承担。

《中华人民共和国水土保持法实施条例》（2011 年国务院修订）

第十九条　企业事业单位在建设和生产过程中造成水土流失的，应当负责治理。因技术等原因无力自行治理的，可以交纳防治费，由水行政主管部门组织治理。防治费的收取标准和使用管理办法由省级以上人民政府财政部门、主管物价的部门会同水行政主管部门制定。

第二十六条　依照《水土保持法》第三十二条的规定处以罚款的，罚款幅度为非法开垦的陡坡地每平方米 1 元至 2 元。

四、案例评析

本案由于漳平煤矿多年来排放的大量矸石堆积在山沟、山坡，从未采取任何有效的水土保持措施，所损坏的植被一直没有恢复，造成人为水土流失的危害，漳平市水土保持监督站的行政执法人员多次前往漳平煤矿，要求漳平煤矿依法补报水土保持方案和缴纳水土保持补偿费，漳平煤矿一再拒绝缴纳。本案涉及工矿企业在生产过程中的水土保持问题，下面将对我国水土保持的有关法律制度进行梳理和分析。

（一）水土保持的目的和方针

《中华人民共和国水土保持法》规定了水土保持的目的：为了预防和治理水土流失，保护和合理利用水土资源，减轻水、旱、风沙灾害，改善生态环境，保障经济社会可持续发展。防治水土流失是改变山区、丘陵区、风沙区面貌，治理江河，减少水、旱、风沙灾害，建立良好的生态环境，发展农业生产的一项根本措施，是国土整治的一项重要内容。

《中华人民共和国水土保持法》还规定了水土保持的方针：水土保持工作实行预防为主、保护优先、全面规划、综合治理、因地制宜、突出重点、科学管理、注重效益的方针。

（二）水土保持管理体制与规划制度

一个国家的法律要得到实施，各项工作有序展开，合理的管理体制是十分必要的。《中华人民共和国水土保持法》规定：国务院水行政主管部门主管全国的水土保持工作；国务院水行政主管部门在国家确定的重要江河、湖泊设立的流域管理机构，在所管辖范围内依法承担水土保持监督管理职责；县级以上地方人民政府水行政主管部门主管本行政区域的水土保持工作；县级以上人民政府林业、农业、国土资源等有关部门按照各自职责，做好有关的水土流失预防和治理工作。

国务院水行政主管部门应当定期组织全国水土流失调查并公告调查结果；省、自治区、直辖市人民政府水行政主管部门负责本行政区域的水土流失调查并公告调查结果，公告前应当将调查结果报国务院水行政主管部门备案。县级以上人民政府应当依据水土流失调查结果划定并公告水土流失重点预防区和重点治理区。对水土流失潜在危险较大的区域，应当划定为水土流失重点预防区；对水土流失严重的区域，应当划定为水土流失重点治理区。

（三）水土流失的预防措施

造成水土流失有诸多原因，但陡坡地开荒、滥垦草地、乱伐森林及破坏植被等人为原因是主导因素。要预防水土流失，就必须大力保护和改善植被、限制开垦坡地、加强林业及工程建设项目的管理，对可能造成水土流失的行为进行严格规范。

1. 保护和改善植被

《中华人民共和国水土保持法》第十六条规定，地方各级人民政府应当按照水土保持规划，采取封育保护、自然修复等措施，组织单位和个人植树种草，扩大林草覆盖面积，涵养水源，预防和减轻水土流失。

2. 禁止性和限制性预防措施

《中华人民共和国水土保持法》按照不同坡度分别对坡地垦荒做了禁止性和限制性的规定：①禁止毁林、毁草开垦和采集发菜，禁止在水土流失重点预防区和重点治理区铲草皮、挖树兜或者滥挖虫草、甘草、麻黄等。②禁止在 25 度以上陡坡地开垦种植农作物，在 25 度以上陡坡地种植经济林的，应当科学选择树种，合理确定规模，采取水土保持措施，防止造成水土流失。③在禁止开垦坡度以下、5 度以上的荒坡地开垦种植农作物，应当采取水土保持措施，具体办法由省、自治区、直辖市根据本行政区域的实际情况规定。④禁止在崩塌、滑坡危险区和泥石流易发区从事取土、挖砂、采石等可能造成水土流失的活动；崩塌、滑坡危险区和泥石流易发区的范围，由县级以上地方人民政府划定并公告；崩塌、滑坡危险区和泥石流易发区的划定，应当与地质灾害防治规划确定的地质灾害易发区、重点防治区相衔接。⑤水土流失严重、生态脆弱的地区，应当限制或者禁止可能造成水土流失的生产建设活动，严格保护植物、沙壳、结皮、地衣等。

3. 伐木过程中的预防措施

法律规定的预防措施包括：①林木采伐应当采用合理方式，严格控制皆伐；对水源涵养林、水土保持林、防风固沙林等防护林只能进行抚育和更新性质的采伐；对采伐区和集材道应当采取防止水土流失的措施，并在采伐后及时更新造林。②在林区采伐林木的，采伐方案中应当有水土保持措施。采伐方案经林业主管部门批准后，由林业主管部门和水行政主管部门监督实施。③在 5 度以上坡地植树造林、抚育幼林、种植中药材等，应当采取水土保持措施。

4. 工程建设项目中的预防措施

工程建设项目对地形和植被的破坏性极大，特别是在山区和丘陵地带容易发生水土流失的区域工程建设项目应当多加注意，《中华人民共和国水土保持法》和《开发建设项目水土保持方案管理办法》对此做了全面规定：①生产建设项目选址、选线应当避让水土流失重点预防区和重点治理区；无法避让的，应当提高防治标准，优化施工工艺，减少地表扰动和植被损坏范围，有效控制可能造成的水土流失。②在山区、丘陵区、风沙区以及水土保持规划确定的容易发生水土流失的其他区域开办可能造成水土流失的生产建设项目，生产建设单位应当编制水土保持方案，报县级以上人民政府水行政主管部门审批，并按照经批准的水土保持方案，采取水土流失预防和治理措施。没有能力编制水土保持方案的，应当委托具备相应技术条件的机构编制。③依法应当编制水土保持方案的生产建设项目，生产建设单位未编制水土保持方案或者水土保持方案未经水行政主管部门批准的，生产建设项目不得开工建设。

④依法应当编制水土保持方案的生产建设项目中的水土保持设施，应当与主体工程同时设计、同时施工、同时投产使用；生产建设项目竣工验收，应当验收水土保持设施；水土保持设施未经验收或者验收不合格的，生产建设项目不得投产使用。⑤依法应当编制水土保持方案的生产建设项目，其生产建设活动中排弃的砂、石、土、矸石、尾矿、废渣等应当综合利用；不能综合利用，确需废弃的，应当堆放在水土保持方案确定的专门存放地，并采取措施保证不产生新的危害。

（四）水土流失的治理措施

国家逐渐加强对水土流失的治理力度，在国家层面：①国家加强水土流失重点预防区和重点治理区的坡耕地改梯田、淤地坝等水土保持重点工程建设，加大生态修复力度。②国家加强江河源头区、饮用水水源保护区和水源涵养区水土流失的预防和治理工作，多渠道筹集资金，将水土保持生态效益补偿纳入国家建立的生态效益补偿制度。③开办生产建设项目或者从事其他生产建设活动造成水土流失的，应当进行治理；在山区、丘陵区、风沙区以及水土保持规划确定的容易发生水土流失的其他区域开办生产建设项目或者从事其他生产建设活动，损坏水土保持设施、地貌植被，不能恢复原有水土保持功能的，应当缴纳水土保持补偿费，专项用于水土流失预防和治理；专项水土流失预防和治理由水行政主管部门负责组织实施；水土保持补偿费的收取使用管理办法由国务院财政部门、国务院价格主管部门会同国务院水行政主管部门制定。④国家鼓励单位和个人按照水土保持规划参与水土流失治理，并在资金、技术、税收等方面予以扶持。⑤国家鼓励和支持承包治理荒山、荒沟、荒丘、荒滩，防治水土流失，保护和改善生态环境，促进土地资源的合理开发和可持续利用，并依法保护土地承包合同当事人的合法权益。

在地方层面，县级以上人民政府应当根据水土保持规划，组织有关行政主管部门和单位有计划地对水土流失进行治理：①在水力侵蚀地区，地方各级人民政府及其有关部门应当组织单位和个人，以天然沟壑及其两侧山坡地形成的小流域为单元，因地制宜地采取工程措施、植物措施和保护性耕作等措施，进行坡耕地和沟道水土流失综合治理；在风力侵蚀地区，地方各级人民政府及其有关部门应当组织单位和个人，因地制宜地采取轮封轮牧、植树种草、设置人工沙障和网格林带等措施，建立防风固沙防护体系；在重力侵蚀地区，地方各级人民政府及其有关部门应当组织单位和个人，采取监测、径流排导、削坡减载、支挡固坡、修建拦挡工程等措施，建立监测、预报、预警体系。②在饮用水水源保护区，地方各级人民政府及其有关部门应当组织单位和个人，采取预防保护、自然修复和综合治理措施，配套建设植物过滤带，积极推广沼气，开展清洁小流域建设，严格控制化肥和农药的使用，减少水土流失引起的面源污染，保护饮用水水源。③已在禁止开垦的陡坡地上开垦种植农作物的，应当按照国家有关规定退耕，植树种草；耕地短缺、退耕确有困难的，应当修建梯田或者采取其他水土保持措施。④对生产建设活动所占用土地的地表土应当进行分层剥离、保存和利用，做到土石方挖填平衡，减少地表扰动范围；对废弃的砂、石、土、矸石、尾矿、废渣等存放地，应当采取拦挡、坡面防护、防洪排导等措施。生产建设活动结束后，应当及时在取土场、开挖面和存放地的裸露土地上植树种草、恢复植被，对闭库的尾矿库进行复垦。

此外，《中华人民共和国水土保持法》还明确了治理责任：水行政主管部门或者其他依照本法规定行使监督管理权的部门，不依法做出行政许可决定或者办理批准文件的，发现违法行为或者接到对违法行为的举报不予查处的，或者有其他未依照本法规定履行职责的行为的，对直接负责的主管人员和其他直接责任人员依法给予处分；违反本法规定，采集发菜，或者在水土流失重点预防区和重点治理区铲草皮、挖树兜、滥挖虫草、甘草、麻黄等的，由县级以上地方人民政府水行政主管部门责令停止违法行为，采取补救措施，没收违法所得，并处违法所得一倍以上五倍以下的罚款；在林区采伐林木不依法采取防止水土流失措施的，由县级以上地方人民政府林业主管部门、水行政主管部门责令限期改正，采取补救措施；违反本法规定，在水土保持方案确定的专门存放地以外的区域倾倒砂、石、土、矸石、尾矿、废渣等的，由县级以上地方人民政府水行政主管部门责令停止违法行为，限期清理，按照倾倒数量处每立方米十元以上二十元以下的罚款；逾期仍不清理的，县级以上地方人民政府水行政主管部门可以指定有清理能力的单位代为清理，所需费用由违法行为人承担。

本案的争议焦点是漳平市水土保持监督站向福建省漳平煤矿征收水土保持补偿费是否有法律依据。根据修改之前的《中华人民共和国水土保持法》第十八条规定：因采矿和建设使植被受到破坏的，必须采取措施恢复表土层和植被，防止水土流失。第二十七条规定：开办生产建设项目或者从事其他生产建设活动造成水土流失的，应当进行治理；在山区、丘陵区、风沙区以及水土保持规划确定的容易发生水土流失的其他区域开办生产建设项目或者从事其他生产建设活动，损坏水土保持设施、地貌植被，不能恢复原有水土保持功能的，应当缴纳水土保持补偿费，专项用于水土流失预防和治理。《中华人民共和国水土保持法实施条例》第十九条规定：企业事业单位在建设和生产过程中造成水土流失的，应当负责治理。因技术等原因无力自行治理的，可以交纳防治费，由水行政主管部门组织治理。根据上述法律法规，福建省漳平煤矿在开矿过程中，排放的大量矸石堆积在山沟、山坡，从未采取任何有效的水土保持措施，所损坏的植被一直没有恢复，造成人为水土流失，原告依法应当缴纳水土保持补偿费。同时被告对原告征收水土保持费的决定也符合相关补偿费的收取标准。

五、拓展思考

2010 年 12 月，《中华人民共和国水土保持法》经修订后明确规定了水土保持补偿费制度，为了使该制度得到贯彻实施，需要建立与之相应的配套法规和具体的制度框架予以规范，目前急需解决的问题是补偿费标准的确定。

水土保持补偿费的征缴应遵循科学、合法、合理的原则，补偿标准的确定便是补偿费征收的关键。各省现行的补偿费标准是多年前制定的，新标准制定时应照顾各地的实际情况，适当考虑物价变化的影响，避免僵化的收费制度，建立补偿标准与物价指数关联的机制。计算水土保持补偿费的方法主要有三种：一是价值损失测算法，将周边或下游受到的水土保持功能服务价值的损失作为补偿数额；二是重置成本测算法，将当地恢复水土保持功能所需的成本作为补偿数额；三是替代成本分析法，将为弥补区域水土保持功能而在项目周边或异地建造相应设施的建造成本作为补偿数额。

国家层面应明确补偿费的征收范围、征收方式、征收幅度以及在何种情况下进行征收，省级层面应分区明确具体的征收标准。补偿标准应与水土保持功能损失和恢复难易程度相当，水土保持破坏得越严重补偿标准就应越高。即便相同的地块，因处在不同地区、不同部位而导致水土保持功能的损失不同，补偿标准也应不同。补偿标准还应与经济社会发展水平相适应，与其他相关税费标准具有可比性，以便为社会所接受。如森林植被恢复费一般为 2～10 元每平方米，位于城市及城区规划区的林地，可按规定标准的 2 倍收取。

佛山市三英精细材料有限公司与佛山市顺德区人民政府环保行政处罚纠纷上诉案

一、核心知识点

限期治理制度

限期治理制度是指国家法定机关对严重污染的项目、行业和区域做出决定，限定其在一定期限内完成环境治理任务，达到治理目标的环境法律制度。"限期治理"概念在 1973 年第一次全国环境保护会议上首次提出，在 1979 年的《中华人民共和国环境保护法（试行）》中作为一项环境资源管理制度确定下来，是我国环境保护中重要的法律制度。限期治理有严格的法律强制性和明确的时间要求，通过实行该制度可以推动重点污染单位积极治理污染，有力地促进环境污染的治理，实现环境效益和经济效益的统一。

1989 年颁布的《中华人民共和国环境保护法》第十八条规定："在国务院、国务院有关部门和省、自治区、直辖市人民政府规定的风景名胜区、自然保护区和其他需要特别保护的区域内，不得建设污染环境的工业生产设施；建设其他设施，其污染物排放不得超过规定的排放标准。已经建成的设施，其污染物排放超过规定排放标准的，限期治理。"《中华人民共和国大气污染防治法》第四十八条规定："违反本法规定，向大气排放污染物超过国家和地方规定排放标准的，应当限期治理。"《中华人民共和国固体废物污染环境防治法》第二十一条规定："对造成固体废物严重污染环境的企业事业单位，限期治理。"《中华人民共和国环境噪声污染防治法》第十七条规定："对于在噪声敏感建筑物集中区域内造成严重环境噪声污染的企业事业单位，限期治理。"

从法律性质上说，限期治理是一种以时间限制为特征的行政强制。依据"谁污染谁治理"原则，污染者必须承担治理污染的责任和履行消除污染的义务。同时，根据法律规定，国家有要求并监督履行治理污染的责任和义务，有权对不履行者采取强制措施。

二、案情介绍[①]

2011 年 12 月 2 日，广东省佛山市顺德区环境运输和城市管理局（以下简称区环运局）以佛山市三英精细材料有限公司（以下简称三英公司）在生产过程中排放废气的臭气浓度超标为由，对该公司做出《限期治理决定书》，要求 2012 年 1 月 31 日前完成排放臭气浓度治理达到《恶臭污染物排放标准》的要求，并经区环运局验收合格；逾期未申请验收或未完成限期治理任务，将按规定责令停业、关闭；要求该公司分析臭气浓度超标排放原因，制定限期治理达标计划以及落实各项污染防治措施，确保污染物达标排放。2012 年 2 月 9 日，三英公司向区环运局申请治理验收。顺德区环境保护监测站受区环运局委托，于同年 4 月 26 日、6

---

① 案情参见：北大法宝，http://www.pkulaw.cn/fulltext_form.aspx?Gid=119885843。

月 28 日对该公司进行臭气排放监测，并形成（顺）环测字 B〔2012〕第 042602 号、第 062801 号监测报告，两次报告显示三英公司排放废气中的臭气浓度最大测定值分别为 37 和 32，均显示臭气浓度未达标。区环运局遂于 2012 年 8 月 29 日组织验收组现场检查并对法定代表人进行调查询问，告知该公司验收结果：即存在未提交限期治理方案、废气处理技术不能确保无组织废气达标排放、排放废气的臭气浓度超标、使用的燃油不符合环保要求共四个方面的问题，未通过限期治理验收。

2013 年 1 月 11 日，顺德区人民政府做出《行政处罚告知书》，同年 3 月 18 日经听证后做出《行政处罚决定书》，决定三英公司自收到行政处罚决定书之日起停业、关闭。该公司不服提起行政诉讼，请求法院撤销上述《行政处罚决定书》。

佛山市中级人民法院一审认为，根据《中华人民共和国大气污染防治法》第四十八条、《广东省珠江三角洲大气污染防治办法》第十七条的规定，顺德区政府作为县级人民政府，对超标排放大气污染物逾期未完成治理任务的单位，有责令其停业、关闭的行政处罚职权。顺德区政府做出顺府行决字〔2013〕1 号《行政处罚决定书》，其执法主体适格。另外，顺德区政府做出行政处罚之前，履行了调查、处罚告知、处罚听证等法定程序，符合《中华人民共和国行政处罚法》的有关规定，其执法程序合法。三英公司因在生产过程中排放废气的臭气浓度超标，顺德环运局于 2011 年 12 月 2 日对其做出了责令限期治理的决定，要求其在 2012 年 1 月 31 日前完成排放臭气浓度达标治理任务，排放臭气浓度达到《恶臭污染物排放标准》的要求。同时该限期治理决定还要求三英公司分析臭气浓度超标排放原因、制定限期治理达标计划，以及落实各项污染防治措施、确保污染物达标排放。三英公司在法定期限内未对顺德环运局的上述处理决定提起复议和诉讼，且根据行政行为效力先定原则，该处理决定具有法律效力，可以作为顺德区政府做出本案所诉之处罚决定的事实依据。在规定的限期治理期限届满后，根据三英公司的验收申请，顺德环运局委托佛山市顺德区环境保护监测站于 2012 年 4 月 26 日和 6 月 28 日对三英公司进行了两次臭气排放监测，并形成（顺）环测字 B〔2012〕第 042602 号、第 062801 号监测报告，两次报告显示三英公司排放废气中的臭气浓度最大测定值分别为 37 和 32，仍超过《恶臭污染物排放标准》规定的标准限值。同时经过顺德环运局组织的验收调查，三英公司还存在未提交限期治理方案、废气处理技术不能确保无组织废气达标排放、使用的燃油不符合环保要求等问题。

三英公司认为上述两次臭气排放监测的采样点与频次不符合法定要求，未能排除其他干扰因素，故监测报告的结论不能作为定案依据。佛山市顺德区环境保护监测站具有废气污染物检测的法定质证，该监测站两次臭气采样点即监测位置为三英公司厂界敏感点，符合《恶臭污染物排放标准》及国家环保总局环函〔2004〕83 号《关于恶臭物无组织排放检测问题的复函》规定。三英公司认为臭气监测采样点的设置不合法的主张于法无据，其亦未提供充分证据证明上述臭气监测采样点存在其他干扰因素。由于三英公司在限期治理期限届满后，经两次监测臭气排放浓度仍未达到《恶臭污染物排放标准》的要求，且存在其他相关环保问题，未能完成顺德环运局规定的限期治理任务。经顺德环运局的报请，顺德区政府依照《广东省珠江三角洲大气污染防治办法》第十七条第二款的规定，对三英公司做出停业、关闭的行政处罚决定认定事实清楚，证据充分，适用法律正确，处罚适当，予以确认。三英公司要求撤销顺德区政府做出的顺府行决字〔2013〕1 号《行政处罚决定书》的诉讼请求，理据不足，不予支持。依照《最高人民法院关于执行中华人民共和国行政诉讼法若干问题的解释》第五十六条第（四）项的规定，驳回佛山市三英精细材料有限公司的诉讼请求。

三英公司不服原审判决，向广东省高级人民法院提起上诉称：一审判决认定事实不清，适用法律不当。其一，三英公司系正规陶瓷辊棒生产企业，生产中产生的废气通过烟道排放，烟囱口也被环保部门设置了监测装置。涉案的两份监测报告均采用针对无组织排放源的采样监测方法，不符合《恶臭污染物排放标准》对本案排污类型的监测规定。因此，在采样点周围存在其他排污企业及异味散发源情况下，污染物不能确定属于三英公司排放，监测报告不能作为处罚依据。其二，监测报告所依据的检测样品采样过程存在明显的违规操作，未依规设置参照点，取样时间、频次过短，现场嗅辨有误差，未标明采样时的气象条件等，现场调查及采样不能客观反映监测时三英公司排放的实际情况。其三，三英公司生产工艺决定了产生的废气在整个工作流程中均是处于封闭管道环境内，直至经烟囱排出。在未获得三英公司排污口取样检测数据的情况下，监测报告推断认定三英公司排放污染物，缺乏客观依据。三英公司的生产工艺取得了广东省清洁生产企业的资质，且厂区范围内经顺德疾控中心检测，也不存在有毒有害气体的逸出，未发生有员工职业病的情形。其四，虽然佛山市顺德区环境保护监测站具有监测资质，但顺德区政府对具体经办采样及检测的人员是否具有资质未提供相关证据，报告的有效性、客观性存在瑕疵。综上所述，被诉行政处罚决定所依据的证据和事实未达到"确实充分"的标准，一审判决维持被诉行政处罚决定错误。请求：撤销原审判决及顺德区政府做出的顺府行决字〔2013〕1号《行政处罚决定书》。

顺德区政府认为：其一，被诉行政处罚决定认定事实清楚，证据确凿，程序合法。其二，被诉行政处罚决定所依据的《监测报告》程序合法，方法正确，结论科学。三英公司不仅存在有组织排放污染源，还存在无组织排放污染源。两份监测报告都是按照《恶臭污染物排放标准》的规定，对三英公司工厂厂界无组织排放恶臭污染物实施监测，并非针对三英公司有组织排放源进行的监测。请求法院依法判决驳回三英公司的诉讼请求，维持原判。

广东省高级人民法院认为，因三英公司在生产过程中排放废气的臭气浓度超标，且逾期未完成限期治理任务，顺德区政府于2013年3月18日做出顺府行决字〔2013〕1号《行政处罚决定书》，决定对三英公司停业、关闭。三英公司对顺德区政府做出上述处罚决定的职权依据、程序没有异议。现各方当事人对被诉处罚决定所依据的佛山市顺德区环境保护监测站出具的（顺）环测字B〔2012〕第042602号、第062801号两份监测报告是否合法存在争议。

根据《中华人民共和国大气污染防治法》第十三条规定："向大气排放污染物的，其污染物排放浓度不得超过国家和地方规定的排放标准。"《环境行政处罚办法》（2010年修订）第三十五条规定："监测报告要求环境保护主管部门组织监测的，应当提出明确具体的监测任务，并要求提交监测报告。监测报告必须载明下列事项：（一）监测机构的全称；（二）监测机构的国家计量认证标志（CMA）和监测字号；（三）监测项目的名称、委托单位、监测时间、监测点位、监测方法、检测仪器、检测分析结果等内容；（四）监测报告的编制、审核、签发等人员的签名和监测机构的盖章。"经审查，受顺德环运局委托，佛山市顺德区环境保护监测站对三英公司厂界无组织排放废气进行监测。该监测站具有废气污染物监测的法定资质，两次监测采样点为三英公司厂界敏感点，符合《恶臭污染物排放标准》（GB 14554—1993）及国家环保总局环函〔2004〕83号《关于恶臭物无组织排放检测问题的复函》的相关规定。两次监测的采样频率均采用了4次*3点的监测频次，取其中最大测定值，频次间隔不足2小时，两次监测的臭气浓度最大测定值分别为37和32，仍然超过《恶臭污染物排放标准》规定的无组织排放源厂界浓度限值。三英公司上诉认为采样频率过短，但未能提供充分的证据否定监测报告的结论。因此，佛山市顺德区环境保护监测站出具的（顺）环测字B〔2012〕

第 042602 号、第 062801 号两份监测报告符合《环境行政处罚办法》（2010 年修订）关于监测报告要求的规定。限期治理期限届满后，经两次监测，三英公司排放废气的臭气浓度仍超出《恶臭污染物排放标准》（GB 14554—1993）的标准限值，且存在其他相关环保问题，三英公司未能完成顺德环运局规定的限期治理任务。顺德区政府经调查、处罚告知和听证程序后，做出被诉行政处罚决定，事实清楚，程序合法，处罚适当。原审法院判决驳回三英公司的诉讼请求正确，广东省高级人民法院依法予以维持。三英公司上诉认为其有组织排放污染物达标，监测报告存在采样点设置不合格、监测人员没有资质及采样频率过短等错误，请求撤销原审判决及被诉行政处罚决定，因缺乏事实根据和法律依据，上诉理由不成立，广东省高级人民法院不予采纳。

综上所述，原审判决处理正确，依法予以维持。三英公司上诉主张理据不足，广东省高级人民法院予以驳回。依照《中华人民共和国行政诉讼法》第六十一条第（一）项的规定，驳回上诉，维持原判。

三、适用法条

《中华人民共和国大气污染防治法》（2000 年颁布）

第十三条　向大气排放污染物的，其污染物排放浓度不得超过国家和地方规定的排放标准。

第四十八条　违反本法规定，向大气排放污染物超过国家和地方规定排放标准的，应当限期治理，并由所在地县级以上地方人民政府环境保护行政主管部门处一万元以上十万元以下罚款。限期治理的决定权限和违反限期治理要求的行政处罚由国务院规定。

《中华人民共和国行政处罚法》（2009 年修订）

第八条行政处罚的种类：
（一）警告；
（二）罚款；
（三）没收违法所得、没收非法财物；
（四）责令停产停业；
（五）暂扣或者吊销许可证、暂扣或者吊销执照；
（六）行政拘留；
（七）法律、行政法规规定的其他行政处罚。

第三十一条　行政机关在做出行政处罚决定之前，应当告知当事人做出行政处罚决定的事实、理由及依据，并告知当事人依法享有的权利。

第三十二条　当事人有权进行陈述和申辩。行政机关必须充分听取当事人的意见，对当事人提出的事实、理由和证据，应当进行复核；当事人提出的事实、理由或者证据成立的，行政机关应当采纳。

第四十二条　行政机关做出责令停产停业、吊销许可证或者执照、较大数额罚款等行政处罚决定之前，应当告知当事人有要求举行听证的权利；当事人要求听证的，行政机关应当组织听证。当事人不承担行政机关组织听证的费用。

《环境行政处罚办法》（2010 年环境保护部令第 8 号）

第三十五条　环境保护主管部门组织监测的，应当提出明确具体的监测任务，并要求提交监测报告。监测报告必须载明下列事项：

（一）监测机构的全称；

（二）监测机构的国家计量认证标志（CMA）和监测字号；

（三）监测项目的名称、委托单位、监测时间、监测点位、监测方法、检测仪器、检测分析结果等内容；

（四）监测报告的编制、审核、签发等人员的签名和监测机构的盖章。

《广东省珠江三角洲大气污染防治办法》（2009 年广东省颁布）

第十七条第二款　限期治理期间，由人民政府环境保护主管部门责令限制生产、限制排放或者停产整治。限期治理的期限最长不超过 1 年，逾期未完成治理任务的，报请同级人民政府责令停业、关闭。

《最高人民法院关于执行中华人民共和国行政诉讼法若干问题的解释》（法释〔2015〕9 号）

第五十六条　有下列情形之一的，人民法院应当判决驳回原告的诉讼请求：

（一）起诉被告不作为理由不能成立的；

（二）被诉具体行政行为合法但存在合理性问题的；

（三）被诉具体行政行为合法，但因法律、政策变化需要变更或者废止的；

（四）其他应当判决驳回诉讼请求的情形。

四、案例评析

本案是佛山市三英精细材料有限公司在限定期限内对所排放的臭气进行治理，但是没有达标，顺德区人民政府经听证后做出《行政处罚决定书》，决定三英公司自收到行政处罚决定书之日起停业、关闭。三英公司认为自己已经进行了治理，不应停产停业。本案所涉及的问题是限期治理问题。

（一）限期治理的内容

限期治理制度的内容主要包括限期治理项目、目标和期限。

限期治理项目是指需要进行限期治理的具体项目，确定项目主要是依据污染源和区域环境调查资料，选择重大污染源。严重污染区域以及公众反映强烈的项目，同时也要考虑技术上的可行性、经济上的合理性。

限期治理的目标主要是指浓度目标，即通过限期治理使污染源排放的污染物达到一定的排放标准。对于行业的限期治理，可规定分期分批逐步使所有污染源达标排放；对于区域环境污染的限期治理，则要求达到适用该地区的环境质量标准。

限期治理的期限由决定限期治理机关根据污染源的具体情况、治理的难度和治理能力等因素来确定。各地区环境污染状况不同，因而法律上对限期治理的期限没有统一规定。

（二）限期治理的决定机关

我国现行法律规定的限期治理的决定机关主要有两个。

限期治理决定机关是有关的人民政府或人民政府授权的环境保护部门。《中华人民共和国环境保护法》第二十九条规定：对造成环境严重污染的企业事业单位，限期治理。中央或者省、自治区、直辖市人民政府直接管辖的企业、事业单位的限期治理，由省、自治区、直辖市人民政府决定。市、县或者市、县以下人民政府管辖的企业事业单位的限期治理，由市、县人民政府决定。被限期治理的企业事业单位必须如期完成治理任务。由此可见，限期治理的决定权属于有关的人民政府。中央或者省、自治区、直辖市人民政府决定其直接管辖的企业、事业单位的限期治理；市、县或者县以下人民政府管辖的企业、事业单位的限期治理，由市、县人民政府决定；对于小型企业、事业单位的环境噪声污染限期防治，可由县级以上人民政府授权其环境保护行政主管部门决定。

限期治理决定机关是环境保护部门。《中华人民共和国固体废弃物污染环境防治法》第八十一条规定：违反本法规定，造成固体废物严重污染环境的，由县级以上人民政府环境保护行政主管部门按照国务院规定的权限决定限期治理；逾期未完成治理任务的，由本级人民政府决定停业或者关闭。所以，对于固体废弃物的限期治理，由环境保护行政部门决定。

（三）限期治理的对象

我国的限期治理制度并不适用于所有的污染环境行为，主要是针对那些危及人类生存环境，引起极大反响的环境污染和破坏行为。根据法律规定，主要对象有以下两类。

一是位于特别保护区域内的超标排污的污染源。《中华人民共和国环境保护法》第十八条规定：在国务院、国务院有关主管部门和省、自治区、直辖市人民政府划定的风景名胜区、自然保护区和其他需要特别保护的区域内，不得建设污染环境的工业生产设施；建设其他设施，其污染物排放不得超过规定的排放标准。已经建成的设施，其污染物排放超过规定的排放标准的，限期治理。

二是造成严重环境污染的污染源。《中华人民共和国环境保护法》第二十九条规定：对造成环境严重污染的企业事业单位，限期治理。所谓"严重污染"，法律中没有明确界定，实践中主要依据污染物的排放是否对人体健康有严重影响和危害进行判断。

（四）限期治理的执行和违反的法律后果

根据法律规定，被责令限期治理的排污单位，应当向做出限期治理决定机关提交治理计划，并定期报告治理进度。做出限期治理决定的人民政府，应当检查被责令限期治理的排污单位的治理情况，对完成限期治理的项目进行验收。被责令限期治理的排污单位，必须按期完成治理任务。对逾期没有完成治理任务的单位，其应承担相应法律后果，即依照国家规定加收超标排污费，根据所造成的危害结果处以罚款或者责令停业或关闭。

本案中，佛山市顺德区环运局于 2011 年 12 月 2 日，以三英公司在生产过程中排放废气的臭气浓度超标为由，对三英公司做出了《限期治理决定书》，要求三英公司在 2012 年 1 月 31 日前完成排放臭气浓度达标治理任务，排放臭气浓度达到《恶臭污染物排放标准》的要求，并经该局验收合格。逾期未申请验收，或未完成限期治理任务，将依照《广东省珠江三角洲大气污染防治办法》第十七条第二款的规定，报请顺德区政府责令三英公司停业、关闭。同时该限期治理决定还要求三英公司分析臭气浓度超标排放原因、制定限期治理达标计划，以及落实各项污染防治措施、确保污染物达标排放。由此可见，本案中限期治理的目标是经过治理使污染源排放的污染物达到一定的排放标准，即浓度目标，使三英公司排放的臭气浓度达到国家标准。顺德区政府做出的限期治理期限是从 2011 年 12 月 2 日至 2012 年 1 月 31 日，为期两个月，没有超过 3 年的期限，为合理期限。

2012 年 2 月 9 日，三英公司向顺德环运局申请治理验收。2012 年 4 月 26 日和 6 月 28 日，佛山市顺德区环境保护监测站受顺德环运局委托对三英公司进行了臭气排放监测，并出具了监测报告。两次监测的臭气浓度最大测定值分别为 37 和 32。2012 年 8 月 29 日，顺德环运局组织验收组对三英公司进行了现场检查并对厂长廖广辉进行了调查询问，将验收结果告知了三英公司，即三英公司单位存在未提交限期治理方案、废气处理技术不能确保无组织废气达标排放、排放废气的臭气浓度超标、使用的燃油不符合环保要求共四个方面的问题，以及不予通过限期治理验收的意见。随后，顺德区政府做出了《行政处罚决定书》，对三英公司给予以下行政处罚：责令停业、关闭。本案限期治理的决定机关是顺德区人民政府，对象是三英公司在生产过程中排放废气的臭气。三英公司在规定期限内虽然进行了治理，但是治理后的臭气排放浓度仍未达到《恶臭污染物排放标准》的要求，所以顺德区政府对其做出了停业、关闭的行政处罚，该决定程序、实体均符合法律规定，不存在问题，所以法院驳回佛山市三英精细材料有限公司的诉讼请求，判决正确。

五、拓展思考

限期治理制度有着很好的立法预期和貌似完美的制度设计，但在环境执法中却经常被异化成超标排污的"护身符"，导致这种现象的出现当然有企业环境意识不强、环境执法难等因素，但限期治理制度本身带有的顽疾也不能忽视。在新修订的《中华人民共和国环境保护法》中，进一步完善修改限期治理制度，规定排污单位超标超总量的法律责任。

新修订的《中华人民共和国环境保护法》第六十条明确规定：企业、事业单位和其他生产经营者超过污染物排放标准或者超过重点污染物排放总量控制指标排放污染物的，县级以上人民政府环境保护主管部门可以责令其采取限制生产、停产整治等措施；情节严重的，报经有批准权的人民政府批准，责令停业、关闭。限制生产、停产整治制度是对原限期治理制度的延伸扩展。限制生产和停产整治主要针对超标、超总量排污的情形。对于一些长期超标、超总量甚至有毒污染物的排污者，仅靠行政处罚和责令限期改正等行政执法手段，已经无法督促其有效整改。环保部门可以根据严重程度，采取不同程度的限制措施，由轻至重分别是限制生产、停产整治和停业关闭，层层递进。

下篇：国际环境法案例

盖巴斯科夫—拉基玛洛水坝案

一、核心知识点

可持续发展原则

可持续发展原则是国际环境法中的一项基本原则。可持续发展的基本思想在国际法律的发展过程中历史悠久，通常认为"可持续发展"的概念由 1987 年的布伦特兰报告明确提出。在全球环境与发展领域，1992 年召开的联合国环境与发展会议将"可持续发展原则"正式确立为基本原则，会议通过的五个重要的国际法律保护文件——《里约环境与发展宣言》《21世纪议程》《气候变化框架公约》《生物多样性》以及《关于森林问题的原则声明》都体现了可持续发展原则的内容。布伦特兰报告中将"可持续发展"定义为"既满足当代人的需要，又不对后代人满足其需要的能力构成危害的发展"。其一，就满足"需要"而言，尤其应当优先考虑世界贫困人口基本生活需要；其二，为了满足当代人和后代人的需要，通过技术和社会组织对环境利用施以限制。

根据菲利普·桑斯教授的定义，可持续发展原则包含四个方面的内容：（1）为了后代利益保护自然资源，即代际公平。人类社会是不断发展的，当代人的发展不能建立在剥夺后代人发展能力的基础之上。（2）以一种"可持续""谨慎""合理""适当"的方式开发自然及其资源，即可持续利用自然资源。（3）公平利用自然资源，强调一国利用自然资源必须考虑其他国家的需要，当代国与国和人与人之间对自然资源和环境的利用都享有平等的权利，即代内公平。（4）确保经济以及其他发展计划、程序、项目中综合考虑了环境因素，并且确保在实现环境目标时考虑了发展需要，即环境保护与发展相协调。在过去的几十年里，随着国际环境的发展，已经建立的许多国际条约都体现了可持续发展原则，国际法院及其他上诉机构也普遍援引可持续发展原则来解决国际案件。可持续发展原则已经逐渐成为一项被全世界广泛接受的原则。

二、案情介绍[①]

1977 年 9 月 16 日，匈牙利人民共和国（现匈牙利共和国）和捷克斯洛伐克社会主义共和国（现捷克共和国、斯洛伐克共和国）签订《布达佩斯条约》[②]，两国决定共同在自布拉迪斯拉发至布达佩斯长约 200 公里的多瑙河河段建设盖巴斯科夫—拉基玛洛水利系统，其作用是利用河水发电、提高河流通航性和抵御洪水能力。设计该水坝的出发点是促进双方的经济发展，包括水资源、能源、交通、农业部门的发展，最大限度地利用从布拉迪斯拉发至布达佩斯河段的自然资源。多瑙河是欧洲一条著名的多国河流，长期以来形成连接北海和黑海的重要通航要道，对于沿岸国的经济和社会发展起着非常重要的作用。涉及的该段长约 200

---

① 案情参见：http://en.wikipedia.org/wiki/Gab%C4%8D%C3%ADkovo%E2%80%93Nagymaros_Dams。

② 1977 年《布达佩斯条约》原文参见：http://www.gabcikovo.gov.sk/doc/it1977en/。

公里的河流，位于当时斯洛伐克境内的布拉迪斯拉发到匈牙利境内的布达佩斯之间。捷克斯洛伐克境内的布拉迪斯拉发地区的多瑙河河段水流湍急、落差大，在该段河流下游形成了一个由卵石和沉积物组成的冲积平原，其中左岸的盖巴斯科夫是条约中选定的水坝地址之一。多瑙河在流经捷克斯洛伐克之后，进入匈牙利境内，在多瑙河一个向南的拐弯处是一个狭隘的峡谷，拉基玛洛即位于此处，它是条约选定的另一个水坝所在地。然后多瑙河在经过环绕山丹丹（Szentendre）岛屿后流向布达佩斯。

根据条约规定的工程实施方案，河水将被截至一条人工运河，分流的部分多瑙河流量首先流经斯洛伐克境内盖巴斯科夫地区装机容量为 720 兆瓦的主水电站，然后河水再注入多瑙河弯曲部，期间通过匈牙利境内拉基玛洛的 158 兆瓦小水电站。依照 1997 年条约的规定缔约双方在合作时基础平等地负责工程的建设、投资以及管理。两国境内部分的各项水坝工程都构成了条约中整体工程运作系统不可分割的一部分，与工程相关的技术说明将通过两国的联合合同计划进一步落实。在条约的附属协定中有具体的工程进度表作为条约的一部分。协定中对两国的工作进行了分配，并规定工程应当于 1978 年开始，于 1991 年完成。协定中还规定由盖巴斯科夫—拉基玛洛水利系统产生的发电量将在两个国家平均分配，同时匈牙利也要部分承担盖巴斯科夫主水电站的工程建设投资。《布达佩斯条约》中第 5 章第 15 条与第 7 章第 19、20 条分别专门规定了缔约国双方在建设和运转水坝期间保护多瑙河水质、多瑙河流域自然环境以及多瑙河渔业资源的义务。在有关合作的具体条文逐渐完善的同时，前期工程也在有条不紊地向前推进。

1981 年，两个国家因为经济问题放慢了水电站的建设速度。双方签署协议，决定将工程推迟到 1994 年完工，同时对原来的工程进行了调整。1984 年，匈牙利国内兴起了一场旨在维护多瑙河生态的环保运动，并成立了民间性质的"多瑙河圈"环保组织（DunaKör），专门致力于抗议匈牙利政府在多瑙河流域的水坝建设。该组织的发起者乔诺斯·福拉（Janos Varga）[①]是早年工作于匈牙利自然科学院的一名生物学家，其组织成员大多来自匈牙利知识界，以他为首的一批匈牙利科学家认为水坝的建设将会不可逆转地损害多瑙河转弯处的生态环境和野生动植物栖息地，并影响百万匈牙利人赖以生存的地下水水质。1988 年，"多瑙河圈"组织联合世界野生动物基金会（WWF）承办国际会议，并向政府递交了 15 万人签名的请愿书。当年，匈牙利国会面对国内压力最终认定多瑙河的生态利益高于水利项目的经济利益，并命令政府重新评价该项目，匈牙利政府于 1989 年 10 月 27 日正式决定终止该项目所有建设，此时匈牙利方面虽然完成了拉基玛洛大坝的主体工程，但大坝的围堰工程却还没有进行。但与此同时，捷克斯洛伐克正在调集全国人力财力紧锣密鼓地进行工程建设，截至 1989 年初，盖巴斯科夫水坝主体建设已经完成了 85% 的工程进度，围堰工程完成了 70% 的进度。

面对这种局面，匈牙利政府与捷克斯洛伐克方面进行磋商，由于双方分歧巨大谈判进展缓慢，期间捷克斯洛伐克方面提出了 A～G 七种替代方案，但匈牙利方面认为这些方案都会对自然环境造成有害影响而违背《布达佩斯条约》第 15、19 和 20 条关于保护环境的义务以及相关国际条约和一般国际法。七种方案中六种方案是需要双方合作才能完成，只有一种"替代方案 C"仅需要捷克斯洛伐克单方面的行动即可实施。在谈判陷入僵局后，匈牙利于 1992 年 5 月 25 日宣布终止 1977 年缔结的《布达佩斯条约》。1992 年 10 月 23 日捷克斯洛伐克则

---

① 乔诺斯·福拉（1949—），匈牙利著名生物学家、环境学家和摄影师，20 世纪 80 年代匈牙利"多瑙河圈"环境保护运动的发起人，他因多年致力于多瑙河生态环境保护而先后获得瑞典正确生活方式奖（1985 年）、戈德曼环境奖（1990 年）、欧洲环境奖（1995 年）。详细资料参见：http://www.danube.org/html/about/about.html。

决定实施"替代方案 C",即单方面继续建设盖巴斯科夫水坝项目,并将多瑙河上游主要水流量截引至其领土内。1993 年 1 月 1 日,捷克斯洛伐克发生巨变,分裂成捷克共和国与斯洛伐克共和国两个主权国家,水坝工程由斯洛伐克共和国继承后仍然作为国家重要发展项目。

1992 年由捷克斯洛伐克专家提出的七种替代方案

方案	内容	评价
A	根据 1977 年条约按照原计划完成全部工程建设。	捷方倾向
B	根据 1977 年条约在匈牙利参与下仅完成原捷克斯洛伐克的工程部分。	双方合作
C	修改根据 1977 年条约制定的工程方案,由捷方缩小分流的多瑙河水量,并继续引流至人工运河完成其境内的工程,匈牙利暂停工程建设。留待日后双方拿出一致方案后再继续完成原 1977 年条约订立工程方案。	双方妥协
D	仅完成捷方境内的大坝上部建造,其他全部停工。	双方合作
E	水利工程仅局限于预防洪水和确保河流通航。	双方合作
F	两国大坝均停工,保留现有已完成设施。	双方合作
G	拆除多瑙河上的全部工程设施,完全恢复多瑙河原始生态。	匈方倾向

焦点问题

在单方抗议和欧共体调解无效后,1992 年 10 月,匈牙利向国际法院提出申请。1993 年 7 月,匈牙利和斯洛伐克达成协议同意国际法院进行裁决。匈牙利和斯洛伐克请求法院对以下问题给以判决:

(1)1989 年 10 月匈牙利是否有权单方面暂停和终止拉基玛洛工程以及负责的在捷克斯洛伐克境内的部分工程项目?

(2)1991 年 11 月捷克斯洛伐克是否有权决定采取"替代方案 C"并于 1992 年 10 月将其实施?

(3)1992 年 5 月匈牙利所做出的关于终止 1977 年缔结的《布达佩斯条约》的通知是否有效?

(4)双方共同请求法院决定其所做的判决具有的法律效果,包括匈牙利和斯洛伐克的权利和义务。

法院判决[①]

1997 年 9 月 25 日,国际法院对盖巴斯科夫—拉基玛洛水坝案的四个问题分别做出判决,判决的理由和依据分别如下。

(1)关于匈牙利是否有权单方面暂停和终止其负责的工程。

匈牙利主张其有权暂停和终止其负责的工程部分,其理由是国家责任制度中的"危急情况"。匈牙利认为这些工程会对环境造成危害,基于工程具有"生态危险",所以做出了暂停和终止工程建设的行为。斯洛伐克主张"生态危险"不能构成与国家责任相关的排除错误行为违法性的理由。斯洛伐克认为虽然该工程可能会造成一定的生态问题,但是通过双方努力达成一致协议很大程度上可以补救这些生态问题。

[①] See in ICJ judgment on Case concerning The Gabcikovo—Nagymaros Project On 25 September 1997。

法院认为是否有权暂停和终止取决于条约法的规定。虽然 1969 年《条约法公约》是于 1980 年生效，而本案 1977 年《布达佩斯条约》签署于条约还未生效之际，但是基于《条约法公约》的许多规则可以视作是既存习惯法规则的法典化，《条约法公约》生效时间并不影响国际习惯对条约实践的适用和调整，所以 1977 年《布达佩斯条约》可以适用《条约法公约》中的一些规则。并且如果与条约法不相符的宣告无效或者终止行为，涉及国家责任的应当依据国家责任来判断。国家的不法行为应当承担的国家责任主要由其未遵守的国际义务的性质来确定。

法院认识到"危急情况"是国际习惯法中认可的可以用来排除国际不法行为不法性的理由和依据，但是该理由只能在例外的基础上引用，并且具有严格的适用条件。《国家对国际不法行为的责任条款草案》（简称《国家责任草案》）第 33 条明确规定了援引危急情况必须满足的条件：①违反国际义务行为的国家的根本利益与其某一国际义务相冲突；②该利益必须受到了严重、迫切的威胁；③受指控的行为必须是保护该利益的唯一手段；④该行为必须不严重损害该国际义务所指向国家的根本利益；⑤实施该不法行为的国家不得促进该危急情况的出现。"危急情况"只有在特殊情况下才能作为不遵守国际义务的情形，并且"危急情况"的五个条件具有累积性，必须同时满足。首先法院确认了匈牙利关于强调多瑙河水坝工程对自然环境的危害属于《国家责任草案》第 33 条中的"根本利益"。但是在确定危险的"严重性"和"迫切性"以及行为的"唯一性"方面，法院认为匈牙利所表达的只是实施水坝工程会对自然环境产生不确定性的影响，虽然这些影响可能具有"严重性"和"紧迫性"，但不足以证明"危急情况"的存在。危急情况必须是严重和迫切的，不能仅仅是一种可能性。同时法院认为，在工程对环境产生的危害还处于不确定阶段时，匈牙利可以采取谈判或者协商等其他手段来应对当时的危险，因此匈牙利采取的暂停和终止大坝工程建设的行为也不符合"唯一性"的要求。所以法院主张匈牙利并不能援引"生态危险"也即"危急情况"来免除责任。

（2）关于 1991 年 11 月捷克斯洛伐克是否有权决定采取"替代方案 C"并于 1992 年 10 月将其实施。

在诉讼中匈牙利主张捷克斯洛伐克实施的临时解决方案"替代方案 C"构成了重大违约，斯洛伐克则主张匈牙利违反 1977 年条约义务在先，暂停和终止了其责任范围内的工程，使得斯洛伐克不能完成条约规定的目标，为了减少匈牙利违反条约义务导致的损失，防止损失的扩大，其有权实施临时替代方案；同时斯洛伐克认为为了实现 1977 年条约目的有权选择与原方案尽可能相似的临时解决方法（称为相似适用原则），临时解决方案包括了原来共同合作计划中的大部分内容，因此斯洛伐克认为其进行和实施的临时解决方法并不构成国际不法行为。

法院就斯洛伐克的两个诉由分别进行了回应，首先就相似适用方面，法院认为临时解决方案不符合 1977 年条约的根本目的，没有必要考察"相似适用原则"的存在。1977 年条约第 1 条规定修建盖巴斯科夫—拉基玛洛水坝的工程是一项不可分割的共同投资，它的修建和运行都是由双方共同进行。条约的其他款项也反映出由双方享有巴斯科夫—拉基玛洛水坝的重要工程的所有权，将该工程体系作为最终的单一项目共同运行。所以所有这些都不能由单方面行动进行。尽管在物理性质上临时替代方案和原工程呈现出相似性，但是在法律性质上二者相去甚远，这在根本上改变和违反了条约的目的和宗旨。所以捷克斯洛伐克的行为明显违反了 1977 年条约的规定，构成了国际不法行为。另外，就反措施方面，法院认为捷克斯洛伐克的行为并不符合反措施的"相称性"。反措施是指国际不法行为的受害国针对非法行为者采取的、做出的报复性措施，目的在于促使国际不法行为的责任国履行其义务。反措施的实施要求必须具有相称性，反措施的强度必须与责任国的不法行为成正比。而捷克斯洛伐克单方面决定实施的替代方案通过将河水改道，剥夺了匈牙利平等合理地共享多瑙河流资源的权利，违反了反措施规定的相称性。所以 1992 年 10 月捷克斯洛伐克无权单独实施替代方案。

（3）关于 1992 年 5 月匈牙利所做出的终止 1977 年缔结的《布达佩斯条约》的通知是否有效。

匈牙利方面提出 5 个理由来证明其终止条约的通知具有有效性和合法性，5 个理由分别是危急情况的存在、条约履行不能、情势根本变更、捷克斯洛伐克单方面严重违约、国际环境法新标准的发展。斯洛伐克对这 5 点主张一一进行了反驳，法院也分别进行了审理。

首先就匈牙利"危急情况"的主张，斯洛伐克认为不存在危急情况，即使危急情况是存在的，也不能成为终止条约的理由。法院认为虽然 1977 年条约没有包含条约终止方面的规定，但是它适用于 1969 年维也纳公约，同时应当明确《条约法公约》第 60～62 条关于终止和停止实施条约的规定与《国家责任草案》中国家责任例外的规定。危急情况只能作为免除没有履行条约义务的国家责任而不能成为终止条约的理由。

就匈牙利条约"履行不能"的主张，匈牙利认为至 1999 年为止，1977 年条约所规定的投资双方共同开发利用大坝工程，发展与环境保护相适应的共同经济的目标已经不能实现，所以说 1977 年条约的实施履行已经不可能。斯洛伐克认为虽然《条约法公约》第 61 条第 1 款明确规定了条约因为发生意外不可能履行时可以终止，但是第 2 款也规定了如果不能履行是因为一方违反条约义务造成的，就不能援引这项理由终止条约。鉴于匈牙利并不是因为"意外"以及违反了自己在 1977 年条约下的义务，所以不能援引履行不能来终止 1977 年条约。同时匈牙利主张条约的"标的物"应当包含法律制度，随着时代的发展双方所依据的法律制度发生了很大的变化，可以认为原条约"标的物"——法律制度已经不存在。法院就此认为无论条约法的"标的物"是否包含法律制度，1977 年《布达佩斯条约》并没有消失，所以条约不存在履行不能。

就匈牙利主张的"情势根本变更"，其认为 1989 年本国政治环境发生了重大复杂的变化，从而导致本国内水坝项目失去了继续的经济基础，也失去了为了社会主义联合而缔结条约这一政治环境；同时知识进步和环境法发展都构成了情势变更。斯洛伐克认为匈牙利所说的这些情况并没有导致条约义务的根本改变，所以其无权终止 1977 年条约。法院认为，虽然 1977 年条约的缔结和政治环境有关，但是政治环境并没有如此紧密的和条约相联系，以致构成缔约方接受条约约束的必要基础，虽然在条约实施期间，匈牙利和捷克斯洛伐克的经济政治情况都发生了改变，但是这些改变并不足以阻止条约义务的实现。环境知识的增加和环境法的发展在缔结条约时并不是没有预见的，相反 1977 年条约的第 15 条、19 条以及 20 条为了考虑和适用环境变化进行了周到的规定。总的来说，虽然匈牙利的情况发生了一定的改变，但是这些变化都不足以构成影响条约履行的根本变更。

就匈牙利主张的"捷克斯洛伐克单方面违约"，其依据是捷克斯洛伐克单方面决定实施了替代方案。而斯洛伐克认为替代方案是履行条约最好的方法，并不构成对 1977 年条约的违反。法院认为 1991 年 11 月捷克斯洛伐克决定采取"替代方案 C"和 1992 年 10 月实施"替代方案 C"是两个不同的时间节点。1991 年 11 月捷克斯洛伐克决定采取"替代方案 C"并不构成对 1977 年条约的违反，1991 年 11 月至 1992 年 10 月捷克斯洛伐克修建为替代方案做准备的工程时也不构成对 1977 年条约的违反，至 1992 年 10 月实施"替代方案 C"时才构成对条约义务的违反。匈牙利在 1992 年 5 月发出终止条约的通知，捷克斯洛伐克并不存在违约行为。因此匈牙利不能援引《条约法公约》第 60 条将捷克斯洛伐克违约作为条约终止的理由。

匈牙利主张的"环境法新规则的发展",其认为国际法保护环境的要求可以成为排除条约实施的理由。《条约法公约》第 64 条规定一般国际强行法规则的产生可以构成原有条约终止的条件之一。不可否认的是自 1977 年条约产生以来,环境法规则得到了新的发展,但是匈牙利和捷克斯洛伐克都没有举证说明 1977 年条约缔结后出现了新的环境法上的强行法规则。法院认为虽然国际环境法取得了一些新的发展,但是根据 1977 年条约第 15 条、19 条以及 20 条关于适应环境变化的规定,双方可以协商将变化的国际环境法规则纳入到 1977 年条约第 15 条、19 条规定中。本案中条约的履行也是开放性的,可以不断适应变化了的新的国际法规则和标准。

最后通过对以上 5 点进行总结,法院认为尽管双方都没有遵守 1977 年条约,但是这不足以构成 1977 年条约无效的理由,也不能作为证明 1977 年条约终止的理由。因此匈牙利于 1992 年 5 月发出的关于终止条约效力的通知是无效的。

（4）关于所做的判决具有的法律效果。

法院认为本判决对特别协议第 2 条 1 款的各项问题的裁决具有宣告性质。该部分处理的是缔约方于 1989—1992 年之间的过去行为的合法性,以及 1977 年条约是否有效。基于这部分判决法院开始判断缔约双方未来的行为是什么。这部分判决不是宣告性的而是说明性的,缔约方可以依据特别协议第 5 条,在协商一致的基础上就本判决的执行做出修改。

考虑到争议双方随后的权利义务关系,法院认为有必要先判断斯洛伐克能否作为捷克斯洛伐克的继承国成为 1977 年条约的缔约方。法院援引 1978 年《关于国家在条约方面的继承的维也纳公约》第 12 条和第 34 条规定中反应的规则,有领土特征的条约无论在传统和现在观点来看都不受国家继承的影响。1977 年条约是与领土相关的条约,所以该条约不受国家变更的影响,因此法院认为 1977 年条约从 1993 年 1 月 1 日起开始对斯洛伐克生效。

法院认为 1977 年《布达佩斯条约》仍然有效,这对支配双方关系非常重要。法院强调不能忽视的是,多年来条约的任何一方都没有完全遵守 1977 年条约,是缔约双方自己的行为导致了现存的事实状态。但是事实不能决定法律,1977 年条约不能因为非法行为而失效。既然 1977 年条约有效,法院认为条约所确定的共同投资、规划、建设盖巴斯科夫—拉基玛洛水坝的规定依然存在,除非条约缔约方另有协议,该共同制度应当恢复。法院强调重建共同制度应当以最理想的方式共同利用自然资源,以实现条约规定的目的。法院主张争议双方应当通过谈判依据 1977 年条约及其他因素重新达成满意的解决办法,而不是通过法院做出最终具体解决办法的判决。就本案而言比较可行的办法是匈牙利和斯洛伐克重新共同管理建设盖巴斯科夫—拉基玛洛水坝工程。关于两国各自的不法行为所造成的损失的赔偿问题,法院认为受害国从加害国那里获得赔偿是一项国际法原则,本案中双方当事国都实施了不法行为,并且都给彼此造成了损害,所以匈牙利和斯洛伐克都应当给彼此以赔偿,同时也有权获得对方的赔偿。

最后法院判决如下:

（1）1977 年签订的《布达佩斯条约》依然有效,匈牙利无权推迟并终止条约中的国际义务,并应赔偿斯洛伐克方面因为自己违反条约而造成的损失。

（2）斯洛伐克无权擅自实施改变多瑙河自然水流状态的工程替代方案,并应赔偿匈牙利方面因自己实施临时工程方案而造成的损失。

（3）两国应秉承善意进行谈判,采取措施保证经《布达佩斯条约》的目标能够实现。

（4）两国应根据《布达佩斯条约》制定联合运作机制。

三、案例评析

本案的争端主要是由于双方对经济发展和保护环境之间关系的认识存在差异，对可持续发展的理解以及利用存在偏差，所以双方对盖巴斯科夫—拉基玛洛水坝事件和问题产生了争端。判决书第 140 段强调："各国不仅在考虑进行新活动时，而且在进行已有活动时，都应该给予新规范和新标准足够重视，可持续发展概念充分表达了将经济发展与环境保护相协调的需要。"判决内容在某种程度上体现了对于两国环境与发展利益的平衡，包含了对可持续发展原则的考量。

在投票表决后，卫拉曼特雷法官以个别意见书的形式发表了补充意见，他认为："可持续发展概念可以追溯到 20 世纪 70 年代人类环境大会前后，即使 1977 年签订的《布达佩斯条约》也在其条款第 15 和 19 条凸显了双方所认可的项目发展与环境保护相协调的要义。在案件中，虽然匈牙利的主张如果仅仅基于考虑环境损害因素是令人信服的，但是鉴于盖巴斯科夫水电站对于前捷克斯洛伐克以及现斯洛伐克共和国国民经济发展的巨大价值，法院必须对发展因素加以考量并与环境因素进行某种平衡。因此，这里可持续发展不仅仅是一个概念，更加是具有规范价值从而决定本案判决的一项基本原则。"也就是说，如果只考虑环境因素的话，匈牙利的主张是令人信服的，但是经济发展也是该案的一个重要因素，盖巴斯科夫水电站对捷克斯洛伐克的经济发展具有重要作用，所以法院要在环境与发展之间达到平衡。并且卫拉曼特雷法官认为可持续发展不仅是一个概念，更是一个原则。

保护环境与经济发展都是盖巴斯科夫—拉基玛洛水坝工程的重要因素，从不同角度进行考量，会对双方当事国产生不同的结论。就斯洛伐克而言，从经济发展角度，该工程有利于改善国内电力资源紧张局势，推动整个国家的经济发展，并且为了实施这一工程他们已经使用了超过 20 亿元的资金和各类国家资源；从环境方面，该工程有利于有效地防止河床侵蚀和洪水，改善环境，如果工程被终止反而会引起经济和环境问题。就匈牙利方面其主张实施该工程会造成多种生态危害，这些危害在工程建设中已经呈现，在将来还会发展。基于双方当事国对保护环境和经济发展因素不同的强调，是接受匈牙利的主张只考虑环境而彻底放弃工程，还是只考虑斯洛伐克主张的经济发展因素而继续实施工程呢？或者还存在一条中间道路可以将经济发展和环境保护进行综合考量？卫拉曼特雷法官主张可持续发展可以用来解决本案中的各种主张。

可持续发展原则强调资源利用代际公平，要为了后代利益保护自然资源，人类社会是不断发展的，当代人的发展不能建立在剥夺后代人发展能力的基础之上；可持续利用自然资源，以一种"可持续""谨慎""合理""适当"的方式开发自然及其资源；同时保证代内公平，强调一国利用自然资源必须考虑其他国家的需要，当代国与国和人与人之间对自然资源和环境的利用都享有平等的权利；要将环境与发展相协调，确保经济以及其他发展计划、程序、项目中综合考虑了环境因素，并且确保在实现环境目标时考虑了发展需要。

关于可持续发展原则的环境保护和可持续发展相协调方面，在 1972 年斯德哥尔摩大会之前，环境保护与发展问题就已经有所联系。在 1949 年联合国资源保护与利用大会就将保护与发展相联系。1971 年的联合国大会表明"发展计划应与合理的生态环境相适应"。1972 年斯德哥尔摩宣言要求所有成员国通过综合、协调的发展计划确保本国发展与人类环境的保护和改善相适应。1982 年《世界自然宪章》规定，自然保护应该考虑经济和社会发展活动的计划和实施因素。许多区域性条约也通过了将环境与发展相结合的方法，例如：1974 年《巴黎公约》规定"统一规划政策应该符合环境保护的要求"；1978 年《科威特公约》中支持"环境与发展目标相协调的综合管理方法"；1978 年《亚马孙条约》确定了"维持环境保护与经济发展的平衡"的需要；1985 年《东盟公约》确定"自然资源的保护和利用应作为经济发展中不可分割的一部分"。

然而多年以来，关于环境问题的国际应对仅局限在某些与环境相关的国际组织或会议中，例如联合国环境规划署（UNEP）以及环境条约的缔约方大会，并没有直接与国际经济组织相联系，特别是世界银行和 GATT/WTO。之所以出现这样的结果是因为环境保护与发展在方法上存在分歧。最初创建联合国及其专门机构（GATT/WTO、世界银行、多边开发银行以及区域经济一体化组织）的文书中，并没有提出环境保护的要求或需要确保发展是可持续的。直到联合国环境与发展大会之后，环境保护与经济发展的关系才被国际社会充分认可。联合国环境发展大会反映了环境保护与发展一体化的需要，并反映了这两个目标是不能轻易割裂的。

《里约环境与发展宣言》（简称《里约宣言》）的第四条原则规定：为了实现可持续发展，环境保护应作为发展进程中的一个有机组成部分，不能与发展相孤立。环境与发展相结合的方法在实践中具有重要的意义，国际经济政策或法律中将会更多地考虑环境因素。19 世纪 80 年代末以来所发生的变化也证实了这一点。例如：世界银行设立了环境部门，环境评估及相关要求的采纳，GATT 与 WTO 将贸易与环境相融合，以及环境要求在竞争、补贴、外国投资、知识产权保护等法律中的发展。

将环境与发展相结合，被联合国环境与发展大会（UNCED）及之后的许多条约所采用，开启了对"发展权"的辩论，一些发达国家也对此持有异议。《里约宣言》的第三条原则暗含了"发展权"的概念，然而美国宣称并非如此。对于美国而言，发展"并非是一项权利，而是我们所持有的目标"，对于所有将该原则解读为发展权的观点美国都不予承认。抛开美国的观点，应该对《里约宣言》的第三和第四条原则予以充分理解，这是发达国家和发展中国家相互妥协达成的成果。

关于本案的其他问题还涉及环境影响评价制度对匈牙利提供的保护。环境影响评价不仅存在于工程开始之时，而且在工程全部运作期间要进行联合的评价测量。只要一定规模的项目在运作之中，环境影响评价就要继续。1977 年条约第 15 条明确规定了在水闸系统运行期间监测水质，第 19 条规定了建设和运行水闸要遵守保护自然的义务。这表明工程开始前以及工程运行过程中应当进行监测，也就意味着在建设和运行工程整个过程中都应当考虑环境影响评价的问题。对环境影响的连续考虑将对保护匈牙利的环境利益起到保障作用。

四、拓展思考

无疑，盖巴斯科夫—拉基玛洛水坝案丰富了可持续发展原则的司法实践，标志着这一原则已经或正在成为现代国际法的一部分，国家在贯彻实施可持续发展原则的过程中，发展和环境保护的两项权利没有一个能够被忽视。随着国际环境法的发展，可持续发展原则在国际上已经得到了广泛的认同。原则上发展应当是可持续的，但是在个别案件中可持续发展原则的具体效力如何，在国际上还缺乏共识。该问题的实质是现代国际法要求所有的发展必须是可持续的，还是只要求部分发展是可持续的。对具体国家行为而言，如何证明和判断该行为是符合可持续发展原则的，国际上缺乏具体的判断标准，只能在判例中寻找依据，所以该原则在适用上仍然存在不确定性。由于确定某个行为是否符合可持续发展的标准涉及社会、政治以及经济的价值判断，国际法庭很难对一项具体的国家行为是否符合可持续发展原则做出审查和明确的结论，所以如何解释和实施该原则的权利实际上由各个国家保留。在国际层面上对所有国家的所有行为都要求可持续发展显然不具有可行性。

可持续性发展原则的适用具有不确定性，其审查也缺乏具体详细的标准，可以说目前还没有一项国际法律义务要求发展必须是可持续的，那么如何确定一个发展项目是否符合可持续发展，其决策权属于各国政府。所以说可持续发展原则的实现需要各个国家积极承担国际义务，通过相应的法律法规制度等将可持续发展原则转化成为国内环境保护原则。同时要求各国根据本国标准制定可持续发展的具体标准，在逐步实现各国国内环境可持续发展的基础上达到全球环境的可持续发展的目标。

特雷尔冶炼厂仲裁案

一、核心知识点

国家环境主权和不得损害国外环境原则

国家环境主权和不得损害国外环境原则是最早出现的国际环境法基本原则，其基本概念也随着人类环境实践的发展而逐步完善。国家环境主权和不得损害国外环境原则包括两方面内容。其一是国家环境主权。国家环境主权是国际法主权原则在国际环境法中的延伸，是指各国拥有按照其本国的环境和发展政策开发本国自然资源的主权。其二是不损害国外环境的责任。不损害国外环境是指为了防止国家环境主权权利的滥用，即各国负有确保在其管辖范围内或在其控制下的活动不致损害其他国家或在各国管辖范围以外地区的环境的责任。

特雷尔冶炼厂仲裁案裁决首次确认了一国领土的无害使用原则，一国在其管辖和控制内的活动不得对他国领域内的国民和财产造成侵害。1972 年的《人类环境宣言》和 1992 年的《里约宣言》继续对这一原则进行了重申和具体确认。《人类环境宣言》第 21 条共同信念指出"按照联合国宪章和国际法原则，各国有按照自己的环境政策开发自己资源的主权权利，并且有责任保证在其管辖或控制之内活动，不致损害其他国家或在国家管辖范围以外地区的环境"。

《里约宣言》第 2 条原则再次确认："各国根据联合国宪章和国际法原则有按照它们自己的环境和发展政策开发自己资源的主权权利，并负有责任保证在其管辖或控制范围内的活动不对其他国家或其管辖范围之外的地区的环境造成危害。"相比较而言，《里约宣言》对该原则阐述的变化之处在于以"环境与发展政策"的措辞替代了《人类环境宣言》中"环境政策"，突出了环境与发展问题的内在统一性以及发展权对于广大发展中国家的重要性。在相关重要的多边环境条约中，该基本原则也被引用成为协定条款的组成部分，比如 1992 年《联合国气候变化框架公约》和《生物多样性公约》。在国际司法实践中，继特雷尔冶炼厂仲裁案之后，1956 年发生的西班牙与法国的拉努湖仲裁案，以及 1974 年澳新诉法国的南太平洋核试验案，分别从水利工程建设和武器试验两个不同领域再次印证着"任何国家的主权行为必须不得损害他国或公域的环境"这一基本原则。

二、案情介绍[①②]

特雷尔冶炼厂（Trail Smelter）始建于 1896 年，最初由美国矿业工程师兼工业大亨弗兰茨·奥古斯都·海因茨（Fritz Augustus Heinze，1869—1914）投资建厂，是当时北美地区最大的私人铅锌冶炼厂。20 世纪初，在英属加拿大政府努力振兴矿业的背景下，该厂于 1905 年被官方收购成为加拿大采矿与冶炼联合集团公司（Consolidated Mining and Smelting

① Rebecca M. Bratspies, Russell A. Miller. Transbounday Harm in International Law, Lessons from the Trail Smelter Arbitration[M]. Cambrideg: Cambridge University Press, 2006.

② 案情历史参见：http://en.wikipedia.org/wiki/Trail_Smelter_dispute。

Company of Canada，简称 COMINCO 公司）的下属工厂。该厂坐落于距离美国和加拿大边界 17.7 千米的英属加拿大哥伦比亚省库特内角西南位置。在 1896 年建厂之初，设计生产能力为每日处理 250 吨矿石，同时建成 45.7 米高空烟囱以便排放烟雾来减少环境污染。据统计，截至 1916 年特雷尔冶炼厂的硫污染物排放量高达每月 4700 吨。第一次世界大战后，工厂得到扩建，并在 20 世纪 20 年代保持高速运转。时至 1930 年，该厂月均排放量达到 10000 吨硫污染物。特雷尔冶炼厂解决了当地大量就业，但排放出的大量二氧化硫烟雾却使得周边的加拿大农民首先受害。在早期 1917 年与 1924 年仲裁中，COMINCO 公司被罚款合计达 60 万美元，这笔款项用于补偿加拿大当地农民的损失，COMINCO 公司甚至出资买下来 6 个受害严重农场中的 4 个。为了减少排放污染损害，冶炼厂于 1926 年将排烟烟囱加高至 124.7 米，以期通过将含硫烟雾排至更高的空中来化解对周边农场的影响，但这一治标不治本的方法却使得烟雾飘散更远，让毗邻的美国华盛顿州遭受更为大规模的损害。

多年中，由冶炼厂排放向南方飘散的污染物已经对美国华盛顿州的庄稼、树木、牧场、牲畜和建筑物造成了严重的损害，美国的污染受害者向该冶炼厂提出过多次私人赔偿要求，甚至在 1925 年成立了保护受害人协会由单独诉讼转向集体诉讼，但问题始终得不到圆满解决。1927 年案件被正式提交给美国政府，美国政府代表受害民众出面交涉，并向加拿大政府提出外交抗议。双方经过多次谈判于 1931 年达成协议决定由独立于双方政府的"国际联合委员会（IJC）"[①]进行协调解决，委员会在调查报告中指出截至 1932 年 1 月 1 日之前，COMINCO 公司下属特雷尔冶炼厂的污染已经对美国方面造成 35 万美元的损失。虽然加拿大方面同意支付 35 万美元来解决争端，但这个赔偿数额却与美国华盛顿州政府的期望数额相差甚远，因而遭到美国方面的断然拒绝。在考虑"国际联合委员会"所建议的双方采取共同接受的法律程序解决争端后，美国和加拿大双方于 1935 年 4 月 15 日签署协议成立特别仲裁庭来解决争端。特雷尔冶炼厂仲裁案于 1938 年 4 月 16 日和 1941 年 3 月 11 日先后经历了两次裁决。

争议焦点

美国和加拿大签署的特别协议请求仲裁委员会对以下问题给予解决。

（1）自 1932 年 1 月 1 日以来特雷尔冶炼厂对华盛顿州的损害是否还存在？如果存在，应当如何赔偿？

（2）如果对第一个问题做出肯定回答，那么特雷尔冶炼厂今后是否应当抑制对华盛顿州的损害？如果需要抑制，应当抑制到什么程度？

（3）根据上述两问，特雷尔冶炼厂具体应该采取怎样的措施或建立怎样的防治污染的制度？

（4）通过对以上问题的裁决，加拿大应该支付给美国怎样的补偿或者赔偿？

根据美加双方达成的仲裁协议：（1）仲裁庭由 3 名仲裁员组成，仲裁主席由一名比利时法学家担任，另外两人分别来自美国和加拿大，此外还为仲裁庭配备了两名分别来自美国和加拿大的科学家提供技术支持；（2）仲裁庭将适用美国处理相关问题的法律、惯例、国际法和惯例，并考虑双方公平解决的愿望；（3）协议生效 9 个月内，双方应向仲裁庭进行举证，由后者对相关证据进行调查。

---

① 国际联合委员会（International Joint Commission，简称 IJC）最初成立于 1909 年，由英属哥伦比亚省政府与美国华盛顿州政府协商成立的一个独立于两国政府的国际机构，专门用于解决美国和加拿大边界事务和治外法权问题。

1938 年 4 月 16 日的裁决

1938 年 4 月 16 日，仲裁庭做出了第一次裁决。裁决首先对该案件的性质进行了说明，认定特雷尔冶炼厂跨界污染属于美国和加拿大两国政府之间的争端，而不是美国为其国民个人行使外交保护的争端。对于特别协议提出的第一个问题，仲裁庭认为尽管 COMINCO 公司自 1932 年 1 月 1 日冶炼厂为减少污染进行了一些努力，但是污染仍然存在，工厂排放的含硫烟雾依然对美国华盛顿州造成了损害，所以裁定加拿大方面应支付 7.8 万美元作为 1932 年 1 月 1 日至 1937 年 10 月 1 日的时间区间内特雷尔冶炼厂对美国方面的损害赔偿，并附加规定自裁决生效日至赔偿付清日，加拿大方面应额外支付 6%年息。对于第二个和第三个问题仲裁庭裁定要求 COMINCO 公司为特雷尔冶炼厂建立临时制度，为建立一个有效避免损害发生的永久制度进行资料准备，在 1937 年 10 月 1 日至 1940 年 10 月 1 日之前的过渡期内加拿大应避免造成进一步损害。

1941 年 3 月 11 日的裁决

美国对 1938 年 4 月 16 日的裁决中涉及的一些问题提出了异议，要求仲裁庭在适用美国国内法、新污染的赔偿、冶炼厂进一步抑制损害等问题上做出进一步说明和审议。1941 年 3 月 11 日的裁决对美国针对第一次裁决提出的一系列问题以及特别协议中提到的焦点问题进行了进一步的认定。

仲裁庭裁决的主要内容如下。

（1）仲裁庭适用国际法中的定案原则驳回了美国要求修改 1938 年裁决的要求。定案原则即定案不再理或一事不再理原则，是国际法确定的一项仲裁或者诉讼规则，定案原则是指具有管辖权的司法机构做出裁决或裁判后，该裁决或裁判即生效，即对当事人具有终局效力；之后，同样的当事人因同一诉讼事由再进行诉讼，司法机关应不予以受理。美国要求对 1932 年以来的损害进行重新审查和认定，仲裁庭认为 1938 年 4 月 16 日的裁决中已经对相关问题做出了回答，根据定案原则，除非双方当事人有协议排除使用国际法和规定使用特殊法，否则定案原则就适用于该案件。

裁决认为，仲裁庭可以根据国际法判案，当然也可以适用国内法判案，但是国际仲裁不能离开国际法规则而去适用各种国内法。仲裁协议第 4 条规定"仲裁庭将适用美国处理相关问题的法律、惯例、国际法和惯例，并考虑双方公平解决的愿望"，从该款分析，其一，"处理相关问题"指的是美国在处理"烟雾污染"有关问题的法律和实践，所以这里不包含"定案原则"的适用问题。其二，"适用美国处理相关问题的法律、惯例、国际法和惯例"没有明确只能适用美国国内法律和实践，而不能适用国际法和惯例，所以可以适用国际法上的定案原则。

（2）仲裁庭否决了美国方面关于过渡期内继续损害的认定。关于自 1937 年 10 月 1 日至 1940 年 10 月 1 日期间，特雷尔冶炼厂的烟雾是否对华盛顿州的庄稼、树木、家畜以及财物造成损害的问题，由于美国方面不能提供直接和确定的证据证明 1937 年至 1940 年间相关的损害来自于烟雾，仲裁庭裁定自 1937 年 10 月 1 日至 1940 年 10 月 1 日期间特雷尔冶炼厂没有对华盛顿州造成损害。

（3）仲裁庭否决了美国关于支付其调查费用的请求。仲裁庭认为调查损害后果是美国举证证明其所受损害的必要条件，这些调查费用是与美国认为的存在损害相联系的，无论是依据仲裁协议或是仲裁实践，该费用都不能计算在"损害"这一概念范围之内。在索赔过程中，特雷尔冶炼厂案审理委员会坚持认为"损害"必须要有"严重后果"才能证明索赔的正当性。

（4）仲裁庭裁定加拿大和特雷尔冶炼厂有义务进一步抑制损害。特雷尔冶炼厂案是首个关于跨界大气污染的国际争端，仲裁庭还没有处理过类似的有关跨界空气污染案件，但是美国最高法院处理过一些类似的有关州际空气污染的事例，国际上没有相关的禁止规则限制仲裁庭参考美国的做法，所以仲裁庭在这方面借鉴美国国内的实践。仲裁庭援引国际常设法院法官伊格勒敦的话："国家什么时候都有责任防止在其管辖下个人的损害行为侵害他国。"大量的国内判例和国际法学说都阐述了类似的观点，因此仲裁庭做出一项具有深远影响的结论：根据国际法以及美国法律的原则，没有任何国家具有利用或允许利用自己的领土，让其烟雾在他国领土或对他国领土上的生命和财产造成损害的权利。就此而言，加拿大不能利用或者允许利用自己的领土，让特雷尔冶炼厂产生的烟雾给美国的领土上生命和财产造成损害。所以在美国有充分的证据证明已经产生严重的后果的前提下，加拿大有责任对特雷尔冶炼厂给美国造成的损害予以赔偿，同时对于将来特雷尔冶炼厂的烟雾可能对美国华盛顿州造成的损害，加拿大政府也有义务给予制止。

（5）仲裁庭要求冶炼厂建立一个永久的烟雾排放制度。在 1938 年 4 月 16 日的裁决中，仲裁庭已经要求冶炼厂制定临时制度，避免在过渡期内对美国造成进一步的损害。仲裁庭认为特雷尔冶炼厂应当充分考虑科学界在控制烟雾方面已经取得的重大成就，建立永久的烟雾排放制度，将污染气体的排放减少或者限制到能防止损害的程度，并建立一个保证适应气象条件变化的调节系统。如果保持恰当的制度将来仍然发生了损害，对于发生的损害应当予以补偿或赔偿，但赔偿数额由两国议定（仲裁庭建议为 7500 美元）。

三、案例评析

特雷尔冶炼厂仲裁案是世界上第一起跨界环境损害责任的案例，该案所做出的一国领土无害使用的结论构成了针对跨界环境损害国际纠纷解决不可忽视的国际司法实践先例，为国际环境法领域国家环境主权与不得损害国外环境这一基本原则的确立奠定了坚实基础。而该案中所记述的诸多事实过程与裁决，如侵害国须为跨界环境损害承担国家责任，当事国通过国际合作寻求环境争端解决途径，以及采用科学手段进行污染监控和预防，进一步丰富了不得损害国外环境原则的实践内容。该案例的具体意义分别表现在以下两点。

1. 确立了领土无害使用原则

加拿大虽然具有在其领域内开放使用自然资源的主权权利，但是其活动一旦影响了邻国美国的环境就要承担跨界环境损害责任，特雷尔冶炼厂仲裁案的司法实践最早引导着国家环境主权与不得损害国外环境原则的确立。通过多个环境协议的达成，现在该原则已经得到充分的发展，成为国际环境法的基本原则之一。这一原则包含了彼此关联的两个方面：一方面，每个国家环境主权都应得到尊重和维护，任何其他国家或国际组织不得进行任意干涉，即国家环境主权原则；另一方面，每个国家在行使其环境主权时应履行适当义务，不得对国外环境造成损害，这是对国家环境主权的一种限制，即不得损害国外环境原则。

国家环境主权由传统主权概念发展而来，王铁崖教授认为："国家主权是国家最重要的属性，是国家固有的在国内的最高权力和国际上的独立权力。"①亚历山大·基斯教授在其《国际环境法导论》②中指出："国家主权是国际法的古老原则之一，它意味着各国享有在其管辖范围内排他性的立法、司法和行政权力，但这种权力的行使并非是绝对的，应符合国际法的规定。"菲利普·桑斯教授在《国际环境法原理》一书③中阐述道："国家主权原则允许国家在其领土范围内从事或授权符合国际法原则的活动，其中包括对其国内环境产生负面影响的活动。"综合国内外知名学者对于主权原则的论述，并结合环境领域的特点，笔者认为环境主权的含义可以界定为：一国对其管辖范围内的环境事务和自然资源所拥有的不受他国干涉的最高权威，以及对国际环境事务自主平等的参与权利，任何一个国家都不应遭受他国胁迫以致不能自由充分地行使这一不可剥夺的权利。国家环境主权的具体内容包括三个方面：第一，国家享有对国内环境事务的自主决定权，这项权利属于一国内部事务范畴，包括一国可以自由制定本国的环境法律和政策，采取措施治理本国的环境污染，进行本国经济发展与环境规划。一国甚至可以出于经济发展或国防考虑而在一定时间和空间范围内牺牲国内环境为代价从事某项活动，譬如为了发展国内经济大量伐木而导致水土流失，或是为了防御外敌侵略而进行核武器试验。第二，国家对其管辖范围内的自然资源拥有永久主权。1962 年《关于天然资源之永久主权原则宣言》明确规定："在此方面所采取任何措施，必须以承认各国依照其本国利益自由处置其天然财产和资源的不可剥夺权利及尊重各国经济独立为基础。"1974 年联合国大会通过《各国经济权利与义务宪章》规定："每个国家对其全部财富、自然资源和经济活动享有充分和永久主权，包括拥有权、使用权和处置权在内，并可以自由行使该权利。"1977 年《建立新的国际经济秩序宣言》更是将国家对于其自然资源所享有的永久主权确定为国际经济新秩序的基本原则之一。第三，国家对于国际环境事务具有独立自主参与的权利。每个国家都可以自由出席国际环境大会，加入与环境保护有关的政府间国际组织，根据自我意愿进行多边环境协定的谈判、缔结甚至退出条约。即使存在道义上的压力，任何国际组织或国家都无法强迫某一主权国家在违背自己真实意思表示的情况下加入某一环境条约，如美国拒绝加入控制温室气体排放的《京都议定书》也是行使其环境主权的结果。

历史的车轮进入 20 世纪，随着人类面临越来越棘手的国际环境问题，那种强调国家享有绝对权威的传统主权原则面临越来越多的挑战。环境污染的跨界性以及全球环境的统一性要求不同国家在应对国际环境问题时必须步调一致采取共同措施，但传统主权原则在环境责任规定方面上的缺陷使得各国往往各行其是、分散决策，难以形成合力遏制环境问题的恶化。一方面，传统主权原则中的对内最高权威使得主权国家在处理跨界环境问题时自私自利，只顾自己国家获得眼前利益，甚至不惜以损害他国环境为代价，历史上出现臭名昭著的"哈蒙主义"④便是这种主权国家在环境保护中采取单边行为的典型代表；另一方面，传统主权原则中的对外独立权使得主权国家有足够的理由抵制国际环保运动，缺乏参加国际环境合作的动力，阻碍了不同国家间达成国际环境保护协调的意愿，从而使得重要领域国际环境条约的

---

① 王铁崖. 国际法[M]. 北京：中国法律出版社，1995.

② Alexandre Kiss, Dinah Shelton. Guide to International Environmental Law[M]. Netherland: Martinus Nijhoff Publishers, 2007.

③ Philippe Sands, Jacqueline Peel. Principles of International Environmental Law[M]. 3rd ed. Cambridge: Cambridge University Press, 2012.

④ 所谓"哈蒙主义"起源于 1895 年美国墨西哥界河水资源争端案，时任美国司法部长的杰克森·哈蒙发表个人意见认为：根据国际法原则，每个国家享有在其管辖范围内的排他性主权，因此美国在使用界河时可以采取单边行动。"哈蒙主义"后来成为了一国只顾一己私利而损害他国环境的代名词。

缔结难上加难。传统主权原则在环境领域的消极作用使得人们日益认识到国家环境主权的行使必须以某种程度的限制条件为前提，而不得损害国外环境正是最为基础的限制条件。因此，国家环境主权事实上是主权原则在国际环境保护领域重新界定后的新型主权理念，某种意义上是一种弱化后的传统主权切片①，让渡的部分正是主权国家可以不顾国外环境而肆意使用本国环境资源的权利。在国际环境法的基本原则中，不得损害国外环境原则相对于国家的环境主权权利是一项国家必须承担的义务，体现了权利与义务在数量上的等值性和功能上的互补作用，当权利提供某种不确定性的指引时，义务可以用来提供一种确定性的指引②，不得损害国外环境原则正是对于环境主权原则进行了一种确定性指引。所谓"国外环境"中的"国外"概念，遵照《人类环境宣言》共同信念第 21 条和《里约宣言》原则第 2 条的阐释，这项义务不仅针对其他国家控制范围内的环境，而且任何一个国家都没有权力对各国管辖或控制范围以外地区的环境进行损害。所谓"国外环境"中的"环境"概念，这里等同于环境主权的"环境"概念的广义理解，是环境与自然资源的统一体。所谓不得损害"国外环境"的责任范围：一方面，他国控制范围内的环境不仅指代他国领域内的环境，而且涵盖该国与他国所共享的环境资源；另一方面，各国管辖或控制范围以外地区的环境资源既包括已经确定法律地位的人类共同财产（如公海渔业资源）和人类共同遗产（如海底资源与月球），也包括各国尚处于争议状态的人类共同关注事项（如南极和大气）。

2. 法律适用问题

特雷尔冶炼厂仲裁案发生于 20 世纪三四十年代，当时的国际环境法还没有产生，尚不存在相关的国际法规则和案例，美国和加拿大能将纠纷通过签订仲裁协议将案件提交仲裁法庭裁决已经是一种突破。在案件裁判过程中，法律的适用是仲裁庭面临的重大问题。由于本案纠纷属于两个国家之间的纠纷，原则上应当适用国际法裁判案件，但是当时还不存在可适用于跨界环境污染案件的国家法规则和案例。两国通过特别协议约定"仲裁庭将适用美国处理相关问题的法律、惯例、国际法和惯例，并考虑双方公平解决的愿望"，使得仲裁庭可以适用美国解决相关问题的国内法来裁定该案件。在仲裁协议中约定案件的处理可以适用一国国内法，这在国际案件仲裁中并不多见。

特雷尔冶炼厂案反映了国际仲裁在国际环境法发展中的重要性。国际仲裁是在自愿选择和遵守法律的基础上，以解决国际争端为目的，求助于仲裁意味着承诺真诚地服从其判决。在谈判国际环境条约时，缔约国经常支持条约中包括建立一个有权制定有法律约束力裁决的仲裁庭来解决争端的具体款项。本案仲裁协议中，对仲裁庭的建立、组成、仲裁员的制定以及所适用的法律都做了详细规定，仲裁庭由 3 名仲裁员组成，仲裁主席由一名比利时法学家担任，另外两人分别来自美国和加拿大两国；并且国际仲裁庭也严格按照仲裁协议的预定，适用美国处理相关问题的法律、惯例、国际法和惯例，在国际环境案件仲裁理论和实践的形成和发展过程中发挥了重要的作用。

特雷尔冶炼厂案对国际环境法的其他方面同样具有重要的意义。特雷尔冶炼厂案的裁决可以理解为在国际环境法方面是对绝对/严格责任的支持。在许多跨境环境损害案件中，国家的行为并没有违反任何国际义务，因而其行为并不被国际法所禁止，但是国家的行为结果却是对域外的财产、人身或者生态环境造成了损害，如果加害国不承担任何赔偿责任显然是不

---

① 约翰·杰克逊. 国家主权与 WTO 变化中的国际法基础[M]. 赵龙跃，译. 北京：社会科学文献出版社，2009.
② 张文显. 法理学（第四版）[M]. 北京：高等教育出版社，2011.

符合国际法公平原则的。为了解决这种情况，提出了绝对/严格责任这种新的国家责任形式。但是绝对/严格责任至今还未成为确定国家责任的一般原则。特雷尔冶炼厂的最终裁决要求加拿大和特雷尔冶炼厂建立永久控制制度，但是如果保持恰当的制度将来仍然发生损害，加拿大对于发生的损害应当予以补偿或赔偿。即是说加拿大在没有违反任何国际义务的情况下，如果将来仍然给美国人民造成了损害，那么仍需要承担补偿或赔偿责任。特雷尔冶炼厂案对环境影响评价制度在国际法上的确定也具有积极意义。裁决中一系列规定要求当事人采用科学手段对后续可能发生的损害进行污染监控和预防，要求特雷尔冶炼厂安装观察台，安装必要的能提供气体状况的设备和二氧化硫记录器，并定期向特设的两国间机构提供审查报告，这一系列规定对环境影响评价制度在国际法上的确立具有重要的意义。

五、拓展思考

特雷尔冶炼厂仲裁案以及之后的国际司法实践已经给予我们充分的启示：一方面，当一国管辖或控制内的活动已经对邻国环境造成了损害事实，该国就应该承担跨境环境损害赔偿的国家责任；另一方面，鉴于一国造成邻国环境损害后所要面临的巨大经济赔偿压力和道义谴责，各国普遍重视和广泛采用预防措施来杜绝跨界环境损害的发生，国家在进行重大发展规划和建设项目时首先都会进行环境影响评价便是预防措施的重要体现。此外，鉴于当前人类所面临的气候变化、臭氧层破坏、生物多样性锐减等全球化环境问题的产生和发展，不得损害国外环境原则要求每个国家作为地球大家庭的一员更须具备"达则兼济天下，穷则独善其身"的气魄，在国际层面广泛参与国际环境合作，自觉遵守多边环境条约中的国家义务，在国内层面，不断完善本国的环境法律和政策，改善国内环境质量，做到本国自然资源的可持续利用，为全球环境的改善做出应有贡献。

从另一个角度看，正确把握不得损害国外环境原则的尺度，应避免一国（特别是世界主要强国）以环境保护为由不恰当地甚至是恶意地侵犯他国（特别是弱小国家）的主权。由于不得损害国外环境原则缺乏必要的实施标准，造成大国往往借助国内环境法的实施大兴环境干涉主义，将环境问题与政治和意识形态相结合，一些发达国家甚至在对发展中国家的援助中经常附加苛刻的、不合理的环境保护义务。国家环境保护的单边主义倾向也是对不得损害国外环境原则的滥用，一些国家过分强调国内环境保护的重要性，要么设置极其苛刻的绿色壁垒来损害他国贸易利益，要么采取单边主义环境立法和行政措施对他国施加影响，以制裁和报复为后盾强迫他国遵守自己的环境法律。在 21 世纪之初发生的特雷尔冶炼厂第二案中，美国方面一改特雷尔冶炼厂仲裁案中的合作风范，单边判决加拿大管辖下的企业必须遵守美国联邦环保局的规定来治理和预防跨境污染，就是这种环境单边主义的典型表现。

特雷尔冶炼厂第二案——富兰克林·罗斯福湖污染案

一、核心知识点

国内环境法的域外管辖

主权国家的法律通常在其主权范围内的所有领域生效，包括陆地、水域及其底土、上空以及衍生意义上的领土。主权国家通过制度或法律，使其在管辖区内拥有约束力和强制性是一国的司法主权，是法律独立的表现，即一国法律具有当然的域内效力。全球化的进程带来了法律的全球化，法域壁垒正在逐渐弱化，不同法域间法律效力的相互渗透日益明显，法律产生域外效力的情形日益增多。近些年来，随着公法域外效力的研究和司法判例逐渐引起人们的关注，环境与资源保护法领域出现域外效力的情形也逐渐增加。一般认为，环境法的域外效力是指国内环境法对其管辖范围之外的环境破坏行为产生效力，包括对破坏国家管辖范围内的环境行为和破坏或者影响国家管辖范围之外环境的行为。[1]在保护环境方面，环境法的域外适用有其根据和价值。依据客观属地原则，一国境内发生的行为对另一国产生影响，或者行为结果发生在另一国，行为影响地或结果地的法律对该行为也享有管辖权。就跨界环境污染行为而言，污染行为可能发生在一国境内，但对周边诸多国家可能都产生了污染的结果，被污染国的法律则可以域外适用，对上述行为进行调整。当然环境法的域外管辖在国际上尚处于不明确阶段，也没形成统一的国际规则，极易受国家政治经济因素的影响。

一个国家的环境法是否具有域外效力往往是依照本国法律的规定和法律实践，美国的法律实践最为突出地表现了环境法律域外管辖的矛盾。美国的《资源保护与恢复法》（The Resource Conservation and Recovery Act（RCRA））通常被认为不具有域外管辖的效力，但是美国的《全国环境政策法》（The National Environmental Policy Act（NEPA））、《综合环境资源控制和责任法》（The Comprehensive Environmental Resource Control and Liability Act（CERCLA））又通常被认为具有域外管辖的效力。在 2003 年美国加利福尼亚州地区法院审理的 ARC 生态协会[2]诉美国空军司令部（ARC Ecology v. U.S. Dept of the Air Force）一案中，法院特别适用了"法律不具有域外效力的假设"，认为美国的 1980 年《综合环境资源控制和责任法》（CERCLA）不具有域外效力，拒绝了菲律宾公民和环保部门的索赔请求。而在特雷尔冶炼厂第二案（Pakootas v. Teck Cominco Metals, Ltd）中美国法院却根据加拿大工厂排放的污染物对美国境内环境可能产生的影响为依据，认为《综合环境资源控制和责任法》（CERCLA）具有域外管辖效力。美国国内不同方面的环境法的域外适用性不同，同时同一部法律在不同案件的适用过程中也呈现不同的域外效力，其中不乏政治经济因素的影响。

---

[1] 唐双娥. 保护"全球公域"的法律问题[J]. 生态系统，2002（8）.

[2] ARC 生态协会作为环境保护的非政府组织（NGO），致力于向地方社区提供污染影响评价、城市规划、社区发展以及军事活动等一系列与环境和发展有关的技术咨询服务。该组织的目标是设法寻找新对策并不断提高生态环境和社区居民的生活品质。此外，ARC 生态协会也在积极促进公众参与政府的政策制定。资料参考 http://www.arcecology.org/，访问时间：2015 年 4 月 8 日。

二、案情介绍

特雷尔冶炼厂在大气污染仲裁案完结 60 年后伴随着一场旷日持久的美国国内诉讼再次回到公众视野中。案件的被告方是特雷尔冶炼厂的母公司——Teck-cominco 联合集团公司，原 COMINCO 公司于 1986 年与加拿大另外一家本土大型矿业企业 Teck 公司合并，新企业重新命名为 Teck-cominco，2008 年后企业再次更名为 Teck 资源集团公司。案件中的受污染的富兰克林·罗斯福湖（以美国总统的名字命名，以下简称罗斯福湖）位于美国和加拿大边界哥伦比亚河美国一侧，湖面面积 125 平方英里（1 平方英里≈259 万平方米），是美国华盛顿州最大的湖泊与水库，特雷尔冶炼厂正好位于哥伦比亚河上游加拿大境内一侧。在 1994 年之前，特雷尔冶炼厂一直将含有锌、铅、汞的工业废水排入哥伦比亚上游，并最终注入罗斯福湖中。

新世纪伊始，美国华盛顿州的传统社区——康奈维尔土著部落依据美国联邦环保局（Environmental Protection Agency，简称 EPA）的规定请求美国环保局对完全在美国境内的哥伦比亚河的一部分进行环境污染评估，要求 Teck-cominco 公司对罗斯福湖的水质恶化承担治理责任，并对部落居民长期饮用湖水和食用湖中受污染鱼类对健康带来的影响承担损害赔偿责任。2003 年 12 月，美国环保局（EPA）根据美国《综合环境资源控制和责任法》（CERCLA）制定单边行政指令（UAO）要求加拿大方面企业对罗斯福湖重金属污染进行可行性研究和补偿调查。Teck-cominco 公司虽然通过新闻发布会名义上同意投资 1300 万美元用于补偿居民并对罗斯福湖进行生态恢复，但却拒绝履行 UAO 指令中水质评估和治理担保要求。加拿大政府试图通过外交手段来解决富兰克林·罗斯福湖污染事件，但是最终没有成功。康奈维尔土著部落遂于华盛顿州地方法院发起民事诉讼要求 Teck-cominco 必须履行 UAO 指令。

Teck-cominco 认为 EPA 对加拿大领土内的加拿大公司没有管辖权，但美国地方法院以加拿大企业应该或者本应预见自己行为会对美国环境造成损害为由进行驳回，并基于"CERCLA 法立法目的所针对的造成美国国内污染的有害物质释放行为独立于特雷尔冶炼厂在加拿大境内的排污行为"的法律假定认为 CERCLA 法对加拿大公司具有管辖权。[①]

Teck-cominco 将案件上诉至美国联邦第 9 巡回上诉法院，但在法院判决前，与其美国子公司（TCAI）一起与 EPA 达成和解协议，由 TCAI 切实履行对哥伦比亚河上游美国一侧的可行性研究和补偿调查，换取 EPA 同意撤销 UAO 指令。由于和解协议中并没有讨论康奈维尔土著部落所要求的民事赔偿和律师费问题，原告并没有撤销起诉，美国联邦第 9 巡回上诉法院仍然进行了宣判。法院采用了地方法院的假设，裁定 CERCLA 法对 Teck-cominco 的管辖并非美国环境法的域外适用，维持 EPA 对加拿大公司 UAO 指令的有效性。2008 年 1 月，美国联邦最高法院驳回了 Teck-cominco 的上诉请求，维持巡回上诉法院的判决。

三、案例评析

就该案的解决过程，美国和加拿大两国法院存在明显的较量，案件的最后判决和处理方

---

① Jonathan Remy Nash, The Curious Legal Landscape of The Extraterritoriality of U.S. Environmental Laws, 50 Va. J.Int'l L. 997(2010)

式对两国国际关系、商业以及环境保护方面都存在一定影响。首先，无论好坏，案件判决影响了美国和加拿大的关系。尽管历史上经常用国际礼让为环境法律的域外执行辩护，但是现在国际礼让因素是用于强化属地管辖原则。比如在富兰克林·罗斯福湖污染案中加拿大政府强调相信美国最高法院。其次，富兰克林·罗斯福湖污染案判决影响了两国之间的经济和商业环境。加拿大商会和加拿大的矿业协会认为第9巡回上诉法院的决定可能会破坏环境问题的联合管理并且会为经济和商业环境带来不确定性和不稳定性。最后，就环境保护方面，虽然富兰克林·罗斯福湖污染案判决会破坏两国友谊也会影响两国的跨界贸易，但是案件的判决可以说在一定程度上符合污染者付费原则。环境保护和恢复是当今大多数环境法规的最初目标，当传统的属地管辖原则阻碍这些目标时，富兰克林·罗斯福湖污染案判决提供了可供选择的路径。此外，当加拿大工厂方面应该或者本应预见自己行为会对美国环境造成损害时，可以理解为受指责方已经预期到这些责任，那么案件的判决可能并没有如此破坏国际友谊和行业合理期望。当然在富兰克林·罗斯福湖污染案中，不管环境受影响的管辖范围是哪里，加拿大工业应当为其公司承担的环境影响责任有合理预期。传统的国际法规定了污染者付费原则，加拿大最高法院也认可这一原则，但是问题的关键是在国际环境争端中如何将这一原则标准化。

最后在环境法域外管辖方面，虽然属地管辖原则已经在当今的国际法中根深蒂固，但是在跨境环境污染问题上该原则已经面临严峻挑战。随着富兰克林·罗斯福湖污染案判决的公布，完全否定一个国家环境法律的域外执行不再明智。就富兰克林·罗斯福湖污染案的判决，显然美国法院认为在恰当的情况下，当地的法律可以适用于行为发生于外国管辖区内的外国公司。事实上，随着美国更多的当事人依据环境公民诉讼条款来解决政府不能成功解决的跨界环境问题，意味着私人域外索赔的增加即将来临，案件的判决导致了跨界环境污染域外管辖的趋势。只要加拿大政府不能成功预防工厂的"二氧化硫气体"以及其污染物对美国公民造成严重损害，美国公民个人诉讼程序仍然将是一种选择。历史上加拿大和美国通常是通过外交手段达成国际条约来解决跨界环境污染问题，在双方政府同意的情况下偶尔也会采用国际仲裁的方式。所以美国和加拿大政府是一系列解决环境问题的双边协议的缔约国，范围包括从保护迁徙鸟类到废弃物的管理。但是通过外交手段解决案件往往存在缓慢性，并且不仅要受到环境因素的影响，还要受经济、社会、政治和其他因素的干涉。这在一定程度上造成美国最近更多的私人诉讼当事人利用公民诉讼法规或普通法的规定，将跨境环境污染事件转向国内诉讼救济。更加引人关注的是，美国法院似乎越来越倾向于通过法律的域外适用来解决这些跨界环境污染问题，导致法院在逐渐扩大属地管辖权的例外情况。随着这些法规使用频率逐渐增加，美国越来越多的诉求要求法院考虑由特雷尔冶炼厂案阐释的领土无害原则所体现的主权国家的义务，却往往忽视了与传统的属地管辖相关的相应义务。由富兰克林·罗斯福湖污染案的判决以及造成的趋势可以看出，美国法院的做法默示了环境保护高于国家主权，显然这是不符合国际法规则的。而加拿大方面对裁决执行进一步助长了美国对加拿大环境主权至上主义，当然这一结果不可避免地受到政治因素的干扰。

四、拓展思考

加拿大各界对美国的判决反应强烈，这一判例无疑开启了美国私人主体针对产生跨界污染的加拿大企业适用美国法律进行民间诉讼的恶例。加拿大政府针对 Teck-cominco 案件在递交给美国联邦最高法院的法律意见书中强调，加拿大方面享有通过外交途径解决跨界环境争端的主权利益，不能任由美国法院行使单边管辖权。加拿大企业界同样关注 Teck-cominco 案，加拿大矿业协会和加拿大商会认为，美国联邦第 9 巡回上诉法院的判决破坏了美国和加拿大两国在环境保护事务上的合作默契，为美国和加拿大经济与商业环境带来了法律上的不确定性和不可预见性。

特雷尔冶炼厂第一案确定了领土无害适用原则，使一国在利用或者允许使用本国领土时承担不得损害他国环境的义务，但是这一义务是以国家主权原则为前提的，我们不能单纯为了保护环境而妨碍他国的主权。特雷尔冶炼厂第二案是一国单方面追求本国环境法的域外适用而侵犯邻国主权的真实写照，带给我们的反思是如何才能将国家主权与不得损害国外环境原则应建立在一种平衡的机制之上，过分强调不得损害环境原则对他国主权进行限制，与过分行使主权忽视对他国环境影响一样具有负面效应。这就要求国际社会成员在应对跨界环境问题时，应以相互尊重主权平等的态度谋求国家间的环境政策的协调，以建立一种平衡机制作为跨境环境污染的解决途径。

爱尔兰诉英国核废料处理厂案

一、核心知识点

国际合作原则

国际环境问题尤其是其全球性、普遍性的特点，使得国际社会必须共同合作来解决这一影响人类生存和发展的因素。国际合作原则是指，在解决环境问题方面，国际社会的所有成员应当采取合作而非对抗的方式来行动，以保护和改善地球环境。国际合作原则的基本含义主要包括：其一，国际环境问题的解决有赖于国际社会所有成员的广泛参与；其二，所有的成员都应当并且有权参与环境保护和改善。国际环境合作原则的内容主要包括：增强各国保护和改善环境的能力；防止环境问题的跨界转移；环境不利变化的预先通知、协商和互相援助；采取区域环境保护措施；采取全球保护措施；制定环境损害责任和赔偿的国际法规范；建立有利于全球环境保护的国际经济制度等。

国际环境法基本上是国际环境合作的产物，从国家环境法的产生和发展来看，国际环境条约、双边或多边条约以及国际环境判例中都充分体现了这一原则。《联合国宪章》第74条中规定的涉及社会、经济和商业的"善邻之道"，促进了国际环境合作原则的形成和发展。在国际环境法形成之初，就将国际合作原则作为国际环境法的基本原则之一。例如1972年的《联合国人类环境宣言》第7条规定："种类越来越多的环境问题，因为它们在范围上是地区性或全球性的，或者因为它们影响着共同的国际领域，将要求国与国之间广泛合作和国际组织采取行动以谋求共同的利益。"宣言的其他条款，尤其是第22、24以及25条都明显地表达了对合作原则的规定。1992年联合国环境与发展大会上通过的《里约环境与发展宣言》具体化和发展了这一原则，其中第9条原则分别强调"各国应进行合作，通过技术知识交流提高科学认识和加强包括新技术和革新技术在内的技术的开发、适应、推广和转让，从而加强为持续发展形成的内生能力"。双边和多边国际环境协议中，也都强调国际合作义务的需要，并且通过对信息共享、决策参与、环境影响评估和环境标准的跨界强制执行等的规定，国际环境合作义务更加具体。国际合作原则的实践反映在国际法庭和仲裁庭的判决裁决中，拉努湖仲裁案（the Lac Lanoux case）、爱尔兰诉英国 MOX 核电厂案（the MOX Plant Case）、马来西亚诉新加坡土地复垦案（the Land Reclamation Case）以及匈牙利和斯洛伐克之间的盖巴斯科夫—拉基玛洛大坝案（The Gabčíkovo– Nagymaros Case）等都是涉及了国际合作原则的相关问题。

二、案情介绍

位于爱尔兰海沿岸的英国核燃料公司（British Nuclear Fuels Plant）（以下简称 BNFP）从1993年开始在英国东北部的谢拉菲尔德运营一个示范性核设施，每年生产 8 吨左右用于轻水反应堆的 MOX 燃料。1994年 BNFP 开始运营热氧化再处理工厂，处理核反应堆产生的用过的核燃料。BNFP 计划建设一座新的工厂，用于 MOX 燃料的商业生产。

1993 年10月BNFP发表了关于新建 MOX核工厂的环境声明,该声明解释了新建 MOX核工厂,并着重指出将检验 MOX 核工厂建设计划所产生的影响。爱尔兰政府一直以来就特别关注英国核燃料公司核材料可能造成的环境污染,尤其是担心核物质以及相关的材料被倾倒进爱尔兰海,从而对爱尔兰造成环境污染。1994 年爱尔兰政府向英国政府提出申明,认为其环境声明和环境评估程序未能对建设 MOX 核工厂造成的环境影响进行正确的评估,并且环境报告没有提供 MOX 核工厂运营期间释放的对爱尔兰社会公众产生影响的辐射剂量的信息、环境监测计划、遇到恐怖袭击时的应急措施和预防性手段。

环境声明公布后,英国相关机构批准了 MOX 核工厂的建设计划并于 1996 年完成了核工厂的建设。但是由于数据失误等原因以及要等待运营批准,MOX 核工厂建成后 5 年多的时间内并没有投入生产。在此期间爱尔兰政府也一直声明反对在靠近爱尔兰地区和爱尔兰海域兴建并运营 MOX 核工厂。BNFP 于 1996 年建成 MOX 核工厂后,一直寻求希望包括英国环境署等在内的英国相关机构能够批准 MOX 核工厂的运营。

根据欧盟法律,英国政府有义务在发放 MOX 核工厂运营执照前确保其经济上的"合理性",也就是说要证明 MOX 核工厂的经济效益超过其经济成本,也包括环境成本。1997 年 4 月至 2001 年 8 月期间,为了评估各项收益和风险的关系,英国政府组织了专项研究,并且形成了两份专业报告。虽然两份报告都对公众公布了,但是其中一些信息,诸如核物质处理量、核工厂运营寿命、放射性物质跨界转移量等信息,在公布的时候被英国政府删除了。爱尔兰政府曾经要求英国政府公开全部报告,但是遭到了英国政府的拒绝。

1994 年至 2001 年 6 月期间,爱尔兰政府数次对英国政府环境声明的准确性提出质疑,并且也提出了英国政府根据《联合国海洋法公约》应该履行的义务,指出英国政府没有考虑自 1993 年以来英国国内法、欧盟法律以及相关国际法中的有关规定,也没有对核物质泄露可能造成的海洋环境影响进行准确的评估。尽管如此,爱尔兰政府仍然没有得到任何回应。

爱尔兰和英国都是《东北大西洋环境保护公约》的缔约国,因此爱尔兰政府在争取英国提供相关资料的努力未果之后,于 2001 年 6 月 1 日根据该公约向英国政府提起仲裁程序。为了评估建造核工厂带来的风险,爱尔兰根据该公约第 9 条的规定要求英国政府向其披露上述两份报告的全部内容。爱尔兰对要求披露的信息开出了一张清单,这张清单包括核材料的售价、销售量、核材料工厂的设计运行年限、工厂产量、在核材料工厂原材料的供应是否是长期供应合同等 14 项内容,遭到了英国政府的拒绝。仲裁庭通过对《东北大西洋环境保护公约》第 9 条的解释,否定了爱尔兰的主张。

2001 年 10 月 3 日,英国政府认定了 MOX 核工厂的经济合理性,并于 2001 年 11 月 23 日左右正式批准 MOX 核工厂的运营。2001 年 10 月 25 日,爱尔兰根据《联合国海洋法公约》第 287 条,书面通知英国提出将双方关于 MOX 核工厂及放射性物质跨界转移可能引起海洋环境污染的争端提交《联合国海洋法公约》附件 7 规定的仲裁程序。2001 年 11 月 9 日,爱尔兰请求国际海洋法法庭在仲裁程序开始前判令就该争端采取临时措施。2001 年 11 月 15 日,英国向国际海洋法法庭提交书面答辩意见,质疑法庭对此案的管辖权和爱尔兰有关临时措施的请求。法庭于 2001 年 11 月 19 日至 20 日举行公开听证会,并于 12 月 3 日就是否采取临时措施做出裁定。

爱尔兰的主张

请求国际海洋法法庭判令英国采取临时措施。

爱尔兰认为，英国政府根据 1993 年的"环境声明"和环境标准批准建设 MOX 核工厂，而未开展进一步的环境评估，违反了《联合国海洋法公约》。一旦 MOX 工厂投入运营，势必会导致核材料向环境中的泄露，造成对包括爱尔兰海洋环境在内的环境污染，所以在英国根据《联合国海洋法公约》全面履行其义务前，如果通过了 MOX 工厂的运营决定，爱尔兰政府根据海洋法公约所应当享受的权利必然遭到侵犯。因此爱尔兰要求在仲裁程序开始前国际海洋法法庭判令英国采取如下措施。

（1）立即中止于 2001 年 10 月 3 日发布的对 MOX 核工厂的运营批准令，立即采取必要措施阻止 MOX 核工厂投入运营。

（2）立即保证没有任何产生于 MOX 核工厂的运营或其准备活动的放射性物质、材料或废弃物在英国所享有主权或行使主权权利的水域移进或移出。

（3）保证不采取使所提交争端加剧、扩大或使争端解决更为困难的任何行动。

（4）保证不采取有可能妨碍爱尔兰执行仲裁法庭任何裁决的权利的行动。

爱尔兰政府要求仲裁法庭做出如下裁决[①]。

（1）英国违反《联合国海洋法公约》第 192、193、194、207、211、213 条，未能采取必要措施防止、控制和减轻由于 MOX 核工厂排放、跨境转移或意外泄露放射性物质及废料对海洋环境可能造成的污染。

（2）英国违反了《联合国海洋法公约》第 206 条，在 1993 年 MOX 核工厂"环境声明"中未能适当全面地评估 MOX 核工厂运作、放射性物质跨界转移以及如遭遇恐怖袭击对爱尔兰海洋环境的潜在影响，其后也未能根据新的事实和法律依据做出新的"环境声明"。

（3）英国违反了《联合国海洋法公约》第 192、193、194、207、211、213 条，未能全面评价核工厂及其放射性物质跨界转移对海洋环境的影响，包括对应付潜在恐怖袭击引起风险的评估，也未能就此制定和准备综合应对策略或计划。

（4）英国违反《联合国海洋法公约》第 123 和 197 条，未能与爱尔兰就海洋环境保护与保全进行合作，包括拒不提供有关海洋信息资料。

（5）英国应当撤回对核工厂的批准令，中止 MOX 核工厂的运营以及放射性物质跨界转移或其他运营准备活动，直到完成对核工厂运营及放射性物质跨界转移的适当环境影响评价证明不会有放射性物质直接或间接地排入爱尔兰海域，双方达成防止、控制放射性物质跨界转移造成环境污染以及防范恐怖袭击的全面策略及计划。

（6）英方承担爱尔兰的仲裁费用。

英国的主张

根据《联合国海洋法公约》第 290 条第 5 款的规定，英国政府坚持认为在组成附件 7 仲裁法庭之前，第 5 款中规定的"情况紧急"和"必需"情况在本案争端中并不存在，并举出如下理由。[②]

（1）英国希望与爱尔兰就在短时间内组成附件 7 仲裁法庭取得一致意见，而且该仲裁法

[①] In the Dispute Concerning the MOX Plant, International Movements of Radioative Materials, and the Protection of the Marine Environment of the Irish Sea (Ireland V. United Kingdom, Notification Under Article 287 Annex VII, Article 1 of UNCLOS and the Statement of Claim and Ground on Which It Is Based , 25th Oct, 2001): Part of Relief Sought: article 41

[②] The "MOX PLANT " CASE, Working Paper Presented by the President, Case 10, 17th Nov,2001 (Part of the Contentions : article 1-article 9).

庭建成时间不得迟于 2002 年 2 月 6 日。

（2）按计划在 2001 年 12 月 20 日左右通过使用核燃料钚的决议，然而该决议并不是"不可挽回"的，即在通过使用核材料钚的决议后还可以撤销该决议，这样做会使 BNFP 公司承受经济上的损失。

（3）英国政府认为从公共健康的角度看，兴建 MOX 核工厂并不会对环境产生重大的负面影响。

（4）在成立附件 7 仲裁法庭之前，在爱尔兰海及其他海域没有海洋运输核燃料，到 2002 年夏天以前，也没有计划出口 MOX 核工厂的核燃料。

（5）英国政府已经在该地区采取了广泛的安全预防措施。

（6）爱尔兰政府没有提供令人信服的并能为其结论提供合理基础的证据。

（7）除了目前的状况外，爱尔兰政府采取的措施也可能产生相反的作用。它们可能还会威胁到 MOX 核工厂未来的发展，这样无论对 BNFP 公司还是对当地经济都将产生严重的财政后果。

（8）生产 MOX 核燃料的过程也有安全、稳妥的优点，否则这些有用的核燃料将白白失去。

（9）英国政府认为紧急状况并不是简单地通过展现一些具体发生的事件就可以认定，它必须具备三个条件：第一，必须是某一特定事件对某一当事方的权利产生损害或是对海洋环境产生严重的影响；第二，必须有危害发生的真正危险；第三，必须在附件 7 仲裁法庭发挥作用以前，确实有严重事件发生的风险存在。

根据上述原因，英国向国际海洋法法庭提出如下要求。

（1）反对爱尔兰政府提出的临时措施的请求。

（2）要求爱尔兰政府承担英国在整个诉讼程序中的全部费用。

法庭判决

法庭记录并强调，英国保证 2002 年夏天，即使通过了 MOX 核工厂的运营，也不会有运进或运出谢拉菲尔德的放射性物质的海上运输。法庭认为，根据海洋法公约第 290 条第 5 款，如果法庭认为紧急状况存在，则将同意执行临时措施。而根据本案具体情况，法庭发现爱尔兰要求的紧急情况并不存在，没有必要在附件 7 仲裁法庭成立前采取临时措施。

最后法庭认为，根据海洋法公约第 12 部分和其他国际法，在防止海洋环境污染的过程中，当事双方的"协调"是一项基本原则。法庭认为，爱尔兰和英国应该抱着慎重、严谨的态度，就 MOX 核工厂运营带来的影响，以及在处理核物质过程中的有关问题交换意见并进行合作，因此附件 7 仲裁法庭做出如下判决[①]。

爱尔兰与英国双方应该在下述方面积极合作，展开协商。

（1）就 MOX 核工厂运营将对爱尔兰海造成的可能后果，双方要进一步深入地交换意见。

（2）监测 MOX 核工厂运营对爱尔兰海产生的影响和危险。

（3）采取适当的方法和措施防止因 MOX 核工厂运营对爱尔兰海可能造成环境污染。

---

① Press Release of International Tribunal for the Law of the Sea, Order to Be Delivered in the MOX Plant Case, 3rd Dec, 2001(Part of Dispute)

三、案例评析

本案是联合国海洋法法庭成立以来审理的第一个有关海洋环境保护方面的案件。本案涉及问题复杂，既有核活动的规范、海洋环境损害，又有一般法律原则、实体法律适用，以及管辖权、临时措施程序等，且与恐怖主义袭击挂钩，有一定的政治敏锐性。法庭最终采取了避重就轻的原则，比较谨慎、灵活地处理了此案。

爱尔兰与英国核工厂案是国际合作原则在环境领域运用的重要案例，国际海洋法法庭将国际合作原则作为基本判案依据，为国际合作原则在实践中的直接应用提供了又一范例。合作义务的履行是 MOX 核工厂案件的核心，案件审理过程中，爱尔兰一度主张英国在海洋环境保护方面未能遵守国际合作。国际环境合作的内容包括防止环境问题的跨境转移、环境不利变化的预先通知和采取区域环境保护措施等内容。爱尔兰主张英国未能采取必要的措施防止、减轻和控制跨境环境污染；英国的环境声明在评估 MOX 核工厂的各类环境影响时未能提供充分的信息；对于 MOX 核工厂运行可能带来的环境污染，英国未能制定和准备预防计划和策略等。这些主张要求分别体现了爱尔兰就国际合作义务的履行对英国的控诉。

就爱尔兰和英国各自的主张，国际海洋法法庭最后主要根据《联合国海洋法公约》第 12 部分中的海洋环境的保护与保全的规定，以及一般国际法基本原则，认为在防止海洋环境污染过程中，双方当事国进行国际合作是一项基本原则。法庭认为，双方应当以谨慎和严谨的态度，就有关问题交换意见。附件 7 仲裁法庭对于爱尔兰和英国合作的内容都给予了明确裁决，包括双方当事国要对 MOX 核工厂的运营可能对爱尔兰海造成的后果交换意见；双方通过合作与协商监测 MOX 核工厂的运营对爱尔兰海产生的影响与危险；双方要通过协商合作，采取适当的方法和措施防止 MOX 核工厂的运营可能对爱尔兰海造成环境污染。仲裁法庭在就合作协商内容做出裁决后，同时要求爱尔兰和英国各自于 2001 年 12 月 17 日前就协商的情况向法庭提交报告，并且授权法庭庭长在这之后可以进一步要求双方提交有关的报告或信息。

信息披露是国际环境合作的一项基本内容，信息披露义务的确定有利于促进缔约国在环境保护中进行信息资源的交流与合作。2001 年 6 月，爱尔兰曾依据《东北大西洋环境保护公约》第 9 条规定的信息披露义务向英国政府提起仲裁程序，两国将纠纷提交给了国际常设仲裁法庭。在仲裁过程中，争议的焦点问题是爱尔兰主张其应当知悉的 14 项信息是否属于《东北大西洋环境保护公约》第 9 条第 2 款①的范围之内。仲裁庭严格按照第 9 条字面意思将第 2 款的信息分成了三类：关于海域现状的信息；对海域造成或者可能造成损害活动或措施的信息；根据公约规定进行的活动或措施的信息。爱尔兰希望对第 9 条第 2 款做宽泛的解释，使其不仅仅包括与环境相关的信息；英国则认为《东北大西洋环境保护公约》目的旨在保护海洋环境，所以第 9 条第 2 款的"环境"应当与环境直接相关，不能任意扩大公约的范围。仲裁庭严格解释了所涉信息的含义，因此驳回了爱尔兰的主张。

虽然爱尔兰和英国 MOX 核工厂案充分展现了国际合作原则在国家环境案件中的应用，但通过案件分析，我们不难发现国家环境合作原则在实践中存在其局限性。作为环境保护实践的最高原则，国家环境合作原则有利于实现全球环境整体利益。各国的利益仍然是国际社

① 《东北大西洋环境保护公约》第 9 条第 2 款规定：该条第 1 款所指的信息是指任何可获得书面的、视觉的、听觉的以及数据库形式的关于海域现状的信息，关于对海域造成损害或者可能造成损害的活动或措施的信息，以及根据公约采取的活动或措施的信息。

会的主导力量，国际环境合作的最终目标应当是各个国家得到利益，但是现实中国家利益的冲突往往使得这一目标难以实现，也使得各国的合作存在内在的矛盾。在国际法方面，国际合作原则的实现是依靠其具体实施机制来实现的，国际环境法领域也不例外。自国际环境法出现以来，该领域的国际环境法合作具体机制也在不断发展和成熟，在信息交换方面的合作机制包括生物安全国际法中的信息披露和沟通机制，保护臭氧层的数据报告机制，防止长程跨界空气污染的资料交换、监测、评价机制等。实现这些具体合作机制面临的困难就在于度的把握，在理论层面上，两国之间沟通信息越多越好，但是不同国家往往出于国家安全考虑而限制向其他国家提供一些信息。本案中爱尔兰和英国关于 14 条信息的争论也很好地展现了国际合作原则实现过程中的困难与不确定性。

四、拓展思考

国际环境法领域已经确定的基本原则包括国家资源开发主权权利和不损害国外环境责任原则、可持续发展原则、共同但有区别责任原则、损害预防原则、风险预防原则、国际环境合作原则。各个基本原则在内涵上各不相同，但在具体实现机制上往往存在一定的交叉性和矛盾性。在国际环境合作的指导下，要求国家履行一定的信息披露义务，但是信息披露范围过大会妨碍一国的环境主权；国际环境合作要求各个国家共同实现环境保护和改善，但是并不意味着各国平等的分配义务，各国的责任分配需要根据具体条件共同但有区别地承担；风险预防的实现一定程度上依赖于各个国家的合作；可持续发展原则也要求各个国家的合作。

国际合作原则实施具体机制中规定的信息披露和沟通往往会涉及事先知情程序或者事先通知程序，随着事先知情义务或者事先通知义务的普遍规定，事先通知义务原则在国家环境法领域逐渐发展。虽然还没有确立事先通知义务原则的习惯法地位，但是该原则进一步加深了国际合作的程度和范围。事先通知义务是指，对于可能影响到人类生存环境，特别是影响到其他国家利益的环境问题，出于善意的考虑，损害危险的来源国应事先通知可能或者将要受到损害的国家。① 现在该原则主要体现在国际环境条约或其他文件中关于实现知情权利义务的规定。通常来说，国家如果需要履行事先告知义务，告知义务的范围往往成为争议的焦点。最近国际法委员会编撰的《关于预防危险活动的越境损害的条款草案》第 14 条规定："起源国可以不提供对其国家安全或者保护其工业机密至为重要或涉及知识产权的数据和资料，但起源国应本着诚意同可能受影响的国家合作，视情况尽可能提供材料。"国际法委员会的观点是，除有限的几个例外，国家应当尽可能扩大提供信息的范围。由此可见，现在规则的发展趋势是尽可能扩大事先通知义务的范围。

---

① 朱文奇. 国际法学原理与案例教程（第三版）[M]. 北京：中国人民出版社，2014：349.

厄瓜多尔诉哥伦比亚飞机撒播除草剂案

一、核心知识点

损害预防原则

长久以来，由于人类盲目地破坏自然环境和无节制地排放工业副产品，而招致大自然一系列残酷报复。在 20 世纪前半叶，即使是世界主要发达国家也仅仅处于环境污染的末端治理阶段，环境损害的累积导致了一系列环境公害事件的出现，从 1930 年比利时马斯河谷烟尘污染到 20 世纪 40 年代初的美国洛杉矶光化学烟雾事件，从 1948 年的英国伦敦的燃煤毒气事故再到 20 世纪 50—60 年代日本的"四大"公害案的接连爆发，环境污染所导致的重大环境公害已经致使成千上万人生病甚至丧命，经济损失更是不计其数。一系列惨痛教训和巨大的环境污染治理成本警示着世界各国的人民，那种依靠先污染后治理的消极控制原则已经不能满足现代工业文明社会环境治理的发展需要，各国必须在环境损害发生以及环境质量恶化发生不可逆转的变化之前防患于未然，正如亚历山大·基斯教授所言，损害预防原则已经成为一条指导各国环境保护行动的"黄金原则"。

当今，无论在国内环境法还是国际环境法领域，损害预防原则作为一项环境法的基本原则都得到了普遍认同。损害预防原则是国际环境法中发展十分成熟的行动指导性基本原则，在国内外学术界，该原则也被称作预防原则或预防为主原则，亚历山大·基斯教授在其 2007 年出版的《国际环境法导论》中将该原则直接命名为"Prevention of Harm"[①]，即损害预防原则。原则名称不仅可以直接点明预防对象，同时易于与风险预防原则的名称相区别。所谓损害预防原则是指：每个国家都负有避免发生环境损害以及当环境损害不可避免时最大程度限制损害影响的责任，各国应在环境损害发生之前，尽早采取有效措施，以制止、限制或控制在其管辖范围内或控制的活动中，可能引起本国和国外环境损害的活动或行为。

损害预防原则，从某种意义上讲，是国家环境主权与不得损害国外环境原则的内容延伸，丰富了不得损害国外环境原则的行动内涵。在国际环境法的萌芽阶段，世界上发生的一系列跨界大气污染和海洋污染促使各国首先关注这些领域的环境损害预防。1972 年斯德哥尔摩大会形成的《人类环境宣言》将预防原则的注意力集中于海洋环境保护领域。其第 7 条共同理念要求："各国应该采取一切可能的步骤来防止海洋受到那些会对人类健康造成危害的、损害生物资源和破坏海洋生物舒适环境的或妨害对海洋进行其他合法利用的物质的污染。" 20 世纪 80 年代，损害预防原则在国际环境法领域获得快速发展，1982 年召开的内罗毕人类环境特别会议形成的《内罗毕宣言》直接将该原则作为国际环境法的一条普遍原则进行阐述，宣言第 9 段指出："与其花费很多金钱、耗费很多力气在环境损害发生之后亡羊补牢，不如预防这种破坏的发生。预防性行动应包括对所有可能影响环境的活动进行妥善的规划……" 1992 年联合国环境与发展大会中的《里约宣言》从不同角度重申了损害预防原则的基本内容。第

---

① Alexandre Kiss, Dinah Shelton. Guide to International Environmental Law. Netherland: Martinus Nijhoff Publishers, 2007.

14 条原则强调："各国应进行有效合作，阻止或防止把任何会造成严重环境退化或查明对人健康有害的活动和物质迁移和转移到其他国家去。"

二、案情介绍

哥伦比亚是世界上最大的古柯（制作毒品的原料）种植国，也是比较大的鸦片生产国之一。因面临严峻毒品形势，哥伦比亚为了消除边境地区非法种植的古柯和罂粟，自 2000 年开始每年大面积地通过飞机撒播广谱除草剂。尽管其本国的科学家在此之前就对这一做法表示反对，特别是使用飞机撒播草甘膦。厄瓜多尔北部与哥伦比亚接壤，因此哥伦比亚撒播除草剂越过边境散落在厄瓜多尔境内，并且执行撒播任务的哥伦比亚飞机有时甚至未经许可进入厄瓜多尔领空直接将除草剂撒播在厄瓜多尔境内，厄瓜多尔认为这些行为对该地区的居民、农作物、动物和自然环境造成了严重影响，特别是考虑到当地的丰富生物多样性和原住民的传统生计，影响就更加严重。①

由于两国围绕撒播除草剂问题的谈判没有取得进展，2008 年 3 月 31 日，针对哥伦比亚飞机空中撒播除草剂的行为，厄瓜多尔向联合国法院提起诉讼。2010 年和 2011 年厄瓜多尔和哥伦比亚也在国际法院限定的期限内，分别提交了相关主张和证据。但是随着两国谈判最终达成"全部解决厄瓜多尔就哥伦比亚全部诉求"的协议，并于 2013 年 9 月 12 日向国际法庭登记处申请终止案件所有程序。根据双方订立的协议，设定一定范围的禁区，在这个范围内哥伦比亚将不再实施飞机撒播除草剂的行为；双方建立联合委员会确保该禁区外的撒播行为不会使得除草剂进入厄瓜多尔领土内；并且要为禁区范围内的逐渐还原设定一种机制；协议也规定为哥伦比亚的撒播方案设置操作参数（两国政府正在就这方面的信息进行交流），并建立争端解决机制。②

厄瓜多尔在起诉书中指出，哥伦比亚拒绝透漏除草剂的详细化学成分，但是通过通信和新闻报道表示主要活性成分是草甘膦。草甘膦属于广谱除草剂，直接使用可以杀死几乎所有的植物。虽然一般只认为草甘膦对人、畜有低毒性，但是厄瓜多尔根据世界其他地方销售的基于草甘膦的除草剂的包装上的警示说明以及实验室毒性分析结论，提出草甘膦对人、畜具有一定的毒害，包括中期毒性、长期毒性、基因损害、生殖损害等，特别是通过吸入的方式摄入该药品会对人、畜产生更大的损害，而且当草甘膦与表面活性剂共同使用时会具有更高的毒性。基于厄瓜多尔和哥伦比亚接壤边境的特殊性，尤其是该地区丰富的生物多样性、原住民传统的生计以及特殊的气候条件，厄瓜多尔提出该除草剂在当地造成的影响会比普通情况下更严重，环境风险更大。就生物多样性方面，厄瓜多尔提交了世界资源研究所的数据，以证明受影响边界地区生物多样性的丰富程度；就原住民传统生计方面，厄瓜多尔提出，在每次撒播行动之后，厄瓜多尔北部边境地区都有严重健康损害的报告，包括皮肤疼痛、眼睛发痒、消化道出血等，甚至出现人员死亡的情况；就特殊气候条件方面，厄瓜多尔主张受影响边界特殊的热带气候条件增加了除草剂危害的严重性和不确定性。

---

① See Case concerning Aerial Herbicide Spraying (Ecuador v, Colombia)，1 April 2008.

② See Case concerning Aerial Herbicide Spraying (Ecuador v, Colombia)，Order of 13 September 2013.

厄瓜多尔的诉讼请求

厄瓜多尔请求国际法院判决哥伦比亚由于导致或允许损害健康、财产以及环境的有毒除草剂降落在厄瓜多尔领土而违反国际法义务；判决哥伦比亚赔偿厄瓜多尔所有损失和损害，特别是除草剂导致的人员伤亡，对于财产、生计、人权造成的损害，对于环境的损害、自然资源消耗，以及明确和评估除草剂对于公共健康、人权以及环境的未来风险相关的监测成本；判决哥伦比亚尊重厄瓜多尔的主权和领土完整，采取所有必要步骤防止其使用的除草剂降落在厄瓜多尔领土，禁止在厄瓜多尔境内、厄瓜多尔边界以及边界附近通过飞机撒播除草剂。厄瓜多尔保留了修改诉讼请求以及相关依据的权利，同时也保留了请求国际法院判决临时措施的权利。①

三、案例评析

厄瓜多尔诉哥伦比亚飞机撒播除草剂案，是与环境损害的国家责任明确相关的案件。就厄瓜多尔提交的诉讼请求，国际法院对案件的审理主要涉及哥伦比亚飞机撒播除草剂行为是否是国际不法行为，以及若要属于国际不法行为哥伦比亚应当如何承担责任，尤其是如何承担环境损害责任。该案件为研究国家对国际不法行为所造成的环境损害应当承担何种法律责任提供了一个很好的案例。在跨国环境损害国家承担赔偿责任的案例少之又少的实际情况下，人们期待该案件的处理能给国家环境损害责任的处理带来些许可借鉴的经验。但是由于双方政府最终达成解决问题的协议，并将案件从国际法院撤销，使得国际法院对案件不再有处理的机会。但是通过环境损害预防的角度，我们可以对哥伦比亚违反特定环境法义务的国际不法行为予以分析。

损害预防原则已经成为国际环境法的一项基本原则，我们可以从"损害"和"预防"两个角度对该原则进行分析。所谓损害预防之"损害"，是一种可预见的、具有科学确定性的过程与结果，既包括原则所指向的结果对象，即包括环境污染和生态环境破坏在内的环境损害结果，也包括原则所指向的过程对象，即可能引起本国和国外环境损害的活动或行为。事实上，人类具有危害性的行为活动是导致环境损害的直接诱因，对这种活动加以防止和限制是避免损害发生的直接途径。但从另一角度看，在人类具有危害性的行为活动发生之后，而环境损害将要发生却未发生之前，预防活动更多体现在对将要发生的环境损害的限制和控制，尽最大努力将即将发生的损害范围和程度控制在最低程度。所谓损害预防原则之"预防"，是指人们基于这种损害预测而在事前采取的各种积极应对手段，既有危险活动的防止和限制，又包括对即将发生损害的控制和阻止，损害发生之后的治理不能包括在内。当今国际社会成员普遍采用的环境影响评价制度、环境监测制度和环境信息交换制度正是积极预防人类危险活动这种措施和手段的直接和具体体现。无论对损害结果和危险活动的预测，还是基于这种预测所采用的各项预防措施，都必须是基于科学技术上的确定性。一方面，危险活动与损害发生的因果关系必须要有科学上的确定性而不能单凭人们经验判断，例如饮用甲基汞的污水必然导致水俣病，二氧化硫的大量工业排放必然引起酸雨；另一方面，预防措施所指向的具体制度也应具备科学技术性，当今各国所普遍采用的环境影响评价和环境监测制度都是凭借具有可行性和系统性的科学方法所制定的。由此可见，科学确定性是损害预防原则的重要特

① 具体诉讼情况见国际法院官网相关文件：http://www.icj-cij.org/docket/index.php?p1=3&p2=2&case=138。

征，正是科学技术的发展为损害预防原则的适用提供了现实可能性。

就厄瓜多尔诉哥伦比亚一案而言，哥伦比亚早在 1984 年就通过其国家环境研究所召集除草剂专家组研究使用飞机撒播除草剂的潜在危害，专家组对于使用飞机撒播除草剂表示反对，特别是使用飞机撒播草甘膦。[①]相关证据表明，哥伦比亚在实施飞机撒播行为之前就知道或者应该知道通过飞机撒播除草剂不仅会对本国环境造成重大损害，而且也可能会对邻国造成重大环境损害。哥伦比亚明知其撒播行为会对其他国家的环境造成损害，不但没有采取预防措施阻止或者控制行为的发生，也没有采取措施对其行为的环境损害结果的范围予以控制或减少。鉴于哥伦比亚很早就通过国家环境研究所对飞机撒播除草剂的潜在危害进行分析，并且专家组对该行为持明显的反对态度，足以证明哥伦比亚对飞机撒播除草剂的行为将引起的环境损害，包括对其他国家的环境损害，具有一定的科学确定性。因此哥伦比亚在明知飞机撒播除草剂的行为存在环境损害的风险的情况下，决定继续实施该行为，明显违反了环境损害预防的义务，构成国际不法行为，应当为国际环境损害承担国家责任。

四、拓展思考

损害原则是国际环境法已经确定的基本原则，而风险预防原则是国际环境法领域一条新兴的行动指导性基本原则。风险预防原则的英文名称在国外学术界被统称为 "Precautionary Principle"。而在国内学术界，该原则或被一些学者与损害预防一起统称为预防原则[②]，或被单独称作防备原则、警惕原则、谨慎行事原则等[③]。明确损害预防原则与风险预防原则的联系与区别对于理解损害预防和风险预防十分重要。所谓风险预防原则指的是缺乏科学、充分、确实证据的情形下，各国如遇有严重或不可逆转的环境风险时，仍应该按照各自能力采取符合成本效益的措施，以期防止环境恶化概率事件的发生。风险预防原则与损害预防原则共同构成了国际环境法预防原则体系，其产生与发展体现了人类认识水平和国际环境实践的进步，正如亚历山大·基斯教授所说："一般而言，风险预防原则可以被认为是损害预防的高级发展形式，它们共同构成了环境法的一般基础。"[④]两个原则是区别与联系的统一体。

其共同点主要体现在形式方面：第一，两者都以全球共同的环境利益作为总的利益导向，这种共同利益体现了人类与生态系统利益的有机统一，而两类预防原则的贯彻实施无疑促进了这种共同利益的和谐，避免了两者利益冲突的激化；第二，两者都是不得损害国外环境原则的行动指导外延，两类预防原则都试图为不同国际社会成员设定一套保护自然环境应遵守的统一秩序，那种先破坏后治理的发展模式是这种秩序价值追求所摒弃的；第三，两者都建立于法理学上的义务本位导向，两类预防原则的确立都体现出国际环境法基本原则的强制性倾向，树立起国际社会成员所应遵守的预防性环境义务。

两者的区别主要体现在内容方面：首先，两类预防原则基于的法理基础不同[⑤]，损害预防原则基于无害推定，某种行为在进行之前被假定为无害，只有科学上证明该行为必然导致

---

① Claudia Sampedroy Ilector Suarez v. Ministry of Environment and Others, Administrative Tribunal of Cundinamarca, Colombia, Second Section, Subsection B,16 June 2003, (Col), p.15.

② 林灿玲. 国际环境法（修订版）[M]. 北京：人民出版社，2011.

③ 徐祥民. 国际环境法基本原则研究[M]. 北京：中国环境科学出版社，2008.

④ Alexandre Kiss, Dinah Shelton. Guide to International Environmental Law[M]. Netherland: Martinus Nijhoff Publishers, 2007.

⑤徐祥民. 国际环境法基本原则研究[M]. 北京：中国环境科学出版社，2008.

环境损害的发生，才需要采取预防措施；而风险预防原则基于有害推定，某种行为在进行之前被假定为有害，只有科学上证明该行为并不必然导致环境损害威胁的发生，否则必须采取预防措施。其次，两类预防原则考虑因素不同，代表两种对待科学确定性不同的态度，损害预防原则体现了科学至上主义，科学确定性与预防措施是一种决定与被决定的关系；而风险预防原则却显示出人类对于科学局限性的认识，科学上的不确定性并非导致预防措施的必然禁止。再次，两类预防原则针对的对象不同，风险预防原则所针对的是严重或不可逆转的环境风险，是一种环境损害发生的概率；而损害预防原则所针对的是实际发生的或即将发生的环境损害。最后，两类预防原则的适用领域和发展阶段不同，损害预防原则处于发展成熟阶段，得到了国际社会的普遍认同，其适用的领域也更加广泛；而风险预防原则的发展仍待完善，其适用范围也仅仅局限于气候变化和生物安全等国际环境法的新领域。

联合国赔偿委员会关于伊拉克入侵科威特战争赔偿案

一、核心知识点

环境损害的国家责任

国家责任是指国家要对其国际不法行为承担责任。国际侵害行为的实施者有义务对侵害造成的结果进行赔偿，这一原则已经得到了很好的建立。在霍茹夫工厂案件（The Chorzow Factory Case）的判决中，常设国际法院认为："赔偿必须尽可能消灭不法行为所产生的所有结果，并且重建如果没有实施不法行为各种可能存在的情形，这是基本原则。这一原则的建立来自于国际判例，尤其是仲裁法庭的决定。首先是恢复（restitution）原状，如果不可能的话，则支付与恢复原状时要承受费用相一致的金额；如果需要的话，还要对恢复原状和等价赔付不能覆盖的持续损失的部分裁定损害赔偿。应当依据这些原则决定违反国际法律的行为应当补偿（compensation）的数量。"[1]

构成国家责任需要两个基本条件：其一，该行为违背了该国家所承担的国际义务；其二，该行为可以归责于国家。国际法委员会 2001 年《国家对国际不法行为的责任条款草案》中规定了赔偿国际不法行为引起的损害的形式包括恢复原状（restitution）、补偿（compensation）以及抵偿（satisfaction），或者一种的或者几种形式相结合[2]。恢复原状旨在重新建立不法行为没有实施之前的状态，前提是具有物质恢复可能性并且从恢复原状而不要求补偿所得到的利益不至于与所引起的负担完全不成比例。[3]补偿旨在解决通过恢复不能赔偿的情形，赔偿的范围应当涵盖规定范围内任何经济上可估计的损失，包括可以确定的利润损失。[4]抵偿旨在解决通过恢复和赔偿都不能补偿的情形，比如通过承认违法、表示遗憾、进行正式道歉或者另一种合适的方式。[5]

在国际环境法领域有两个路径追究国家的环境损害责任，即环境损害国家责任和环境损害国际责任。环境损害国家责任是从传统国际法上的国家责任出发，针对国家不法行为所引起的环境损害的国际责任问题；而环境损害国际责任是国际环境法领域特殊的责任，旨在解决国家因为从事了国际法不加禁止的行为而引起跨界环境损害的结果而承担的责任，针对的是国家管辖或控制下的其他法律主体的行为，关注越界损害的风险和损失分担，旨在提高国家对其管辖或控制下的其他主体的行为的监督。[6]国际环境法是国际法的一个分支，有关环境损害的国家责任也要符合国家责任的条件和形式。在国际环境领域，国家有明确的国际义务，如果国家违反了明确的环境义务就构成了国际不法行为，该国就负有关于环境损害的国

---

① PCIJ (1927) Ser. A No. 17, at 47.

② 国际法委员会 2001 年《国家对国际不法行为的责任条款草案》第 34 条。

③ 同上，第 35 条。

④ 同上，第 36 条。

⑤ 同上，第 37 条。

⑥ 尤明青，邱秋. 国际不法行为所致环境损害的法律责任——以飞机撒播除草剂案为中心的考察[J]. 中国地质大学学报：社会科学版，2012，12（4）：40-45.

家责任。如果一国的国际不法行为损害的是他国管辖范围内的环境，那么需要承担国家损害赔偿责任；但如果该国际不法行为损害的是各国管辖之外的环境，那么现行国际法上未对此规定明确的法律后果。

二、案情介绍①

科威特是石油丰富的国家，对世界石油格局的分布起到重要的作用。在第一次世界大战之前科威特属于伊拉克的一个自治省份，第一次世界大战期间英国占领了科威特并促使其独立。1990 年 7 月中旬，由于石油政策、领土纠纷以及债务等问题，伊拉克与科威特和阿拉伯联合酋长国之间的争端突然公开化。1990 年 8 月 2 日伊拉克开始出兵侵占科威特，并逐步占领了所有战略要地。科威特势单力薄，对伊拉克的突然袭击毫无准备，最后 1990 年 8 月 8 日伊拉克总统萨达姆即宣布吞并科威特，并将其划入伊拉克的"第 19 个省"，宣称科威特"永远是伊拉克的一部分"。这次入侵引发了海湾战争，成为海湾战争的直接导火索。

对于伊拉克的侵略行为，国际社会立即做出了强烈反应，要求伊拉克在科威特无条件撤军。经过五个半月的紧张的军事调遣、部署、对峙以及频繁的外交斡旋，伊拉克仍没能在科威特撤军。最后联合国安全理事会通过 678 号决议，授权联合国成员国在伊拉克于 1991 年 1 月 15 日之前仍拒不执行相关决议的情况下，使用一切必要手段，维护、执行有关决议，恢复海湾地区的和平安全。最后伊拉克仍表示拒绝接受决议。

1991 年 1 月 17 日，以美国为首的多国部队向伊拉克发起了大规模空袭，以执行联合国决议，海湾战争由此爆发。随着多国联合部队对伊拉克攻击，伊拉克势力逐渐减退，最后迫于多国部队的军事压力，1991 年 2 月 28 日伊拉克重新回到谈判桌上。伊拉克宣布无条件从科威特撤军，放弃对科威特的领土要求，同意向科威特支付战争赔款。

1991 年 4 月 3 日，根据联合国宪章第七章有关对威胁和平、破坏和平和侵略行为所采取的行动，联合国安理会通过对伊拉克实施严厉经济制裁的第 687 号决议，安理会在决议中认定"伊拉克按照国际法，应当负赔偿因其非法入侵和占领科威特而对外国政府、公民和公司造成的任何直接损失、损害（包括环境的损害和自然资源的损耗）和伤害"②。为了处理个人、团体、政府和国际组织因伊拉克入侵科威特遭受损失提出的索赔，设立了联合国赔偿委员会（UN Compensation Commission）③。该委员会的性质在战后国际上是独一无二的，赔偿委员会"不是一个法庭，也不是各方对簿的仲裁庭；它是一个政治机构，主要负责核实赔偿要求、核实其确定性、评估所受损失、评估偿付数额和解决争议的赔偿要求等调查职务。仅对最后一项才涉及准司法职能"④。赔款资金来源于伊拉克石油收入，伊拉克石油销售收入的一定比率将上缴给一个特殊基金⑤，用来支付战争索赔。考虑到伊拉克人民和伊拉克的支付能力，以及伊拉克的经济需要，伊拉克通过基金支付的赔偿，不应超过石油和石油产品出口值的 30%。联合国赔偿委员会是联合国安理会的附属机构之一，总部设在瑞士日内瓦。联合国赔偿委员会的下辖机构有执行理事会、秘书处和专家组。执行理事会主要是在有关联合

---

① 详情见 http://baike.sogou.com/v220377.htm。

② 安全理事会 1991 年 4 月 3 日第 687（1991）号决议第 16 条。

③ 详见 http://www.un.org/zh/aboutun/structure/sc/uncc/introduction.shtml，依据安全理事会第 692（1991）号决议建立。

④ 秘书长根据安全理事会第 687（1991）号决议第 19 段提出的报告，第 4 条。

⑤ 根据第 687（1991）号决议第 18 段，安全理事会决定设立一个基金，以支付按照 16 段范围内所要求的赔偿。

国安全理事会决议框架内制定政策的机构，包括制定索赔标准、规则和索赔处理程序、管理准则、赔偿基金融资准则和支付赔偿程序，并且执行理事会要定期向安全理事会汇报委员会的工作。委员会的秘书处负责为执行理事会和专家组小组提供行政、技术和法律支持服务，同时秘书处还负责管理赔偿基金。专家组的职能是验证和评估索赔，同时确定他们是否直接与伊拉克入侵和占领科威特有关，专家组评估索赔人遭受损失的价值，并向执行理事会的报告中建议赔偿。

执行理事会已经确定了六个索赔类别：A 类索赔、B 类索赔、C 类索赔、D 类索赔、E 类索赔、F 类索赔。这些索赔类别中四个为了个人设定，一个为了政府和国际组织而设定，关于环境方面的索赔包含在 F 类索赔中。全部索赔的认定工作已于 2005 年结束。

赔偿委员会将与环境有关的索赔归属为"F4"类索赔，并且只能由政府和国际组织提起。针对环境损害的索赔请求主要包括两大类：第一类索赔是就在波斯湾地区（主要是伊朗、科威特、约旦、沙特阿拉伯、叙利亚、土耳其等受害国）引起的环境损害和自然资源损耗申请的赔偿，包括油井大火和将石油排入大海引起的；第二类索赔是其他国家（主要是澳大利亚、加拿大、德国、荷兰、英国和美国）为直接受环境损害影响的国家提供帮助产生的援助费用的索赔，包括减轻石油大火造成损害和预防、清理污染等产生的费用。总的来说，委员会已经收到了大约 170 个 F4 类的索赔申请，总计约 800 亿美元的索赔金额。截至 2011 年 4 月，负责处理 F4 类索赔的专家组已经分五期支付，解决了 168 个索赔，裁定了 5,261,746,450 美元的索赔额，在国际环境法律方面是有史以来最大的赔偿案。

第 1 期支付中，索赔主要涉及调查环境损害和自然资源损耗是否发生、探究损失的数量、研究消除或减轻损害的方法所产生的费用。第 2 期支付中，索赔涉及减轻或者预防环境损害使用的措施产生的费用，以及清理和恢复环境、监测和评估环境损害、监测公共健康风险所产生的费用。伊朗、科威特、沙特阿拉伯为应对战争中的地雷和其他残余物、石油泄漏、油井大火造成的污染采取了措施，为此向伊拉克索赔 8.29 亿美元。这些区域之外，澳大利亚、加拿大、德国、荷兰、英国和美国向波斯湾地区国家提供了帮助，以应对环境的损害或者对环境、健康产生损害的威胁，这些国家就提供帮助产生的费用索要 0.34 亿美元。在这 8.63 亿美元的索赔要求中，专家组建议只赔偿 7.11 亿美元。第 3、4 期支付中，索赔是对已经采取的或将来采取的措施产生的费用进行的索赔，这些措施是为了清理和恢复环境。在第 5、6 期支付中，索赔是针对自然资源的损耗、清理恢复受损环境采取的措施而产生的费用、公共健康的破坏方面进行的索赔。最后 3 期索赔的支付比较复杂，需要考虑索赔的合理性、因果关系和评估环境损害的方法。

三、案例评析

在环境方面，自伊拉克入侵科威特至伊拉克宣布无条件撤军，期间油井大火昼夜燃烧，是迄今为止史上最大的石油火灾及海洋石油污染事件，也是人类历史上最严重的一次环境污染，其污染程度超过切尔贝诺利核电站发生的核泄漏事故，这次战争所创造成的环境污染是灾难性的，已经给世界带来了影响。在审理索赔过程中，赔偿委员会强调的因素包括：①识别和评估对环境及公共健康长期风险的预防性监测。只要有产生环境损害危险的可能性，那么检测和评估活动就是合理的，由此造成的损害应当予以赔偿，即使最后检测发现并没有引起损害。对科威特和伊拉克之外发生的损失要进行赔偿是确定的，但是"伦理性或投机性的"

索赔以及损害结果与伊拉克的入侵只有细微联系的索赔应当排除在外。②环境突发事件中相互援助的费用。专家组认为对于区域之外的国家提供的帮助，如果这种帮助的目的是应对实际的环境损害或者环境损害威胁，那么其产生的费用应当予以赔偿，比如"环境团结成本"。③索赔人减轻和控制环境损害的义务。专家组强调，该义务是"共同保护环境的必然结果，并且义务延伸至国际社会和子孙后代"。所以，如果政府没有对预防环境恶化采取必要的措施，将拒绝对其损害赔偿或者考虑到一部分损害并不是由伊拉克引起的，将减少损害赔偿的金额。④确保生态服务得到修复所采用的评估方法。评估环境损害，包括纯环境损害，专家组运用了新奇的评估方法，比如"生境等价分析"，用这种方法来确定生态服务损失事件中补偿的性质和范围。⑤确保环境修复有效性的后续跟踪，使得赔偿支付的条件遵守了共同商定的环境目标（绿色条件）。对于获取资金进行环境检测、评估和修复活动的政府，设置收据要求和独立的进度审查报告要求，以确保资金透明恰当地用在了这些活动上。2005 年 12 月，执行理事会通过了一套详细的关于环境裁决后续规划的指导。2011 年执行理事会通过了关于充分实现环境裁决后续规划的进一步决定，要求有关政府对资金的管理，计算和审查建立确定的制度体系，并且要对这些进行报告。

赔偿委员会所做出的有关对环境损害进行恢复和赔偿的决定，在"这样一个先例少之又少"的领域，为当代国际法律实践提供了独特的判例来源，具有重要的经验意义。

1. 为国际环境损害赔偿责任范围认定的方法提供了经验

在每期各种的索赔中，专家组面临的困难是在记录的入侵之前的环境状态和自然资源的状态、趋势的基准信息具有一定不确定性的情况下，如何确定这种损害是由于伊拉克入侵引起的以及多大范围内是由于伊拉克的入侵引起的。虽然由于证据原因拒绝了一些环境索赔，委员会批准了大量的寻求将环境恢复到未入侵前的状态的索赔。关于这些索赔，委员会强调"重点一定要落到将环境恢复到入侵前的状态，这是就整体生态作用而言的，而不是说将特定污染物清除或将环境恢复到特定的物理状态"。

在大多环境案件中，受害人在寻求结束有害行为时，或要求恢复，或要求资金补偿。资金补偿覆盖与环境资源的物质损失（纯环境损害）相关的费用和对居民和财物的间接损害（间接环境损害）相关的费用。对于恢复，有必要确定损害发生之前的基础情况，这种确定可能会很困难。资金补偿对环境损害的测量提出了问题：是否应当参照修复措施的成本，或者参照理论模型计算出来的抽象数值，或者参照其他基础。之所以提出这个问题是因为环境损害并不能很好地与传统的个人和国家责任方式相匹配，传统的个人和国家责任方式通过要求责任方对损害结果支付经济成本来赔偿受害方，这种方式的计算通常参照受损害项经济价值的折旧或者修复损害的成本，而纯环境损害可能暂时并不能计算其经济成本。

所以，环境损害赔偿的计算在法律和政策领域一直存在困难，正如欧盟委员会 1993 年环境责任绿皮书中承认：统一重建并不可能，一个灭绝的物种并不能被替代。释放到空气和水中的污染物很难收回。然而从环境的观点，应该设立目标，即使不能统一恢复到损害未发生前的状态，也应将环境净化和恢复到维持必要长久性功能的状态。即使恢复和清除在物理上具有可能性，或许在经济上也具有不可行性。如果人类和环境已经世代相互作用，期待将坏境恢复到原始状态并不合理。此外，将环境恢复到没有损害前的状态，花费和预期结果可能并不成比例。在这种情况下，恢复应当只能进行到符合"成本效益"的状态。这种决定涉及经济和环境价值之间困难的平衡。

在进行核实审查时，联合国赔偿委员会对有关环境损害和自然资源损害的索赔设定了条件,索赔条件是依据美国提交的工作报告建立的,工作报告借鉴了美国国内立法中,包括 1990 年石油污染法案中的规定。在决议 7 的第 35 款中,赔偿委员会执行理事会决定将款项赔偿于直接环境损害和自然资源损耗,包括以下方面所造成的损失或费用[①]:(a)减轻和预防环境损害的费用,包括与消灭石油火灾和阻止石油在沿海、国际水域流动相关的直接费用;(b)清理和恢复环境已经采取的合理措施的费用,或为清理和恢复环境可以证明是合理必要的未来措施的费用;(c)评估和减轻损害以及恢复环境,对环境损害进行的合理的监测和评估的费用;(d)调查和对抗由环境损害造成的健康风险,进行合理的公共健康监测和医疗检查的费用;(e)自然资源的损耗或破坏。解决这些索赔时,委员会直接适用安全理事会决议 687 (1991)和上文提到的条款,有必要的情况下,也适用其他相关的国际法律规则。

虽然赔偿委员会执行理事会决议 7 第 35 款(b)承认了与"清理和恢复环境已经采取的合理措施"相关的责任,第 35 款(e)中承认了与"自然资源的损耗或损害"相关责任。但是对"环境损害"的索赔和"自然资源的损耗"的索赔的区别方法,执行理事会没有提供指导。在核实审查过程中,赔偿委员会专家组核准的指导原则是确认它们是否属于"因伊拉克非法入侵和占领科威特而造成的任何直接损害,包括环境损害和自然资源损耗"。1995 年,联合国环境与发展工作组认为区别主要在于,"自然资源"的概念主要和商业价值有关,而"环境损害"涉及的是对通常没有商业价值的环境组成部分的损害。该工作组认为环境损害的定义是"环境损害是一种改变,这种改变对环境的任何部分的质量有可测量的不利影响,包括对它的使用价值和非使用价值以及支持、维持可接受的生活质量的能力和可行的生态平衡的能力的影响"。对于"自然资源损耗"的定义,联合国环境与发展工作小组认为应当将"自然资源的损耗"定义为"自然资源财产的破坏,这种自然资源的破坏通常发生在它们的自然状态下,并且这种自然资源具有商业用途和价值"。委员专家组在处理环境索赔时并没有采取联合国环境与发展工作组提出的区分方法,联合国赔偿委员会是从实践的角度,而不是从特定的"环境"定义的角度去认定环境损害赔偿请求范围的。在第五期索赔支付报告中,专家组并没有禁止就缺少商业价值的自然资源的损耗或损害提出索赔。同时其他专家组报告认为,"环境损害"索赔条件不能限于决议 7 中第 35 条所列举的活动和事件造成的损失或费用,也可以包括其他直接的损失或费用,比如,为预防和减轻空气污染的有害影响而采取的措施,前提是这些有害影响是伊拉克入侵的直接结果。总的来说,联合国赔偿委员会核准的赔偿范围是相当广泛的,超越了任何条约所规定的环境损害或者自然资源减损的范围,并且特别包括了对单纯的"环境损害"的赔偿。

2. 采取了新的损害评估方法

在索赔审理的过程中,与传统的双边环境争端解决过程相比,赔偿委员会采取了一些新的环境损害评估方法。在审查第二期的索赔支付中,考虑到问题的复杂性,需要考虑科学、法律、社会、商业和会计问题,所以一个多学科的独立专家团队协助赔偿委员会对索赔请求进行检验核实。在评价环境损害量的评估方法方面,专家组采用了依据损害抽象量的评估方法,比如栖息地等效性分析、生态环境等效分析。这种方法对就生态服务的不可逆损害提出的索赔是非常重要的。就损害抽象量评估方法,专家委员会的决定与国际石油污染公约基金的不同,该基金认为赔偿的评估不能依据"根据理论模型计算的抽象的损失量",国际石油污染公约基金不允许用这种方法对环境的损害进行索赔。或许 2010 年名古屋—吉隆坡补充责任

[①] Governing Council, UN Compensation Commission, Decision 7, para. 35, UN Doc.S/23765, Annex (1992), 31 ILM 1051 (1992).

议定书中暗含了一个更符合联合国赔偿委员会的方法：议定书规定的"应对措施"包括为了将生物多样性恢复到损害发生前的状态或者最接近的等效状态所采取的合理行动；如果这种恢复是不可能的，那么在相同的或者可替代的地方，可以用生物多样性其他的组成部分来替代这种生物多样性的损失，用作相同的或者其他的用途。

与环境损害赔偿评价方法相关的国际法律规则发展仍然不充分，判例的普遍缺少证明了这一点。国家水平上也存在相似的局限性。美国将环境损害的恢复描述成为一个"充满不确定性和争议的没有经验的活动"。为了评估索赔，估价环境损害的替代方法可以包括：环境资源在市场上的价格；环境资源利用带来的经济价值（比如依据个人参观和享受自然资源产生的消费的旅游成本方法）；评估个人获得新鲜空气、水或保护濒危物种的付费意愿的条件评估法。

3. 国家在国际环境损害赔偿责任方面的法律基础问题

联合国赔偿委员会处理的伊拉克赔偿案是目前国际环境法上数额最大的环境损害赔偿案例，也是第二次世界大战后唯一确立国家在国际法上对环境损害赔偿具有赔偿义务的案例。虽然"特雷尔冶炼厂仲裁案"确立了国家对本国境内私人活动引起的跨界环境损害进行赔偿的先例，但是至今还没有一个现代环境案例是适用国家责任法解决的。

在国际环境法中，有关的国家赔偿责任的法律规范不足以满足国际上调整国际环境法律关系。虽然国际法委员会于 2001 年通过了《国家对国际不法行为的责任条款草案》，但是国际上对国家责任法中规定一些概念和规则仍然存在争议，尤其是对不法行为建立法律所规定的因果关系或证明主观过错都是有难度的，并且国际上也缺乏相关的惯例来支持以程序性方法处理国家不加禁止行为引起损害的环境损害赔偿问题。

从概念上讲，国际环境损害赔偿责任涵盖于国家责任之内，但是联合国赔偿委员会对伊拉克入侵科威特环境损害索赔审核的主要法律是安理会第 687 号决议和执行理事会制定的规则、标准等。并且联合国赔偿委员会对该案的管辖权也是基于安理会第 687 号决议所规定的"伊拉克应当负责赔偿因其非法入侵和占领科威特而对外国政府、公民和公司造成的任何直接损失、损害（包括环境的损害和自然资源的损耗）和伤害"。该决议明确说明了伊拉克违反了国际法基本准则，尤其是《联合国宪章》第 2 条第 4 款的"关于禁止使用武力"的原则。根据第 687 号决议的规定，联合国赔偿委员会在审理具体的索赔请求时，不用考虑何种程度的环境损害会引起国家责任，也不用考虑环境损害的预防义务标准。所以第 687 号决议的重要性在于，它排除了在当时能存在的、由于法律发展的局限性所引起的国家是否承担因武装冲突而引起环境损害赔偿责任的争议。[①]所以说，在国家环境损害赔偿责任方面，联合国赔偿委员会对伊拉克入侵科威特造成环境损害和自然资源损耗索赔的审核具有一定的意义，但是伊拉克承担环境损害责任的法律基础并不明确，所以说，该案件在国家环境损害索赔方面是一个特例，而不具有普遍性。

四、拓展思考

对于国际环境损害赔偿制度，学者们分别从国际公法和国际私法两个角度入手进行了研究。鉴于国际公法方面国家责任面临的法律局限性，有关国际环境损害责任制度越来越趋向

---

① 李伟芳. 跨境环境损害赔偿责任的国际法思考[J]. 政治与法律, 2008 (9): 108-114.

于私法化。传统国际法理论认为，国家没有义务为私人企业造成的国际环境损害承担赔偿责任，除非在它有责任控制该危害活动而没有控制时，国家才为私人企业行为承担责任。[①]因此，普遍应当由受害人追究加害人的环境损害赔偿责任，而国际环境民事责任立法发展方向也是倾向于由加害人来承担赔偿责任。通过国际民事诉讼解决国际环境损害问题不但可以避免适用国家责任时存在的诸多不确定性，而且提高了受害者在案件处理中的地位。国际环境损害更多的是来自私人实体，企业活动是造成国际环境损害的主要因素，国际私法解决方式使得受害者可以直接起诉施害方，而不必被动地等待本国政府的介入。

然而，尽管国际社会一直努力统一完善国际环境损害的实体法，并在核损害、油污染等领域取得了一定的成果，但由于实体法所调整的范围狭窄、缔约国数目有限等原因，致使大部分国际环境损害纠纷的解决还是依赖各国的国内法。[②]虽然在国内法中多数环境法规都属于行政法而非私法范畴，但是由于空气、水等媒介对人身或财产的损害亦属于传统的侵权法和财产法的范畴，因此各国也承认受害者享有司法上的权利。[③]但是由于各个国家对环境损害救济制度在诉讼主体、环境损害的构成、救济方式、赔偿范围等方面的具体规定上存在明显的不同，使得国际环境损害案件处理的结果存在显著的不确定性。所以在通过国际私法途径解决国际环境损害赔偿过程中，还需国家之间能充分合作，以确保受害方能获得及时和充分的法律救济。

---

① Thomas Gehring, markus jachtenfuchs Liability for Transboundary Environmental Damage Towards a General Liability Regime?,4EJIL, 1993: 92-106.

② 胡敏飞. 跨界环境侵权的国际私法问题研究[D]. 武汉：武汉大学，2006：1.

③ Geiirt Betlem, Liability for Damage to the Environment, A.s.Hartkampetal, Towards a European Civil Code, Nijmegen: Ars Aequi Libri & The Hagueete, Kluwer Law International, 1998: 473-491.

智利与欧共体箭鱼纠纷案

一、核心知识点

国际争端解决机构对环境纠纷的管辖权冲突问题

国际环境争端可以通过各种国际程序和机制解决，包括《联合国宪章》第 33 条规定的和平解决争端义务的传统国际争端解决方式：谈判、调查、调解、仲裁、司法解决、区域机关或区域办法，或各当事国自行选择的其他方法；也包括国际环境条约为国家提供的独有的争端解决方式，比如 1982 年《联合国海洋法公约》海洋环境争端解决机制、1987 年的《蒙特利尔议定书》所建立的国际环境法独有不遵约情势机制、1992 年《联合国气候变化框架公约》的纠纷解决机制等。通常人们将国际争端解决方式从两个角度进行分类：外交手段和法律手段。外交手段包括谈判、调查、调解和斡旋，无论国家支持或反对提出的解决方案，国家都拥有对争端的控制权。法律手段包括通过仲裁和司法，通过提交法律方法解决争端，各方当事国可以达成有法律约束力的解决方案。

随着国际法的发展，国际争端解决机构数量越来越多，目前为止已有 90 多个国际机构被授予解释或适用国际法的职权。国际争端解决机构的增多，虽然为国际争端的解决提供了更广阔的空间，但是也使得争端各当事国分别向两个或多个国际争端解决机构提起申请，尤其是在涉及环境问题及国际贸易问题的争端中，从而造成了国际争端解决机构对环境问题的管辖权冲突。具体来说，国际争端解决机制的冲突之所以会发生，是因为在两个或多个条约中，缔约方都约定将某种争端提交某个国际争端解决机构，但是每个条约所指定的国际争端解决机构并不相同，所以在国际争端发生时，争端各当事方可以根据不同的条约向不同国际争端解决机构提起诉讼，使得受理争端的两个或者多个国际争端解决机构对同一案件都有管辖权。之所以会出现这种"挑选法院"（forum shopping）的现象，原因在于：由于同时存在着几个均有权审理某一具体争端的法庭，基于某一法庭的判例法恰好更倾向于某些学说、理念或利益这一事实的驱动，争端国无疑会做出挑选比较倾向于自己意见的法庭的举动。[①]随着国际法律实践，已经出现了多个与国际争端机构的管辖权冲突相关的案件，并且大都涉及环境与资源问题。其中包括：1999 年澳大利亚、新西兰与日本间的南方蓝鳍金枪鱼纠纷案；智利与欧共体箭鱼争端纠纷案；爱尔兰诉 MOX 核废料处理厂案等。此处将通过智利与欧共体箭鱼纠纷案来阐释国际争端解决机构对环境纠纷的管辖权冲突问题。

二、案情介绍

箭鱼，即剑鱼，是一种分布于太平洋、大西洋和印度洋的热带、亚热带海洋中一种常见鱼类，因其上颌向前延伸呈剑状而得名，是一种主要的食用鱼，具有重要的渔业营养价值，

[①] 刘芳雄. 国际司法体系面临的新挑战[J]. 江海学刊，2005（2）.

《联合国海洋法公约》附件一项下列举了高度洄游鱼类，而箭鱼就是其中之一。

为了保护太平洋东南海域由于捕捞过度而日益枯竭的箭鱼资源，智利政府于 1991 年颁布法令对本国船只的箭鱼捕捞数量加以限制。该数量限制同样适用于与智利 200 海里专属经济区毗邻的公海领域，因此，该公海领域的箭鱼捕捞活动也受到限制。1989 年大西洋金枪鱼保护国际委员会为了改善大西洋日渐萎缩的箭鱼量，制订了大西洋海域的箭鱼捕捞数量限制，使得在大西洋长期从事箭鱼捕捞的西班牙船只效益锐减。然而，国际市场对箭鱼的需求量依然旺盛。在利益的驱动下，凭借欧共体委员会的补贴支持，一些西班牙船只逐渐把捕捞区域由产量日趋萎缩的大西洋海域，转至太平洋东南海域，并不断地增加该海域内捕捞箭鱼的船只，由最初 1990 年的 4 艘，增加至在之后几年内 47 艘的水平上。这一做法与智利政府保护大西洋箭鱼资源的做法背道而驰，引起了智利政府的极大不满。虽然智利政府无法禁止外国船只在公海领域从事的捕捞行为，但是智利政府采取巧妙的方法寻求国内法的帮助，根据《智利渔业法》第 169 条的规定，禁止一切捕捞行为不符合智利法律的船只在智利港口运转或停泊，从而使得西班牙船只无法停靠在智利港口。

此后 10 年中，双方曾数次就箭鱼捕捞进行谈判和磋商，但是由于双方的分歧太大，致使无法就争端达成共识。智利坚持首先应当就捕捞数量限制达成一致，而后在谈论港口准入的问题。欧共体则希望先解决港口准入的问题，以减少欧共体渔业主的损失。双方都坚持各自观点，不愿意退让，导致箭鱼争端持久不能解决。

2000 年 4 月，欧共体开始寻求在 WTO 框架下解决争端。欧共体根据乌拉圭回合《关于争端解决规则与程序的谅解》第 4 条，以及关贸总协定第 23 条，欧共体请求与智利进行磋商，同时抄送 WTO 争端解决机构主席。同年 6 月，双方在瑞士日内瓦举行了磋商，由于仍然存在较大分歧，此次磋商最终未能达成协议。2000 年 11 月 17 日，WTO 争端解决机构会议上，欧共体请求将箭鱼争端提交 WTO 专家组。在 2000 年 12 月下一次的争端解决机构会议上，根据争端解决机构"反向协商一致"决策原则，专家组自动成立。在 WTO 争端解决机制框架下，欧共体认为智利渔业法第 169 条"禁止一切捕捞行为不符合智利法律的船只在智利港口转运或停泊"的规定违反了 1994 年《关税及贸易总协定》第 5 条关于国境自由的规定（"来自或前往其他缔约国领土的过境运输，有权按照最便于国际过境的路线通过每一缔约国的领土自由过境。不得以船舶的国籍、来源地、出发地、进入港、驶出港或目的港的不同，或者以有关货物、船舶或其他运输工具的所有权的任何情况，作为实施差别待遇的依据"）以及第 11 条关于普遍取消数量限制的规定（"任何缔约国除征税或其他费用以外，不得设立或维持配额、进出口许可证或其他措施以限制或禁止其他缔约国领土的产品的输入，或向其他缔约国领土输出或销售出口产品"）。智利则援引 1994 年《关税与贸易总协定》第 20 条一般例外中 b 款（"为保障人民、动植物的生命或健康所必需的措施"）与 g 款（"与国内限制生产与消费的措施相配合，为有效保护可能用竭的天然资源的有效措施"）的规定，来主张保护生物资源。

2000 年 12 月，智利出人意料地根据《联合国海洋法公约》第 15 部分关于争端解决的规定，将同一争端提交国际海洋法法庭。这一另辟蹊径的举动，使得箭鱼争端自此变得非同寻常，引起了普遍关注，也导致了国际海洋法法庭和 WTO 专家组程序的正式交锋。2000 年 12 月 18 日，在智利驻德国大使致国际海洋法法庭书记官长的函中，称经过与欧共体的三轮会谈无果，智利提议将"箭鱼案"争端提交按照公约项下附件六第 15 条第 2 款规定成立的特别分庭来处理，该特别分庭由 5 人组成，智利将选派一名法官。次日欧共体也致函国际海洋法法庭书记长，确认其接受智利信中关于请求成立特别分庭的内容。智利请求法庭裁定：（a）欧共体是否遵守其根据公约的义务，特别是第 116 条～119 条所规定的关于公海生物资源保护的义务；（b）欧共体是否遵守其根据公约的义务，特别是第 64 条所规定的要求在高度洄游鱼类资源保护上进行合作的义务；（c）欧共体是否已经挑战了智利作为一个沿海国家在其国家管辖的范围内规定养护箭鱼的措施，并确保这些措施以非歧视的方式在港口得以实施的权利和义务，这种行为是否被公约兼容；（d）欧共体是否履行了公约第 300 条诚意履行公约义务和第 297 条第 1 款 b 项的义务。①欧共体的请求包括：（a）对公海上的箭鱼资源的单边保护措施《智利第 598 号法令》是否违反公约第 87 条、第 89 条以及第 116 条～119 条的规定；（b）2000年 8 月 14 日在智利首都圣地亚哥签订的《加拉帕戈斯协议》是否符合公约的规定，其实质性规定是否和公约第 64 条、第 116 条与 119 条一致；（c）智利的养护箭鱼资源活动是否符合公约第 300 条的要求，而双方是否仍旧需要根据公约第 64 条进行谈判达成协议；（d）特别分庭的管辖权是否扩展到上述第 3 段（d）项，即智利的（c）项。②

2000 年 12 月 20 日，国际海洋法法庭发布第 2000/3 号命令，就解决智利和欧共体双方之间的箭鱼争端，根据《国际海洋法庭规约》第 15 条的规定，成立特别分庭。这是国际海洋法法庭首次根据争端双方的协议而成立的特别分庭，这一特别分庭由 5 名成员组成，即 1 名庭长、3 名法官和 1 名由智利根据《国际海洋法庭规约》第 17 条特别选派的法官组成。

WTO 专家组程序和国际海洋法法庭两个不同的争端解决机构都受理了箭鱼争端，专家组和专案法庭也都相继启动了各自的争端解决程序。但此时，智利和欧共体双方却又同时偃旗息鼓，双方似乎又有新的考虑，各自放弃了争论，回到了谈判桌前。

2001 年 1 月 25 日，智利和欧共体宣布就解决双方的争端达成一项协议，该协议立足于三点：其一，双方将恢复双边科学技术委员会框架下箭鱼储量问题的会谈；其二，从 2001年 3 月开始，双方开展一项联合项目，采集数据对东南太平洋箭鱼储量联合做出科学评估，在项目开展过程中，智利允许 4 艘欧共体船只（总共可载量 1000 吨以下的箭鱼）在 3 个智利港口转船或停泊，智利本身的船只也适用该定额；其三，双方同意建立东南太平洋箭鱼保持与管理机制。此外协议还特别指出，双方保留各自按照己方意愿重新启动争端解决程序的权利。

此后，2001 年 3 月 9 日，智利与欧共体通知国际海洋法特别分庭庭长，表示双方就争端已达成临时性安排，请求中止专案法庭程序。3 月 23 日，欧共体通知 WTO 总干事及争端解决机构主席，表示双方同意中止专家组组成程序。2003 年 11 月 12 日，欧共体通知 WTO 争端解决机构主席，表示双方同意继续中止专家组程序。2003 年 12 月 16 日，国际海洋法法庭发布命令称，双方再次将专案法庭的搁置期延长 2 年至 2006 年 1 月 1 日。在此期间，双方就交换数据信息和建立箭鱼养护、管理多边机制的谈判中有所进展，但就捕捞研究项目仍未取得解决。2004 年 5 月，智利公布 123 号法令，对外国渔船停靠智利港口进行管理，并表示欧共体从事箭鱼捕捞的船只停靠智利港口只是为了添加燃料和补给，并不受该法令的限制，双

① International Tribunal for the Law of the Sea, 20 December 2000,Case concerning the conservation andsustainable exploration of swordfish stocks in the south-eastern Pacific Ocean (Chile v. European Community),Constitution of chamber, order, http://www.itIos.Org/fileadmin/itIos/documents/cases/case_no_7/Ord- 2000.3.E.pdf,2014-1-3.

② International Tribunal for the Law of the Sea, 20 December 2000,Case concerning the conservation andsustainable exploration of swordfish stocks in the south-eastern Pacific Ocean (Chile v. European Community),Constitution of chamber, order, http://www.itIos.Org/fileadmin/itIos/documents/cases/case_no_7/Ord- 2000.3.E.pdf,2014-1-3.

方并未再次产生冲突。2005 年 12 月 21 日，双方再次分别通知 WTO 争端解决机构中止专家组程序，至今为止该程序仍处于中止状态。2005 年 12 月 1 日和 5 日双方分别通知国际海洋法专案法庭，再次延长 2 年搁置期，至 2008 年 1 月 1 日。同样的情况再次发生在 2007 年 11 月 30 日和 2008 年 12 月 11 日，专案法庭两次根据双方的申请延期 1 年。最终根据双方的申请，法庭于 2009 年 12 月 16 日发布命令，将智利与欧共体的箭鱼纠纷案在案件列表中删除。就此，智利与欧共体的箭鱼纠纷案终于落下帷幕，最终并没有通过争端解决机制来解决各自的诉求，而是通过谈判协商达成一致。

三、案例评析

箭鱼争端虽然已经告一段落，但是该案件涉及的国际争端解决机构对环境纠纷管辖权冲突的问题值得深思。倘若两个机构的程序并没有被中止，抑或将来某个时候又被重新启动，我们无法保证两个都能做出有约束力审判的国际争端解决机构能做出一致或是相容的裁定。

在海洋环境领域，1982 年的《联合国海洋法公约》被称为"海洋宪法"，公约为海洋环境与资源争端的解决提供了独特的海洋争端解决机制。公约第 15 部分和 4 个附件中规定的海洋环境争端解决机制，除了鼓励各国按照《联合国宪章》第 33 条规定的方式解决相关争端，还在双方自愿选择的争端解决方法无效的情况下，强制性地提供了四种可选择的争端解决方式。《联合国海洋法公约》就争端解决机制于第 287 条第 1 款规定："一国在签署、批准或加入本公约时，或在其后任何时间，应有自由用书面声明的方式选择下列一个或一个以上的方法，以解决有关本公约的解释或适用的争端：（a）按照附件六设立的国际海洋法法庭；（b）国际法院；（c）按照附件七组成的仲裁法庭；（d）按照附件八组成的处理其中所列的一类或一类以上争端的特别仲裁法庭。"国际海洋法法庭的设立，为创新体制提供了途径，公约附件六关于法庭组织的组成中规定："法庭应由独立法官二十一人组成，从享有公平和正直的最高声誉，在海洋法领域内具有公认资格的人士中选出。"由专业法官组成的国际海洋法法庭在专业能力上可以确保有关海洋活动争端获得权威性、专业性、令人信服的判决，从而可以更好地解决争端。公约附件六第 15 条规定了解决争端特别分庭，包括特种争端分庭，专案分庭和简易程序分庭，分庭做出的判决，应视为法庭做出判决。其中特种争端分庭有渔业争端分庭、海洋环境争端分庭和海洋划界争端分庭。

《联合国海洋法公约》争端解决机制最大的特点是其选择的自由性。争端发生后，首先公约允许各个当事国选择和平解决争端的方法，例如谈判和调解；通过选择的方式无法解决争端时，可以诉诸公约下的强制性争端解决机制。同时公约下的强制性解决机制也是具有选择性的，当事国可以通过事先声明的方式选择接受一种或者几种强制性的方式。并且公约没有规定对海洋环境争端的强制性管辖权，即公约不排除其他争端解决机制对同一争端的管辖权。也就是说，当某个纠纷可以被当作是公约下的适用对象时，并不排除该纠纷也是其他条约争端解决机制的适用对象，因此就出现了管辖权冲突问题。

就该案涉及的 WTO 争端解决机制来说，其管辖权方面的特点包括：其一，适用"反向一致"原则，对国际贸易的争端案件拥有强制管辖权，根据《关于争端解决规则与程序的谅解》的规定，当争端一方提出成立专家组的申请，只要在下一次会议上没有全部反对，则专家组自动成立，争端他方就需要应诉，由此可以看出，只要是诉诸 WTO 争端解决机制的案件，WTO 就会获得管辖权；其二，WTO 争端解决机制几乎涵盖了所有与贸易有关的争端，使得与贸易相关的争端都可以在 WTO 争端解决机制下解决。

总的来说,《联合国海洋法公约》的争端解决机制主要解决保护海洋环境的争端,而 WTO 的争端解决机制则涵盖了几乎所有的与贸易相关的争端。也许从表面看,两者从各自的领域内运行良好,不会产生冲突。但是随着贸易问题与环境问题的相互包含融合,就像本案一样,既涉及海洋环境的保护问题也涉及自由贸易的因素,就导致争端可以根据不同的角度或是寻求公约海洋环境争端解决机制选择保护海洋环境,或是诉诸 WTO 争端解决机制保护自由贸易的发展。关键问题在于《联合国海洋法公约》和《关于争端解决规则与程序的谅解》都只是规定了各自的管辖权,对拥有平行效力的国际公约的效力先后都没有制定规则,没有排除其他争端解决机制对案件中其他因素的管辖权。所以最终导致争端各方依据各自利益的需求,诉诸不同的争端解决方式以期获得对己方最为有利的争端处理结果,双方管辖权的冲突主要出现在当一个争端既涉及海洋环境保护也涉及自由贸易的因素时,双方各自对管辖权的规定导致两个争端解决机制的管辖权发生冲突。

由于欧共体将案件提交 WTO 争端解决机制的行为违背其以往的一贯主张,所以备受指责。欧共体在以往与贸易和环境相关的纠纷上,主张环境协定中的争端解决机制应当优于 WTO 中的规定。欧盟在 1999 年的贸易壁垒规制报告中表示:"欧共体的政策是,首先诉诸多边环境条约下的争端解决机构,而非 DSU(关于争端解决规则与程序的谅解)……通过由环境争端解决机构来处理争端,才是避免有关当事国通过 WTO 这一路径绕过或回避多边环境条约,并因此削弱多边贸易协定的可信度与有效性。"显然,为了己方利益,欧共体将箭鱼纠纷案件诉诸 WTO 争端解决机构。而智利从海洋环境保护的角度将纠纷诉诸国际海洋法法庭,被认为是明智之举。在当时,国际海洋法法庭虽然刚刚成立不久,审理的案件数目有限,但是其审理过的澳大利亚、新西兰诉日本"南方蓝鳍金枪鱼案",反应出了其环境理念。

智利与欧共体箭鱼纠纷,实际上是各方对智利《渔业管辖法》第 165 条的不同观点,欧共体目的是想废除该条,而智利坚决予以维护。如果案件继续,WTO 争端解决机构裁定智利的措施违反了其在 GATT 协议下的义务,应当废止;而国际海洋法专案法庭依据《联合国海洋法公约》,裁定该措施有效。随着国际环境法的发展,国际争端解决机构对环境纠纷管辖权的冲突问题已不容忽视。箭鱼纠纷的解决为管辖权冲突的解决提供了一种可行的方案,除了各当事国合作协商,是否应当完善国际争端解决机制的规则,开创环境与贸易争端解决机制的新形式。面对国际环境问题与贸易问题冲突愈加明显,这一问题值得深思。

四、拓展思考

自第二次世界大战后经济复苏以来,国际贸易逐渐发展,全球环境也急剧变化,自由贸易与环境保护之间的争论愈加激烈。自由贸易主义者强调:"贸易创造财富,从而有利于增加人们的福利,包括用于改善环境的资金。以环境为理由禁止或限制商品贸易极易形成贸易壁垒,对自由贸易不利,应当予以约束。"环境保护主义则呼吁:"贸易意味着产生更多的产品,因此多数情况下会导致环境破坏更严重。贸易创造的财富也不一定导致环境改善。因此应当通过抑制多边贸易体制中不利于环境保护的方面或者试图通过与贸易有关的环境措施来促进环境保护。"[①]两者的分歧就在于,围绕环境保护与自由贸易,在解决国际争端时到底应当哪

---

① 万霞. 国际环境法案例评析[M]. 北京:中国政法大学出版社,2011:129.

个优先。显然国际社会还没有给出明确的答案，国际实践过程往往是各当事国自愿协商解决，或是争端解决机构协调下协商解决。不难看出国际合作非常重要，协商仍是当前解决环境保护与自由贸易相关争端的普遍方式。在多边贸易规则和多边环境规则的相互关系还没有得到正式确定之前，就贸易与环境之争，通过双边协商合作的方法，寻求双方都能接受的方案，仍是最佳选择。

利马气候变化大会与共同但有区别原则的新发展

一、核心知识点

共同但有区别责任原则

共同但有区别责任原则是指，由于地球生态系统的整体性和导致全球资源退化的各种不同因素，各国在保护和改善全球资源方面，所有的国家都负有责任，但责任的大小必须是有差别的。它包括两个相互关联的部分：共同的责任和有区别的责任。

共同的责任是指由于地球生态系统的整体性，各国对保护全球环境负有共同的责任。共同责任意味着各国无论其大小、贫富等方面的差异，都对保护全球的环境负有一份责任，都应当参加全球环境保护事业。就国际关系的现状而言，其主要内容包括：各国必须采取措施切实保护和改善本国管辖范围内的环境；各国应当采取措施防止在其管辖范围内和控制下的活动对其他国家和国家管辖范围以外地区的环境造成损害；各国应当广泛参与环境保护的国际合作；各国应当在环境保护方面相互支持和援助。

有区别的责任是对共同责任的一种限制，它是指各国虽然负有保护环境的共同责任，但是各国之间的责任的分担应当是与它们的社会在历史和当前对地球环境造成的破坏和压力成正比的，即有差别的。具体而言，发达国家应当比发展中国家承担更大的责任或主要责任。从历史的角度来看，发达国家在长时间的发展过程中只顾发展，不顾环境，大量使用环境资源，排放了大量废弃物；从现实的情况看，发达国家在生产和消费中使用的环境资源和排放的废弃物仍然占全世界总量的大部分。因此全球环境问题主要是由发达国家造成的，它们应当承担更多的责任。

随着全球环境问题的逐渐出现和解决以及环境立法的发展，尤其适用于全球气候变化问题解决措施的共同但有区别责任原则也日臻完善。"共同但有区别责任"首次出现于 1972 年的斯德哥尔摩人类环境大会上，《斯德哥尔摩宣言》（只是个文件没有法律约束力）并没有直接提出"共同但有区别责任原则"的概念，只是部分条款体现了原则的内容。1972 年至 1992 年期间，国际环境立法进入迅速发展的时期，这期间各种环境法律数量显著增加，其中 1987 年关于大气立法的《关于消耗臭氧层物质的蒙特利尔议定书》具体适用了"共同但有区别责任"，这是在立法方面对"共同但有区别责任"的初次适用。该议定书就如何体现发达国家与发展中国家在大气保护方面的区别责任做了详细具体的规定，包括发展中国家的"履行期限可以延迟 10 年"，要求其他缔约国"协助发展中国家缔约国取得环境上安全的替代物和技术""向发展中国家缔约国提供津贴、援助、信贷、担保或者保险方案"。同样议定书没有明确地提出"共同但有区别责任原则"的概念，只是在解决消耗臭氧层物质的排放问题时体现了这一原则。随着国际环境的发展，1992 年在巴西里约召开的联合环境与发展大会首次明确使用了"共同但有区别责任原则"，确立了该原则的国际法地位。大会通过的《联合国气候变化框架公约》明确规定了"共同但有区别责任原则"，其序言中规定"承认气候变化的全球性，要求所有国家根据其共同但有区别的责任和各自的能力及其社会和经济条件，尽可能开展最广泛的合作，并参与有效和适当的国际应对行动"。公约的第三条、第四条明确了共同但有区别责任原则内容，指出发达国家"应当率先对付气候变化及其不利影响"，要"提供发展中国家缔约方所需要的资金""向其他缔约方特别是发展中国家缔约方转让或使它们有机会得到无害环境的技术和专有技术"。

二、大会情况

随着《联合国气候变化框架公约》确立了共同但有区别责任原则的国际法地位，国际上开始了对该原则具体适用的讨论。根据框架性公约到议定书的模式，国际上开始对共同但有区别责任具体实施方法和具体标准进行谈判。1997 年 12 月在日本京都举行的联合国气候变化公约缔约方大会（COP）上，通过了具有代表意义的《京都议定书》。《京都议定书》首次采用量化减排的方式贯彻了"共同但有区别责任原则"。议定书第 3 条第 1 款的规定要求在第一承诺期（2008 年至 2012 年），《联合国气候变化框架公约》附件一（发达国家和转型经济体）所列国家以 1990 年温室气体的排放量为基准，对议定书附件 A 中温室气体的排放量平均至少减少 5%，根据附件 B，其中欧盟至少减少 8%，美国至少减少 7%，日本和加拿大至少各减少 6%，而发展中国家不承担强制减排义务。

《京都议定书》于 2005 年 2 月生效，但是议定书只涉及 2012 年之前各国的减排义务，所以自 2005 年国际上就进入了对 2012 年之后各国的减排义务的讨论和谈判中，也就是进入了"后京都时代"①的谈判。其中有代表性的会议包括巴厘路线图，哥本哈根会议、坎昆会议、德班会议和华沙会议，谈判进程呈现出举步维艰的状态。发展中国家与发达国家"后京都时代"中历次气候变化谈判的核心问题都涉及"共同但有区别责任"，焦点问题是豁免期限之后也就是 2012 年之后发展中国家是否要承担实质性减排义务，或者说是 2012 年之后在发展中国家和发达国家之间减排责任该如何分担。2007 年 12 月，缔约方会议 COP13 在印度尼西亚巴厘岛召开，在各方的妥协下形成了"巴厘路线图"，各国同意经过努力采取措施在 2009 年底前就气候变化问题达成新的协议，但是这一愿景未能在 2009 年的哥本哈根会议上实现。随后在 2011 年 12 月的德班会议上经过谈判，各国再次就达成新协议形成一致意见：到 2015 年制定一个适用所有成员国的议定书。

2014 年 12 月 1 日，《联合国气候变化框架公约》第 20 次缔约方大会暨《京都议定书》第 10 次缔约方大会在秘鲁首都利马召开，既定会期为 12 月 1 日至 12 日，会议聚焦于根据 ADP（德班行动平台专门工作组）的成果推动 2015 年在巴黎举行的《联合国气候变化框架公约》第 21 次缔约方大会上达成新协议，中心任务是为第二年的巴黎气候大会准备一份全球气候变化协议的谈判文本草案，并就"后 2020 年气候协议"的"要素文本"达成一致。在利马会议之前，就全球气候治理，国际上已经从联合国秘书长的气候峰会获得了一些"好信号"，其中包括绿色气候基金（GCF）初始资源的动员，中国、欧盟和美国几个主要温室气体排放国对国家温室气体排放的"历史性的"公布，以及 IPCC（国际政府间气候变化专门委员会）第五次评估报告对气候治理产生的动力。前所未有的成就有助于一些关键性因素的推进工作，从而有利于在联合国巴黎气候变化大会之巴黎会议上签署新的全球气候变化协议，并于

---

① "后京都时代"是国际舆论界对《京都议定书》执行完毕之后的一个阶段的称谓。从时间来说，应该起始于《京都议定书》相关义务执行完毕的 2012 年。该称谓可见于各类对《京都议定书》和"后京都时代"的国内外报道。

2020 年生效实施。三个附属机构也展开了会议，包括附属科技咨询机构附属履行机构第 41 次会议，以及德班行动平台专门工作组的会议。

该次会议有将近 11000 人参加，其中包括 6300 名左右的政府官员，来自于联合国机关和机构、国际组织和民间社会机构的 4000 名左右代表，以及大约 900 名的媒体工作人员。会议的主要任务是就共同但有区别责任的原则、国家自主贡献、发达国家向发展中国家提供技术与资金支持以及 2015 年新协议草案的基本要素的平衡等问题的理解和政策达成共识。围绕 2015 年新协议文本草案的基本要素以及推动德班平台的决议草案，大会主要讨论了共同但有区别责任的差别责任问题，新协议中《联合国气候变化框架公约》的原则和规定的作用，以及减缓和适应要素之间法律平等问题、减缓与包括资金在内的其他手段之间的平衡。为了促进国家自主贡献成为 2015 年新协议的核心内容，大会也对国家自主贡献的范围、沟通和审查等问题进行了讨论。通过对决议文本草案的漫长谈判，大会延期 2 天，最终于 12 月 14 日闭幕。大会的三大成果包括：一是重申各国须在 2015 年早些时候制定并提交 2020 年后对气候变化的国家自主贡献，并对 2020 年后国家自主贡献所需提交的基本信息做出要求；二是在国家自主贡献中，适应要素被提到了显著的位置，国家可自愿将适应要素纳入到自己的国家自主贡献中；三是会议产生了一份巴黎协议草案，即《利马气候行动倡议》，作为 2015 年谈判起草巴黎协议文本的基础，该呼吁旨在促进未来一年就新协议达成的谈判，推动国家自主贡献提交和审查程序，以及强化 2020 年以前的目标。与此同时，发展中国家一直诉求的资金援助的问题也得到了一定的进展，在大会期间，澳大利亚、比利时、德国和会议主办国秘鲁等承诺出资，终于使得绿色气候基金总额超过 100 亿美元从而得以启动。

三、会议进展分析

国际气候谈判是国家意志和利益协调的过程，也是国际气候合作和国际气候立法的基础。利马气候谈判过程不只展现了各国之间环境的矛盾，更展现了各个国家的政治经济利益冲突。经过各个缔约方的努力，利马气候大会取得了一定的成果。在德班平台（ADP）谈判框架下，要讨论最重要的两个内容，即"共同但有区别的责任及各自能力"和国家自主贡献。

1. 对共同但有区别责任的演进

就共同但有区别责任方面，如何在新的协议中定义"区别责任"仍然是该次利马会议讨论的重点。经过最后的谈判，利马气候会议最终达成的《利马气候行动倡议》确立了"共同但有区别责任原则及各自能力"（Common But Differentiated Responsibilities and Respective Capabilities，CBDRRC），演变了《联合国气候变化框架公约》中规定的"共同但有区别责任原则"（Common But Differentiated Responsibility，CBDR）。

在谈判的过程中以中国为代表的发展中国家主张在 2015 年新协议中应当依照《联合国气候变化框架公约》规定的成员国责任，坚持严格的各国共同但有区别的责任承担，要求平衡反映减排、资金和技术转让、能力建设等要素，不但要大幅提高发达国家 2020 年前的减排力度，而且发达国家还要积极兑现在上述方面向发展中国家提供援助的承诺。而美国等发达国家在谈判过程中对新协议的"减排"话题非常关注，但是它们对于向发展中国家提供资金援助、技术和能力建设支持的方面兴趣并不大；并且发达国家主张的"国家自主贡献"内容也仅限于减排，不赞同包含向发展中国家提供资金援助和技术支持。因为发达国家一直主张适应气候变化属于各国自己的责任，国际社会可以基于道义尽可能地提供援助。在适应气候变化的成本分担上，发达国家偏重于"共同但有区别的责任"中"共同的责任"，强调了各国对适应气候变化的平等责任。大会经过磋商最终达成的《利马气候行动倡议》第三条强调："承诺 2015 年达成的新协议，根据不同国家的国情，反映共同但有区别的责任原则及各自能力。"①通过"不同国家的国情"和"及各自能力"文字的使用，《利马气候行动倡议》将"共同但有区别责任"原则演变成了"共同但有区别责任及各自能力"原则。

《利马气候行动倡议》确定的"共同但有区别责任原则及各自能力"，不但模糊了附件一（发达国家和转型经济体）和非附件一缔约国之间的区别责任，破坏了发达国家与发展中国家的区分点；而且"根据不同国家的国情"和"及各自能力"措辞的使用，削弱了新协议中将要规定的各国区别责任的确定性和执行力。也有观点认为《利马气候行动倡议》文本中"根据国家的国情"和"及各自能力"的措辞似乎为区别责任的主观解释打开了口子，一些人怀疑这一提法会使得共同但有区别责任更适合历史责任②。

虽然经过各缔约国的努力，大会最终确认了"共同但有区别责任原则及各自能力"，但是"不同国家的国情"和"及各自能力"的措辞并没有解决气候责任分担的问题，这种框架性的规定并不能具体量化到各个国家的区别责任，矛盾的焦点仍然是一些新兴经济体国家是否要承担减排责任，以及如何在全球范围内具体规划分配温室气体减排责任。一方面在国家的分类上，中国等国家还属于发展中国家，因此不承担责任；另一方面从经济发展能力上，中国等新兴经济体具有一定的经济发展水平，发达国家主张这些国家应当承担减排责任。所以说问题的关键仍是以什么因素为基础来划定和分配责任。在未来一年如何阐释这一原则并将原则具体制度化是各缔约国谈判进程的关键性问题，也是决定新的全球气候变化协议能否达成的主要因素。排放温室气体造成了全球气候变化问题已经是人类的共识，在未来一年各缔约国都应当积极主动、彼此信任，共同寻找解决问题的新方法。

2. 国家自主贡献相关内容的争论

国家自主贡献（Intended Nationally Determined Contributions，INDCs）是指为了治理全球气候变化，实现应对气候变化总目标下，各缔约国所提出、接受和承诺的自愿性减排额。人们期待第 20 次缔约方大会能通过明确国家自主贡献的范围和具体信息，来促进国家自主贡献成为新协议的核心部分。但各缔约方对国家自主贡献相关信息要求、范围以及其交流也存在分歧，虽然在一定程度上利马会议解决了这些问题，但是《利马气候行动倡议》中的相关内容还存在很大缺点。《利马气候行动倡议》第 14 条指出"为了促进清晰、透明和理解，成员国所传达的国家自主贡献需要提供的信息，尤其可以恰当地包括关于参考点量化的信息、执行时间规划、范围、计划流程、基本假设……"虽然通过提及可量化的信息、时间规划、范围、计划流程以及基本方法假设等，《利马气候行动倡议》成功实现了华沙会议确定的"各缔约方提出他们的贡献时应当提交的信息"的要求。但是通过文献中"可以包括、适当的、尤其"这些特殊词语的使用，使得最后没能成功设置需要送交的关于国家自主贡献的最低级别的常见类型的资料，从而严重弱化了国家自主贡献的前景。

会议讨论过程中对国家自主贡献的范围存在很大的分歧，缔约方的争议主要集中在对华

---

① Decision -/CP.20 Lima call for climate action ,Artical three.

② A Reporting Service for Environment and Development Negotiations ,Vol. 12 No. 619 Page 44, Online at http://www.iisd.ca/climate/cop20/enb/.

沙决议的理解上。华沙决议中认为国家自主贡献应当以"实现公约第 2 条①所规定目标"为目的。基于发达国家一直主张适应气候变化是各个国家自己的责任，发达国家与发展中国家的区别责任只存在于减缓气候变化方面，所以发达国家将其理解为只在减缓气候变化方面做出国家自主贡献。然而发展中国家坚持认为发达国家在适应气候变化和执行手段方面也应当做出国家自主贡献，为了加强发展中国家的行动，发展中国家提供关于执行手段所需要的信息，发达国家需要提供关于资金援助方面的信息。通过对两种观点折中，《利马气候行动倡议》要求成员国在它们国家自主贡献的范围中"考虑包括"适应气候变化的内容，这反应了适应行动应当随着减缓行动逐渐加强的广泛共识。此外，关于国家自主贡献的范围，使得发展中国家失望的是成员国不能就资金援助或者其他实施方法达成一致意见。因此关于资金方面的问题仍然是 2015 年谈判需要解决的基础部分。

关于如何进行国家自主贡献的交流以及国家自主贡献的事先审查的问题，缔约国之间也不能达成一致意见。一些发展中国家坚持认为利马会议只需要关注沟通程序；包括美国的一些代表建议一个"咨询性"程序；其他一些代表，例如欧盟和小岛屿联盟的代表，认为为了避免发生严重的气候变化，要求依赖最新的气候科学严格审查评估国家自主贡献的整体影响。但是考虑到一些特殊因素，《利马气候行动倡议》仅仅要求秘书处在联合国气候变化框架公约网站上发布国家自主贡献信息，并对其整体效果做一个综合报告。这意味着 2015 年对各缔约方的国家自主贡献没有任何事前审查。由于一些发展中国家强烈反对审查它们的国家自主贡献，使得这一谈判结果不尽如人意。虽然《利马气候行动倡议》中与国家自主贡献相关的内容有一定的缺陷，但也表现了其内在的灵活性。呼吁第 11 条提及，考虑到最不发达国家及小岛屿发展中国家在温室气体排放方面的特殊情况，与要求其他所有缔约方做更多的事情相比，只要求它们传达关于政策、计划和行动的信息，而不要求这些缔约方在它们的自主贡献中编写一个强大、定量缓解的内容。

关于会议讨论议题的其他方面，尤其是发展中国家一直诉求的资金问题也获得一定进展。在出现新的捐资承诺后，绿色气候基金获得的捐资承诺已超过 100 亿美元。尽管这个数字距离气候资金在 2020 年达到 1000 亿美元的目标似乎还很遥远，并且如何实现这笔捐助承诺的路线图也不清晰，但它毕竟是一个积极信号。就会议整体而言，虽然取得了一定的进展，但是围绕气候谈判的实质性争议并没有得到解决。一方面最终决议文本一再被弱化，主要体现在关于国家自主贡献的表述比较模糊，发达国家在资金援助问题上的表现令人失望；另一方面各缔约国就共同但有区别责任原则及各自能力原则如何体现在巴黎协议中还存在较大的争议，这也是将来谈判中最关键最棘手的问题。

四、拓展思考

中国作为发展中国家，在应对全球气候变化问题上积极主动，已经做出了实质性的贡献。在资金援助方面，按照《京都议定书》的规定，中国作为发展中国家本没有提供援助资金的义务，但是自 2011 年以来，中国还是安排资金累计约 2.7 亿人民币来帮助其他发展中国家改善应对气候变化的能力，在利马会议上中国表示将加强南南合作力度，提供更多的资金为发

---

① 《联合国气候变化框架公约》第 2 条，本公约以及缔约方会议可能通过的任何相关法律文书的最终目标是：根据本公约的各项有关规定，将大气中温室气体的浓度稳定在防止气候系统受到危险的人为干扰的水平上。这一水平应当在足以使生态系统能够自然地适应气候变化、确保粮食生产免受威胁并使经济发展能够可持续地进行的时间范围内实现。

展中国家应对气候变化提供支持。此外在 2014 年 11 月 12 日，中国与美国发表了《中美气候变化联合声明》，宣布了两国自 2020 年后应对气候变化的行动目标，其中中国计划 2030 年左右二氧化碳排放达到峰值且将努力早日达峰，到 2030 年非化石能源占一次能源消费比重提高到 20%左右。这些积极应对策略足以表示中国作为最大的发展中国家在解决全球气候变化问题上的雄心，中国的这些实际行动也得到了利马会议上多数国家的称赞。但是归根于发达国家和发展中国家经济利益冲突，致使利马会议上未达成 2020 年后共同但有区别责任的具体分担比例。2015 年为达成新的具有固定约束力的气候协议，全球关于区别责任的具体分担的全球气候谈判必然是激烈和艰难的。

为了推动应对气候变化的进程，国际合作的重要性是不言而喻的。国际环境合作是实现本国利益与他国利益、国家利益与国际利益的统一与融合，创造双赢或多赢局面的最好方法。在会议谈判过程中一些代表提出，问题的关键是缔约国之间的信任已经丧失。显然在国家合作呼吁的基础上，各国要重视彼此信任，没有信任和信心，就没有制定未来协议的基础。虽然 2015 年新协议将是一个重要的里程碑，但是我们还要意识到这并非终点，全球气候治理需要我们更进一步。因此我们要对气候治理做好长期的准备，积极参与气候辩护的国际谈判进程。在应对以后全球气候变化治理的谈判中，我们应当在坚持共同但有区别责任原则的基础上，当经济发展到一定水平之后，承担起新兴经济体大国一定的温室气体减排责任，逐渐树立一个全球环境治理重要影响者的形象，完成我国由全球气候治理制度接受者到制度制定者角色的转变，创建有利于我国发展的良好的国际环境。

俄罗斯违反《蒙特利尔议定书》不遵守情势程序案

一、核心知识点

不遵守情势程序

不遵守情势程序（Non-compliance Procedures）是国际环境法中特有的机制，为解决缔约国不履行条约义务发挥了重要的作用。20 世纪初，许多条约通过成立附属机构来解决条约的遵守和执行问题，不遵守情势程序也随之产生。所谓的不遵守情势程序是指通过对缔约国履行条约的行为进行监督和控制，对不履行条约行为的缔约方采取终止援助或者惩罚等措施，使其回到履行状态从而预防或解决争端的制度。相对于传统的争端解决机制，不遵守情势程序机制主要是在缔约国不履行条约义务的萌芽阶段发挥作用，注重分析不遵守的原因，通过一系列鼓励、支持或惩罚措施预防发生不必要的损害和争端，使得不遵守情势方回到遵守条约的状态。如果损害争端已经发生，则一般是通过传统的争端解决方法，如外交手段和法律方法等来解决这些争端，使争端各方重新回到利益平衡点上。与传统争端解决机制的强制性解决方法不同，不遵守情势程序侧重于帮助性措施。缔约方不履行条约义务的原因，往往是因为其缺少技术和财政能力，所以经济和技术上的帮助更有利于缔约方对义务的履行。不遵守情势程序的启动程序包括三种：（1）由一个或多个缔约国针对其他缔约国发起；（2）由条约的秘书处发起；（3）由不遵守情势的缔约国自己发起。不遵守情势程序是通过条约缔约方以会议决定的形式建立起来的，并由履行委员会来促进履约和处理不遵守情势。履行委员会的一个重要职能就是查明送交给其的各项不遵守情势的具体可能的原因。如何处理不遵守情势程序，还需要履行委员会将查明的信息提交缔约方会议，由缔约方会议最终决定。当然履行委员会对不遵守情势案件也有一定的处理权力，但是权力的范围和大小是根据不同条约的规定而不同的。

不遵守情势程序最早起源于 1987 年的《关于臭氧层消耗的蒙特利尔议定书》（以下简称《蒙特利尔议定书》）第 8 条的规定：缔约国应在其第一次会议上审议并通过用来断定对本议定书条款的不遵守情形以及关于如何对待被查明不遵守规定的缔约国的程序及组织机构。通过多次缔约国会议的讨论与完善，《蒙特利尔议定书》的不遵守情势程序最终被通过，并且在其后得到了有效实施。在人们日益关注臭氧层破坏给社会带来的灾难时订立的《关于臭氧层消耗的蒙特利尔议定书》，旨在控制各缔约国生产、进口、出口及消费消耗臭氧物质的量，以恢复被破坏的臭氧层。随着《蒙特利尔议定书》的发展，不遵守情势程序逐渐在多边协定中建立起来，包括《濒危野生动植物国际贸易公约》《控制危险废物越境转移及其处置巴塞尔公约》《持久性有机污染和重金属议定书》《卡塔赫纳生物安全议定书》《持久性有机污染议定书》《京都议定书》《奥胡斯公约》《粮食和农业植物遗传资源国际条约》等。

二、案情介绍①

20 世纪 90 年代，经济转型国家对臭氧层的破坏起到了很大的作用，据统计，1994 年，经济转型国家消费的臭氧破坏物质占全世界的四分之一。而俄罗斯是当时重要的经济转型国家之一，也是当时世界上最大的臭氧物质生产和消费国，据统计，俄罗斯所消费的臭氧层物质占转型经济国家的百分之六十。俄罗斯是其所在地区唯一的臭氧破坏物质的生产国，并且俄罗斯也是一个对 20 多个经济转型国家和其他非经济转型国家的臭氧消耗物质出口国。俄罗斯是《蒙特利尔议定书》缔约国之一，根据议定书的规定，俄罗斯需要在 1996 年 1 月前停止臭氧消耗物质的生产和消费。由于俄罗斯在国际社会中具有很大的政治和经济影响力，如果俄罗斯不能很好地履行《蒙特利尔议定书》中关于臭氧层物质的义务，将严重破坏臭氧管理制度的稳定性，使得《蒙特利尔议定书》不能很好地执行。

在 1995 年 5 月召开的第十一次不限名额特别工作组会议上，俄罗斯代表本国、白俄罗斯、保加利亚、波兰和乌克兰递交了一份联合声明。俄罗斯在声明中指出"由于面临经济困难，转型经济体国家不太可能在 1996 年 1 月前停止臭氧消耗物质的生产和消费"。在递交联合声明时，俄罗斯只是想从缔约方会议寻求一个特别五年宽限期，并没有想要启动不遵守情势程序。但是这一要求被递交给了履行委员会，履行委员会把俄罗斯提交声明的行为视为不遵守情势程序第四段所规定的启动方式中不履行缔约方自己发起程序。俄罗斯也没有拒绝履行委员会这一解释，使得履行委员会有机会将《蒙特利尔议定书》不遵守情势程序应用于实践。

履行委员会在查明俄罗斯提交的联合声明之后，与俄罗斯代表进行了商议。就条约义务的履行，履行委员会与俄罗斯并没有达成一致结果，最后履行委员会向 1995 年缔约方会议递交了建议。在履行委员会建议的基础之上，1995 年缔约方会议依据俄罗斯的情况做出 VII/18 号决定。决定具体内容主要涉及了：要求俄罗斯就停用消耗臭氧层物质的计划做出政治承诺；考虑到经济过渡时段国家所面临的各种经济和社会困难，允许俄罗斯向按照议定书第 2 条行事的缔约国，包括白俄罗斯和乌克兰出口受控制的物质；给予俄罗斯以国际援助。决议既对俄罗斯做出了贸易上的限制，也给予了一定的国际援助。在国际援助方面，考虑到缔约方不履行条约义务的主要原因是苏联解体后，俄罗斯经济急剧衰退，要使俄罗斯彻底停止臭氧层消耗物质的生产和消费，国际社会的经济援助是非常重要的。但是按照《蒙特利尔议定书》第 5 条和 1990 年伦敦修正案的规定，只有发展中国家有权在《蒙特利尔议定书》多边基金获得援助，而俄罗斯并不属于发展中国家，所以国际社会只能从全球环境基金为俄罗斯提供经济援助。与援助相对应的是，俄罗斯必须每年提交关于停用消耗臭氧物质的进展报告。

1996 年举行的缔约方会议做出了 VII/25 号决定，虽然决定宣布俄罗斯在 1996 年处于不遵守议定书的状况，但是决定表示缔约方已经注意到俄罗斯在不遵守问题方面已经取得了相当大的进展，并且决定同时声明以后对俄罗斯的财政支付将取决于俄罗斯在不遵守方面的进展情况。在 1997 年举行的缔约方会议上，人们注意到俄罗斯联邦从 1996 年 7 月开始已经对消耗臭氧物质实行了出口管制，除特别缔约国之外，不再向任何其他缔约国出口包括用过、新产、再循环或再生物质在内的任何消耗臭氧物质。而可以向其出口的特别缔约国主要包括

---

① 朱鹏飞. 国际环境争端解决机制研究[D]. 上海：华东政法大学，2009.

下列缔约国：按议定书第 5 条行事的缔约国和第 VII/18 号决定规定的包括白俄罗斯和乌克兰在内的独立国家联合体成员国。至此，俄罗斯在臭氧消耗物质的贸易问题上符合了议定书的要求。

但是在臭氧消耗物质的生产和消耗方面，人们注意到 1996 年俄罗斯仍处于不遵守《蒙特利尔议定书》第 2A 至第 2E 条所规定的控制义务的状态。而且俄罗斯联邦还表示，此种情况将至少延续到 2000 年。俄罗斯于 1998 年 10 月间签署了"俄罗斯联邦关闭消耗臭氧物质生产设施的特别行动"，在其中承诺于 1999 年间将其附件 A 第一类物质、第二类物质及附件 B 第一类物质的消费量分别减至不超过 6280、960、18 消耗臭氧潜能吨；于 2000 年 6 月 1 日之前逐渐停用附件 A 所列物质的生产和消费以及附件 B 物质的消费。在 1998 年缔约方会议上，第 X/26 号决定密切监测俄罗斯在停用消耗臭氧物质方面所取得的进展。决定要求俄罗斯向秘书处提交一份其国家方案的完整副本，并在做出了后续增订的情况下提供这些增订的副本。决定表明只要俄罗斯努力设法兑现其在国家方案和特别行动中所做的具体时限承诺，并继续汇报的其年度数据表明其在不断减少进口量和消费量，则俄罗斯便应继续享受与处于良好状态的缔约方同等的待遇。并且俄罗斯应继续得到国际援助，以使它得以依照缔约方会议可能就不遵守情势所采取的措施的指示性清单项目 A 来兑现这些承诺。但是决定也对俄罗斯联邦提出了告诫：根据有关措施的指示性清单项目 B 的规定，如果它不能按照所规定的时限履行前几项决定以及上述各项文件中所列明的承诺，则各缔约方便应考虑依照有关措施的指示性清单项目 C 的规定采取相应措施。但是俄罗斯并没有完全按照其行动计划来行动，2001 年第 13 次缔约方会议第 XIII/17 号决定确认俄罗斯未能遵守 1999 年和 2000 年逐步淘汰附件 A 所列消耗臭氧物质的生产和消费的基准指标。但是俄罗斯确实在履行议定书方面取得了进展，该决定确认俄罗斯联邦已自 2000 年 12 月 20 日终止了氟氯化碳的生产，并自 2000 年 3 月 1 日起停止了附件 A 和 B 消耗臭氧物质的进口和出口活动。决定建议俄罗斯联邦应在国际融资机构的协助下，争取实现所商定的附件 A 和 B 耗氧物质生产量和消费量的逐步停用基准指标，以便充分履行其在《蒙特利尔议定书》及其《伦敦修正案》下承担的义务。

在 2002 年议定书第 14 次缔约方会议上，主席声明：自 1995 年以来经过履行委员会一再提出建议，缔约方会议不断地做出决定，目前俄罗斯联邦已经回归到遵守其各项义务的状况。自此《蒙特利尔议定书》不遵守情势程序的第一次适用圆满成功完成。

三、案例评析

俄罗斯联邦不遵约情势程序案件是不遵守情势程序正式适用的第一个案件，也是《蒙特利尔议定书》不遵守程序处理的第一个案件。围绕国际环境法领域所有条约关于不遵守情势程序的规定可以看出，相对于传统的争端解决机制，不遵守情势程序具有显著的预防性、多边性和非对抗性。不遵守情势程序是国际环境法风险预防原则的直接体现，重点强调预防条约的不遵守，与消极地等待不遵守及争端出现后想方设法消除影响相反，该程序的启动有利于积极消除可能产生争端的不遵守情形。传统的争端解决机制往往是两个对立里面之间的抗衡，具有双边性；而不遵守情势中，一个可能的不履行方对的是代表所有的缔约方的履行委员会和缔约方会议，而非某几个具体的缔约方，具有多边性。传统的争端解决机制具有较强的对抗性，双方利益此消彼长；而不遵守情势程序中履行委员会与缔约方会议和不履行方的立场往往具有共同点，即主观愿望都是希望能够履行条约义务，只不过不履行方由于能力不足等原因不能履行，但不履行方一般也希望能够履行条约义务。通过俄罗斯不遵守情势程序案件的处理过程，可以进一步了解不遵守情势程序的相关内容。

不遵守情势程序一般存在三种启动方式：（1）由一个或多个缔约国针对其他缔约国发起；（2）由秘书处发起；（3）由不遵守情势的缔约国自己发起。①第一种由一个或多个缔约方针对其他缔约方发起的方式，虽然与传统争端解决机制启动很相似，但是该程序中在一个或多个缔约方在提交意见启动程序后，就结束了其任务。甚至在《蒙特利尔议定书》和《京都议定书》中递交保留意见的缔约国不必证明自己被其他缔约国的不遵守所损害，而仅仅需要有确实的信息证明对方不履行议定书的义务即可。之所以规定第二种由秘书处发起方式，是因为一般缔约国是通过秘书处向缔约国会议提交资料，所以秘书处容易察觉各缔约方的不遵守情况。如果缔约方在编写报告的过程中了解到任何缔约国可能存在未遵守议定书义务的情况，则可以直接请有关缔约方就存疑事项提供进一步说明的材料。不遵守情势程序存在的特殊启动方式就是缔约方自己启动。如果一个缔约方认定，经过最大的努力仍然不能完全履行议定书中规定的其应当承担的义务，那么该缔约方可以用书面的形式向秘书处提交呈文，解释其认为造成不能履行的具体情况。往往缔约方自己启动不遵守情势程序之后，所面临的更多的是一种经济和技术上的帮助措施，而不是惩罚或者制裁措施。就俄罗斯不遵守案件而言，初始阶段是俄罗斯代表本国、白俄罗斯、保加利亚、波兰和乌克兰递交了一份联合声明，俄罗斯在声明中指出"由于面临经济困难，转型经济体国家不太可能在 1996 年 1 月前停止臭氧物质的生产和消费"。由这份声明引起了履行委员会对俄罗斯履行条约义务的查明，所以该案的不遵守情势程序即是缔约方自己启动的。

在不遵守情势程序中两个重要的机构就是履行委员会和缔约方会议，两者在案件处理过程中的权力存在明显的区别。缔约方会议是条约的权力机构，也是各个事项的主要决策机构；而履行委员会是专门针对不遵守的情形而建立的机构，其职能范围主要是查明送交给其的各项不遵守情势的具体事项及可能的原因，之后如何处理不遵守情形以及履行委员会有多大的权力，各条约都有不同的规定。比如《蒙特利尔议定书》的不遵守情势程序中委员会具有向缔约方提出适当建议的权力，但委员会本身并没有任何做出决定的权力。在俄罗斯不遵守情势程序案中，履行委员会查明之后，向缔约方会议提出建议，而缔约方会议在其建议的基础之上做出相关决定，恰恰体现了履行委员会有限的建议权。而在《巴塞尔公约》的不遵守情势程序中，履行委员会可在经与所涉缔约方协调后，向它提供特别涉及建立加强管理体系，便利获得财政和技术支持，拟订自愿遵约行动计划并审查其实施的咨询意见、无拘束性的建议和资料。但是如果采取这些措施后仍有必要采取更为有力的措施，例如技术援助、能力建设、财务资源的获得甚至发出告诫等，则只能向缔约方大会做出建议，由缔约方大会做出决定。②关于履行委员会组成方式，不同的条约也各有不同。《蒙特利尔议定书》不遵守情势程序的履行委员会是按照公平地域分配原则选举十个缔约方组成，而《巴塞尔公约》的履行委员会是由各缔约方提名的、并经缔约方大会选择后的十五名成员组成。

在确定存在不履行条约义务的情况后，履行委员会和缔约方会议可以在各自权限范围内做出相应的措施来应对，当然，根据不同条约的规定，各个条约的不遵守情势程序能够适用

---

① Report of the Parties to the Montreal Protocol on the Work of Their Tenth Meeting,U.N.Environment Programme, U.N.Doc.UNEP/Ozl.pro.10/9(1998).

② Report of the Conference of the Parties to the Base1 Convention on the Control of Transboundary Movements of Hazardous Wastes and Their Disposal,U.N.Environment Programme,UNEP/CHW/6/40(2002).

的措施是不同的。通常这些措施可以被分为帮助性措施和惩罚性措施，其中帮助性措施主要包括提供咨询、协助、建议，给予技术援助、能力建设、资金援助等；惩罚性措施主要有宣布不履行的情况、发出警告和中止不履行方的权利。在俄罗斯不遵守情势案中，履行委员会要求提供建议；缔约方会议决定给予资金援助，要求提交计划并提交关于停用消耗臭氧物质的进展报告；警告如果俄罗斯不能按照其承诺履行义务，则各缔约方便应考虑采取相应措施，这些都体现了《蒙特利尔议定书》不遵守情势程序的措施。

　　作为不遵守情势程序成功处理的第一案，俄罗斯不遵守情势程序案充分体现了该程序所具有的优点。俄罗斯之所以不能够履行议定书的义务，究其根本原因在于本身经济衰退、履行能力不足，而非恶意不想为。如果仅仅对俄罗斯实施制裁或者采取传统的争端解决方式，不但不能从根本上解决问题，还会恶化国际环境，对整个臭氧层保护法律制度带来挑战。通过不遵守情势程序，履约委员会和缔约方会议的多次讨论，对俄罗斯采取了援助、确认不履行状态、警告、订立行动计划并监督履行等措施。整体而言，这些措施更多的是帮助性措施，对俄罗斯进行能力建设，提高其履约能力，促使其回归到履约状态。整个程序过程及其结果充分体现了该程序的灵活性、帮助性和有效性。

四、拓展思考

　　虽然随着《蒙特利尔议定书》不遵守情势程序的产生、完善和实践，其他一些条约也都随之制定了不遵守情势程序，但是国际上大多是《蒙特利尔议定书》不遵守情势程序对相关案件的处理，其他条约的不遵守情势程序暂时还没有付诸实践。俄罗斯不遵守情势程序案件时俄罗斯根据自身经济衰退、履行不能的情况，主动启动了不遵守情势程序。国际上还存在其他有代表意义的《蒙特利尔议定书》不遵守情势程序处理的案件，比如库克群岛不遵守情势程序案件和阿根廷不遵守情势程序案件。

　　库克群岛不遵守情势程序案是库克群岛违反数据汇报义务的案件。《蒙特利尔议定书》为了评估和监督缔约国是否履行了相关义务，规定了缔约国有履行数据汇报的义务。但是在实践中，一些国家由于经济、技术等原因，违反数据汇报义务。库克群岛未汇报数据案件是违反数据汇报义务的典型案件，也是不遵守情势程序适用的典型案件。通过履行委员会的建议和缔约方会议的决定，促使库克群岛在联合国环境规划署和多边基金的协助下，逐渐完成了数据汇报义务。阿根廷不遵守情势程序案是一件违反《蒙特利尔议定书》所规定的控制措施的案件。履行委员会在第 27 次会议上，确认阿根廷在 1999 年 7 月 1 日至 2000 年 6 月 30 日处于未能遵守《蒙特利尔议定书》第 2A 条为之规定的各项义务的状态，违反了议定书所规定的氟氯化碳物质的生产量限制。通过采取要求提交行动计划，使其继续获得国际援助以及警告不能兑现承诺缔约国将采取进一步措施等方式，阿根廷最终实现遵约状态，将氟氯化碳物质的生产及出口量控制在议定书规定的范围内。

乌拉圭河沿岸纸浆厂案

一、核心知识点

国际淡水资源的保护和利用

水问题是全球性问题，实现水资源的可持续利用，支撑和保障经济社会的可持续发展，是全世界各国面临的紧迫任务。[①]目前全球淡水资源领域存在严重的问题，包括淡水匮乏、水资源和针对水资源的冲突。世界上有将近一半的河流、湖泊处于两个或者两个以上国家的管辖下。因此，国际淡水资源利用和保护问题也日益突出。有关国际淡水资源的概念，现代国际法和国际环境法尚未给出一个确切的定义。这一概念是相对于海洋的概念，同时也不同于内水的概念，因为它具有国际性。一般来讲，国际淡水资源仅包括那些处于两个或更多的国家的领土之上或管辖权之下的淡水水体，包括界河、多国河流、国际河流、跨国湖泊和跨国的地下水体。国际淡水资源利用和保护法是随着国家实践的发展而逐步发展起来的。在其发展的进程中，有几个案例确定了国际淡水资源利用和保护法的一些基本原则。这些原则主要包括：（1）1929 年国际常设法院在河流秩序国际委员会地域管辖权案中确立的沿岸国对河流的平等利用原则；（2）1937 年国际常设法院在默兹河分流案中确立的沿岸国对其管辖下的河流行使主权权利，但不得妨碍其他沿岸国对该河流行使主权权利的原则；（3）国际仲裁庭1957 年在"拉努湖仲裁案"中确立的沿岸国计划中的建设项目需预先通知其他沿岸国并进行磋商的义务。这些原则在之后的很多有关的案例和条约中得到了承认，已经成为国际习惯法规则。

有关国际淡水资源利用和保护的国际法尚欠发达，只有有限的几个尚未生效的法律文件，包括 1966 年国际法协会通过的《国际河流利用规则》（以下简称《赫尔辛基规则》）和1997 年联合国国际法委员会通过的《非航行利用国际水道法公约草案》。1966 年国际法协会通过的《国际河流利用规则》对各国没有约束力，但是其规则可以指导各国对各种形式国际淡水资源的利用。1997 年联合国国际法委员会通过的《非航行利用国际水道法公约草案》，如果为各国所接受，将成为一项具有法律约束力的国际法文件。该公约草案是国际法委员会对现行非航行利用国际水道的国际法规则进行编纂的结果。与国际性的水资源利用和保护法相比，针对特定的淡水资源的区域和双边的淡水资源利用和保护法更为发达。这些区域的或双边的淡水资源利用和保护协议，分别分散在不同的区域。例如，北美洲1973 年墨西哥、美国签订的《关于永久彻底解决科罗拉多河含盐量国际问题的协定》；南美洲1978 年由巴西、委内瑞拉、秘鲁、哥伦比亚、厄瓜多尔、玻利维亚、圭亚那和苏里南签订的《亚马逊合作条约》，以及乌拉圭河沿岸纸厂案涉及的 1975 年乌拉圭和阿根廷签订的《乌拉圭河规约》；欧洲1992 年《跨界水道和国际湖泊保护和利用公约》；亚洲1992 年印度与尼泊尔签订的《关于马哈卡利河综合开发的条约》；非洲1963 年《尼日尔河流域国家关于航行和经济合作条约》等。

[①] 汪恕诚. 以水资源的可持续利用促进经济社会的可持续发展——在第三届世界水论坛部长级会议上的演讲，http://cssd.acca21.org.cn/2003/news0306.html。

二、案情介绍①

乌拉圭河是南美洲的一条河流，为拉普拉塔河的支流，自北向南流经巴西、阿根廷和乌拉圭，乌拉圭河也是阿根廷和乌拉圭的界河。为了更加合理地利用乌拉圭河，乌拉圭与阿根廷在 1975 年 2 月 26 日签署了《乌拉圭河规约》，从法律的角度为界河的利用确立了规则、制度和机构保障。规约最主要的制度是规定了建立由双方组成的乌拉圭河管理委员会（CARU），以规范和协调涉及乌拉圭河利用和保护的所有工程与活动。

2003 年和 2004 年，乌拉圭先后批准了两家外资企业（西班牙和芬兰）在乌拉圭河边建造纸浆厂。这些批准消息的发布，引发了阿根廷人关于乌拉圭河环境污染的担忧。担心利益受损的阿根廷人和相关环境保护团体采取了激烈的抗议措施，他们封锁了乌拉圭河上连接两国的圣马丁将军大桥长达数月之久。阿根廷政府也明确反对在界河边上建造纸浆厂，要求乌拉圭方停止建设并另选厂址。乌拉圭政府不同意停止这两个项目，因为该纸浆厂的项目属于乌拉圭历史上最大的外商投资项目，是 2005 年世界上最大的纸浆厂之一，获得了国际金融公司和多边投资担保机构的融资，对于乌拉圭经济发展和提供就业具有重要意义。两国间进行了多次外交协调，在无法达成共识的情况下，2006 年 6 月阿根廷将争端诉诸国际法院。之后，乌拉圭继续进行纸浆厂的建设并于 2007 年授权一个纸浆厂投入生产运行。

阿根廷在向国际法院递交的申请中，指控乌拉圭政府没有按照《乌拉圭河规约》的规定，事先与阿根廷协商；而是于 2003 年 10 月，单方面批准纸浆厂的建立。阿根廷称就此事已经多次向乌拉圭政府提出抗议，但是乌拉圭政府仍然拒绝按照规定行事。不仅如此，乌拉圭政府于 2004 年又批准了第二座纸浆厂的建立，使两国的分歧进一步恶化。阿根廷认为，乌拉圭河沿岸纸浆厂的建立和运营，不仅将严重破坏乌拉圭河的生态环境，也对利用乌拉圭河水的阿根廷人民和动植物造成健康风险，甚至损害阿根廷凭借乌拉圭河取得的观光利益。

鉴于此，阿根廷向国际法院主张要求宣布：（1）乌拉圭违反了 1975 年《乌拉圭河规约》中规定的事先通知义务和全面环境影响评价，保护水环境和防治污染，保护生物多样性以及共同合作以防止污染等义务；（2）要求乌拉圭为其行为对阿根廷承担国际责任；（3）要求乌拉圭停止纸浆厂的建造和运作；（4）要求乌拉圭就其违反义务导致阿根廷所受的损害进行赔偿。阿根廷还向国际法院申请采取临时措施，要求在国际法院做出最终判决之前，令乌拉圭暂停纸浆厂的建造。阿根廷认为，一旦纸浆厂成为既定事实，其造成的严重后果将无法用经济赔偿来弥补，并将使国际法院裁决的执行变得更加困难。乌拉圭则认为，本国修建纸浆厂的行为符合《乌拉圭河规约》和国际水道法的规定，纸浆厂有权继续运营。

2006 年 7 月 13 日，国际法院做出裁决，认为阿根廷对乌拉圭在河界上修建纸浆厂将污染环境的指控缺乏有力的证据，因此法院不会按照阿根廷的要求勒令乌拉圭停止纸浆厂的建设和运营。但法院裁决中指出，如果法院今后有证据发现支持阿根廷的指控，则乌拉圭将承担由此产生的一切风险。

2006 年 11 月 29 日，乌拉圭也向国际法庭提起诉讼，称自 2006 年 11 月 20 日起，一些阿根廷人封锁了乌拉圭河上的圣马丁将军大桥。乌拉圭主张，阿根廷人堵塞圣马丁将军大桥

---

① 案情参照：兰花. 跨界水资源利用的事先通知义务——乌拉圭河纸浆厂案为视角[J]. 中国地质大学学报：社会科学版，2011，11（2）：44-49；那力. "乌拉圭河纸浆厂案"判决在环境法上的意义[J]. 法学，2013，3：79-86；万霞. 国际环境法案例评析[M]. 北京：中国政法大学出版社，2011：106-109.

行动期间，给乌拉圭的贸易和旅游业造成了损失，所以乌拉圭要求阿根廷就此进行赔偿。乌拉圭同样要求国际法院采取临时措施，令阿根廷撤消对大桥的封锁。

国际法院就此在 2006 年 12 月 18、19 日举行了听证，并做出裁决：上述桥梁被封锁，并没有对乌拉圭根据 1975 年《乌拉圭河规约》所享有的权利构成将导致不可挽回损害的风险，因此无需国际法院行使职权，就采取临时措施制止封锁一事做出裁决。国际法院同时再次呼吁双方应当履行各自的国际义务，根据 1975 年《乌拉圭河规约》进行合作与磋商，避免进一步采取不利于解决目前争端的任何行动。

2007 年 1 月 23 日，国际法庭以 14 票对 1 票做出裁决，主张阿根廷和乌拉圭界河污染河流的纠纷，并没有严重到需要国际法院就此行使职权的地步。2010 年 4 月 20 日，国际法院在经过一系列的调查和审理后做出如下判决：（1）认定无法将水污染以外的其他污染纳入本案管辖的范围，也无法将其他国际环境条约或原理原则，作为本案应适用的规范；（2）在程序义务上，法院以 13 票对 1 票，认定乌拉圭的行为已违反《乌拉圭河规约》第 7 条所规定的应事先通知乌拉圭河联合管理委员会及阿根廷的程序义务；（3）在实体义务上，国际法院认定乌拉圭基于《乌拉圭河规约》第 41 条保护乌拉圭河及周边环境的义务，应在许可纸浆厂建造及营运前进行环境影响评估。但法院最后以 11 票对 3 票，认定乌拉圭仅以国内法规定程序所做的环境影响评估，以及纸浆厂建造及营运后对乌拉圭河所产生的影响，尚未构成其对必须保护乌拉圭河及周边环境的实体义务的违反；（4）阿根廷对乌拉圭提出的恢复原状及损害赔偿的请求被国际法院驳回。

三、案例评析

对于国际法院的判决，我们可以将其观点概括为：首先，乌拉圭违反了《乌拉圭河规约》中的事先通知义务；其次，其并没有违反实体性义务；最后，除这两项裁决，法院拒绝所有其他的主张和要求。作为联合国的主要司法机关，国际法院对"乌拉圭河沿岸纸浆厂案"做出判决，这是由国际法院解决的为数不多的与环境有关的案件之一。有学者认为，国际法院对本案的处理，一改过去在环境问题上畏缩不前的状态，对案件做出了实质性的判决，标志着其在环境案件的审理上迈出了重要的一步。

乌拉圭纸浆厂案争议的核心是乌拉圭授权建造纸浆厂并单方面允许纸浆厂运营是否违反了 1975 年《乌拉圭河规约》所规定的程序义务和其他相关实质义务。程序性义务主要是指规约第 7 条至第 12 条所规定的事先通知、报告和协商的义务。其中，第 7 条第一款规定通知义务包括"计划行动的国家通知乌拉圭河管理委员会，以便后者可以在最多三十天的期限内，初步判定这一计划是否可能对另一方造成重大损害"；第二款规定"如果乌拉圭河管理委员会认定计划可能对另一方造成重大损害，或者如果决定不可能到那样的程度，相关的这一方应当通过乌拉圭河管理委员会通知另一方"；第三款规定"报告必须描述工程的主要方面以及将能使被通知方评估这一工程对航行、河流及其水质的可能影响的其他任何技术数据"。规约第 8 条至第 12 条对谈判义务进行了相关规定，一旦采取行动的国家向乌拉圭河管理委员会通报其计划时，则应该开始双边国家的协商程序；在大多数情况下，被通报的国家不会提出询问，而采取行动的国家则继续其项目；但是，如果被通报的国家反对，则两国应作为期 180 天的直接磋商；如果在 180 天以后未达成协议，那么任何一方可以向国际法院起诉。

案件审理过程中，法院认为，根据第 7 条第一款，在向两家纸浆厂签发环境许可和开工许可之前，乌拉圭未就所计划的工程通知乌拉圭河管理委员会，显然违反了规约第 7 条第一款所赋予的通知义务。同时，乌拉圭在向阿根廷通报两家纸浆厂的环境影响评估报告并未通过乌拉圭河管理委员会进行，且乌拉圭仅仅是在已经签发了两家工厂的环境许可之后才递交这些评价报告，所以法院认为乌拉圭的行为也未遵守第 7 条第二、三款中关于通过乌拉圭河管理委员会向阿根廷通报计划的义务。法院认定在规约第 7 条至第 12 条规定的协商恶化谈判期间，乌拉圭授权建造纸浆厂的行为违反了规约的通知义务。但是在谈判结束后，乌拉圭是否还需要停止行动，规约没有给予具体规定。在这一问题上，涉及规约确定的事先通知义务的具体内容，也即事先通知义务是否等同于事先知情同意义务。阿根廷主张事先通知义务包含着阿根廷拥有对乌拉圭所采取的建设计划的否决权，也就是说，如果阿根廷反对，乌拉圭就不能批准建造纸浆厂。乌拉圭则主张，事先通知义务侧重于是否做出了通知，并不赋予另一方对其他国家行动的否决权。乌拉圭认为其已经通过乌拉圭河管理委员会提交了必要信息，纸浆厂的建造不需要阿根廷的事先同意。法院认为，由于规约对这方面没有具体规定，乌拉圭建造纸浆厂的计划遭到阿根廷拒绝并且双方协商无果的情况下，只要乌拉圭纸浆厂不对阿根廷造成损失，包括污染乌拉圭河流，则乌拉圭单方面进行纸浆厂建设和运行的行为并不违反国际法。本案中，国际法院认定了乌拉圭关于事先通知义务的程序违法，但是对乌拉圭协商无果之后建造纸浆厂的行为并没有认定为具有违法性。

在水资源保护和利用领域，事先通知义务已经获得全球性和区域性条约以及许多"软法"和司法判例的确认和重申。国际实践表明，事先通知已经构成了跨界水资源利用和保护的一项具有习惯法地位的义务[①]，对各国都具有约束力。其中《国际水道非航行使用法公约》第三章专门规定了事先通知的内容和程序事项，并且在其第 12 条中规定事先通知是一种法律义务。其中规定"对于计划采取的可能对其他水道国造成重大不利影响的措施，一个水道国在予以执行或允许执行之前，应及时向那些国家发出有关通知。这种通知应附有可以得到的技术数据和资料，包括任何环境影响评估的结果，以便被通知国能够评价计划采取的措施可能造成的影响"。虽然《国际水道非航行使用法公约》还没有生效，但是该公约是对跨界水资源利用的国际法规则的编纂，具有重要的国际影响。在国际案例方面，1949 年"科孚海峡案"、1957 年"拉努湖仲裁案"、1993 年"多瑙河水坝案"，以及本案都提到了事先通知义务。

阿根廷诉乌拉圭纸浆厂案中的环境影响评价制度是双方争议的焦点。双方主要在如何进行评价，以及评价的内容和范围存在争议。阿根廷认为，乌拉圭基于国内法所做的环境影响评估，不符合国际标准，乌拉圭应当根据国际环境规范进行环境影响评估。首先国际法院认为，国家对可能导致其他国家的环境及人民健康不良影响的开发，必须进行环境影响评估，此义务具有习惯国际法的地位，任何国家均应遵守。但是，至于环境影响评估的范围与内涵，法院认为，因为阿根廷及乌拉圭都不是《跨境环境影响评价公约》的缔约国，而阿根廷所提及的联合国的相关原则，也并未具体勾勒出环境影响评估的程序及具体内容。因此，各国可以依国内法律所规定的环境影响评估程序来进行。案件审理的过程中还涉及其他值得讨论的问题，比如公众参与、专家评估和损害赔偿标准等。

① Alistair Rieu-Clarke. International Law and Sustainable Development: Lessons from the Law of International Watercourses. IWA Publishing, 2005: 138.

四、拓展思考

1997 年联合国国际法委员会通过的《非航行利用国际水道法公约草案》是跨界水资源利用中最重要的公约，公约的目的是保证国际水道的利用、开发、养护、管理和保护，并促进为今世后代对其进行最佳和可持续的利用。[①]基于反对该公约的强制性争端解决条款，中国对该条约投了反对票，从而成为对这一重要公约投反对票的三个国家之一。但是这并不意味着中国将不受条约规则的约束，对于公约中那些得到国家反复实践和重申的规则，尤其是那些已经是和正在形成的国际习惯法规则，中国应当予以遵守和重视。

我国有多条国际河流，河流涉及越南、朝鲜、俄罗斯、印度等 19 个国家，其中 15 个为毗邻的接壤国，影响人口近 30 亿，水资源量占中国水资源总量的百分之四十。而我国又是大多数国际河流的上游国，我们的特殊地理位置使得中国成为亚洲乃至全球最重要的上游国之一。当下，我国也是经济快速发展的大国，虽然国家战略一直在强调转变经济发展方式，但是经济发展中对水的利用和开发是必须的。难免在今后，我们会面临跨界水资源污染、生态破坏、水土流失、水量分配、水质保护等问题。为了加强我国对这些跨界河流的利用和保护，我们需要积极与周边国家进行协商合作，重视并依据河流的具体情况签订跨界河流利用和保护条约，既包括多边条约也包括双边条约。在开发利用跨界水资源时，尤其是在修建水电站或其他大规模调水项目时，我们要重视研究相关国际实践，同时还要考虑相关国际习惯法规则。在河水利用、经济开发的同时重视水资源的环境保护和生态保护，实现中国经济的可持续发展，为我国的和平发展创造更好的环境。

---

① 《非航行利用国际水道法公约草案》（英文版），联合国大会文件，A/51/869，1997 年 4 月 17 日，6 页，公约草案序言。

澳大利亚、新西兰诉法国核试验案

一、核心知识点

限制和禁止核试验与环境保护

1945 年，核能开始应用于军事，至今核能利用仅有六十多年的历史，虽然给人类带来了能源的希望，但是也引起了人类对安全的忧虑。核能利用已经对军事实力、国际形势和技术发展等带来了革命性的影响，但是国际安全迫切需要建立国际规则来规范核能的利用，尤其是在军事方面的利用。自 20 世纪 50 年代开始，国际社会不断制定相关的限制和禁止利用核武器的条约，不断提醒世界各国要在和平与安全的基础上合理使用核能，以达到削减核武器直至最终消除核武器的目标。在核试验方面，国际社会限制和禁止核使用的条约主要有《不扩散核武器条约》及其议定书、1963 年的《禁止在大气层、外层空间和水下进行核武器试验条约》（《部分禁止核试验条约》）、1971 年的《禁止在海床洋底及其底土安置核武器和其他大规模毁灭性武器条约》、1985 年的《南太平洋无核区条约》以及尚未生效的 1996 年的《全面禁止核武器试验条约》等。

《不扩散核武器条约》于 1968 年 6 月由联合国通过，同年 7 月 1 日，该条约分别在华盛顿、莫斯科、伦敦开放签字，共有 59 个国家签署，条约最终于 1970 年 3 月 5 日正式生效，有效期为 25 年。条约规定的主要内容有：有核武器国家不得向任何无核武器国家直接或间接转让核武器或核爆炸装置，不帮助无核武器国家制造核武器；无核武器国家保证不研制、不接受和不谋求获取核武器；停止核军备竞赛、推动核裁军；把和平核设施置于国际原子能机构的国际保障之下，并在和平使用核能方面提供技术合作。[①]《禁止在大气层、外层空间和水下进行核武器试验条约》（《部分禁止核试验条约》）于 1963 年 8 月 5 日在莫斯科签署，同年 10 月 10 日生效，无期限有效。该条约的目的是禁止、防止缔约国在其管辖或控制下的大气层、外层空间和水下进行核试验爆炸或任何其他核爆炸。到 1973 年为止，该条约成员国已经超过 110 个，包括了除了法国之外的拥有核武器的所有主要国家（中国、苏联、英国和美国）。《全面禁止核武器试验条约》于 1996 年 9 月由联合国通过，该条约是由《部分禁止核试验条约》发展而来的，其目的是全面禁止核武器试验爆炸及其他任何核爆炸，有效促进全面防止核武器扩散及核裁军进程，从而增进国际和平与安全。但是至今为止条约仍然没有达到生效的条件，包括美国在内仍有很多国家没有签订该条约，并且 2009 年 5 月 25 日朝鲜依然在进行地下核试验。所以要达到全面禁止核武器试验爆炸及其他任何爆炸的目标，仍然需要国际社会的努力。

---

① 参见《不扩散核武器条约》第 3~7 条。

二、案情介绍

1966 年到 1972 年间，法国在南太平洋的法国领土波利尼西亚的上空进行了一系列的大气层核武器试验，并且准备于 1973 年 5 月在该地区进一步实施核武器试验。在试验期间，法国宣布某个地区为"禁区"和"危险区"，不允许外国飞机和船舶通过。为了阻止法国的这些核试验以及太平洋上的其他核试验,澳大利亚和新西兰于 1973 年 5 月 9 日分别向国际法院提出请求书，状告法国的空中核试验违反了国际法。澳大利亚请求国际法院宣布进行大气核试验不符合现行国际法律规则，并且要求法国不再进行任何进一步的核试验。新西兰也以相似的理由主张法国核试验侵害了国际法律规则和原则，但更强调国际共同体所有成员国已经受核试验放射性沉降物的侵害，并且新西兰的权利还将受到法国进一步核试验的侵犯，其有权受到保护，免遭放射性沉降物对其陆地、海上和空中环境的破坏。澳大利亚和新西兰还同时请求法院采取临时保全措施，命令法国在国际法院做出判决之前，停止一切空中核试验。

法国于 1973 年 5 月 16 日发表声明，称国际法院对该案没有管辖权，声明不接受国际法院的管辖。所以在国际法院接受了澳大利亚和新西兰的请求后，法国拒绝对以后的程序递交辩诉状，并拒绝出庭应诉。1973 年 6 月 22 日，以八票对六票表决，法院宣布采取临时保护措施，命令法国在做出判决之前应避免进行给澳大利亚或新西兰领土带来放射性微粒回降的核试验。法国在随后的单边宣言中声明停止大气核试验。国际法院认为，法国的声明使得案件不再有审理可能性，因为澳大利亚和新西兰的起诉对象已不再存在，从而法院在 1974 年 12 月 20 日做出决定，认定不必对本案做进一步的判决。

原被告主张

澳大利亚和新西兰的主张可以总结如下。

（1）法国的核试验，侵犯了其他国家不受大气核试验影响的权利，也即主张法国违反了禁止大气层核试验的规则。

（2）法国的核试验，侵犯了国家及国民的权利，尤其是未经原告同意而使进行核试验引起的放射性微粒回降到原告领土范围内，严重侵犯了原告国的领土主权和主权独立。

（3）法国的核试验，对公海及其上空的船舶、飞机的通航造成了严重妨害，并且放射性物质导致了公海的严重污染，极大地侵犯了原告国家的"公海自由"。

（4）请求法院采取临时性措施，命令法国在国际法院做出判决前，停止一切空中核试验。

法国立场如下。

（1）核试验是为了法国的国家安全和独立采取的行动。

（2）从法律上讲，不存在可以命令其禁止核试验的实体国际法。

（3）国际法院对本案没有管辖权。

法院判决

总的来说，本案中，国际法院总共有两项作为：一是于 1973 年 6 月 22 日指示采取临时保全措施；二是在法国表示不准备继续进行空中核试验后，于 1974 年 12 月 20 日做出决定，认为不必对本案做进一步的判决。

在采取临时保全措施的命令中，法院指出鉴于澳大利亚和新西兰两国指控法国的核试验构成侵犯国家主权、侵犯公海及其上空的自由通航，造成精神负担和环境污染，引起放射性微粒回降等侵害行为，法院认为：空中核试验所引起的放射性微粒回降，可能会对澳大利亚和新西兰领土造成不可弥补的损害。所以法院命令法国避免再进行对澳大利亚和新西兰领土引起放射性微粒回降的核试验。

法院做出不对本案做进一步判决的依据，主要包括：1974年7月25日，法国总统在记者招待会上发表声明，表示法国已经计划在结束1974年的一系列空中核试验之后，将核试验转入地下；其后，法国国防部长也在记者招待会上做出了同样的声明；1974年7月1日法国总统给新西兰总理的信件内容；1974年9月25日法国外交部部长在联合国大会上的发言等行为。法院认为这些公开的声明具有法律的保证，受国际法律的约束。澳大利亚和新西兰起诉法国的目的是使法国停止空中核试验，这一目的已经因为法国声明不再在南太平洋上空进行核试验而实现了。所以争端已经不存在了，法院也就没有必要再做进一步的判决。

三、案例评析

本案是一起关于空中核试验可能导致损害，包括导致环境损害的案件。虽然最后案件因为法国单方面声明而终止，但由于部分国家仍然在进行核试验，该案件涉及的核试验可能引起的环境损害问题仍然具有重要的意义，尤其是澳大利亚和新西兰主要是以围绕着核试验的环境损害和污染问题来提出主张的。

在核试验案中，澳大利亚和新西兰主要主张法国核试验所释放的放射性沉积物会沉降于其领土范围内，对其国家的环境和人民造成损害，侵犯了它的主权和权利。具体来说澳大利亚和新西兰认为：（1）所有国家和人民都有不受核试验所产生的放射性污染的权利；（2）因为放射性物质进入两国领土未经其许可和批准，放射性尘埃在澳大利亚和新西兰领土上出现时对两国领土主权造成侵犯；（3）放射性材料进入两国领土造成了对领土和领土内人民的伤害，这些伤害包括担忧、焦虑和担心等；（4）法国的行为还侵犯了两国应当享有的公海自由权，包括航行、飞越自由和开发海底资源的自由等。国际法院在指示临时保全措施的命令中肯定了澳大利亚和新西兰提出的证明法国核试验行为可能造成环境损害的初步证据，要求法国不得采取可能恶化和扩大争端的任何行动，避免进一步进行可能在澳大利亚和新西兰领土上产生放射性沉降物的大气层核试验。国际法院的这一举措暗含了国际环境法上在当时正在逐渐形成的两项基本原则：领土无害使用原则和风险预防原则。

领土无害使用原则是指一国使用自己的领土不得损害其他国家或者国家管辖范围之外的环境，即使合法行为也不应当对他国环境或者国家管辖范围之外的环境造成损害，法国负有不对澳大利亚和新西兰的环境造成损害的义务。风险预防原则指的是缺乏科学充分确实证据的情形下，各国如遇有严重或不可逆转的环境风险时，仍应该按照各自能力采取符合成本效益的措施，以期防止环境恶化概率事件的发生。在核试验案件的争论中，澳大利亚认为："大气层核试验对现在和将来居民的损害更多的是无法精确评估的，如果说环境破坏或损害的实际存在是责任的必然要素，那么环境对居民已经没有价值。"虽然大气层核试验的环境损害可以从气候、空气成分和结构、陆地和海洋成分的变化、人体反应等方面检测出来，但是这些危害后果正如许多环境损害一样，具有积累性、长期性和不确定性等特征，并且这些损害一旦形成，很难再恢复原状或者充分补偿。对这种可能的危害后果，最好的办法是采取风险预防原则，停止法国核试验行动，将法国大气层核试验造成的环境污染和破坏尽可能地降低到最低程度。

在核试验案件中，澳大利亚和新西兰要求法国停止在南太平洋区域的大气核试验，该要求还涉及一个更为复杂的法律问题：澳大利亚和新西兰是否有权向国际法院提起诉讼，主张法国侵犯了其免受核试验的自由和公海自由。一般而言，当条约或协定的一方认为其他缔约国违背了条约或协定的义务，该国将有权利向国际法院提起诉讼。1973年5月澳大利亚和新西兰起诉法国主要依据1963年的《部分禁止核试验条约》，该条约规定如果核爆炸会造成放射性碎片"出现在实施爆炸国家的管辖或者控制范围之外"，那么这样的核试验将会被禁止。但是由于法国并没有签署1963年的《部分禁止核试验条约》，使得法国不承担不在大气层进行核试验的国际条约义务。若国际法院要继续做出实质性判决，则需要判断在当时"禁止在大气层进行核试验"是否是一项国际习惯法。在核试验案件中，四位法官在他们的联合反对意见中认为："如果澳大利亚举证的材料足以使法院认为禁止大气核试验是一般国际法原则，那么法院将确定该规则的准确内容，特别是该规则是否授予每个国家有起诉要求尊重该规则的权利。"当然，就现在而言，1996年通过的《全面禁止核武器试验条约》以及1985年8月签署的《南太平洋无核区条约》，实际上已经将南太平洋确定为无核区，那么法国在南太平洋上空进行大气核试验的合法性与否则显而易见。

四、拓展思考

国际法院对澳大利亚、新西兰诉法国核试验做出判决后，关于核试验的纠纷并没有就此终止，法国将核试验由大气层转入地下，新西兰对地下核试验可能造成的危害仍然担忧。1995年6月3日，一家通讯社发布消息，法国总统宣布从1995年9月起在南太平洋地区进行一系列最后的地下核试验。由于法国不再受国际法院基于《国际法院规约》第36条的强制管辖权，新西兰不能就地下核试验提起新的诉讼。为了阻止这些地下核试验，新西兰向国际法院提起了一项"对情势进行审查的请求"，要求国际法院根据1974年核试验判决第63段做出"临时保全措施"的指示，1974年核试验判决第63段明确授权申请者："依《国际法院规约》有关条款提起对情势进行审查的请求，……如果该项判决的基础受到影响。"国际法院认为：该事件的主要问题在于判断1974年判决的基础是否受到法国1995年宣布核试验的影响。法院认为该项判决中指的核试验仅仅是大气层核试验，并非指所有可能在新西兰领土上产生放射性沉降的核试验，所以1974年判决的基础并没有受1995年法国地下核试验的影响。最后，国际法院做出了驳回新西兰请求临时保全措施的指令，但在指令中法院声明其指令"不影响各国尊重和保护环境的义务，也不影响新西兰和法国在当前情况下重申做出承诺的义务"，即是说核试验要尊重和保护环境。

1995年法国声明进行地下核试验，对国际社会确定"不引起跨界环境损害的义务"的习惯法地位起到了一定的催化作用。新西兰在提起的审查请求中主张不引起跨界环境损害是"比较完善的国际习惯法"，法国并没有反对该主张，同时卫拉曼特雷法官在其意见中也认可了这一点。1995年新西兰诉法国核试验案另一个值得注意的地方是该案件中第一次提出适用风险预防原则的举证责任倒置原则。按照传统的方法，一般举证责任是由提出对某种活动反对之人承担，而该原则却反其道而行，由实施活动的人证明其没有造成环境损害。这就要求污染者、排污国在获得排污权利之前，慎重考虑自己行为和特定物质的流出会不会对环境造成不利影响。这也同样要求在活动可能会对环境造成严重或不可逆转的影响时，国家或国际法规采取适当行动。1995 年新西兰诉法国核试验案中，新西兰方面极力推崇举证责任倒置原则，认为该原则在国际法中应广泛应用。新西兰把举证责任转到法国，让法国证明其没有对环境造成损害。尽管有的法官主张，由于证明新西兰主张的事实造成的举证困难，可能会对新西兰造成损害，但是国际法院没有采纳原告的主张，以多数票做出了有利于法国的裁决。

美国海虾海龟案

一、核心知识点

GATT/WTO 框架下的贸易环境措施

有利于环境的措施有很多种，它们中的大多数都是和贸易没有关系的。例如，鼓励大众参与环保措施、向大众公开环境信息、对研究环保技术提供特殊的奖励和支持、关闭污染严重又难以改造的生产企业、制定方便污染受害者提起诉讼和获得赔偿的法律制度等，当然环境措施中也有与贸易有关的。传统的国际贸易一直以促进自由贸易、推进经济增长为宗旨，并没有将保护环境纳入其中。但是随着国际环境问题的日益突出、各国民间和政府对环境保护的诉求日渐高涨，环境保护正在对国际贸易产生着重塑性的影响。

与贸易有关的环境措施（Trade-related Environment Measures）即贸易环境措施，是指为保护环境，包括有效地、可持续地利用自然资源和保护人类、动植物的生命和健康，通过法律、法规和行政命令而设立和实施的对贸易有一定影响的措施。GATT 1994 第 20 条一般例外条款中，（b）款明确规定了可以实施"为保护人类、动物或植物的生命或健康所必需的措施"，（g）款明确规定了可以实施"与保护可用尽的自然资源有关的措施，如此类措施与限制国内生产或消费一同实施"，但二者的前提是同时符合第 20 条的序言部分，这就是与贸易和环境相关的案例普遍涉及的 GATT/WTO 框架下环境例外条款。已经引发争端并由GATT/WTO 解决的与贸易有关的环境措施包括：（1）进口前征收环境附加税，如美国石化产品边境调节税；（2）为进口产品设定硬性环境指标，对达不到该指标者限制进口或禁止进口，如委内瑞拉诉美国汽油标准案；（3）环境标志制度，如 1992 年奥地利与东盟之间热带木材进口案；（4）推行国内生产过程和方法及其他标准，指一国以保护环境为由，要求另一个国家实行前者的国内生产过程和方法，如 1981 年美国与墨西哥之间的"金枪鱼—海豚争端案"、1997 年美国海虾海龟案。

虽然 WTO 将贸易与环境问题列入多边谈判日程，但这并不意味着 WTO 很快会有一个使发达国家与发展中国家均满意的处理贸易与环境关系的理想方案，贸易与环境问题的谈判将是一个艰难的过程。在多边贸易体制内，不可能使经济目标服从保护生态的要求。在涉及贸易环境措施的争端处理中，WTO 的态度十分谨慎，注意区别一国采取的环境措施是真的保护环境还是歧视待遇或保护主义。WTO 本身不可能为如何解决环境问题提供答案，但是在某种程度上 WTO 规则为成员采取国内环境保护政策提供了余地。WTO 成员可以自由地采用国内的环境保护政策，只要不对进口与国内生产的产品之间构成歧视，不对来自不同国家的产品构成歧视。

二、案情介绍

海龟是一种珍惜的迁徙性海洋生物，广泛存在于世界各大洋。但是由于人们长期的商业性捕捞和交易行为，以及在捕虾中的误杀，使得海龟面临灭绝的危险。国际社会自 20 世纪 70 年代开始保护海龟，其中 1973 年的《濒危野生动植物物种国际贸易公约》将其确定为"受到或可能受到贸易影响而有灭绝危险的物种"，并列为一级保护对象。在非法物种贸易得到有效控制之后，渔业捕捞特别是捕虾作业，已经成为海龟物种资源的最大威胁。因为海龟为了呼吸空气，需要经常浮到水面换气，如果其不慎陷入捕虾网的话，就会因为长时间困在水中呼吸不到空气而死亡。根据估计，如果不采取任何防护措施的话，每年将有 12.5 万只海龟死于捕虾作业，所以海龟保护的重心就转移到消除因捕虾作业而对海龟造成的误杀上。

1973 年，美国制定了《濒危物种法》（Endangered Species Act，ESA），将其领水中的五种海龟列为处于危险和受威胁的物种，将包括捕虾网的误捕和误杀在内的一切占有、加工、杀害海龟的行为视为非法，禁止在美国领海和公海上捕捞这些海龟。与此同时，美国科学家研制出一种带有栅格的"海龟隔离器"的装置（TED），将这种装置安装于捕虾网上之后，只会使体型较小的海虾滑过栅格落入网中，而海龟则可以轻易逃生。根据《濒危物种法》，美国要求本国海虾捕捞船的捕捞网要安装海龟隔离器装置。

1989 年，美国修改了其《濒危物种法》，增加了旨在推动其他国家使用海龟隔离器装置的第 609 条款。该条具体规定主要包括：制定相关措施以禁止不符合海龟隔离器使用要求，未达到美国海龟保护标准的国家或地区捕捞的野生虾及虾制品进入美国市场，除非捕捞国能证明其有一项与美国海龟保护法律相似的相关法规和与美国捕捞相当的无意捕捞量，或证明其特殊的渔业环境不会对海龟造成威胁。1991 年美国在其颁布的第 609 条款实施细则中规定，禁止进口令先在加勒比及大西洋西区 14 个国家实行，同时给予这些国家 3 年的过渡期以逐步同美国国内的海龟保护水平相协调。

1995 年 12 月 29 日，美国国际贸易法庭做出判决：美国国务院应当自 1996 年 5 月 1 日起在全球范围内适用第 609 款。针对这一做法，1997 年，印度、马来西亚、巴基斯坦和泰国相继向 WTO 争端解决机构提起申诉，指责美国的做法违反了 GATT 第 1 条（一般最惠国待遇）、第 11 条（取消数量限制措施）、第 13 条（非歧视的实施数量限制），且美国不能援引 GATT 第 20 条（g）款的规定。四个国家要求成立专家组以审查美国《濒危物种法》第 609 条款采取的限制进口措施，及其相关条例和司法判决是否符合 GATT 1994 所应当承担的义务。

1998 年 5 月 15 日，专家组做出裁决，认为第 609 条款违背了 GATT 第 1 条、第 11 条和第 13 条，并且构成了在条件相同各国间的"武断的歧视"，也不符合 GATT 第 20 条一般例外的规定。1998 年 7 月 13 日，美国就专家组报告中的一些法律问题和法律解释提起上诉。1998 年 10 月 2 日，上诉机构做出报告，推翻了专家组关于拒绝接受从非政府来源的未经请求就提供材料的裁决，也推翻了专家组关于美国措施不符合 GATT 第 20 条一般例外规定的裁决，做出结论：美国的措施能符合 GATT 第 20 条（g）款的规定，但是不能满足第 20 条引言的要求，所以不符合第 20 条的规定。

由于上诉机构最终认定美国在贯彻实施第 609 条款过程中存在一定的缺陷和失误，争端解决机构要求美国尽快采取相应的措施以同世界贸易组织的一般原则相适应。

三、案例评析

在 GATT/WTO 框架下涉及环境与贸易争端的问题上，海虾海龟案是运用 GATT 1994 第 20 条最典型的案例。海虾海龟案对 GATT 1994 第 20 条的适用顺序以及对主要条款的解释和适用都具有深远的影响，所以下面主要从 GATT 1994 第 20 条的适用顺序和其（g）款对海虾海龟案的有关事实和法律问题进行分析。

1. 适用顺序

所谓的 GATT 1994 第 20 条的适用顺序，是指序言部分与（a）至（j）具体 10 款例外之间的先后审查、证明顺序。关于 GATT 1994 第 20 条的适用顺序，在美国汽油标准案中，上诉机构阐明了适用第 20 条的两步分析方法，援引第 20 条时，抗辩方必须证明：（1）该项措施至少属于第 20 条所列 10 种例外情况，即（a）至（j）款中的一种；（2）该项措施满足第 20 条序言部分的要求，即"此类措施的实施不在情形相同的国家之间构成武断或不合理歧视的手段或构成对国际贸易的变相限制"。换句话说，分析要分两步走：第一步，根据具体款项定性，使得措施取得临时正当性；第二步，根据序言部分对同一措施进行进一步审议。①

但是在 1998 年海虾海龟案中，专家组在审查时并没有遵循这一顺序。专家组首先确定的是争议措施是否满足第 20 条序言部分，如果发现符合序言的条件，则继续审查美国的措施是否为第 20 条（b）款或（g）款所包括。其理由为："……由于在序言中的要求适用于第 20 条所有的段落，因此似乎先审议序言部分也是同样适当的。"②案件中，专家组裁定美国的单边措施不符合第 20 条序言的内容，因此也就没有必要审查其是否属于第 20 条的（b）款或（g）款。上诉机构推翻了专家组的裁定，并指出"专家组在分析与裁定方面的缺陷，是忽视了做此解释分析时必须遵循的先后次序步骤的必然结果"。③

1998 年，海虾海龟案上诉机构复审时，重申了在美国汽油标准案中关于第 20 条适用顺序的阐释，并指出"上述分析对第 20 条要求在步骤上的次序，并非漫不经心或随便做出的，而是按第 20 条的基本结构和逻辑做出的选择。而专家组似乎认为，尽管没有明言，保持还是颠倒这个次序，并没有多大不同。对专家组来说，把美国汽油标准案的次序颠倒过来，'似乎同样合适'。我们对此不能同意"。上诉机构接着指出："在没有首先确定和检查有滥用威胁的具体例外时，解释序言部分以防止具体例外的滥用或误用，即使并非不可能，也是困难的。序言部分确立的标准在范围和广度上必然是宽泛的：当受审查的措施不同时，这些标准的内涵和外延会发生变化。"在一类措施中被视为武断或不正当的歧视或变相的限制，在另一类措施中不一定是这样。例如，据序言部分的武断歧视标准，对保护公共道德的措施和与环境保护有关的措施就是不同的。上诉机构认为："专家组采取解释方法的结果在其裁定中的表现是明显的。专家组形成了一个广泛的标准，评估根据序言部分寻求正当性的措施，这一标准无论在序言还是特定例外的条文中，都找不到根据。专家组实质上是确立了一个旨在定义不属于第 20 条的正当保护范围的一类措施的先验标准。"④

现在，这一适用第 20 条的次序已经成为专家组与上诉机构惯例的一部分。正如在欧共体石棉案中专家组所评述的："依循专家组在美国汽油标准案以及上诉机构在美国海虾海龟案中所阐明的方式，我们将首先检查该措施是否属于第 20 条（b）款的范围，该款被欧共体明确地援引。如果确认它属于该范围，我们将审查该法案在实施过程中是否符合第 20 条序言的要求。"⑤

---

① Appellate Body Report on US-Casoline, para22.

② Panel Report on US-Shrimp, para. 7.28.

③ Appellate Body Report on US-Casoline, para. 117.

④ Ibid, para. 119-121.

⑤ EC-Asbestos, Panel Report, para. 8.167.

2. GATT 第 20 条（g）款的适用

GATT 第 20 条（g）款规定的例外措施是：与保护可用尽的自然资源有关的措施，如此类措施与限制国内生产或消费一同实施。从条款上分析，该环保例外措施应当符合的条件是：首先，要保护的资源是"可用尽的自然资源"；其次，实施的措施要是和可用尽的自然资源"相关"的措施；最后，此类措施要"与限制国内生产或消费一同实施"。

经过历次相关国际案件的审理，国际社会开始认识什么是"可用尽的自然资源"，其中包括 1982 年的美国金枪鱼案、1998 年的加拿大鲑鱼和鲱鱼案、1994 年欧美金枪鱼案、1996年的美国汽油标准案以及 1998 年美国海虾海龟案。1998 年美国海虾海龟案是对"可用尽的自然资源"做出最经典论述的案例。在该案件中"可用尽的自然资源"这一术语第一次得到了专门的分析和界定。案件审理过程当中，双方当事国对这一术语产生了不同的理解，对海龟是否属于第 20 条（g）款的"可用尽的自然资源"存在分歧。其一，对于"可用尽的"一词，申诉方认为应当是指"诸如矿产品等有限的资源，而不是生物或可再生的资源"。申诉方主张"可用尽"的自然资源因为供给有限，可以一点点耗尽，所以是"可用尽的"，如果把所有的自然资源都当作可用尽的，那么在（g）款中的"可用尽的"一词就成为多余。其二，对于"自然资源"一词，申诉方提及第 20 条（g）款的制定历史，指出是指矿产品或非生命的自然资源，而不包括海龟这种活的动物，主张（g）款指的不是"活的可用尽的自然资源"。[①]上诉机构并没有接受申诉方的主张，并且与之相反指出："可用尽的"自然资源和"可再生的"自然资源并不矛盾，并且第 20 条（g）款并不限于保护"矿产"或"非生命"的自然资源。

上诉机构认为现代生物科学经验表明，原则可以"再生的"有生命物种，在某些情况下由于人类活动的破坏，往往是可以用尽和灭绝的。活的资源和矿产品及其他非生命资源一样，也是"有限的"。上诉机构进一步指出，鉴于国际社会对采取多边或双边协同行动以保护活的自然资源的认知和《WTO 协定》序言中明确承认可持续发展目标，不应当把第 20 条（g）款只理解为保护可用尽的矿产和非生命的资源。所以上诉机构得出结论认为，该案中涉及的五种海龟是 GATT 1994 第 20 条（g）款中的"可用尽的自然资源"。

对与保护可用尽的自然资源"有关的"措施的关联程度，GATT 1994 第 20 条（g）款并没有给予明确的规定。1998 年加拿大鲑鱼和鲱鱼案，第一次对"有关的"一词的含义进行了讨论，并且指出"有关的"措施并不仅仅指保护可用尽的自然资源必须或必需的措施，还包括更为广泛的范围，只要该措施是"主要旨在"保护可用尽的自然资源。海虾海龟案中，上诉机构将与保护可用尽的自然资源"有关的"措施解释为"关系到"保护可用尽的自然资源的措施。上诉机构对美国的措施和保护海龟之间是否有实质性联系进行了进一步分析，其认为："在本案中，我们必须审查措施及第 609 条的总体结构和设计，与它所宣称为之服务的政策及保护海龟之间的关系。"[②]鉴于美国《濒危物种法》第 609 条对禁止进口规定了一些例外情况，"除非捕捞国能证明其有一项与美国海龟保护法律相似的相关法规和与美国捕捞相当的无意捕捞量，或证明其特殊的渔业环境不会对海龟造成威胁"。上诉机构认为第 609 条在总体构思和结构上，并非不顾捕捞方式是否会伤及海龟，而简单地一律禁止海虾进口。"涉及保护和养护海龟种群的政策目标时，第 609 条连同其执行方针在适用范围上并非是不讲分寸的，手段原则上与目的是合理相联系的。手段与目的的关系，即第 609 条与保护可用竭或是说事

---

①　US-Shrimp, Appellate Body Report, para. 127.

②　US-Shrimp, Apellate Body Report, para. 137.

实上濒危物种的合法政策之间，显然是密切而真实的。"①所以上诉机构认为第 609 条是与 GATT 1994 第 20 条（g）款中与保护可用尽的自然资源"有关的"一项措施。

第 20 条（g）款所规定的"此类措施与限制国内生产和消费一同实施"，主要是为了防止用于限制国际贸易的措施伪装成为第 20 条（g）款的措施。为了查明第 609 条对进口海虾施加的限制是否也施加于美国捕鱼与美国捕虾拖网船所捕捞的海虾。在审查了美国《濒危物种法》的历史发展之后，上诉机构认为第 609 条是同限制国内捕虾一道实施的，因此符合第 20 条（g）款要求的措施。

总的来说，申诉方通过先对美国第 609 条采取的进口限制措施符合第 20 条（g）款规定的"可用尽的自然资源""有关的""与限制国内生产和消费一同实施"要素进行审查，认为美国的措施是符合 GATT 第 20 条（g）款规定的。

3. GATT 第 20 条序言的适用

GATT 第 20 条序言部分规定：对本条所列措施的实施不得在情形相同的国家之间构成武断的或不合理歧视的手段或构成对国际贸易的变相限制。也就是说，缔约方所采取的措施在符合（a）至（j）款的规定下，还应当符合序言部分关于不得"在情形相同的国家之间构成武断的或不合理歧视的手段"（明的歧视）和"构成对国际贸易的变相限制"（暗的歧视）的规定，也即一项措施不能"在情形相同的国家之间构成武断的或不合理歧视"或"构成对国际贸易的变相限制"才是合法的措施。

在海虾海龟案中，就美国第 609 条所采取的禁止进口措施是否属于"武断的歧视"和"不合理的歧视"，上诉机构给予了详细而严格的分析。上诉机构首先审查了第 609 条的措施是否构成"相同条件国家间不合理的歧视"。通过详细分析论证，上诉机构认为美国机构在实施第 609 条的过程中存在明显的不当和缺陷。首先，美国第 609 条只是规定"禁止不符合海龟隔离器使用要求、未达到美国海龟保护标准的国家或地区捕捞的野生虾及虾制品进入美国市场"，并没有要求其他缔约方采用与美国实质上相同的政策和执行方法。而在实施的过程中，美国第 609 条的规定实质上演变成了要求所有想行使 GATT 权利的出口国采用与美国国内拖网捕虾船强制实施的政策相同的政策，歪曲了第 609 条的规定，使之成为严格而僵化的标准。其次，上诉机构指出，在美国对其他成员国的海虾实施进口禁令前，并没有与申诉方以及其他向美国出口海虾的所有成员国进行严肃而全面的协商；美国只是郑重地与几个对美国出口海虾的成员国进行了协商，而没有与其他成员国进行协商，这显然是不合理的歧视。再次，上诉机构认为美国给予不同国家以不同的"过渡期"也明显具有不合理的歧视的性质。在过渡期方面，美国给予加勒比海和西大西洋地区的 14 个国家以 3 年过渡期，却只给予其他所有国家仅 4 个月的过渡期，显然这种歧视也是不合理的。最后，上诉机构认为美国第 609 条措施实施过程中在技术转让上也存在不合理的歧视。美国在对特定国家转让所需的 TED 技术时所做的努力的程度存在差别待遇，美国为成功向加勒比海和大西洋西区的 14 个国家转让技术所做的努力要明显大于向其他国家转让技术时所做的努力。所以，上诉机构认为并裁定，这些差别待遇在为进入美国海虾市场而要求认证的出口国之间构成了第 20 条序言意义上的"不合理的歧视"。②

上诉机构也对第 609 条所采取的措施是否构成"相同条件国家间的武断的歧视"进行了

---

① Ibid. para. 141.
② Ibid. para. 176.

审查，上诉机构认为第 609 条实施的严格与僵化以及缺乏透明公正的正当程序构成了"武断的歧视"。最后上诉机构裁定，美国的争议措施的实施方式不仅构成了相同条件国家间的"不合理的歧视"，也构成了"武断的歧视"，与第 20 条序言的要求不符，因此该措施没有资格获得第 20 条的保护。①基于这一裁定，上诉机构认为没有必要再就美国第 609 条措施的实施是否构成第 20 条序言意义上的"对国际贸易的变相制裁"进行审查，可以得出结论，其措施是不符合第 20 条序言部分的。

虽然上诉机构最后裁定美国的禁止进口措施不符合 GATT 1994 第 20 条的序言部分，美国在该海虾海龟案中败诉。但是，海虾海龟案是 WTO 做出的证明环境措施可以同贸易规则相协调的第一个案件，对协调环境措施与贸易规则之间的冲突具有其独特的意义。上诉机构在对美国第 609 条措施是否符合第 20 条（g）款进行审查时，对"可用尽的自然资源"进行了灵活的解释，认为它不仅仅指矿产或其他非生命资源，还应当包括海龟等有生命的物种，并且上诉机构将美国的措施认定为是"与保护可用尽的自然资源相关的措施"。WTO 的这些认定，实质上是同意了缔约方在多边谈判解决环境争议未果的情况下，可以采取相应的单边环境措施来保护海龟等濒危物种，只要这些措施符合普遍贸易原则同时满足若干保障条件。这些认定也被认为是为 WTO 原则体系同《濒危野生动植物物种贸易公约》等国际环境公约的衔接提供了依据。可以说，通过海虾海龟案的裁决，使得争端解决机制在援引 GATT 1994 第 20 条（g）款时，价值取向逐渐开始偏向于环境保护。

四、拓展思考

在 1998 年 10 月，上诉机构做出最后裁定之后，随后双方当事国就实施裁定的合理期间达成了协议。在协议期间，美国继续实施禁止进口措施，但是美国对适用于龙虾进口的规定进行了修改。协议期间届满后，马来西亚又于 2000 年 10 月 12 日请求设立专家组，以"确认美国没有停止其进口限制，也没有遵守 1998 年 11 月 6 日争端解决机构的建议和裁定"起诉。2000 年 10 月 23 日，专家组成立。在审理过程中，美国没有对其禁止进口措施违反 GATT 禁止数量限制规则提出异议，但是美国援引第 20 条（g）款证明其措施具有正当性。专家组于 2001 年 6 月 15 日得出结论，认为修改后的禁止进口措施符合第 20 条（g）款和序言的规定，所以美国能够用第 20 条来证明其禁止进口措施的正当性。马来西亚于 2001 年 8 月 2 日提起上诉，上诉机构于 2001 年 10 月 22 日提交报告，全面支持了专家组的结论。这是以 GATT 1994 第 20 条（g）款为依据判决胜诉的首个案例，有学者将其称为"第二海虾海龟案"。

1998 年，上诉机构裁决的第一海虾海龟案的主要意义在于上诉机构突破了以往 WTO 类似争端案件判决中只注重保护贸易自由化而忽略环境保护的倾向，转而支持采用与贸易有关环境措施的争端国，凭借 GATT 第 20 条为其贸易限制措施获得正当性，只要同时满足第 20 条序言和第 20 条 b 款或 g 款的规定。由于 WTO 争端案件是遵循先例的，因此海虾海龟案的判决对于专家组和上诉机构未来同类 WTO 案件的判决具有重要的指导作用，体现了 WTO 司法机构的司法造法功能，同时也推动着 WTO 规则价值考量由侧重于贸易自由化保护向贸易与环保平衡方向的发展。之后通过 WTO 的司法机构对第二海虾海龟案的裁决，再次为与贸易有关的环境措施提供了支持，也为第 20 条（g）款的适用提供了说明。由于 WTO 司法

---

① Ibid. para. 184.

机构判决的遵循先例性，意味着以后相关的案件都将是依照这个路径来适用法律进行裁决。

1998 年上诉机构对海虾海龟案的审理，除了极大地调和了环境措施和贸易规则之间的冲突，也促进了争端解决机制乃至整个 WTO 的透明化，其"推翻专家组关于拒绝接受从非政府来源的未经请求就提供材料的裁决"，表明其允许一些非国际组织即环保组织发挥作用。在案件的审理过程中，专家组拒绝了大多环保组织的报告，只承认专家组自行选定几组专家的咨询意见；上诉机构认为专家组具有选择信息的权利，并不意味着其有禁止上诉机构接受未被专家组接受的信息。通过这一审理可以看出，WTO 已经意识到允许一些非政府组织向专家组提交信息材料和意见，并不会减弱 WTO 的作用，反而可以增加其透明度，并建立值得信赖的公众形象。

瑙鲁诉澳大利亚含磷土地案

一、核心知识点

土地国际利用与保护

地球上的土地资源是十分有限的，目前土地资源的退化相当严重。《21世纪议程》指出，荒漠化影响世界人口的大约 1/6 和世界干地的 70%，其面积达 36 亿公顷，相当于地球土地总面积的 1/4。受荒漠化影响最重的是发展中国家，特别是非洲国家。发展中国家不合理的经济结构、快速增长的人口、巨大的粮食需求以及资金、技术的匮乏，无不加重荒漠化的不利影响。但国际社会仅在应对土壤侵蚀和盐碱化及干旱和沙漠化等少数领域有一些国际法律文件。

在土壤侵蚀和盐碱化问题上，仅仅有一些不具有法律约束力的指导性文件，包括 1981 年联合国粮农组织制定的《世界土壤宪章》、1982 年联合国环境规划署制定的《世界土壤政策》和 1992 年欧洲理事会部长委员会制定的《关于土壤的建议》。《世界土壤宪章》首次对保护和改良土壤的规则做了全面规定。其内容包括关于改善土壤生产力、保护和合理利用土壤、促进土地最佳利用和各国政府的保持土壤的长期生产的责任等方面的规定。《世界土壤政策》的主旨是为各国制定国家土壤政策提供指导。《关于土壤的建议》提出有关土壤的保护和利用的四项原则，包括：（1）土壤保护应被宣布为普遍共同利益并纳入发展规划；（2）土壤应被承认为一种共同遗产和一种不可更新的自然资源，而且它的社区利益超越与它的利用相联系的私人利益；（3）土壤保护应在所有其他政策，如农业、林业、工业、交通和市镇规划中得到考虑；（4）公众应能获得有关土壤的情报资料并被许可参加有关的程序。

长期以来，国际社会已经认识到，荒漠化是世界许多国家的主要经济、社会和环境问题。1994 年 10 月签订并于 1996 年 12 月 26 日生效的《防治荒漠化公约》的全称是《联合国关于在发生严重干旱和/或沙漠化的国家特别是在非洲防治沙漠化的公约》。该公约是 1992 年联合国环境与发展大会之后出现的第一部重要的全球性环境条约，截至 2009 年 8 月，已经有 193 个国家成为该公约的缔约方。《防治荒漠化公约》第 1 条规定："荒漠化"是指"由于气候变化和人类活动导致的干旱、半干旱和干旱亚湿润地区的土地退化"。公约反映了国际社会对干旱和荒漠化问题的严重关注，指出地球上的干旱地区和半干旱地区占有相当大的比例而且它们是相当大一部分地球生物的生境，因而国际社会有必要采取措施防治干旱和荒漠化，公约特别指出发展中国家面临的困境。公约确认国家对自然资源的主权和国家政府在防治干旱和荒漠化中的关键作用。公约承认防治干旱和荒漠化，促进国家计划和优先事项、改善国际合作及其有效性是紧急需要，需要为当代和后代人的利益而采取适当措施防治干旱和荒漠化。

二、案情介绍

瑙鲁最初由密克罗尼西亚人和波利尼西亚人居住，1888 年德国将此岛并入德属新几内亚保护地，占据了瑙鲁。第一次世界大战之后，瑙鲁成为国际联盟托管地，由澳大利亚、新西兰和英国共同托管瑙鲁。由于瑙鲁岛上具有丰富的"磷酸盐矿"，1919 年，澳大利亚、新西兰和英国签署瑙鲁群岛协议，建立一个具有采集磷酸盐权力的英属磷酸盐委员会，以对瑙鲁丰富的磷酸盐进行开采。1923 年，国际联盟委任澳大利亚托管瑙鲁，新西兰和英国同时在列。瑙鲁在第二次世界大战期间被日本占领，1945 年 9 月脱离日本控制后再次被澳大利亚占领。1947 年瑙鲁再次成为联合国托管地，交澳大利亚、新西兰和英国共同托管，由澳大利亚代表三国管理。之后瑙鲁开始进行争取独立和磷酸盐控制权的斗争，并在 1968 年 1 月 31 日结束被托管状态而获得联合国同意宣布独立。

1989 年 5 月 19 日，瑙鲁向国际法院提出一项关于澳大利亚管理瑙鲁时致其土地退化的环境损害政府责任的诉讼赔偿请求。瑙鲁认为在澳大利亚托管瑙鲁期间，由于后者过度开采"磷酸盐矿"，致使被开采过度的瑙鲁土地含磷成分过高，对瑙鲁的生态和自然环境造成了严重破坏。因此瑙鲁主张澳大利亚应当为 1968 年瑙鲁独立之前由于开采磷酸盐矿所致严重退化的土地进行恢复，并为"过低的矿区使用费"和"加重的或精神上的损害"进行赔偿。瑙鲁认为根据《联合国宪章》和一般国际法原则和规则，管理托管领土的国家有义务使被托管领土的条件不发生不可恢复的或持续的损害。瑙鲁主张澳大利亚违反了：联合国就托管瑙鲁事物与包括澳大利亚在内的各当事方签署的协议；尊重瑙鲁所享有的民族自决权的义务；尊重瑙鲁人民享有的对天然财富和自然资源的永久主权的义务。

在案件的审理过程中，澳大利亚并没有就案件的事实进行辩解，而是通过管辖权和默认等主张豁免其责任。澳大利亚认为，托管期早已结束，瑙鲁也于 1968 年 1 月宣布独立，那么在托管期间所产生的澳大利亚管理当局与瑙鲁土著居民之间的任何争端实际上已经随之结束。澳大利亚认为瑙鲁在当时的行为已经表明其放弃了所有关于含磷土地恢复的赔偿请求。澳大利亚特别提醒法院，在 20 年之后瑙鲁再提赔偿请求是无效的。国际法院首次按对涉及管辖权的程序性事项进行了审议，法院认为瑙鲁没有签署作为任何不接受国际法院管辖权的协议和声明。在 1992 年 6 月 26 日的判决中，国际法院接受了对该案的管辖。

在法院计划就该案件做进一步审理时，1993 年 9 月 9 日瑙鲁和澳大利亚通知法院它们已经就相关事项达成庭外和解协议，其中内容包括澳大利亚同意支付瑙鲁巨额赔偿金。1993 年 9 月 13 日，国际法院做出决议将该案件从法院的案件日程表上取消。

三、案例评析

瑙鲁含磷土地案是国际法院所受理的与环境问题相关的又一具有重要意义的案例。由于案件的庭外和解，使得国际法院失去了对于土地利用相关的问题进一步审理的机会。在案件的初步审理中，被诉方澳大利亚并未就案件事实提出异议，而是通过主张管辖权和默认等主张其责任应当豁免。因此在初始阶段法院主要就澳大利亚的管辖权和默认方面的反对意见进行了审理。

法院首先审查了关于管辖权的问题。瑙鲁主张其和澳大利亚受《国际法院规约》第 36 条第 2 款的强制管辖。澳大利亚则指出该条款"并不适用于当事国已经或将要达成一致求助其他和平解决方式的任何争端"。澳大利亚认为，由于其对国际法院管辖权的保留，法院缺乏对瑙鲁请求的管辖权。澳大利亚指出，将瑙鲁置于托管是基于联合国大会于 1947 年 11 月 1 日通过的托管协议，符合《联合国宪章》第 12 章的国际托管制度。澳大利亚也指出任何因为托管在"托管当局和原居民"之间产生的争端应当随着托管的终止的事实视作已解决，如果终止是绝对的。同时澳大利亚主张"瑙鲁磷酸盐工业协议"表明瑙鲁放弃了其当下宣称的磷酸盐土地的恢复。该协议于 1967 年 11 月 14 日由瑙鲁地方政府理事会和澳大利亚、新西兰以及英国签订。澳大利亚坚持认为，1976 年 12 月 19 日，联合国大会对瑙鲁领土不做任何保留地终止了托管。在这些情况下，澳大利亚认为就该争端澳大利亚和瑙鲁已经达成一致"求助于其他和平的解决方式"，在澳大利亚的宣言中具有保留意义，所以法院对该争端没有管辖权。法院认为根据《国际法院规约》第 36 条 2 款所做的声明只涉及国家之间的争端。澳大利亚的宣言只包括这种类型的争端，其宣言明确"就接受同样义务的任何其他国家……"在这样的情况下，该案件所产生的问题是无论澳大利亚和瑙鲁同意还是不同意，要在 1968 年 1 月 31 日独立之后，为了解决这一争端由两国政府通过一致商定的程序而不是国际法院就恢复磷酸盐土地达成协议。但是这种协议并没有向法院提交或者显示存在。所以法院得出结论，应当驳回澳大利亚基于上诉保留所提出的反对意见。

随后，法院就澳大利亚的第二点异议进行了审理。澳大利亚主张瑙鲁已经放弃了与恢复磷酸盐土地相关的请求。其提出该异议主要基于两点，其一，澳大利亚认为该放弃是 1967 年 11 月 14 日签订的"瑙鲁磷酸盐工业协议"隐含并且必然的结果；其二，该放弃来源于瑙鲁就终止托管于 1967 年在联合国所做的声明。所以，澳大利亚主张瑙鲁不能撤回先前放弃，并且瑙鲁的请求应当被驳回。在着重考虑了产生"瑙鲁磷酸盐工业协议"的谈判和联合国的讨论的过程后，法院得出结论认为，瑙鲁当局在独立之前并没有放弃与恢复产生于 1967 年 6 月 1 日之前的磷酸盐土地的索赔。法院因此驳回了澳大利亚的第二个反对意见。

澳大利亚的第三个反对理由是瑙鲁的请求是"不可接受的""由于是由联合国终止托管，排除了违反托管协议的指控"。法院强调，根据 1967 年 12 月 19 日的第 2347（XXII）号决议，联合国大会与管理当局达成一致，托管瑙鲁的协议应当在同意瑙鲁于 1968 年 1 月 31 日独立之后停止生效。法院认为这一决议具有明确的法律效力，因此托管协议在当时终止不再具有法律效力。然后再来分析终止托管瑙鲁的特定情况。法院认为事实是，当根据托管理事会的建议，联合国大会对终止瑙鲁托管与管理当局达成一致时，所有人都意识到瑙鲁地方政府与管理当局之间就 1967 年 6 月 1 日之前造成的磷酸盐土地退化的恢复问题存在分歧。因此，法院认为尽管联合国大会第 2347（XXII）号决议没有明文保留瑙鲁在这方面可能享有的任何权利，但并不意味着这一决议就排除了管理当局所应承担的责任。所以法院认为，基于案件特殊情况，驳回澳大利亚第三个反对意见。

澳大利亚的第四个异议点强调，瑙鲁于 1968 年 1 月 31 日获得独立，直到 1988 年 12 月瑙鲁才向澳大利亚及其他管理当局就恢复土地提出索赔。澳大利亚认为瑙鲁由于没有在合理的期间提出请求而导致该请求不能接受。法院承认，虽然没有法律依据，部分索赔国的延迟可能导致申请不予受理。然而，法院强调在这方面国际法并没有规定任何的时间限制，因此由法院根据每个案件的特殊情况来考虑是否受理延迟的申请。但是法院注意到，瑙鲁于 1983 年 10 月左右通过信件就瑙鲁关于含磷土地恢复的立场正式通知了澳大利亚。并且在这期间，正如瑙鲁所陈述的并且与澳大利亚也不矛盾的是，瑙鲁总统曾两次向澳大利亚主管当局提出该问题。法院考虑到瑙鲁与澳大利亚的自然联系，认为瑙鲁的申请并不因为时间延迟而驳回受理，但是需要法院确保瑙鲁的时间延迟在事实建立和确定适用的法律两方面不会对澳大利亚造成影响。

在案件的初步审理阶段，法院只就案件的程序性事项进行了审查，基本未涉及案件的实质。由于澳大利亚在托管期间对瑙鲁磷酸盐矿的过度开发和利用，改变了瑙鲁当地的土地结构和土壤成分，使其土地资源遭到严重破坏。对于这种破坏的事实，澳大利亚是无法回避的。对瑙鲁来说，对自己享有的自然资源的永久主权，瑙鲁土地状况的破坏是在托管期间形成的，理应由相应的托管当局来承担恢复赔偿责任。虽然当时参与管理的还有新西兰和英国，但是根据有关协定，澳大利亚行使了管理的主要职能，总体负责土地和矿藏的开发事务，因此应当对瑙鲁土地的破坏承当主要责任。所以瑙鲁对澳大利亚所提出的赔偿主张是恰当的。

四、拓展思考

本案是一起与领土土地退化有关的国际环境纠纷，在该案件中瑙鲁将环境损害当作一种单独的损害类型来对澳大利亚请求索赔。在当时国际环境法尚未成熟，"环境损害"的界定处于模糊阶段，瑙鲁能以将环境损害当作单独的诉讼请求，本身就是一种突破。也正是由于国际环境法律尚处于发展阶段，国际环境法的一些原则和制度尚未明确确立，瑙鲁只能援引一般的国际法律原则和规则来支持自己的主张。当然，从《联合国宪章》以及一般法律原则和规则的角度看，澳大利亚对瑙鲁土地的破坏也应当承担主要责任。虽然国际环境法的一些原则尚未确定，国际法院在案件的初步判决中已经适用了相关原则，即默示承认了损害预防原则的适用。

不断增长的人类经济活动正在给陆地资源造成空前的压力，也引起了一些国际竞争和冲突，造成了对土地资源的不当利用。从 20 世纪中期开始，随着全球经济的快速发展，土地资源破坏日益严重，世界上大部分国家都面临着土地资源遭受破坏的厄运。随着我国经济的持续高速发展以及人民生活水平的不断提高，土地尤其是耕地资源也逐渐成为影响我国社会经济持续稳定发展的主要问题之一。快速的工业化进程和城镇化进程不断破坏着我国有限的土地资源，数量和质量的双重退化导致我国耕地资源安全形势持续恶化。日益严峻的资源安全、生态安全，都要求我国转变发展思路，可持续利用土地资源；也要求我国积极学习借鉴其他国家土地资源开发经验教训，以最有效率的方式利用和改善我国土地资源；同时也要求我国积极参与国际分工与协作，在更大范围上和更深层次上参与土地资源保护。

尼日利亚科科港有害废物转移事件

一、核心知识点

废物管理国际法的产生及其发展

废物问题是当今全球面临的环境问题之一。国际社会对废物的法律规制主要体现在废物无害环境管理以及对废物跨境流动的管理两个方面。联合国 1989 年制定的《控制危险废物越境转移及其处置的巴塞尔公约》（简称《巴塞尔公约》）是处理有关危险废物的合理管理、处置和越境转移的唯一的全球性法律文件，是国际废物管理法的基础。该公约由联合国环境规划署 1989 年 3 月 22 日于瑞士巴塞尔召开的世界环境保护会议上通过，1992 年 5 月正式生效。1995 年 9 月 22 日在日内瓦再次通过了《巴塞尔公约》的修正案，中国于 1990 年 3 月 22 日在该公约上签字。追溯《巴塞尔公约》签署的起因，应归结于发达国家的"污染转移"行为。1988 年尼日利亚科科港的有害废物投弃事件是一个最典型的案例。

《巴塞尔公约》由序言、29 个条款和 9 个附件组成，内容包括公约的目标、适用范围、缔约国的一般义务、对主管当局和联络点的指定、越境转移的控制、缔约方之间的越境转移、非缔约方之间的越境转移、再进口的义务、非法运输、国际合作、有关责任问题的协商、资料传递、信息交换以及争端解决等。《巴塞尔公约》的宗旨是严格管制危险废物和其他废物的越境转移，以保护人类健康和环境，使其不受这些废物的产生及管理的不利影响。公约的主要目标包括：（1）将危险废物和其他废物的越境转移减少到最低限度以便对其进行无害环境管理；（2）以无害环境的方式在尽可能接近产地的地方处理和处置危险废物和其他废物；（3）在数量和潜在危害方面尽量减少危险废物和其他废物的生产。

此外，在废物的无害环境管理方面，联合国环境规划署通过了《危险废物环境无害管理的开罗准则和原则》，经合组织于 1976 年通过建议要求制定一个全面的废物管理政策，涵盖产品设计、制造、利用以及废物回收和处置的各个方面。不少国际公约的条款也对废物的处置等做出了规定。例如，1972 年《奥斯陆公约》缔约国和第三届《北海部长会议宣言》决定从 1991 年 12 月 31 日起禁止在北海地区海上焚烧废物。1992 年《保护东北大西洋环境公约》规定禁止海上焚烧废物。而在废物的跨境流动方面，非洲国家 1991 年签订的《禁止废物进入非洲和非洲境内控制危险废物越境转移的巴马科公约》，中美洲国家 1992 年签订了《关于危险废物越境转移的巴拿马协定》等。

二、案情介绍

据统计，全世界每年产生危险废物 5 亿多吨，其中 95% 产生于工业发达国家。进入 20 世纪 80 年代以来，危险废物的越境转移成为国际社会关注的焦点。期间，很多发达国家在处理危险废物方面的环保法规和标准都日益严格起来。在美国，1 吨有毒废物的处理费高达 400 美元以上，比 20 世纪 70 年代上涨了 16 倍。而在一些发展中国家，因环境标准低，危险废物的处理费仅为美国的 1/10。这种差价使一些垃圾商为从中牟利，把大批有害废物越境转移到发展中国家来。据报道，仅 1986—1988 年间，发达国家向发展中国家出口的危险废物就达 600 多万吨。换句话讲，每 5 分钟就有一船危险废物跨越国界。

1988 年 6 月初，尼日利亚报道了一条非官方获得的消息，称意大利一家公司分 5 条船将大约 3800 吨的有害废物运进了其本德尔州的科科港，并以每月 100 美金的租金堆放在附近一家农民的土地上。这些有害废物散发出恶臭，并渗出脏水，经检验，发现其中含有一种致癌性极高的化学物——聚氯丁烯苯基。这些有害废物造成很多码头工人及其家属瘫痪或被灼伤，有 19 人因食用被污染了的米而中毒死亡。经过调查核实后，尼日利亚政府采取了果断的措施，疏散了被污染地的居民，逮捕了 10 余名与此案有关的搬运人员，并将此事上升为外交问题，从意大利撤回了大使。经过交涉，意大利政府将所投弃的有害废物和被污染的土壤进行处理，将其运回意大利。但由于意大利的各个港口拒绝其进港，欧洲各国也拒绝其入境，最终该批危险废弃物只好长期停留在公海上。[①]

为了有效解决这一问题，人们开始求助于国际法。但是在当时关于危险废物转移的问题只被一些国际法文件部分不完整地提起过，例如 1972 年《斯德哥尔摩宣言》第 21 条声明的各国有责任保证它们管辖或者控制之内的活动，不致损害其他国家的或在国家管辖范围之外地区的环境；1981 年的《制定和定期审查环境法的蒙得维的亚方案》将危险废物的国际管制纳入其目标；为了帮助政府制定废物管理的国家政策，联合国环境规划署发动政府间专家组制定了《危险废物环境无害管理的开罗准则和原则》，该准则只是一项不具约束力的法律文件。所以从总体上来看，当时并不存在完善的可以用来调整危险废物转移的国际法律文件。为了应对世界范围内日益严峻的危险废物国际运输的问题，联合国环境规划署执行理事会于 1987 年 6 月要求制定控制危险废物转移的全球公约，并且在联合国环境规划署的领导下展开了关于制定公约的谈判，经过 1987 年 10 月到 1989 年 3 月共举行的 6 次会议，最终于 1989 年 3 月 22 日在瑞士巴塞尔签署了《巴塞尔公约》。

三、案例评析

由于危险废物对环境和人类健康的严重威胁和影响，20 世纪 80 年代以来发达国家强化了对危险废物的法律规制，对危险废物的焚烧处理和填埋处置提出日益严格的要求。例如，美国环保局对焚烧处理含多酚联苯的废物，要求其分解效率达到 99.9999%。严格的法规和复杂的处理处置技术要求使危险废物处理费用上涨，平均高达 2000 多美元 / 吨。[②]同时，危险废物的处置也引起了发达国家公众的普遍不安，他们反对在自己居住地周围设置危险废物焚烧装置和废物处理场。在这种情况下，将废物转移到其他国家就成了发达国家处理危险废物的重要途径。在当时就发展中国家而言，它们一方面由于环境法规和标准相对较为宽松，公众对危险废物的环境危害认识不强，同时又往往受困于资金缺乏，容易为危险废物移入所带来的资金流所迷惑和引诱，而成为发达国家理想的危险废物移入地。

在这样的背景之下，发达国家向发展中国家的越境转移成为发达国家处理危险废物的更具成本效率的"理想"方式。然而，由于发展中国家缺乏必要的处理设施和能力，很多危险

---

① "为制止'污染跨国转移'的《巴塞尔公约》签署"，参见 http://www.china.com.cn/chinese/huanjing/ 90591.htm，2015 年 5 月 23 日参考。

② 李政禹. 控制危险废物的转移[J]. 现代化工，1990，5.

废物只是经过简单处理甚至未经处理直接倾倒，污染了地下水、土壤和大气，导致了严重的环境问题。1988 年发生在尼日利亚科科港的有害废物投弃事件即为典型一例，可以说该事件直接导致了《巴塞尔公约》的产生。在当时经济高速腾飞的意大利共和国，将 3800 吨的有害废物运到尼日利亚，而每个月的租金仅为 100 美元。最后这些有毒废物给尼日利亚带来的结果是多人瘫痪或被灼伤以及 19 人中毒死亡。教训是惨痛的，所以在当时的背景下亟须一部可以全面规制危险废物转移的国际条约，《巴塞尔公约》应运而生。

发达国家将危险废物向发展中国家的转移受到了国际社会的广泛批判，最终推动联合国就此问题展开讨论，并着手制定相关的国际规范。1989 年 3 月 20 日至 22 日，联合国环境规划署在瑞士巴塞尔召开会议，116 个国家代表应邀出席，会议经过紧张讨论与会下磋商，终于一致通过了《控制危险废物越境转移及其处置的巴塞尔公约》（以下简称《巴塞尔公约》）。然而刚刚制定的《巴塞尔公约》只做了一些原则性的规定，并没有规定切实的责任和赔偿条款，当然公约也原则性地号召各缔约国在这方面加强合作，制定关于这些方面的议定书。此时的《巴塞尔公约》可以说只是一只没有"牙齿"的老虎。①

公约自签署以来，已有二十多年的发展历程，公约的内容和法律强制性逐渐得到完善。从 1989 年到 1999 年的十年间，公约侧重于危险废弃物和其他废物越境转移制度的建立，包括为危险废物的跨境转移设立框架，同时还开发了环境友好管理的准则，实施了基于事先书面通知的控制系统；从 2000 年至 2010 年间，公约一方面建立了强化全面实施和理性条约义务的框架，另一方面开始推进危险废物和其他废物的环境无害化管理。总体而言，《巴塞尔公约》自产生到数次缔约方会议讨论完善，从不具任何法律约束力的政治宣言到具有相对完善的责任赔偿保障的法律体系，公约的法律强制力日渐突出，最终摆脱"软法"的处境。可以说，该公约在相对较短的时间内为最终国际社会减少危险废弃物转移构建了一套可行的法律框架。

《巴塞尔公约》已经在危险废物越境转移和废物的环境无害管理方面制定了相关的制度。危险废物的越境转移是指危险废弃物或其他废物从一国的国家管辖地区移至或通过另一国的国家管辖地区发生的任何转移，或通过不是任何国家的管辖地区的任何转移，但该转移需涉及至少两个国家。与危险废物越境转移制度相关的主要有《巴塞尔公约》规定的关于危险废弃物转移的一般义务、事先知情同意制度、再进口制度、责任制度、非法运输管理制度等。所谓环境无害管理是指采取所有可行的步骤使危险废物的产生最小化，并严格控制其存储、运输、处理、再利用、再循环、再生或最终处置，其目的是保护人类健康和环境。《巴塞尔公约》规定的环境无害管理制度包括：缔约方环境无害管理的一般义务，环境无害管理的国际合作制度，关于环境无害管理的培训和技术转让制度，技术合作信托基金制度。随着国际环境法的发展和国际社会对环境问题的重视，有关危险废物越境转移制度和废物的环境无害管理制度将进一步完善。

四、拓展思考

与《巴塞尔公约》的形成相关的除尼日利亚科科港事件外，还涉及 Khian B 号事件和几内亚海岛事件。1988 年 Khian B 号装载了约 1.26 万吨有毒焚化灰后前往海地，船舶运营人欺

---

① 张湘兰，秦天宝. 控制危险废物越境转移的巴塞尔公约及其最新发展：从框架到实施[J]. 法学评论，2003：93-104.

骗海地政府称运载的是"可用作肥料的灰",在海地政府许可前在 Gonaives 海滩上倾倒了 3000 吨危险废物。之后，Khian B 号多次改变名字和注册地，在海上漂泊 18 个月，在卸载完所有危险物之后以 Pecicano 的名字出现在新加坡。经调查显示该船舶倾倒的是有毒焚化灰。1988 年挪威的一家公司将 15000 吨垃圾运到几内亚的一个无人居住的小岛上，由于垃圾灰中包含铅、铬、氯化物等多种有毒有害物质，导致岛上的森林树木枯萎，严重破坏了岛上的环境。这些事件都与《巴塞尔公约》的诞生密不可分。国际条约的产生与国际社会发生的严重事件密切相关，人们需要寻找解决这些严重的问题的办法，因此就产生了各缔约方协同一致的协议或条约。

我国于 1990 年 3 月 22 日签署并于 1991 年 9 月 4 日批准了《巴塞尔公约》，作为最早批准公约的国家之一，我们积极参与了公约发展的所有活动，在公约实施方面做了大量工作。我们不仅严格遵守公约履行义务，而且制定了国内法以制止危险废物的非法转移。在履行公约义务方面，我国制定了控制废物进口的法规和标准，制定了国家危险废物名录，建立了危险物培训和技术转让中心。在国内法方面，目前我国以《中华人民共和国固体废物污染环境防治法》为核心，分别从行政、刑事和民事层面为非法转移危险废物的行为规定了法律责任，受害者可以通过司法途径获得赔偿。当然由于技术和管理方面的问题，我国在规制危险废物的方面还存在一定的问题，比如环境监管不严以及缺乏预防和快速反应能力，所以期待国家进一步完善现有的危险废物管理制度。

"威望"号油轮污染事件

一、核心知识点

海洋事故污染防控的国际法发展

海洋环境作为一个整体，是全球生命保障系统的基本组成部分，也是一种有助于实现可持续发展的宝贵财富，随着海洋环境的不断退化，国际社会加强了对海洋环境的法律保护。国际海洋环境法主要沿着海洋污染防治和海洋生物资源养护两个方面而展开，并呈现出由海洋环境污染防治向海洋生态系统维护的转变趋势。1982年通过的《联合国海洋法公约》为国际海洋环境法奠定了基本框架，成为国际海洋法的最基本文件。关于海洋污染防治，国际社会主要在四个方面制定了针对特定类型海洋污染的公约，包括防控海洋陆源污染、海洋倾倒污染、国际船舶污染和海洋事故污染。

《联合国海洋法公约》于1982年12月10日在牙买加签订，1994年11月16日生效，被誉为世界"海洋宪章"。《联合国海洋法公约》由17个部分、320条和9个附件组成，其内容包括海洋法问题的各个方面，总目标有三个：（1）建立一种综合性法律程序，以便于国际交流和促进和平利用海洋、公平有效地利用其资源、养护其生物资源以及研究和保护海洋环境。（2）协调和平衡开发自然资源的权利和管理养护这种资源及保护海洋环境的义务。（3）建立海洋环境保护的综合性法律框架，并且进一步用全球或区域一级的国际规则和国家措施加以补充和发展。《联合国海洋法公约》集国际社会关于海洋问题的国际习惯法规之大成，又针对第二次世界大战之后国际社会在国际海洋地缘政治、海洋科学、海洋资源开发、海洋环境保护方面新的实践和要求做出了新的规定，是迄今为止有关海洋的国际法中最全面和最权威的编纂。

在海洋事故污染方面，由于世界各国工业的飞速发展和石油资源的地理分布极不均匀，进入20世纪70年代以来，石油的海上运输量成倍增长，船舶排入海中的含油污水随之增多，船舶的油污损害事故也呈上升的趋势。迄今为止国际社会已经制定了一系列的法律法规来控制、减少和规范船舶事故类污染海洋环境。其中事故预防和反应性公约包括：1969年《在处理北海油类和其他有害物质污染中进行合作的协定》（简称伯恩协定）、1969年《公海油污干涉公约》及其议定书、1990年《国际油污防备、反应和合作公约》及其议定书、2003年通过的《有毒有害物质污染事故防备、反应与合作议定书》。相关的船舶污染损害赔偿公约主要包括：1969年《国际油污损害民事责任公约》、1971年《设立国际油污损害赔偿基金的国际公约》、1996年《海上运输有毒有害物质损害责任和赔偿国际公约》、2001年《国际燃油污染损害民事责任公约》等。

二、案情介绍

2002年11月13日晚，一艘挂有巴哈马国旗、载有77000多吨燃料油的油轮"威望"

（Prestige）号，从拉脱维亚驶往直布罗陀海峡。途径西班牙加利西亚省海域时，在距海岸 9 公里的海域遇到八级风暴发生事故。油轮在强风和巨浪的侵袭下失去控制，船体出现一条长 35 米的大裂口，燃料油外泄，海面出现一大片污染带。西班牙政府担心"威望"号油轮沉没在西班牙近海会引起严重污染，第二天便命令其 4 艘拖船拼命将"威望"号油轮拖向外海，19 日上午拖到距西班牙海岸 95 公里海面、距葡萄牙海域约 92 公里处时，船体断为两截沉入到 3500 米深的海底。在船体外拖过程中，形成了一条宽 5 公里、长 37 公里的黑色污染带。"威望"号在西班牙海域沉没后，仍在继续漏油，造成了大面积油污污染，对约 50 公里外的葡萄牙海域产生了很大影响，也直接威胁着毗邻葡萄牙的法国海域。根据西班牙生态学家的估计，"威望"号油轮泄漏的燃油使西班牙 500 公里的海岸受到严重污染，大约有 1 万多只海鸟死亡，沿海 4000 多名渔民因渔业资源受到污染而不能下海捕鱼。有关生态专家认为，这次油轮污染事件对人类环境的破坏和沿岸居民的生活、生产的负面影响是无法估量的，这是欧洲有史以来最严重的一次海洋污染事件。

"威望"号漏油事故所污染的海域主要处于西班牙加利西亚海岸，漏油事件对该区域的鸟类、海洋生物、渔业和养殖业以及对该地区的旅游也都造成了严重的损害。通常会有几十万只鸟在该区域过冬，但是泄漏的燃油会溶解羽毛上的油脂，使得各种鸟类不能在海面上飞翔，从而使其饥饿而死；该海域还有丰富的珊瑚礁群和其他丰富的生物，包括鱼虾类海产资源，在遭受燃油污染之后，海上形成的油层达到半米到一米厚，使得海洋生物得不到空气窒息而死；原本该地方的捕捞业比较发达，但遭受燃油污染之后海产资源遭受严重的损害，沿海 4000 多名渔民因渔业资源受到的污染而不能下海捕鱼，给渔业和养殖业也造成了严重的损失；同时该地区是一个旅游度假的胜地，原本的海鸟翔集、海岸陡峭、碧浪银沙、涛声阵阵现在都处于黑色油污的阴影里，这无疑对西班牙的旅游业是致命的打击。

事件发生之后，西班牙政府在 2002 年 12 月 9 日为此成立了一个专门调查和防止油船漏油的科学委员会，专门研究和处理"威望"号漏油事故。并且西班牙政府动用大量人力、物力和财力，清除海面油污，全力抢救被污染的海岸及其海洋生物。西班牙政府也和法国、荷兰以及德国等欧盟成员国合作，向污染海域派出了十多艘清污船只。事故的发生，引起了国际上其他动植物保护组织的关注，并且不断有志愿者加入到挽救海洋生物的活动中。在各国政府和志愿者的共同努力下，"威望"号油轮泄漏的近 2 万吨燃油，有一半以上的燃料油被清除。

"威望"号事故之后，有关国家对该船只的情况进行了调查。据悉在拉脱维亚原油被装上船只，驶往英国殖民地直布罗陀。该船虽然悬挂了巴哈马国旗，但是其真正所有者是一家利比里亚公司，管理者是希腊人，并且本次船只是由一家设在俄罗斯的俄国石油公司租用，即船上所载原油的所有者是俄罗斯的"皇冠财源"公司。

根据调查，"威望"号沉船是 20 世纪 70 年代由日本生产的单壳油轮。20 世纪 90 年代，国际航运组织已经要求各国航运公司废除单壳油轮，但是船主们对此置若罔闻，各国政府对此也疏于管理。就油污事故所造成的损害责任由谁来承担，各个相关国家各执一词。西班牙和欧盟对拉脱维亚和英国发出了谴责，因为"威望"号由拉脱维亚装上原油，发出港没有把好关罪责难逃，并且"威望"号驶向英国的殖民地直布罗陀，它们认为英国明知该船超过服务期限，却同意它经停并往返于直布罗陀海峡，所以西班牙和欧盟认为拉脱维亚和英国都脱不了干系。日本强调"威望"号于 1976 年投入运营，应于 1999 年到期报废，自己是没有责任的。希腊政府则说"威望"号悬挂的是巴哈马国旗，它应该算是巴哈马船只。

事故发生之后引起了国际社会的强烈反应。国际海事组织一直密切关注该事件的发展，全程敦促巴哈马对事件迅速进行调查，反馈结果、结论和建议。事件发生后几天，西班牙和法国决定根据《联合国海洋法公约》的精神，达成防治海洋污染的协议。根据协议的内容严格限制载有容易造成海洋污染的货物的轮船以及船龄超过15年的单壳船只通过两国的领海。根据协议，如果这些船只要经过两国领海，必须具备完全保障措施，否则将被驱逐到距离海岸370公里以外的公海。2002年12月3日，欧盟委员会对其认为的不符合海上安全标准的66条船只进行了曝光，告诫人们不要租用此类船只。2002年11月底，欧盟15个国家的交通部长达成一致决定，自2006年起禁止成员国运输公司使用单壳油轮运营，并不准委托单壳油轮运输油类，对在成员国海域造成生态灾难的船主及其船上人员严厉惩罚。2002年12月5日至6日，欧盟各国的海运部长们举行了一次非正式会议，会议决定从2003年1月1日起，禁止运输重油的单壳油轮进入欧盟港口，以防止类似的污染事件发生；会议还通过了一些其他措施，包括对运输危险物质的船只实行检查并把这类船只驱离海岸370公里以外的水域。

为了防止类似"威望"号的事故重演，世界自然基金会（WWF）在分析事故原因的基础上向国际社会提出了一项建议，其中包含以下四个要点[①]：（1）对一些特殊区域进行风险评估，因为这些区域对航运活动特别敏感，很容易受其危害。（2）通过国际海事组织指明特别敏感地区的地点。（3）根据各地特点，实施严格的规则，如禁止单壳油轮在环境敏感地区行驶，确定应该回避的航线；要求每只船通往这些地区时应有经验丰富的领航员在其甲板上；强制性地要求船只通过敏感地区时向有关部门报告情况。（4）在全球范围内，进一步维修和检验所有船只，尤其要检验那些快超过使用期的船只。

据悉，从2002年11月19日开始，在西班牙原告和其他当事方的推动下，在包括西班牙、美国和法国在内国家之间展开了一系列确认责任归属的诉讼。西班牙西北部的科尔库维翁刑事审判庭对此案展开了刑事调查，调查进程秘密进行，至目前为止也未公布有关的任何结论和意见。"威望"号的船旗国巴哈马海事当局根据本国《巴哈马商船法》的规定，对该事件进行了相关调查，但是它的结论只是基于已有的信息做出了一些推测性的结论。巴哈马海事当局承认，并没有切实可靠的证据能证明船舶最初发生破损是由什么原因造成的，其只提出了几个导致事故发生的可能原因。

三、案例评析

事故之后，引人注目的无疑是海洋环境损害的责任分担问题。"威望"号油轮断裂沉没，无疑将造成大规模的燃油泄漏，所造成的海洋生态环境损害可想而知；据估计处理被污染的海洋和海滩的直接成本可能高达上亿欧元，环境损害和后期处理费用由谁来承担？1969年《国际油污损害民事责任公约》旨在确保受到船舶漏出或者排除油污损害的受害者获得充分的赔偿。公约第2条规定公约适用于在缔约国领土和领海上发生的污染者损害和为防止或减轻这种损害而采取的预防措施。公约实质上适用了与严格责任十分相近的责任分配制度，公约规定除三种例外情况，船舶所有人对船舶的一切油污损害承担责任。而就何谓"船舶所有人"国际公约以及各国海商法都有规定，但并非相同。由于各国对船舶所有人的界定因属不同，以及受不同国际公约规范的限制，使得船舶所有人的确定主要存在以下几种情况：以登记定义船舶所有人，1969年《国际油污损害民事责任公约》采用的就是这种方式；以拥有船舶所

① 李树华."威望"号油轮溢油事故及其在国际社会引起的强烈反响[J]. 交通环保，2003，24（1）：36-42.

有权来定义船舶所有人，德国将船舶所有人定义为以商业为目的的拥有船舶所有权的人；在特殊领域对船舶所有人扩大解释，如 1976 年《海事索赔责任限制公约》规定船舶所有人指海船的所有人、承租人、经理人和经营人。[①]故对船舶事故造成的海洋环境损害责任的认定并非简单之事。关于"威望"号油轮事故中船舶所有权的认定，其中尤其显著的是"方便旗"的问题。

1958 年《日内瓦公海公约》明确规定，每个国家应确定对船舶给予其国籍、其领土内登记以及悬挂本国旗帜权利的条件。[②]《联合国海洋法公约》规定，一个船舶只有一个国籍，并且船舶本身与船旗国之间具有真实的联系，如所有人的国籍与船舶国籍一致或者所雇佣的船长和船员中一定比例的是本国人。但是事实上船舶登记并非都是遵照国际公约的规定，由于各国对船舶国籍登记的条件限制不同，船舶登记分为正常登记和开放登记，正常登记是登记国对船舶登记条件进行一定的限制，条件一般较为严格，一些经济发达的国家如美国、英国、希腊等都采用这样的方式。相对于正常登记，开放登记的登记国对船舶登记不做限制，船舶登记条件较为宽松，这是一种允许外国船东和外国人控制的船舶在本国登记，为船东提供方便和适宜登记条件的船舶登记制度。一些船舶所有人为了逃避其真实所属国对船舶的高标准、高税收和严格监管等，会选择寻找一些海外管理松懈、法律制度不健全的国家进行船舶登记。这样船舶所有人就减少了获得船舶国籍的成本，并且通常这些开放登记的国家对相关船舶只管收取登记费用，而不承担管理责任。目前船舶开放登记的国家主要包括：巴哈马、巴拿马、百慕大以及哥斯达黎加等。更为严重的是有的船舶购买不同国家的"方便旗"，更加加大了国际社会对海洋航运的管理困难。通过案例介绍可以了解到"威望"号油轮具有复杂的背景，据调查该船悬挂的是巴哈马国旗，而船舶的真正所有者是一家利比里亚公司，船舶实际管理者是希腊人，船长也是希腊人，该船此次则是由一家设在瑞士的俄罗斯石油公司租用。复杂的身份背景使得"威望"号油轮事故的海洋损害责任的分担十分模糊。

另一个对"威望"号油轮事故具有重要影响的是船舶经过的沿海国、港口国等对船舶的检查、监督和控制等管理问题。根据国际航运规则的规定，除船旗国之外，船舶经过的沿海国、港口国等也要对船舶业进行相应的管理。沿海国、港口国可以制定相应的法律和规章对通过本国海域和停靠本国港口的有关船舶进行必要的管制，特别是在航行安全和环境保护方面。"威望"号油轮事故事件中尤其体现了沿海国和港口国对一些老、旧和超龄船舶的管理漏洞。据调查，"威望"号船舶已经有 26 年的船龄，这种船舶在一些国家早已退出使用。在"威望"号不断往返的过程中，相关的国家，包括船旗国、沿海国和港口国，并没有对该船进行有效监督和控制。相关国家对船舶疏于管理，无疑为船舶所有人违法进行海上航运提供了空隙，也为船舶海洋事故和海洋环境污染埋下了危机。也正是经过"威望"号油轮事件惨痛的教训，事后不久相关国家就油轮使用和监管制定了相关制度。正如事件叙述中所陈述的，受污染最严重的西班牙在事件发生之后，随即颁发了关于禁止单壳油轮进入西班牙水域的指令；欧盟也制定了关于禁止单壳油轮运输重油的指令，对具有 15 年以上船龄的油轮进入欧盟设置了更多的条件。

船舶事故发生的原因通常包括船舶自身质量问题、海洋风暴等自然原因以及运输船舶的管理问题，而对船舶事故造成的污染及污染的范围具有重要影响的另一个因素则是对油轮的

---

① 详见公约第 I 章第 1 条第 2 款，国际海事条约汇编 6 第 6 卷，1994 年 7 月版，大连海运学院出版社，第 281 页。

② The Nationality of ships and Flags of Convenience: Economic, Politics, and Alternatives. *Yulane Maritime Law Journal* 1996, 21: 148.

救助。"威望"号油轮发生事故的地方相当接近于西班牙和葡萄牙海岸。为了初始事故中受损的油轮不致沉没，船舶需要航行至有效遮蔽的区域进行货物卸载。据报告，船长曾经请求沿岸主管机关允许船舶进入避难所，但是西班牙主管机关拒绝船舶进入西班牙海岸的避难地，葡萄牙也拒绝船舶进入其专属经济区。毫无疑问的是，当事故发生时，西班牙主管机关面临的境况十分危险，西班牙主管机关有义务将事故对西班牙海岸的影响降至最低。于是西班牙并未批准"威望"号进入遮蔽区，"威望"号只能尝试将船舶拖带至天气状况允许货物转船的更远的区域，并且西班牙做出拒绝决定时并没有对船舶状况进行彻底评估。西班牙等国家对"威望"号油轮的救助以及在海洋环境的恢复工作中的贡献是毋庸置疑的，只是在"威望"号距离西班牙海岸 9 公里请求进入避难地时，如果西班牙主管机关能够允许，也许结果会更好，也许就可以防止燃油大量泄漏和海洋的大规模污染。防治海洋事故污染还需要国际社会加强合作，考虑整体利益积极做出贡献。

四、拓展思考

每一次重大的漏油事件都会促进国际立法的完善和各国国内法律制度的构建。比如"托列峡谷"号油船的泄漏，催生了 1969 年《国际油污损害民事责任公约》、1971 年《设立国际油污损害赔偿基金国际公约》和 1973 年《国际防止船舶造成污染公约》；"阿莫科·卡迪兹"号事件，促使 1969 年《国际油污损害民事责任公约》制订了 1976 年补充议定书、1973 年《国际防止船舶造成污染公约》制订了 1978 年补充议定书；"埃克森·瓦尔德兹"号原油泄漏事件，促进了 1990 年《国际油污防备、反应和合作公约》、1996 年《国际海上运输有毒有害物质损害责任及赔偿公约》以及美国 1990 年《油污法》等法律的出台。[①]"威望"号油轮事故发生之后，对相关国家尤其是西班牙和欧盟的法律制度完善产生了重要的影响，但是国际上并没有像以往重大漏油事故一样，之后制定出新的国际条约。虽然国际油污赔偿基金组织、国际海事组织法律委员会、欧盟委员会和国际海事委员会考虑了若干方案和计划，但最后只是对《设立国际油污损害赔偿基金国际公约》的 1992 年议定书这一部国际法律进行了修改。

由于过去很长一段时间我国石油进口很少，基本上是自产自销，很少出现大型油轮泄漏事故。自 20 世纪 90 年代以来，随着我国工业化的进程，国内自产石油供不应求，开始大量进口石油，基本也是采用大型油轮进行运输，以至于我国管辖范围之内的海域已发生多起船舶污染事故。"威望"号油轮事故的教训是深刻的，随着国际社会和各国海运管理体制逐渐完善，我们也意识到了自己的需要。早在 1983 年我国就出台了《中华人民共和国防止船舶污染海域管理条例》，在防止船舶污染海洋环境发挥了重要的意义。为了应对海洋运输对我国海洋环境带来的威胁，以及根据加入国际公约的要求，我国对 1983 年《中华人民共和国防止船舶污染海域管理条例》进行了全面修订，于 2009 年 9 月 9 日公布了《防治船舶污染海洋环境管理条例》，并于 2010 年 3 月 1 日开始全面实施。修订后的条例对提高有关单位的防污应急能力、监管船舶垃圾排放、监管船舶装卸以及船舶污染事故损害赔偿责任等方面都做了规定。此外根据国际公约的要求，我国还修订了《中华人民共和国海洋环境保护法》，增加了国家建立船舶油污保险、油污损害赔偿基金制度，以及对船舶载运油类、危险化学品等污染危害性货物的作业进行监督等内容。

---

① 万霞. 国际环境法案例评析[M]，北京：中国政法大学出版社，2011：42.

澳大利亚诉日本捕鲸案

一、核心知识点

国际海洋生物资源保护

保护海洋生物资源是保护海洋环境的一个重要因素，尤其是对于受到严重影响，濒临枯竭的海洋生物资源的保护对于维护海洋生态平衡、保护海洋环境具有重要的意义。早在第一次海洋法会议期间，各国就对如何保证公海渔业资源的持续开发，养护和维护公海的渔业资源以及公平分配表示出关心，并制定了第一个全球性的涉及整个海洋生物资源保护的公约——《捕鱼与养护公海生物资源公约》。之后，国际社会就海洋生物资源养护制定了一系列公约和协定。其中主要包括《联合国海洋法公约》《联合国鱼类种群协定》《国际捕鲸管制公约》《南极海洋生物资源保护公约》等。

《联合国海洋法公约》明确将有关公海生物资源养护和管理的规定作为行使公海捕鱼自由的限制性条件。对于公海生物资源的养护，该公约强调了各国的养护义务，要求各国采取措施，使捕捞的鱼种数量维持在或恢复到能够生产最高持续产量的水平，并考虑所捕鱼种对其他关联鱼种的影响，使这种有关联或依赖的鱼种的数量维持在或恢复到其繁殖不会受严重威胁的水平以上。同时该公约还强调了国家合作的重要性，要求各国加强合作，建立分区域或者区域渔业组织，并进行经常性的情报交换。

《联合国鱼类种群协定》的宗旨是通过有效执行《联合国海洋法公约》有关规定，以确保跨界鱼类种群和高度洄游鱼类种群的长期养护和可持续利用。协定适用于国家管辖地区外跨界鱼类种群和洄游鱼类种群的养护和管理，但第6条和第7条也适用于国家管辖地区内这些种群的养护和管理，这被理解为对沿海国试图任意扩展其管辖领域的限制和否定。

1946年签订的《国际捕鲸管制公约》迄今仍是对世界捕鲸进行管制和控制的重要文件。该公约的宗旨是"规定对鲸的适当保护以便使捕鲸业有秩序发展成为可能"。该公约设立了国际捕鲸委员会，每一个成员国在委员会中有投票权。该委员会的职责包括确定受保护和不受保护的种类、禁捕期、禁捕水域、各种类的尺寸限制和捕鲸时间、方法和强度以及捕鲸器具的规格和型号等。公约以一项作为附件的"计划"对成员国进一步规定了有关的义务，其中包括确定禁捕期、限定捕获量和报告捕鲸数据等规定。公约对它规定的义务规定了一些例外的情况。其中主要的一项例外是科学研究。公约规定成员国可以对其国民发放特别许可证，以使其可以为科学研究的目的而捕杀、获取和加工处理鲸。

《南极海洋生物资源保护公约》于1980年5月20日在堪培拉签署，该公约于1982年4月7日生效，是对于南极海洋生物资源进行全面保护的公约。

二、案情介绍

为了对鲸实施适当的保护以便使捕鲸业有秩序发展，《国际捕鲸管制公约》设立了国际捕鲸委员会。1982 年，国际捕鲸委员会出台了"商业捕鲸禁令"，但是将"维持生活的土著捕鲸"和"以科研为目的的捕鲸"排除在外。因此包括澳大利亚和日本在内的绝大多数的公约缔约国都被要求停止商业捕鲸活动。在日本无力抵制"商业捕鲸令"生效之后，推出了以"科研"为目的、以特别许可证的方式批准捕鲸计划"GARPA I"（日本鲸鱼研究方案第一阶段），随后日本又批准了该计划的第二个阶段"GARPA II"，主要捕杀、击获南极小须鲸、长须鲸、座头鲸及其他南大洋保护区内的鲸类种群。在第二阶段计划中，2005—2006 年度的可能性研究期内，日本击杀、捕获南极小须鲸 1364 头、长须鲸 13 头。在 2007—2008 年度项目的全面展开期间，击杀、捕获 551 头南极小须鲸，而 680 头南极小须鲸和 1 头长须鲸在2008—2009 年度被杀。①

　　基于上述日本的捕鲸活动，澳大利亚于 2010 年 5 月 31 日向国际法院提交了起诉日本的起诉书。澳大利亚在起诉书中宣称，日本第二阶段计划中所实施的捕鲸活动从数量和规模上与科学研究并不具有相关性，通过日本对捕杀的鲸鱼的后续处理可以判断日本在进行变相的商业捕鲸，违反了《国际捕鲸管制公约》《濒危野生动植物物种国际贸易公约》以及《生物多样性公约》的义务。就《国际捕鲸管制公约》，澳大利亚认为：（1）日本违反了公约第 10 条e 款遵守公约关于商业捕鲸"零捕捞限制"的计划；（2）日本违反了公约第 7 条所规定的在南大洋鲸鱼保护区内克制对长须鲸的捕捞的义务；（3）日本违反了公约第 8 条规定的善意行使权力并每年向国际捕鲸委员会提交研究成果的义务。就《濒危野生动植物物种国际贸易公约》，澳大利亚认为日本没有遵守公约第 2 条关于公约附录 I 和附录 II 所列鲸类标本贸易的义务，以及第 5 条第 5 款附录 II 所列鲸类标本再出口管理所承担的义务。就《生物多样性公约》，澳大利亚认为日本违反了公约第 3 条关于不得造成跨界环境损害的义务、第 5 条国际合作的义务以及第 10 条 b 款中确保资源持久使用的义务。

　　据此澳大利亚要求国际法院做出判决：日本在南极实施第二阶段的计划违反了其应当承担的国际法义务；停止日本第二阶段计划的实施；日本须撤销允许本起诉书所指控的捕鲸活动的授权、批准和许可证；承诺和保证不再进行第二阶段计划的下一步行动或类似 GARPA Ⅱ的计划直到其程序符合国际法义务的要求。

　　日本反对澳大利亚的所有的指控，并认为其"特许南极鲸类研究项目"第二阶段的捕鲸行为具有正当性。日本主要从《国际捕鲸管制公约》第 8 条寻找法律依据，主张其捕鲸行为属于"科研捕鲸"活动。日本水产厅官员森下丈二就解释说："国际捕鲸委员会终止捕鲸的原因是科学界尚不能够确定鲸类的数量。终止捕鲸即是终止数据收集，我们需要进行科研捕鲸来收集更多的数据。采用致死性取样的主要目的是计算小须鲸的群体参数和进行摄食生态学的研究。在鲸类的胃样中，发现了大量经济价值较高的鱼类，座头鲸、小须鲸等群体的膨胀会影响蓝鲸的种群恢复，因此需要通过选择性地减少某些物种的数量来保护渔业资源，促进一些经济价值更高的种类（如蓝鲸）的恢复。"②可以说，澳大利亚和日本争议的焦点就在于日本推行的捕鲸行为是否符合"科研目的"，日本是否在滥用"科学捕鲸"豁免条款。

　　2014 年 3 月 31 日，国际法院对澳大利亚诉日本捕鲸案做出最终判决，法院判定日本在南极的捕鲸活动并非是科学研究活动，违反了《国际捕鲸管制公约》。国际法院同时判令日本停止核发在南极捕鲸的许可证明。澳大利亚和日本双方都表示将接受判决结果。

---

① Application:whaling in the Antarctic (Australia vs Japan)-instituting proceedings filed in Registry of the Court on 31 May 2010.8.

② 透视日本"科研"捕鲸，http://www.360doc.com/content/12/1030/14/114824_244666129.shtml.

三、案例评析

由案情可知,案件的主要焦点是日本在南极地区捕鲸行为的性质,即是商业性质的还是科研性质的,而这个问题的解决涉及《国际捕鲸管制公约》第 8 条的解释。《国际捕鲸管制公约》第 8 条第 1 款规定:"缔约政府对本国国民为科学研究的目的而对鲸进行捕获、击杀和加工处理,可按该政府认为适当的限制数量,发给特别许可证。按本条款的规定对鲸的捕获、击杀和加工处理,均不受本公约的约束。"但是公约本身并没有对何谓"科学研究"做出明确的界定,那么国际法院的主要任务则是查明并确定日本"特许南极鲸类研究项目"第二阶段是否属于"科学研究"的范围。

对如何认定"科学研究",澳大利亚提出了自己的主张。澳大利亚认为《国际捕鲸管制公约》背景下的"科学研究"应当包括四个基本特征,这一主张主要来自于澳大利亚要求法院传唤的作为科学专家出庭的 Mr. Mangel 的观点。四个基本特征分别为:(1)明确可完成的目标,该目标必须能对维护和管理鲸类的储量提供知识;(2)适当的方法,当其他方法不能实现研究目的时可以采用致命性的方法;(3)同行审查;(4)避免对鲸类的储存量产生不利影响。澳大利亚提出以下理由主张日本"特许南极鲸类研究项目"第二阶段所实施的捕鲸行为并不具有科学相关性:(1)日本捕鲸的数量和规模已经远远超过正常科学研究所需要的鲸鱼的数量;(2)如今的科学技术允许在不杀死鲸鱼的情况下获取相关信息,而日本却采用致命性的方法;(3)日本实施科研后并没有大量的科学成果寄送至国际捕鲸委员会科学委员会;(4)日本并未将捕获的鲸鱼放置于实验室,而是放于市场销售,甚至有的用于出口。因此澳大利亚认为很容易看出日本捕鲸的目的并不是科学研究,而是变相进行商业捕鲸。澳大利亚主张行为目的决定行为方式,所以主张日本第二阶段的捕鲸行为不属于"科研捕鲸"的范围。

日本并没有对"科学研究"提出认定标准,但日本主张根据《国际捕鲸管制公约》第 8 条第一款的规定,"缔约政府对本国国民为科学研究的目的而对鲸进行捕获、击杀和加工处理,可按该政府认为适当的限制数量,发给特别许可证",主张日本政府可以根据需要自行批准科研项目,并决定项目研究的区域、鲸类的种群、所需的数量和研究方法等,日本认为这是其政府的权利。根据第 8 条的规定,日本主张其对国际捕鲸委员会仅有通知的义务。

法院最终做出裁决,认为日本在"特许南极鲸类研究项目"第二阶段所颁发的可以对鲸类捕杀、加工处理的特别许可证并不符合公约第 8 条所规定的"以科学研究为目的"。国际法院并没有采用专家 Mr. Mangel 的标准,而是给出了以下理由:适用致命性方法进行捕鲸本质上符合"特许南极鲸类研究项目"第二阶段的有关研究目的,但是就实现有关捕鲸项目的目标而言,第二阶段中规定的目标样品数量并不合理。法院认为"特许南极鲸类研究项目"第一阶段和第二阶段的目标很大程度上是重合的,而日本并没有提供证据说明为什么在第二阶段的研究计划中大幅度增加捕获鲸类的数量。同时日本对计划中设置的每年可以捕捞 850 头的样品数量的决定缺少恰当解释,日本用来确定捕捞数量的程序也缺少透明度。有证据表明,应当调整一些项目来减少所需的捕捞数量,但是日本并没有采取减少措施。所以法院最终认定日本"特许南极鲸类研究项目"第二阶段中的捕鲸数量并不符合"以科学研究为目的"的规定。显然法院是以日本"特许南极鲸类研究项目"第二阶段中捕鲸数量为切入点来看其是否符合"科学研究"的,对于何谓"科学研究"法院并没有通过判决提供可以参照的标准。

澳大利亚诉日本南极捕鲸案是提交国际法院的涉及国家捕鲸法律责任问题的"第一案",

而国际社会关于捕鲸问题还会有更多的争议和案件等待国际社会去解决。国际法院对第一案的判决往往会成为今后国际社会解决捕鲸争端乃至海洋渔业资源保护的标志性判决，将会对以后解决类似问题起到一定的指导意义。但是该案国际法院的判决似乎并没有满足国际社会的期待，法院的判决中并没有对"科学研究"提供一个可行的标准。法院在判决书中没有对"科研捕鲸"的定义做出界定，并认为在该案件中没有必要对"科学研究"的标准给出一个可以通用的答案，使得该案的判决不具有典型性。国际法院的判决错失了对"科研捕鲸"进行界定以规范《国际捕鲸管制公约》第 8 条例外情况适用的机会，导致在以后的捕鲸纠纷就必将继续面临如何对"科研捕鲸"进行界定的问题。

四、拓展思考

事实上，其他国际环境条约已经对"科学研究"的概念进行了界定，例如《联合国海洋法公约》第十一部分对海洋科学研究做了专项规定。公约第 240 条对进行海洋科学研究的一般原则进行了规定，该规定可以适用于所有海区内的科研。第 240 条 b 款规定"海洋科学研究应当以符合本公约的适当科学方法和工具进行"，该款对海洋科学研究的方法和工具提出了要求。在未来遇到关于"科研鲸鱼"的问题援引其他公约关于"科学研究"的规定不失为一种解决方法。

海洋生物资源的保护不仅仅涉及条约规定的问题，往往涉及各国的政治、经济和文化等其他方面的问题。比如该案中，日本对渔业资源有强烈需求，并且逐渐形成了包括饮食文化在内的"捕鲸文化"；而澳大利亚极其重视包括观鲸项目在内的海洋旅游业，这些旅游项目会给澳大利亚带来丰厚的利润。所以该案中不仅涉及两国之间关于海洋渔业资源保护和开发利用之间的博弈，还涉及两国的文化保护和国家利益维护。为了实现海洋渔业资源的保护，各国应当在遵守国际条约框架的基础上，采取各种方式加强国际合作，开展协调行动、协商解决争端。

切尔诺贝利核电站事故

一、核心知识点

民用核能管理与国际环境保护

能源是人类社会生存发展的必要条件，自 1896 年法国物理学家贝克勒尔发现铀的放射性以来，科学家们就一直致力于核能源的开发和利用。与石油、煤炭等可燃性能源相比，核能源具有清洁、经济等特点。但是核能源在给人类带来巨大能源的同时，也给人类带来了一定的风险。尤其是在三里岛以及切尔诺贝利等事故发生之后，规范核能源的安全利用成为国际社会活跃的话题。已建立的与核能管理相关的国际组织在国际核安全发展的过程中起到了重要的作用，这些机构主要包括国际原子能机构、国际辐射防护委员会、经济合作与发展组织核能机构以及联合国原子能辐射效应科学委员会等。其中国际原子能机构（IAEA）是联合国的专门机构，该机构在 1954 年 12 月由第九届联合国大会通过，并于 1957 年 7 月正式成立，建立该机构的目的是"为了加速扩大原子能对全世界和平、健康和繁荣的贡献"。《国际原子能机构规约》是国际原子能机构进行各项活动必须遵守的文件，规约中规定了国际原子能机构的主要职能包括：协助关于原子能用于和平目的的研究和实际应用；促进科学和技术情报交换；鼓励科学家和专家的交换及训练；制定并执行保障监督措施等。

与核能管理相关的公约主要包括《核安全公约》《废弃燃料和放射性废物管理安全联合公约》以及其他区域性条约及有关法律文件。《核安全公约》是一项指导各国进行核设施安全管理的框架公约，该公约的目的是通过国家合作措施的增强，在世界范围内达到和保持一个高水平的核安全；建立和保持对核设施潜在的放射性危害的有效防护，以保护公众、社会和环境免遭这些设施可能的放射性的伤害影响；防止造成放射性后果的事故以及当这种事故发生时减轻其后果。[①]《废弃燃料和放射性废物管理安全联合公约》（简称《联合公约》）是有关核废料处置方面最重要的全球性公约，是当事国间有关放射性废物安全管理以及有关保护个人与环境免受放射性潜在影响的主要国际法律约定。与核风险控制及核损害责任相关的公约主要包括《核事故早期通知公约》《核事故或辐射紧急情况援助公约》《核损害民事责任维也纳公约》及其《97 议定书》。《核事故早期通知公约》和《核事故或辐射紧急情况援助公约》是国际原子能机构于 1986 年主持签订的，《核事故早期通知公约》的目的是建立一个核事故的及早通报制度，以便将核事故的跨界影响减少到最小程度；《核事故或辐射紧急情况援助公约》的宗旨是建立一个在发生核事故时迅速提供援助以便减轻事故后果的国际公约。

二、案情介绍

切尔诺贝利核电厂是苏联时期在乌克兰境内修建的第一座核电站，该核电站曾被认为是

---

① 《核安全公约》第 1 条。

最安全、最可靠的核电站。然而 1986 年 4 月 26 日，切尔诺贝利核电厂中发生的一阵巨响打破了这一传说。1986 年 4 月 26 日，核电站的工作人员为了做工况试验而关闭了核电厂的紧急冷却系统，导致试验开始后几分钟内核反应堆的温度急剧上升，发生两次爆炸。由于反应堆毁坏，使得积累在堆芯中的 80 多吨的放射性物质被释放到大气中，有资料显示这些放射性物质进入环境中其辐射强度相当于日本广岛和长崎两颗原子弹的 100 倍。

事故发生后造成了严重的影响。事故发生时反应堆爆炸形成的放射性物质不但影响了苏联的几个加盟共和国，包括俄罗斯、白俄罗斯和乌克兰，放射性物质也飘移到了包括遥远的英国、法国、德国等欧洲其他国家。降落的放射性尘埃对这些国家的土地、河流、农作物、家禽和鱼类等都造成了严重的损害。事故发生 30 年后，仍然对一些欧洲国家存在潜在的影响，例如至今西欧一些国家仍然在对牛奶实施放射性检测。事故造成了大量的人员死亡和癌症患者。同时高温引起了反应堆及其附属建筑的大火，温度高达上千摄氏度，当场有 31 人死于爆炸和过量辐射。根据调查，爆炸造成的放射性污染遍及苏联的 15 万平方公里地区，波及人口694.5 万左右。参加救援工作的 83.4 万人中，大约已有 5.5 万多人死亡，15 万人成了残疾。受放射性伤害已经死去的人口高达 30 万人左右。并且在该地区撤离出来的人中，自然流产次数和婴儿的先天性畸形率增加了大约一倍以上，事故发生后出生的儿童患甲状腺癌和白血病的几率也在 10 年间提高了 9 倍左右。此次核反应堆毁坏向环境释放的放射性物质，不仅仅给周围的空气造成了放射性污染，也损害了土壤和水资源，不仅给人类遗传带来了影响，也给动植物造成了基因突变。比如切尔诺贝利核电站附近的许多植物在事故发生后生长严重畸形，其中高大松树的针状叶比正常松树的要大 10 倍。事故发生地点附近水库中还出现了变形鱼。

在当时核电厂周围 30 公里半径范围内的总人口为 30 万左右，其中有 4.9 万人口住在位于该核电站 3 公里卫生防护地带西面的普里皮亚特镇上，有 1.25 万人口住在位于核电站东南方 15 公里的切尔诺贝利镇上。由于紧靠核电站地区，放射性污染严重，这些居民都被迫离开家园。事故发生之前切尔诺贝利核电站所处的位置河流成网，森林密布，鸟语花香，风景优美，事故发生后该处则变成了荒无人烟的地方。事故发生之后，苏联为处理事故付出了昂贵的代价，据估计事故处理费用可能高达数百亿美元。可以说，切尔诺贝利核电站事故是人类核电站史上迄今为止最为严重的一次事故，该事故的发生，在一定程度上给国际社会带来了核恐惧，导致 20 多年民用核能的发展陷入低谷。

三、案例评析

切尔诺贝利核电站事故发生后，苏联并没有意识到事故的严重性，处于无目标的应对状态。其既没有立即通知当地居民撤离，也没有立即通知相关国家采取相关措施，这种消极的不作为不但使其自身没有得到及时紧急援助，也给本国和周边国家的环境造成了严重的损害。具体而言，事故发生之后，苏联仅仅让几十名消防人员赶赴现场用水灭火，造成 30 名消防人员丧生。由于官方没有立即向当地公众发布消息，使得距离核电厂 3 公里的 4 万多普里皮亚特居民暴露在高辐射环境下两天之才撤离。事故发生三天后，来自切尔诺贝利核电站的大量放射性尘埃飘移至瑞典首都斯德哥尔摩，这时国际社会才意识到发生了重大核电站事故。正是在这一天，苏联才正式公布关于切尔诺贝利核电站事故的消息。此时，也就是事故发生的三天之后，苏联才意识到事故的严重性，于是开始调动大量的人力物力控制火势、减少放射性物质的外溢，也包括把反应堆周围 30 公里范围内的居民全部撤走，并将此范围设为隔离区。此后，为了防止放射性物质持续外溢，苏联开始建造"石棺"，将放射性物质包容在石棺内。

如果说切尔诺贝利核电站事故发生的原因是核反应堆设计和管理缺陷问题，那么核事故发生后的几十年里核辐射给其所在国家及国际社会带来的严重损害更多的则要归因于苏联的消极不作为。如果在事故发生时苏联能及时向本国及国际社会公布事故信息，将能及时控制核物质扩散，受核辐射影响的范围和严重程度也将得到一定的控制。由于该事故发生的时代，国际社会还未对该类事故所造成的损害达成带有实质性责任和义务的国际条约，因此事故发生后并没有国家对苏联提出赔偿请求。但是事故的严重性警醒了处于核安全幻想中的国际社会。因此为了防止类似事故的发生，完善核事故发生后的及时通报制度，国际原子能机构于1986年主持签订了《核事故及早通报公约》和《核事故或辐射紧急情况援助公约》。

《核事故及早通报公约》的目的是建立一个核事故的及早通报机制，以便将核事故的跨界影响减少到最小程度。公约规定：在发生核事故时，缔约国必须直接地或通过国际原子能机构向实际受到或者可能受到影响的国家和国际原子能机构通报该核事故及其性质、发生的时间和准确地点，并迅速向实际受到或可能受到影响的国家和国际原子能机构提供可得的关于减少放射性后果的情报。《核事故或辐射紧急情况援助公约》的宗旨则是建立一个在核事故发生时迅速提供援助以便减轻核事故后果的公约。公约规定在发生核事故时，缔约国必须在它们之间并同国际原子能机构进行合作，以预防或减轻事故后果并保护受事故影响国家的人民生命、财产和环境安全。按照公约，缔约国在发生核事故或者紧急情况时，可以直接或者通过国际原子能机构向任意一个其他国家或者在合适的情况下向其他国际组织要求援助。要求援助的国家应当向援助国家具体说明援助的范围、类型并提供为援助方做出援助决定所必需的情报。

四、拓展思考

核电站事故具有发生区域小、影响范围大的特点，正如切尔诺贝利核电站事故，虽然只发生在苏联加盟共和国乌克兰境内的普里皮亚特镇附近，但该事故却给整个国家以及欧洲其他多数国家带来了难以弥补的损害。切尔诺贝利核电站事故带来的教训是惨痛的，各国本应提高警惕杜绝类似的事故发生。但令人失望的是2011年3月份再次发生了日本福岛核电站事故，由于大地震的影响，福岛核电站的4台机组发生了不同程度的堆芯融化并导致大量放射性物质的外泄。事故再次发生与核安全制度的不健全是分不开的，虽然与核安全相关的国际法律文件在逐步完善，但仍然存在一定的不足。比如在强制性方面，《核安全公约》仍处于"软法"的地位。由于维护国家主权以及技术保密的需要，与核安全相关的法律文件大都是示范性质的，在设定共同标准的基础上由各国自由选择其作为本国的标准，这种强制性的缺位不利于核能安全利用。和其他部分国际条约一样，与核安全相关的国际法律文件也存在原则性和抽象性强以及可操作性差的缺点。与核安全相关的法律文件大都是原则性的，对如何选址、如何设计、建造以及监督等都没有做出具体严格的规定，因此不利于保护人类社会免受放射性危害的威胁。在核损害责任方面，国家承担补充责任，一定程度上减弱了国家对审批、监督、惩罚等方面的审慎义务，增加了核事故发生的概率。

我国核安全立法始终注重与国际标准的衔接，也重视结合我国特有国情。我国已经制定了一定数量的与核安全利用相关的法规，其中包括《中华人民共和国放射性污染防治法》。该放射性污染防治法是我国核安全领域的基本法律，具有重要的法律地位和实践意义。但是毕竟我国核能立法时间短暂，存在一定的不足在所难免。例如相关立法的公众参与性较低，直接影响了我国核电的发展。民用核能的安全与清洁虽然得到了专业领域的认可，但是公众对此还没有明确的认识，并在一定程度上对核能具有恐惧心理，造成民众在核电厂的建造和运营问题上具有排斥心理。为了适应我国经济转型时期对清洁和低碳能源的需求，我们应当明确核能的战略地位，借鉴国际和国内其他制度立法经验，完善我国核安全的法律制度。在立法过程中要增强公众参与度和透明度，使公众认识到核能发展的安全性和必要性。

参考文献

[1] 王铁崖. 国际法[M]. 北京：中国法制出版社，1995.

[2] 史学瀛. 环境法学[M]. 北京：清华大学出版社，2010.

[3] 王利明. 侵权行为法归责原则研究[M]. 北京：中国政法大学出版社，2003.

[4] 蔡守秋. 环境资源法学教程[M]. 武汉：武汉大学出版社，2000.

[5] 王曦. 国际环境法[M]. 北京：法律出版社，1998.

[6] 张文显. 法理学（第四版）[M]. 北京：高等教育出版社，2011.

[7] 左海聪. 国际经济法[M]. 武汉：武汉大学出版社，2010.

[8] 朱文奇. 国际法学原理与案例教程（第三版）[M]. 北京：中国人民大学出版社，2014.

[9] 万霞. 国际环境法案例评析[M]. 北京：中国政法大学出版社，2011.

[10] 徐祥民. 国际环境法基本原则研究[M]. 北京：中国环境科学出版社，2008.

[11] 林灿玲. 国际环境法（修订版）[M]. 北京：人民出版社，2011.

[12] 曹明德. 环境侵权法[M]. 北京：法律出版社，2000.

[13] 约翰·杰克逊. 国家主权与 WTO 变化中的国际法基础[M]. 赵龙跃，译. 北京：社会科学文献出版社，2009.

[14] 联合国环境与发展委员会. 我们共同的未来[M]. 北京：世界知识出版社，1989.

[15] 马呈元，张力. 国际法案例研习[M]. 北京：中国政法大学出版社，2014.

[16] 秦天宝. 环境法制度学说案例[M]. 武汉：武汉大学出版社，2013.

[17] 朱晓燕. 环境资源法案例教程[M]. 北京：中国法制出版社，2013.

[18] 法律出版社专业出版编委会. 环境保护法及配套规定适用与解析案例导读[M]. 北京：法律出版社，2013.

[19] 朱炜. 国际法学[M]. 厦门：厦门大学出版社，2013.

[20] 李艳芳. 环境保护法典型案例[M]. 北京：中国人民大学出版社，2003.

[21] 王铁崖，田如萱. 国际法资料选编（续编）[M]. 北京：法律出版社，1993.

[22] 徐祥民，申进忠. 海洋环境的法律保护研究[M]. 青岛：中国海洋大学出版社，2006.

[23] 韩德培. 环境保护法教程[M]. 北京：法律出版社，2003.

[24] 吕忠梅. 环境法案例辨析[M]. 北京：高等教育出版社，2006.

[25] 边永民. 国际公法案例选[M]. 北京：对外经济贸易大学出版社，2006.

[26] 钭晓东. 环境法基础知识与能力训练[M]. 北京：北京大学出版社，2011.

[27] 王灿发. 环境与自然资源法案例教程[M]. 北京：知识产权出版社，2006.

[28] 杨志峰. 环境科学案例研究[M]. 北京：北京师范大学出版社，2006.

[29] 段洁龙. 中国国际法实践与案例[M]. 北京：法律出版社，2011.

[30] 常纪文. 创新与完善——解读"规划环境影响评价条例"[J]. 环境保护，2009（18）.

[31] 常纪文. 三十年中国环境法治的理论与实践[J]. 中国地质大学学报：社会科学版，2009，9（5）.

[32] 王灿发，黄婧. 康菲溢油事故：反思海洋环境保护法律机制[J]. 行政管理改革，2011

（12）.

[33] 王小钢. 论环境公益诉讼的利益和权利基础[J]. 浙江大学学报：人文社会科学版，2011，41（3）.

[34] 肖建国. 民事公益诉讼的基本模式研究——以中、美、德三国为中心的比较法考察[J]. 中国法学，2007（5）.

[35] 蔡守秋. 论健全环境影响评价法律制度的几个问题[J]. 环境污染与防治，2009，31（12）.

[36] 李培，王新，柴发合. 我国城市大气污染控制综合管理对策[J]. 环境与可持续发展，2011，36（5）.

[37] 王灿发. 论我国环境管理体制立法存在的问题及其完善途径[C]. 2002年中国环境资源法学研讨会，2002：50-58.

[38] 陈泉生. 论环境侵权的诉讼时效[J]. 环境导报，1996（2）.

[39] 那力. "乌拉圭河纸浆厂案"判决在环境法上的意义[J]. 法学，2013（3）.

[40] 张湘兰，秦天宝. 控制危险废物越境转移的巴塞尔公约及其最新发展：从框架到实施[J]. 法学评论，2003.

[41] 尤明青，邱秋. 国际不法行为所致环境损害的法律责任——以飞机撒播除草剂案为中心的考察[J]. 中国地质大学学报：社会科学版，2012（4）：40-45.

[42] 李政禹. 控制危险废物的转移[J]. 现代化工，1990（5）.

[43] 兰花. 跨界水资源利用的事先通知义务——乌拉圭河纸浆厂案为视角[J]. 中国地质大学学报：社会科学版，2011，11（2）.

[44] 李伟芳. 跨境环境损害赔偿责任的国际法思考[J]. 政治与法律，2008（9）.

[45] 刘芳雄. 国际司法体系面临的新挑战[J]. 江海学刊，2005（2）.

[46] 唐双娥. 保护"全球公域"的法律问题[J]. 生态系统，2002（8）.

[47] 李树华. "威望"号油轮溢油事故及其在国际社会引起的强烈反响[J]. 交通环保，2003，24（1）.

[48] 汪恕诚. 以水资源的可持续利用促进经济社会的可持续发展——在第三届世界水论坛部长级会议上的演讲[J]. 中国水利，2003（6）.

[49] 朱鹏飞. 国际环境争端解决机制研究[D]. 华东政法大学，2009.

[50] 范晓莉. 海洋环境保护的法律制度与国际合作[D]. 中国政法大学博士论文，2003.

[51] 胡敏飞. 跨界环境侵权的国际私法问题研究[D]. 武汉大学博士论文，2006.

[52] 刘丹. 海洋生物资源国际保护研究[D]. 复旦大学博士论文，2011.

[53] 刘恩媛. 国际环境损害赔偿的国际私法问题研究[D]. 复旦大学博士论文，2009.

[54] 李志文. 船舶所有权法律制度研究[D]. 大连海事大学博士论文，2005.

[55] Philippe Sands, Jacqueline Peel. Principles of International Environmental Law 3rd Edition. Cambridege: Cambridge University Press, 2012.

[56] Alexandre Kiss, Dinah Shelton. Guide to International Environmental Law. Martinus Nijhoff Publishers, 2007.

[57] Alistair Rieu-Clarke. International Law and Sustainable Development: Lessons from the Law of International Watercourses. IWA Publishing, 2005.

[58] Rebecca M. Bratspies, Russell A. Miller. Transbounday Harm in International Law,

Lessons from the Trail Smelter Arbitration. Cambridge University Press, 2006.

[59] Thomas Gehring, markus jachtenfuchs Liability for Transboundary Environmental Damage Towards a General Liability Regime?,4EJIL (1993) 92-106.

[60] Jonathan Remy Nash. The Curious Legal Landscape of The Extraterritoriality of U.S. Environmental Laws, 50 Va. J.Int'l L. 997 (2010).

[61] ICJ judgment on Case concerning The Gabcikovo—Nagymaros Project On 25 September 1997.

[62] The "MOX PLANT" CASE, Working Paper Presented by the President, Case 10, 17th Nov, 2001 (Part of the Contentions : article1-article 9).

[63] Administrative Tribunal of Cundinamarca, Colombia, Second Section, Subsection B, 16 June 2003 , Claudia Sampedroy IIector Suarez v. Ministry of Environment and Others, (Col).

[64] Governing Council, UN Compensation Commission, Decision 7, para. 35, UN Doc.S/23765, Annex (1992), 31 ILM 1051 (1992).

[65] Report of the Parties to the Montreal Protocol on the Work of Their Tenth Meeting, U.N. Environment Programme, U.N.Doc.UNEP/Ozl.pro.10/9 (1998).

[66] Report of the Conference of the Parties to the Basel Convention on the Control of Transboundary Movements of Hazardous Wastes and Their Disposal, U.N.Environment Programme, UNEP/CHW/6/40(2002).

[67] Application:whaling in the Antarctic (Australia vs Japan)-instituting proceedings filed in Registry of the Court on 31 May 2010.8.

[68] Geiirt Betlem, Liability for Damage to the Environment, A.s.Hartkampetal. (eds.), Towards a European Civil Code,Nijmegen:Ars Aequi Libri & The Hagueete: Kluwer Law International, 1998.

[69] Case concerning Aerial Herbicide Spraying (Ecuador v. Colombia), Order of 13 September 2013.

[70] Press Release of International Tribunal for the Law of the Sea, Order to Be Delivered in the MOX Plant Case,3rd Dec, 2001 (Part of Dispute).

[71] In the Dispute Concerning the MOX Plant, International Movements of Radioative Materials, and the Protection of the Marine Environment of the Irish Sea (Ireland v. United Kingdom, Notification Under Article 287 Annex VII, Article 1 of UNCLOS and the Statement of Claim and Ground on Which It Is Based, 25th Oct, 2001): Part of Relief Sought: article41.